ゲオルク・レス教授65歳記念論文集
FESTSCHRIFT FÜR GEORG RESS
ZUM 65. GEBURTSTAG

EU法の現状と発展

JETZIGE SITUATION UND ENTWICKLUNG
DES RECHTS DER EU

編 集 代 表

石 川 明

HERAUSGEGEBEN VON
AKIRA ISHIKAWA

信山社

ゲオルク・レス教授 近影

序　文

　我々の敬愛するGeorg Ress教授は，2000年をもって65歳になられた。これを祝って，同教授の日本の知人，あるいは同教授が所長をつとめられたザールラント大学ヨーロッパ研究所（Europa Institut der Universität des Saarlandes）において同教授の指導を受けた者が集まって，記念論文集を献呈しようということになった。執筆者の間で自然にこのような声があがってきたことは，同教授の度重なる来日におけるセミナーの開催，および上記研究所における日本人留学生に対する懇切丁寧な指導によるものであって，極めて自然の成り行きであるということができる。

　またザール留学者は，Franziska Ress夫人がザール滞在中しばしば御自宅にお招き下さり御世話下さったことに対して衷心より感謝の意を表したい。

　本書に寄せられた論文の執筆者以外にも同教授の日本における知人は数多い。しかしながら，本書収録の論文をタイトルとの関係から，主としてEU関係に絞ったために執筆者は同教授の関係者の一部に限らざるを得ず，同教授の日本における知人全員に御寄稿をお願いすることができなかったことは残念というほかはない。

　同教授は本書末尾に記載した履歴書や業績表からもわかるように，公法，国際法，EU法等幅広い領域を専門とされている。またドイツにおいては当然のことながら，日本を含む世界中で同教授の法学者としての評価は極めて高い。そのことは慶應義塾大学，パリ第五大学，Edinburgh大学等において名誉博士号を付与されていること，ヨーロッパ人権委員会の委員に任命されたこと，更にはヨーロッパ人権裁判所判事に任命されたこと等から自明である。

　本書を65歳記念論文集として同教授に捧げることができることは，執筆者一同にとって大きな喜びである。これを機会に我々は同教授の学問的発展と同教授並びに御家族の御幸運を祈りたい。

　終わりに，執筆者一同は，本書の出版を快諾していただいた信山社並びに同社の渡辺左近氏に対し深い感謝の意を表したい。

序　文

　なお本書の編集については前記研究所において同教授の助手をつとめられ現在平成国際大学においてEU法を担当されている入稲福智助教授の多大な御協力を得た。このことを記して同氏に対して感謝の意を表したい。

　本書の出版については平成国際大学平成12年度共同研究費から助成を受けた。

　2001年8月

執筆者を代表して

石　川　　明

Vorwort

In diesem Jahr feierte der von uns allen zutiefst verehrte Prof. Dr. Dr. Dres. h. c. Georg Ress seinen 65. Geburtstag. Der Wunsch, dieses festliche Ereignis durch die Herausgabe einer dem Jubilar gewidmeten Festschrift zu würdigen, vereinigte seine japanischen Bekannten sowie diejenigen, die von ihm während seiner Amtszeit als Leiter des Europa Instituts der Universität des Saarlandes betreut wurden. In Anbetracht der vielen Seminare, die Professor Ress anläßlich seiner zahlreichen Japanbesuche abgehaltenen hat, sowie seiner großen Verdienste während der Leitung des Europainstitutes war den Autoren die Herausgabe der vorliegenden Festschrift ein mehr als selbstverständliches Anliegen.

Zugleich möchten auch die ehemaligen Studenten, die im Rahmen eines Auslandsaufenthaltes an die Universität des Saarlandes kamen, von ganzem Herzen ihren Dank gegenüber Frau Franziska Ress zum Ausdruck bringen, die sich der Studenten annahm und sie oft zu sich nach Hause einlud.

Die Zahl der japanischen Bekannten von Professor Ress übersteigt die Anzahl der Autoren dieses Buches bei weitem. Bedauerlicherweise war es nicht möglich, von allen einen Beitrag zu erbeten, denn wie sich aus dem Titel bereits ergibt, beschränkt sich diese Festschrift auf die Erörterung europarechtsbezogener Fragestellungen.

Aus dem am Ende des vorliegenden Buches angefügten Lebenslauf sowie der Publikationsliste ist ersichtlich, daß das Fachgebiet von Professor Ress zahlreiche Rechtsgebiete umfaßt, zu denen unter anderem das Öffentliche Recht, das Völkerrecht sowie das Europarecht zu zählen sind. Sein Renommee reicht weit über die Grenzen Deutschlands hinaus und erstreckt sich über viele Länder, darunter

序　文

auch Japan. Die Verleihung des Ehrendoktortitels unter anderem durch die Keio Universität, die Universität René Descartes (Paris V) und die Universität zu Edinburgh sowie seine Ernennung zum Mitglied der Europäischen Menschenrechtskonvention und des Europäischen Menschenrechtsgerichtshofs vermögen dies zweifelsohne zu bestätigen.

Den Autoren ist es eine außerordentliche Freude, Professor Ress zu seinem 65. Geburtstag die vorliegende Festschrift widmen zu dürfen. Für seine weitere Forschungsarbeit wünschen sie ihm viel Frfolg und hoffen von Herzen, daß das Glück seiner Familie nie getrübt werden möge.

Zuletzt möchten die Autoren dem Shinzan Verlag sowie Herrn Sakon Watanabe ihren herzlichen Dank für die Unterstützung bei der Herausgabe dieser Festschrift aussprechen. Und schließlich sei auch Herrn Satoshi Iriinafuku gedankt, der ehemals als Assistenten von Professor Ress am obengenannten Europainstitut tätig war und nunmehr Dozent für Europarecht an der Heisei Kokusai Universität ist, und die Redaktionsarbeit dieses Buches in großem Maße unterstützte.

Aug. 2001

Prof. em. Dr. Dr. h. c. mult.　Akira ISHIKAWA

目　次

ヨーロッパ統合へのドイツ諸州の参加

ゲオルク・レス

（1992年12月4日のパリ第5大学法学部名誉博士号授与式におけるゲオルク・レス教授の講演）　　　　　　　　　　〔翻訳〕　大濱しのぶ

La participation des Laender allemands à l'intégration européenne
　　　　　　　　　　　　　　　〔traduction〕　OHAMA Shinobu

欧州通貨同盟と国家主権
――ドイツ連邦憲法裁判所のマーストリヒト判決をめぐって――

岡田俊幸

Die Europäische Währungsunion und die Souveränitätsfrage ― zum Maastricht-Urteil des Bundesverfassungsgerichts　　　　OKADA Toshiyuki

- Ⅰ　はじめに ……………………………………………………11
- Ⅱ　通貨同盟の合憲性に関する連邦憲法裁判所の見解 …………15
- Ⅲ　連邦憲法裁判所によるヨーロッパ法の解釈に対する批判 ……………………………………………………………20
- Ⅳ　マーストリヒト判決の理論的基点――ドイツの国家性の保持 ……………………………………………………………26
- Ⅴ　結びにかえて ………………………………………………32

国際議会主義の歴史的展開

綱井幸裕

Historical development of the parliamentary democracy over the frontiers
　　　　　　　　　　　　　　　　　　TSUNAI Yukihiro

- Ⅰ　はじめに ……………………………………………………37

目　次

- II　アプローチの方法 …………………………………38
- III　国際化と議会 ………………………………………38
- IV　議会の国際的連携 …………………………………39
  - 1　二国間交流の進展 …………………………………39
  - 2　多国間交流の進展 …………………………………40
- V　自由主義的政治原理と国際議会主義 ………………42
  - 1　自由主義国家の原理 ………………………………42
  - 2　近代立憲主義と国際主義 …………………………43
- VI　列国議会同盟（IPU）の誕生と性格 ………………45
  - 1　国際法と平和運動 …………………………………45
  - 2　一般的国際議員会議の形成 ………………………47
- VII　国際連盟総会の性格と限界 …………………………47
  - 1　史上初の公開の討議機関をもった国際機関 ……48
  - 2　連盟総会の権威の源泉 ……………………………49
- VIII　第二次大戦後の時代状況とヨーロッパ評議会議員会議の出現 ……………………………………………………51
  - 1　国連の出現とその二重の性格 ……………………51
  - 2　二つの世界議会論 …………………………………54
  - 3　ヨーロッパ議会（European Assembly）の創設 ……59
  - 4　ヨーロッパ評議会議員会議の限界と歴史的役割 ……61

EU統合とフランス議会──アムステルダム条約と憲法88条の4──

安江則子

Les parlements nationaux en face de l'intégration européenne ── le traité d'Amsterdam et l'article 88-4 de la Constitution française　　YASUE Noriko

- I　問題の所在：EUに関する国家議会の役割 …………66

目　次

Ⅱ　フランス議会とEU：マーストリヒト条約と92年の憲法
　　改正……………………………………………………………………69
　　1　欧州問題委員会の設置とジョスラン法……………………………69
　　2　92年憲法改正による88条の4導入…………………………………71
Ⅲ　88条の4の適用における問題：アムステルダム条約まで
　　………………………………………………………………………73
　　1　議院規則と憲法院の立場……………………………………………73
　　2　議会へ付託される法案の範囲をめぐる問題………………………75
　　3　時間的限界に関する問題……………………………………………78
　　4　決議の採択とその効果………………………………………………79
Ⅳ　アムステルダム条約とフランス憲法の改正………………………82
　　1　99年憲法改正と国家議会の権限……………………………………82
　　2　アムステルダム条約における国家議会の位置づけ………………84

EUの「加盟基準」とトルコ──加盟候補国への道──

八谷まち子

"Copenhagen Criteria" and Turkey ─ Road to a candidate country ─

HACHIYA Machiko

Ⅰ　は じ め に ……………………………………………………………88
Ⅱ　ルクセンブルグまで…………………………………………………91
　　1　EU──トルコ関係の法的枠組み……………………………………91
　　2　加盟申請………………………………………………………………95
Ⅲ　ルクセンブルグとヘルシンキの間…………………………………98
　　1　地震以後のトルコ国内………………………………………………99
　　2　国際環境の変化………………………………………………………102
Ⅳ　結　　論………………………………………………………………105

目　次

EU諸国の対LDC投資に関わる奨励保護規定

櫻井雅夫

The Encouragement and Protection Agreements on EU Member States' Investment in Developing Countries

SAKURAI Masao

　Ⅰ　国際取決めの変遷と現状 …………………………………………110
　　1　変　　遷 ……………………………………………………………110
　　2　二国間のレベル ……………………………………………………112
　Ⅱ　EU諸国が締結する投資奨励保護協定 …………………………116
　　1　投資の保証とリンク ………………………………………………116
　　2　協定の地理的分類 …………………………………………………116
　　3　BITsの内容：類似点と相違点 ……………………………………118
　　4　投資協定の評価 ……………………………………………………123
　Ⅲ　EUレベルの投資協定の可能性 …………………………………124
　　1　協定の効果 …………………………………………………………124
　　2　共同体投資協定 ……………………………………………………127
　Ⅳ　学ぶべき教訓 ………………………………………………………128
　Ⅴ　おわりに ……………………………………………………………134

EUデータ保護法の域外効果

カール・フリードリッヒ・レンツ

Extraterritoriale Wirkung des Europäischen Datenschutzrechts

Karl-Friedrich Lenz

　Ⅰ　はじめに ……………………………………………………………135
　Ⅱ　EUデータ保護法 …………………………………………………136
　Ⅲ　域外効果 ……………………………………………………………140
　Ⅳ　アメリカとの交渉 …………………………………………………144

V 契約による対策	148
1　FIAT 事例	149
2　Bahncard 事例	149
3　一般論	150
VI 検　　討	151
1　自主規制か，法律規制か	151
2　第三国の主権	152
3　インターネットの発展とデータ保護	152

EU データベース指針
―ドイツ著作権法における具体化と日本法との比較考察―

小橋　馨

Die EU-Datenbank-Richtlinie ― Ihre Umsetzung ins deutsche Urheberrecht und Rechtsvergleichung mit dem japanischen Recht ―　　　　KOBASHI Kaoru

I　はじめに	156
II　著作権による保護	158
1　データベースの定義	159
2　著作者	160
3　著作権の内容	161
4　著作権の制限	163
III　独自の権利	165
1　独自の権利の内容	166
2　利用者の権利	169
3　独自の権利の限界	170
4　保護期間	171
IV　むすび	172

目 次

欧州統合による知的財産法の形成について　　角田光隆
On the formation of the intellectual property by the european integration

TSUNODA Mitsutaka

　Ⅰ　はじめに …………………………………………………………176
　Ⅱ　欧州統合の歴史 …………………………………………………178
　　1　第一期 …………………………………………………………179
　　2　第二期 …………………………………………………………179
　　3　第三期 …………………………………………………………180
　　4　第四期 …………………………………………………………181
　　5　第五期 …………………………………………………………182
　　6　第六期 …………………………………………………………182
　Ⅲ　欧州内部の発展 …………………………………………………184
　Ⅳ　国際的発展の影響 ………………………………………………190
　Ⅴ　結　　び …………………………………………………………195

スポーツ独占放送権と放送法
　　——ドイツの短時間ニュース報道権とイベント・リスト規制——

鈴木秀美

Exklusivübertragung von Sportveranstaltungen und Rundfunkrecht — Kurzberichterstattungsrecht und Listenregelung in Deutschland　　SUZUKI Hidemi

　Ⅰ　問題の所在 ………………………………………………………203
　Ⅱ　短時間ニュース報道権 …………………………………………204
　　1　立法の経緯 ……………………………………………………204
　　2　短時間ニュース報道権事件 …………………………………207
　Ⅲ　イベント・リスト規制 …………………………………………218
　　1　1997年EUテレビ指令改正 …………………………………218

目　次

　　2　1999年放送州際協定改正 …………………………………221
　　3　イベント・リスト規制の合憲性 ……………………………223
　Ⅳ　むすび ………………………………………………………225

EU（EC）法秩序における欧州人権裁判所の役割
——マシューズ判決を中心に——　　　　　　庄　司　克　宏

The Role of the European Court of Human Rights in the Legal Order of the European Community: Reflections on the Matthews Judgment

SHOJI Katsuhiro

　Ⅰ　はじめに ……………………………………………………230
　Ⅱ　欧州人権裁判所の判断 ……………………………………232
　　1　英国の責任 …………………………………………………232
　　2　「立法府」の範囲と超国家的代表機関 ……………………234
　　3　欧州議会の権限の程度 ……………………………………235
　Ⅲ　「同等の保護」理論 …………………………………………236
　　1　「同等の保護」理論の確立 …………………………………236
　　2　「同等の保護」理論とマシューズ判決 ……………………237
　Ⅳ　欧州議会選挙と欧州人権条約第1議定書3条（自由選挙
　　　に対する権利） ………………………………………………241
　　1　欧州人権委員会の立場 ……………………………………241
　　2　欧州人権裁判所の立場 ……………………………………243
　Ⅴ　結　語 ………………………………………………………245

欧州人権条約の積極主義的解釈　　　　　　門　田　　　孝

Aktivismus bei der Auslegung der Europäischen Menschenrechtskonvention

MONDEN Takashi

　Ⅰ　はじめに ……………………………………………………248

xi

目　次

 II　欧州人権条約の解釈方法をめぐって ……………………250
　1　Golder 事件 ………………………………………………250
　2　Golder 事件における欧州人権条約の解釈 ……………252
 III　欧州人権条約の積極主義的解釈の諸相 …………………255
　1　進化的解釈 ………………………………………………255
　2　自律的解釈 ………………………………………………258
　3　実効的解釈 ………………………………………………260
 IV　積極主義的解釈の意義の問題点 …………………………263
　1　積極的主義的解釈の必要性 ……………………………263
　2　積極主義的解釈における法理論の不在？ ……………264
　3　新たな理論の模索 ………………………………………266
 V　結びに代えて ………………………………………………269

外国離婚判決の付随裁判の承認
　　──BGH の判決について──　　　　　　　石　川　　明

Anerkennung der Entscheidung eines ausländischen Gerichts über die Personensorge
　　　　　　　　　　　　　　　　　　　　　ISHIKAWA Akira

 I　はじめに ……………………………………………………274
 II　ドイツ連邦通常裁判所（BGH）1975 年 2 月 5 日判決 ……274
 III　ドイツにおける外国離婚判決の承認制度 ………………278
　1　法務局による承認制度 …………………………………278
　2　法務局による承認制度の日本法への導入の可能性 …279
　3　外国離婚判決のわが国における承認の統一性 ………280
 IV　離婚判決と付随裁判 ………………………………………289
　1　本判決について …………………………………………289
　2　監護権の指定の裁判の終局性（endgültig）……………291

3　訴訟・非訟の区分と外国裁判の承認 …………………………………291

ドイツにおける特許権侵害訴訟の中止規定の運用について
　　　　　　　　　　　　　　　　　　　　　　　　　　　渡辺森児

Die letzte Anwendung der Aussetzung in Patentverletzungsprozessen in Deutschland　　　　　　　　　　　　　　　　　　WATANABE Shinji

　Ⅰ　問題の所在 ……………………………………………………………298
　Ⅱ　ドイツにおける中止規定の運用論 …………………………………300
　　1　ドイツ民事訴訟法148条の意義 …………………………………300
　　2　ドイツ伝統的見解 …………………………………………………301
　　3　Rogge の主張 ………………………………………………………302
　　4　Krieger の所論 ……………………………………………………306
　Ⅲ　わが国における近年の立法動向 ……………………………………306
　Ⅳ　ドイツ法における議論の示唆 ………………………………………307

ドイツの不動産取引過程の流れについて
　　　　　　　　　　　　　　　　　　　　　　　　　　　小西飛鳥

Der Verlauf eines Grundstücksverkehrs in Deutschland　　　KONISHI Asuka

　Ⅰ　はじめに ………………………………………………………………311
　Ⅱ　ドイツの不動産取引の過程 …………………………………………311
　　1　売買契約書作成のための，不動産業者または当事者からの資料の送付 …………………………………………………………………311
　　2　不動産登記簿の閲覧 ………………………………………………312
　　3　売買契約書草案と顧客用カルテのコンピューターを使っての作成 ……………………………………………………………………312
　　4　売主，買主への売買契約書の草案の送付 ………………………313
　　5　売買契約書とアウフラッスングの公正証書化 …………………313
　　6　官庁，第三者の許可の申請 ………………………………………324

目 次

  7 アウフラッスングの仮登記および抵当権の登記 …………325
  8 売買代金の支払い ……………………………………………325
  9 所有権移転の登記の申請および登記完了の通知 …………326
 Ⅲ おわりに …………………………………………………………326

EC法体系下におけるガット(GATT)の裁判規範性

入稲福 智

Die Funktion des GATT als Rechtmäßigkeitsmaßstab im Gemeinschaftsrecht

IRIINAFUKU Satoshi

 Ⅰ．Vorbemerkung …………………………………………………330
 Ⅱ．Rechtsprechung des EuGH zum GATT 1947 ………………332
  1．Geltung und Wirkung des GATT in der Gemeinschaftsrechtsordnung
   ……………………………………………………………………332
  2．„Große Geschmeidigkeit" der Vertragsbestimmungen ………334
   (a) Zur ersten und zweiten Auslegung（Wortlaut der
    Vertragsbestimmungen）………………………………………335
   (b) Zur dritten Auslegung（zwischenstaatliche Praxis）………335
   (c) Zur vierten Auslegung（Sinn und Aufbau des GATT）………337
   (d) Zur fünften Auslegung（Ermessensspielraum der Mitglieder）…339
  3．Kritik in der Literatur ……………………………………………339
 Ⅲ．Rechtsprechung des EuGH zum GATT 1994 ………………341
  1．Lehrmeinung ………………………………………………………341
  2．Entscheidung des EuGH und Würdigung ………………………342
 Ⅳ．Schlußbemerkung ……………………………………………………345

補完性（サブシディアリティ）
——ヨーロッパ連合におけるポスト・ナショナルな立憲原理——

遠 藤 　 乾

Subsidiarity As a Post-National Constitutional Principle of the European Union

ENDO Ken

- I　Introduction ……………………………………………………352
- II　Subsidiarity: Why Important & Malleable? ………………355
- III　Althusius as a Point of Departure …………………………358
- IV　The Liberal Current …………………………………………362
- V　The Personalistic and Corporatistic Current………………366
- VI　Subsidiarity in the Context of EU Politics ………………377
- VII　Conclusions: Some Implications for the EU's Governance
   …………………………………………………………………379

レス教授略歴

Lebenslauf und beruflicher Werdegang（Übersicht）

レス教授業績一覧

Publikationsliste

執筆者紹介
(50音順)

石 川　　明（ISHIKAWA Akira）	朝日大学大学院教授，慶應義塾大学名誉教授
入稲福　　智（IRIINAFUKU Satoshi）	平成国際大学法学部助教授
遠 藤　　乾（ENDO Ken）	北海道大学大学院法学研究科附属高等法政センター助教授
大濱しのぶ（OHAMA Shinobu）	大月市立大月短期大学助教授
岡 田 俊 幸（OKADA Toshiyuki）	和光大学経済学部助教授
カール・フリードリッヒ・レンツ（Karl-Friedrich Lenz）	青山学院大学法学部教授
小 西 飛 鳥（KONISHI Asuka）	平成国際大学法学部専任講師
小 橋　　馨（KOBASHI Kaoru）	神戸学院大学法学部助教授
角 田 光 隆（TSUNODA Mitsutaka）	琉球大学法文学部教授
庄 司 克 宏（SHOJI Katsuhiro）	横浜国立大学大学院国際社会学研究科助教授
鈴 木 秀 美（SUZUKI Hidemi）	広島大学法学部教授
綱 井 幸 裕（TSUNAI Yukihiro）	衆議院国際部国際会議課
櫻 井 雅 夫（SAKURAI Masao）	獨協大学法学部教授
八谷まち子（HACHIYA Machiko）	九州大学大学院法学研究院法学府専任講師
門 田　　孝（MONDEN Takashi）	福岡女子大学文学部助教授
安 江 則 子（YASUE Noriko）	立命館大学政策科学部助教授
渡 辺 森 児（WATANABE Shinji）	平成国際大学法学部専任講師

ヨーロッパ統合へのドイツ諸州の参加

ゲオルク・レス

(1992年12月4日のパリ第5大学法学部名誉博士号授与式におけるゲオルク・レス教授の講演)

〔翻訳〕 大濱しのぶ

La participation des Laender allemands à l'intégration européenne

〔traduction〕 OHAMA Shinobu

C'est la traduction de la conférence de Monsieur le professeur Georg RESS à l'occasion de la rentrée solennelle de la Faculté de Droit de l'Université de Paris V (René Descartes) le 4 décembre 1992. Dans cette conférence, il explique l'évolution historique du fédéralisme allemand et l'article 23 de la constitution allemande créé à l'occasion de la ratification du Traité de Maastricht et observe les problèmes relatifs à cet article.

I

単一国家を明確に形成するのを常とする近隣諸国にとって、歴史に深く根ざしたドイツの連邦主義は、幻想、曖昧な状態、そして我らの隣人が親しみを込めていう「ドイツ人の喧嘩」（訳注：つまらぬ喧嘩、不当な喧嘩の意味がある）の骨頂と映るかもしれません。ウエストファリア条約までの神聖ローマ帝国も、国家として必要な基準を殆ど満たしておらず、むしろ、半ば国際的で半ば憲法的な関係により皇帝に結び付いた、殆ど主権国家のようなものの集合体でした。サミュエル・ヴァン・プーフェンドルフ［1667年］は次のように述べています。「すなわち、ドイツは何らかの特殊な産物で、怪物に似ているといわざるを得ない…」。

ヨーロッパ統合へのドイツ諸州の参加

　ウエストファリア条約［1648年］以降，ドイツを構成する大半の部分が，国際条約の中に組みこまれました。これはヨーロッパの中心部の政治的安定のため，そして——はっきりといえば——ドイツ内部の発展に対するヨーロッパ諸国の不信によるものでした。同様に，1815年にウィーン条約で創設されたドイツ連邦［Deutscher Bund］も，国家と考えることができたかは疑問です。この連邦の要素の一部が，まさしくヨーロッパ共同体に相当する特色を有していたことは明らかで，それを確認するのはとても興味深いことです。主権者たるドイツの諸侯らの条約に基づく1871年のドイツ憲法も，——とくにローマ教皇庁に対する——対外的代表権，国際条約の締結権及び広範囲の立法権のような主権的権利の一部を，その構成国に留保していました。むしろ第一次世界大戦中にとられた措置こそが，帝国の権限を強化し，更にワイマール憲法における州に対する連邦の立場の強化に繋がりました。1933年から1945年の間だけは，国家社会主義体制［第三帝国と呼ばれる］の下で，ドイツは単一国家に転じ，そこでは州は固有の立法権その他の全ての主権的権利を奪われました。

　ドイツの連邦主義は第二次世界大戦後に再建されましたが，これは，ドイツの歴史及び一部の州——そのなかには固有の国家アイデンティティの維持に非常に熱心なバイエルンも含まれます——の意思に基づくばかりではなく，国家権力を唯一の政府の手に集中する，単一のドイツ国家の再建を妨げようとした連合国の四強の介入によるものでもありました。連邦国家について，連邦憲法裁判所における憲法上の手続は困難で，裁判は遅滞し，法的論争が延々と続く国家，つまり弱い国家とみる考え方がありますが，このような評価は政治の現実からも憲法の構造からも根拠付けられません。このような評価は，政治権力——とくに立法権と行政権——の垂直的な分離切断が，全体の優れた機能を促進するという利点も，連邦レベルでも州レベルでも政府に主要政党の参加が保障される安定した平和的な状況も，考慮に入れてはいませんでした。このような恒久的・義務的な協力システムは，時として明瞭さを欠くことがありうるとしても，——フランスの表現を用いれば——このような恒久的なコアビタシオン（cohabitation）の積極的な面もまた評価すべきです。

II

　1949年の連邦共和国の憲法――これは1990年10月3日のドイツ統合後は5つの新たな州についても効力を有します――によると，連邦主義は「伝統的ではあるがむしろ現実的ではない出発点」と性格付けられます［30条］。30条は，国家の権限の行使及び公務の遂行は，基本法が別段の定めを設けていない又は許していない限り，州に帰することを定めています。ところが，憲法に関する実情は反対です。立法権限の大部分は連邦が行使しており，除外されるのは文化，州内の安全保障，警察に関する事項及び大量の連邦法の施行です。更に，これらの領域においてさえ，この40年間に協力による連邦主義が発展し，その結果，州自らが協力して，州に専属する立法事項を組織化しました。

　連邦憲法裁判所は，州の法的地位を国家と解しました。個々の支分国が連邦国家の憲法に従い国際レベルで国権を行使することを国際法が認めるにしても，万一の場合に国家責任の履行の責めを負うのは，連邦国家それ自体です。こういう法的地位に照らしてみると，支分国を厳密な意味の国家と解すべきかは，原理的な問題というよりむしろ定義の問題です。更に，連邦国家固有の構造の問題があります。存在するのは，法的に異なる3つの段階，すなわち州・連邦・国家それ自体，換言すれば，ドイツ連邦共和国・連邦［Bund］・個々の州なのでしょうか，それとも法的には2つの段階しか存在しないのでしょうか。連邦憲法裁判所は憲法の解釈として3つの段階という考え方を斥け，2つの段階の存在，すなわち連邦の存在と州の存在のみを認めました。国際法的観点からすると，この立場には疑問があります。何故ならば，連邦と全ての州を包含し且つこの二者の間で切離すことができない権利及び義務が多数存在するからです。

　1949年の基本法の理論的な出発点である「権限の垂直的な分離切断」による連邦主義は，この30年間に単一国家の方向に向かって「協力」による連邦主義に発展してきました。10年位前から，この連邦主義は，共同体の統合により，再び問題になっています。連邦と同様，州もまた，共同体レベルの規則及び指令の方法による調和のための措置により，自らの権限をますます奪

われているように思っています。何故ならば，調和のための全ての行為，すなわち規則及びとくに指令は，ヨーロッパ共同体に対する立法権の——実際には確定的な——委譲を暗示しているからです。州の専属的な権限は極めて限られている以上，事態は連邦よりも州にとって一層危険です。別の例を挙げますと，マーストリヒト条約は，128条（訳注：EEC条約128条の意。アムステルダム条約により修正された現在のEC条約151条に相当する）で，文化に関するEECの権限を，構成国間の協力を促進するための行動をとり，必要があるならば，複数の領域において構成国の行動を支持し補う権能と共に，定めています。

更に，EECは質の高い教育，とくに青少年の教育の発展に寄与する権限[126条（訳注：現在のEC条約149条に相当する）]及び職業訓練の政策についての権限（訳注：マーストリヒト条約による修正前のEEC条約127条，現在のEC条約150条に相当する）を与えられているようにみえます。この二つの条文は，教育制度及び職業訓練の内容及び組織についての責任を構成国に留保していますけれども，EECは国の行動を補う補充的な権能を行使します。EECのこの新しい権能は，おそらく連邦共和国の州の専属的権限を侵害しています。その結果，州は参加ひいては対外的代表についての新しいシステムのなかに「代償」を求めました。この要求事項は，地域からなるヨーロッパという路線に従っているにしても，基本的な問題に影響を与えます。果たして，連邦共和国は連邦国家から国家連合（confédération）に，あるいは，共同体の諸機関との直接的な関係の維持は州の専属的権限であり，その結果連邦はこうした関係の外側に仲裁者として残されるという国家システムに，転じつつあるのでしょうか。ヨーロッパ問題については，ヨーロッパ・レベルでは，もはや対外的なことではなく内部のこととする現在進行中の提案によれば，もはや連邦は外交関係を独占できなくなります。

何が問題かといいますと，実のところ問題になるのは，ヨーロッパ共同体が統合の最終段階にあると考えるならば，3つの段階からなる連邦主義の構築です。このようなシステムを組織するのは非常に難しく，オーストリアの高名な法学者ハンス・ケルゼンが述べたように，「嘆かわしい混迷状態」に至るのを懸念せねばなりません。

Ⅲ

　州は，第二院すなわち州の代表者からなる連邦参議院（Bundesrat）によって，連邦の権限行使に対する「参加権」の獲得を試みました。ヨーロッパ単一議定書を批准する法律は最初の機会であり，そこで州は自らの態度を決するために，EECの閣僚理事会内の交渉過程における委員会の全ての提案ひいてはその修正について知る権利を認められない限り，承認を拒絶すると威嚇しました。この批准の法律では，共同体の提案が州の専属的権限に触れるものであるならば，統合政策及び外交政策についてのやむをえない理由がある場合を除いて，連邦政府は連邦参議院の態度に反することはできない旨定められました。連邦参議院の態度と一致しない場合には，連邦政府はその理由を述べねばなりません。この「国内的参加（participation intérieure）による連邦主義」は，州と連邦の間に憲法上の関係を導入し，ヨーロッパ共同体の理事会のなかに存続します。連邦政府は，州の態度に反するならば，憲法裁判所における手続が行われる危険を負うことになります。このような手続は，国境を越えるテレビ放送に関する指令に連邦政府が賛成したことから，連邦政府を相手取り従前の全ての州によって行われました。この指令は，テレビ放送についてヨーロッパのクォータ制（quotas）を定めていますが，テレビ放送についての権限は州の側に専属しています。

　ヨーロッパ連合条約の批准手続は，基本法に重要な修正を加えて州の法的地位を強化するため，再び州と連邦の交渉の場となっています。新しい23条は，連邦議会（Bundestag）及び州が連邦参議院を通して，ヨーロッパ連合の問題に協力をすること，すなわち，ヨーロッパ・レベルの全ての提案について国内で決定する場合，今後は議会と州は対等に参加することを定めています。この条文により，いわゆるヨーロッパ・レベルの民主主義の赤字が減ると同時に，連邦の制度を救うことが期待されます。しかしながら，この点についての経験を踏まえてみると，連邦議会——フランスでいえば国民議会に当たります——のより強力な参加が，果たしてヨーロッパ議会の民主主義の赤字を埋め合わせることができるか，私には疑わしく思われます。なぜならば，国内議会の議員はヨーロッパ問題には殆ど関心がないからです。州の参

加については，事情は異なります。州は自らの権限の維持に固有の利益を有しています。そこで，新しい23条によれば，州は連邦参議院を通して「国内における類似の措置に協力せねばならない場合又は国内において権限を有する場合，連邦の意思」形成に参加します。その結果，連邦のヨーロッパ・レベルの問題について州も参加することになります。この領域において州の利益に関わる場合には，連邦政府は連邦参議院の意見を考慮せねばなりません。このような手続はもっともなものであり，連邦政府に対する憲法上の拘束は過重なものではありません。しかし，州の立法権，州の機関の組織又は州の非訟的な行政手続が重大な影響を受ける場合には，連邦参議院における州の意見は連邦の意思決定において決定的な役割を果たします。決定的な役割とは，連邦がこの態度に反し得ないことを意味するわけではありません。しかし，憲法の新しい規定が，国家全体についての連邦の責任は保持されねばならないと定めているにせよ，連邦は，実際には逆らい難い憲法上の拘束を受けます。

この国内的参加の枠内で，州の諸権利は更に別の方法で強化されています。今後，憲法の「修正効果」を齎しうるヨーロッパ・レベルの各措置については，連邦参議院の3分の2の同意が要求されます。これは新しい条文であり，その目的は，EEC条約235条（訳注：現在のEC条約308条に相当する）に基づく決定が過度に拡大されて行われた場合の保護にあります。

IV

州の観点からすると，連邦の意思形成についての国内的参加は，州の国家的立場を保障するには十分ではありません。23条は，閣僚理事会内の「対外的代表権」も定めています。EC条約の新しい146条（訳注：現在の203条に相当する）は，理事会が，自国の政府を拘束できる，構成国の閣僚級の代表により構成されることを定めています。故に，閣僚理事会で，州の代表者が連邦共和国を代表することが想定できます。

閣僚理事会における州の代表は，構成国政府の代表についての新しいスタイルの例です。この代表者［おそらくは，連邦参議院の多数による決定に従わねばならない連邦参議院の議長，すなわちザールやバイエルンの首相がそ

の例でしょう］は，ドイツ連邦共和国全体を代表することになります。この場合，幾つかの問題が生じます。

(a) 形式的には，代表は，閣僚理事会のなかに制限されず，連邦共和国がヨーロッパ連合の構成員として行使しうる全ての諸権利に及びます。そこで，理事会内の常駐代表委員会（Coreper）や，従来でいえば，委員会（Commission）により創設された各種委員会（comités）にも及びます。故にドイツ憲法23条によると，このような諸機関においても，一つの州がドイツ連邦共和国を代表することは，理論的には可能です［新しい146条を除いて共同体法がこれを許す限り］。

(b) 連邦参議院の内部では全く相異なる政治的な動きがある以上，連邦参議院で決定された態度を州の代表者が閣僚理事会で擁護しないことも十分考えられます。このような状況は必ずしも悪い意味のものではありません。なぜならば，理事会の交渉過程では，受入れ可能な結論に達するため，連邦参議院の態度を支持することが明らかに不可能なことがありうるからです。このような憲法上の手続についての国内法違反は，共同体のレベルでは効果を生じません。なぜならば，たとえその手続がヨーロッパ共同体及びヨーロッパ連合に通知されていたとしても，条約法に関するウィーン条約により，憲法違反は対外的効果を生じ得ないからです。

(c) 更に，複雑な事態に直面する用意をしておかねばなりません。指令のようなヨーロッパ・レベルの計画が，連邦の権限及び州の専属的権限に影響を与えるならば，専属的な権限の重要な部分が脅かされていると主張する州と連邦の間の紛争は，誰が解決することになるのでしょうか。たとえ連邦がヨーロッパ・レベルの外交を独占しなくなったにしても，州の専属的権限の重要な部分が影響を受けたかという問題に対する応答は，連邦に留保されています。この決定は，客観的な性格のもの，すなわち連邦憲法裁判所により事後的に審査が可能なものですけれども，ヨーロッパ・レベルでは連邦の決定はケース・バイ・ケースで行われ，全てのタイプについて一般的に行われるわけではないでしょう。難しい領域における憲法裁判所の審査は事後的に行われるでしょう。何故ならば，一旦，連邦政府による代表が行われれば，それが州に有利でなくとも，憲法裁判所による仮の命令による場合を除いて，変更し得ないからです。このような介入があれば，閣僚理事会では他の構成

国にとって，憲法裁判所の介入の後，連邦政府の代表を州の代表に交替させる必要が生じる，と考えることは難しくありません。

(d) 一般的には，州の代表者はドイツ国家全体を代表します。州の代表者は，連邦政府の権限が影響を受ける限り，連邦政府の態度を考慮に入れねばなりません。州の代表者が連邦政府の態度に反しうるならば，それは連邦政府の構造と矛盾しましょう。こういうことは，連邦政策の否認になりましょう。このことから，連邦政府の態度を変更する又は連邦政府の諸権限に介入する権利は，州の権能に含まれないとの結論を導くべきです。以上のことは，外交政策が原則的には連邦政府の管轄に属することから説明できます。

ヨーロッパ共同体の閣僚理事会における州の代表［連邦政府の代表者との協力を伴います。23条の条文は，連邦政府と共に「参加によって」且つ「意見調整をして」代表する権利について述べています］は，州の対外政策のための第一段階です。対外関係においては外務大臣を通じて唯一の見解を述べるという国家の単位は，崩壊しはじめています。連邦における国家的結び付きは，弱まりますけれども，憲法裁判所のコントロールの下になお固定されており，憲法裁判所は，連邦主義のみならずドイツ国家という単位を，かつてないほどに保障するものとなりましょう。

故に，我々は国際的組織における代表について前例のない経験をしようとしています。共同体の他の構成国もドイツの連邦主義をもはや無視できないでしょう。なぜならば，ドイツの連邦主義は対外的な面をもつからです。ドイツの連邦主義は「共同体化（communautarisé）」され，その結果，共同体諸機関のなかで感じられることになりましょう。おそらくこのメカニズムは，新たな「補完性原理」による州の保護よりも効果的です。この補完性原理によると，予定された行動の諸目的が構成国によっては十分に実現され得ず，故に予定された行動の規模又は効果を考慮して共同体レベルでよりよく実現しうる場合はその限りにおいて，共同体が行動します。この原理は構成国にとって有利な原理ですが，とくに州のような領域的実体（entités territoriales）にとっては異なります。州が望んだような，EEC条約173条1項（訳注：現在のEC条約230条に相当する）によるヨーロッパ共同体裁判所に訴えを提起する固有の権利も，州は獲得しませんでした。その結果，州の期待を新たに集めているのが，連邦です。連邦は，閣僚理事会において州がドイツ連邦共

和国を代表したとしても，州の立場が多数を獲得しなかった場合，補完性原理の違反を確認し，ヨーロッパ共同体裁判所に不服を申立てるべきです。

V

最後の指摘をいたします。連邦議会はマーストリヒト条約の批准を認めたところです。必要である，州から成る議院［連邦参議院］の同意は，必要となったドイツ憲法の修正に基づいてなされるでしょう。憲法の修正には，連邦議会及び連邦参議院の各々の3分の2の同意が要求されます。おそらく，現段階で連邦主義が導入されるでしょうし，――そして，ちょっとした「ドイツ人の喧嘩」――が共同体の内部で起こるでしょうが，比例原則の場合や他の多くの場合にそうしたように，共同体は発信機の役割を果たすでしょうし，その結果，不断の協力及び連邦主義に対する理解の精神は，他の構成国にも広がることでしょう。

（追記）

この翻訳は，石川明教授を長とする慶應義塾大学EU法研究会の活動の一環としてかつて行ったもので，レス教授にも同研究会に御参加頂いている。翻訳を公にする機会を逸していたが，本書の刊行に際し，幸いにもその機会を得た。時機を失したことを，レス教授に誠に申し訳なく心よりお詫び申し上げたい。もっとも，これは，冒頭に示したように，1992年のパリ第5大学法学部名誉博士号授与に際するレス教授の講演原稿であり，現在においても傾聴に値する，大変貴重な示唆を含んでいると考える。この講演はフランス語でなされたものであり，次の文献にも掲載されている。Georg RESS, La participation des Laender allemands à l'intégration européenne, Revue française de Droit constitutionnel, 15, 1993, pp. 657-662. なお，同文献の検索等については，平成国際大学の入稲福智先生に御協力頂いた。この場を借りて感謝申し上げる。

本講演のテーマであるヨーロッパ統合とドイツ諸州の関係については，前記研究会の成果である石川明＝櫻井雅夫編『EUの法的課題』（慶應大学出版

会，1999年）所収の鈴木秀美「欧州共同体立法へのドイツ諸州の参加権――放送法を例にして」（同書227頁以下）及び岡田俊幸「ドイツ憲法の＜ヨーロッパ＞条項――基本法第23条をめぐって」（同書129頁以下）並びに石川明編『EC統合の法的側面』（成文堂，1993年）所収の岡田俊幸「マーストリヒト条約とボン基本法の改正」（同書31頁以下）も併せて参照されたい。

欧州通貨同盟と国家主権
――ドイツ連邦憲法裁判所のマーストリヒト判決をめぐって――

岡 田 俊 幸

> **Die Europäische Währungsunion und die Souveränitätsfrage**
> ― zum Maastricht-Urteil des Bundesverfassungsgerichts
>
> OKADA Toshiyuki
>
> Der Beitrag legt dar, daß der vom Bundesverfassungsgericht im Maastricht-Urteil unternommene Versuch der verfassungskonformen Auslegung der Vertragsbestimmungen zur Währungsunion zwar mit den europarechtlichen Vorgaben unvereinbar ist und dieser Versuch der Vertragsauslegung jedoch eine Bemühung um die Bewahrung der fortbestehenden Staatlichkeit Deutschlands in der europäischen Integration darstellt. Den Ausführungen des Bundesverfassungsgerichts zum Parlamentsvorbehalt für den Eintritt Deutschlands in die dritte Stufe der Währungsunion und zur Möglichkeit eines Ausscheidens des Mitgliedstaates aus der Stablitätsgemeinschaft bei deren Scheitern liegt die Konzeption einer Letztverantwortlichkeit des Staates zu Grunde.

I はじめに

1999年1月1日,マーストリヒト条約で規定されたプログラムに従って,欧州通貨同盟は第3段階に移行した。これにより,欧州単一通貨参加加盟諸国(以下,たんに「参加国」という)の通貨高権にかかわる諸権限は欧州共同体に移譲され,すでに1998年6月1日に設立されていた欧州中央銀行および

欧州中央銀行体制が通貨高権にかかわる諸権限を完全な範囲で行使することになった（EG条約109 l 条 1 項 3 文［新123条 1 項 3 文］)。理事会は，第 3 段階開始の日に，参加国の全会一致の決議に基づき，各国通貨相互間の交換率および単一通貨ユーロ1)に各国通貨を置換するための撤回不能な固定相場を決定し，これによりユーロは独自の通貨となった（EG条約109 l 条 4 項 1 文［新123条 4 項 1 文］)。もっとも，現在のところ，ユーロは帳簿上の貨幣にとどまり，各国の銀行券や硬貨がユーロ建ての銀行券や硬貨に置き換えられるのは，2002年 1 月 1 日以降である。しかし，ユーロ建ての銀行券などの流通と各国の銀行券などの回収は，1999年 1 月 1 日から開始された通貨交換のプロセスを言わば「物質的に」表現したにすぎず，参加国の通貨は，1999年 1 月 1 日の時点ですでにその独自性を失い，欧州単一通貨のたんなる「下位区分」となっている2)。

2000年という節目の年にめでたく65回目の誕生日を迎えられたゲオルク・レス教授は，すでに，マーストリヒト条約が締結された直後の1992年 3 月29日に慶応義塾大学名誉法学博士号授与に際して行った記念講演「欧州連合とその欧州諸共同体との関係の新たな法律的性質」において，マーストリヒト条約による，「各国中央銀行に加えて一つのヨーロッパ中央銀行をおくというヨーロッパシステムを伴う経済・通貨の新ユニオンの設立は（欧州の諸通貨をECUに統一すること)，欧州連邦国家（Bundesstaat）への移行がいかなる範囲で達成されるかという問題を提起した」ことを指摘し，「自己の通貨をもたない諸国家がそれらの国家としての性質（Staatlichkeit）という構成的要素を放棄したのであろうか」と問いかけている3)。そして，レス教授は，結

---

1) Euroは，ドイツ語ではオイロと発音する。甲斐素直「欧州連合財政略史」日本法学66巻 3 号（2000年）291頁以下，331頁は，「日本では，これを英語読みしてユーロと発音することが多いようであるが，英国では使用されていない通貨であるから，そう発音するのは間違い」であると指摘する。筆者も，ユーロではなく，オイロと表記したいところではあるが，ユーロという言葉は「相当程度一般化していると思料される」（甲斐・前掲論文295頁を参照。）ので，ユーロという言葉を採用した。

2) Matthias Herdegen, in: Maunz/Dürig, Grundgesetz, Kommentar (Lfg. 34 Juni 1998), Art. 88, Rdnr. 18.

3) ゲオルク・レス（石川明訳）「欧州連合（die Europäische Union）とその欧州諸共同体（die Europäische Gemeinschaften）との関係の新たな法律的性質」石川明編『EC統合の法的側面』（成文堂，1993年） 1 頁以下。もっとも，筆者は，この記念講演を

I はじめに

論部分において,「欧州連合の結成によっていわゆる『後戻りのできない地点』(point of no return) にほぼ達成した」ので,「次の20年30年のなかでヨーロッパ連邦国家に進むことになるであろう」という診断を下している4)。こうした診断には議論の余地があると思われるが,しかし,「通貨高権の共同体化は,従来の権限移譲よりも強力に加盟諸国の国法上の独自の生活 (Eigenleben) に介入する」ものなので,通貨統合のプログラムはマーストリヒト条約に「革命的性格」を与えるものであること,通貨高権の共同体化は,「『主権』という言葉で言い表わされる,国の高権的諸権利の束にその中核において触れる」ものであること5)は多くの学説が共有する認識であろう6)。

連邦憲法裁判所は,1993年10月12日のいわゆるマーストリヒト判決7)において欧州連合に関する条約(マーストリヒト条約)に対する同意法律が基本

拝聴する機会には恵まれなかった。筆者がレス教授とお会いしたのは,1997年5月10日に慶応EU法研究会でなされた講演(ゲオルク・レス(入稲福智訳)「EUにおける基本権保護——今日の問題」石川明=櫻井雅夫編『EUの法的課題』(慶応義塾大学出版会,1999年)79頁以下)を拝聴したときである。従って,筆者とレス教授との関係は,ザールラント大学に留学された他の先生方と比べて格段に浅くかつ薄いのであり,筆者は,本来的には,この記念論文集に寄稿させていただく資格を有しないのであるが,しかし,今後さらにレス教授と学問的交流を深めていきたいと考えているので,敢えて——大変に未熟なものでお恥ずかしい限りではあるが——寄稿させていただくことにした。

4) レス・前掲注3)「新たな法律的性質」19頁。
5) *Matthias Herdegen,* Europarecht, 2. Aufl. 1999, Rdnr. 383.
6) 例えば,*Dietrich Murswiek,* Maastricht und der pouvoir constituant, Zur Bedeutung der verfassunggebenden Gewalt im Prozeß der europäischen Integration, Der Staat 1993, S. 161 ff.; *Hans A. Stöcker,* Die Unvereinbarkeit der Währungsunion mit der Selbstbestimmungsgarantie in Art. 1 Abs 2 GG, Der Staat 1992, S. 495 ff.; *Lothar Müller,* Verfassungsrechtliche Fußnoten zum Maastrichter Vertrag über eine Wirtschafts- und Währungsunion, DVBl. 1992, S. 1249 ff. を参照。邦語文献としては,奥山亜喜子「ヨーロッパ統合と主権理論の変遷」中央大学大学院研究年報26号(1997年)13頁以下が,EUにおける権限配分が「従来の主権理論に如何なる影響を与えるかについて検討を加え」,「共同体への通貨政策権限を完全に委譲することは,国家の主権的権利を共同体へ完全に委譲することを意味する」こと,通貨政策形成権限のECへの委譲が「完全に達成されれば主権概念はかなり制限されることになる」ことを指摘している。
7) BVerfGE 89, 155. なお,レス教授自身もマーストリヒト判決について検討した論文を発表されている(ゲオルク・レス(入稲福智訳)「マーストリヒト条約に関するドイツ連邦憲法裁判所判例評釈」法学研究70巻5号(1997年)107頁以下)。

法に合致するとする判断を下した。この判決は，きわめて多岐にわたる論点に言及しているが，欧州通貨同盟にかかわる条約の諸規定の合憲性についても相当の紙幅を割いている。とくに，「通貨統合への議会のコントロール」についての「判決の説示は詳細を極める」と評されている[8]。筆者は，かつて，マーストリヒト判決は「ドイツの国家性の保持」という問題意識により貫かれているという見方を示したことがある[9]が，このことは，マーストリヒト判決の通貨同盟にかかわる説示にも当てはまると考えられる。もしこの見方が誤りでないとすれば，連邦憲法裁判所は，通貨同盟設立によりドイツはその「国家性」を放棄したのだろうかというレス教授と同じ問題意識を有していることになる。そして，筆者の理解するところによると，連邦憲法裁判所は，レス教授と問題意識を共有しつつも，連合条約およびその付属議定書の「憲法適合的」（あるいは「不自然な印象を与える」[10]）解釈を通して，マーストリヒト条約により設立された通貨同盟に対してレス教授とは正反対の診断，つまり，通貨同盟の設立により「後戻りのできない地点」にはまだ到達していないという診断を下し，これによりドイツの「国家性」はなお保持されているという結論に至ったと見ることができる。マーストリヒト判決において「連邦憲法裁判所は欧州通貨同盟の展開の観点から連邦議会の責任にも詳細に取り組んだ」という評価[11]は，もちろんその通りであるが，しかし，表層において「連邦議会の責任」を論じる判決文の深層に「ドイツの国家性の保持」という問題意識が底流していることを理解しなければならない。本稿の目的は，マーストリヒト判決からこうした構図を読み取ることにある。以下，まず，連邦憲法裁判所のマーストリヒト判決のうち欧州通貨同

---

8) 川添利幸「欧州連合の創設に関する条約の合憲性——マーストリヒト判決——」ドイツ憲法判例研究会編『ドイツの憲法判例』（信山社，1996年）325頁以下，329頁。

9) 拙稿「ドイツ連邦憲法裁判所のマーストリヒト判決」石川明＝櫻井雅夫編『EUの法的課題』（慶応義塾大学出版会，1999年）193頁以下，223頁以下。この論文では，紙幅の制約もあって通貨同盟に関する判旨についての検討を行うことはできなかった。本稿は，上記拙稿を補完し発展させるという意味を有する。

10) Juliane Kokott, Deutschland im Rahmen der Europäischen Union—zum Vertrag von Maastricht, AöR 1993, S. 207 ff., 229.

11) Albert Bleckmann/Stefan Ulrich Pieper, Maastricht, die grundgesetzliche Ordnung und die "Superrevisionsinstanz", Die Maastricht-Entscheidung des Bundesverfassungsgerichts, RIW 1993, S. 969 ff., 975.

Ⅱ　通貨同盟の合憲性に関する連邦憲法裁判所の見解

盟に関わる説示の主要部分を訳出する（Ⅱ），つぎに，連邦憲法裁判所によって示されたEG条約などの解釈に対して学説から提出された疑問を紹介する（Ⅲ）。そして最後に，こうした解釈を行わざるを得なかった連邦憲法裁判所の拠って立つ理論的基点が「ドイツの国家性の保持」にあることを明らかにする（Ⅳ）。

Ⅱ　通貨同盟の合憲性に関する連邦憲法裁判所の見解[12]

1　連邦憲法裁判所は，マーストリヒト判決において，マーストリヒト条約に対する同意法律の合憲性を「基本法38条の保障内容」を基準として審査した。連邦憲法裁判所は，基本法38条から，「ドイツ連邦議会の選挙に参加し，これによって連邦レヴェルにおける国民による国家権力の正当化に協力し，その行使に影響を及ぼす主観的権利」を導出し（S. 171 f.），「基本法38条は，基本法23条の適用範囲において，選挙によってもたらされる国家権力の正当化およびその行使に対する影響力行使を，連邦議会の任務および権限の移譲によって，民主的原理が，基本法20条1項および2項と結び付いた基本法79条3項が不可侵としている範囲においても侵害されるような形で空洞化することを排除する」（S. 172）と判示した。そして連邦憲法裁判所は，欧州連合という「国家結合体（Staatenverbund）」においては，欧州連合による高権的権限の行使の民主的正当化は，各加盟国の国民が各国の国内議会を通して行わなければならないと指摘し（S. 184），こうした連邦議会の中心的役割を前提としつつ，基本法38条から，その保障内容として，①連邦議会に実質的な重要性を有する任務と権限が残されていなければならないこと（S. 186），②同意法律の中で，いかなる範囲で高権的諸権利が欧州共同体に移譲されるのかが明確に規定されていなければならないこと（S. 187），という2つの要請を導出した。こうした枠組みを前提としつつ，連邦憲法裁判所は，後者の「明確性の要請」という観点から，通貨同盟に関する条約の諸規定および議定書を審査し，「連合条約は，同条約において構想された各執行段階において，同条約が欧州通貨同盟への展開およびその存続を規律する範囲に

---

[12] この章においてマーストリヒト判決を引用する場合には，連邦憲法裁判所判例集の頁数を割注の形で示す。

おいても連邦議会が責任を負うことができるものである」(S. 199) としてその合憲性を確認した。以下では，その理由付けについて，①第3段階移行までの通貨同盟の展開にかかわる説示 (**2**) と②第3段階移行後の通貨同盟の展開にかかわる説示 (**3**) に分けて，詳しく紹介することにしたい13)。

2 マーストリヒト条約により改正されたEG条約は，通貨同盟第3段階への移行について，「一定の実体的基準と結び付いた明確な日程」14)を含んでいる。すなわち，EG条約109j条［新121条］によると，委員会および欧州通貨機構（EWI）は，各加盟国が通貨同盟実現のための義務をどの程度履行しているのかを理事会に報告する (1項)。この報告では，とくに，109j条1項3文の4つのいわゆる「収斂基準」，すなわち，①高度な物価安定の達成，②政府の財政状況（超過的赤字のない財政状況），③為替相場の安定（他の加盟国の通貨に対して平価切り下げを行わず最低2年間欧州通貨制度の為替相場機構の正常変動幅を遵守すること），および④持続的な収斂能力の表出としての長期金利，によって各加盟国の「経済的収斂」の達成が検討される。なお，EG条約109j条に基づく収斂基準に関する議定書は，この4つの収斂基準をさらに詳細に具体化している。つぎに，経済大臣・大蔵大臣により構成される理事会は，これらの報告を基礎として，委員会の勧告に基づき，特定多数決によって，個々の加盟国が単一通貨導入に必要な条件を充足しているか，加盟国の過半数がこの条件を充足しているか否かを評価する (2項)。そして，国家・政府の首脳により構成される理事会は，1項に基づく報告および欧州議会の態度決定をしかるべく考慮して，1996年12月31日までに，特定多数決で，経済相・蔵相理事会の勧告に基づき，加盟国の過半数が単一通貨の導入に必要な条件を充足しているか否かを決定し，さらに，通貨同盟第3段階移行が共同体にとって適切か否かを決定する。第3段階移行が

---

13) さらに，連邦憲法裁判所は欧州中央銀行の独立性と民主制原理との関係について注目すべき見解を述べている (S. 207 ff.) が，この論点については考察の対象とはしない。この論点については，日野田浩行「中央銀行の独立性に関する憲法的考察――ドイツ連邦銀行の地位を中心に――」阪本昌成編『立憲主義――過去と未来の間――』(有信堂，2000年) 201頁以下，とくに224頁以下によりすでに検討がなされている。

14) *Herdegen*, a. a. O. (Anm. 5), Rdnr. 394.

Ⅱ　通貨同盟の合憲性に関する連邦憲法裁判所の見解

決定された場合，理事会は第3段階開始の時点を設定する（3項）。1997年末までに第3段階の開始日が設定されない場合には，第3段階は1999年1月1日に開始される。1998年7月1日までに国家・政府の首脳により構成される理事会は，委員会および欧州通貨機構の報告ならびに欧州議会の態度決定を考慮し，特定多数決によって，経済相・蔵相理事会の勧告に基づき，どの加盟国が単一通貨の導入に必要な条件を充足しているかを確認する（4項）。

連邦憲法裁判所は，通貨同盟の段階的実現を規律したEG条約の諸規定が「明確性の要請」に反しないことを次のように論証している。少々長くなってしまうが，Ⅲ以下の考察に不可欠なので，その主要部分を訳出しておく（S. 200-204）。

(a)「通貨同盟は，EG条約6編2章によって，優先的に物価安定を保障しなければならない安定共同体（Stabilitätsgemeinschaft）として構想されている（EG条約3a条2項，105条1項1文）。それ故，各加盟国は，EG条約109e条2項(a)第2ダッシュに基づき，すでに経済通貨同盟の実現のための第2段階に移行する前に，必要な場合には，とくに物価安定および健全な公共財政に関して必要な持続的収斂を保障しようとする多年度計画を採択することになるだろう。理事会は，EG条約109e条2項(b)に基づき，経済通貨領域における収斂に際してなされた進展を評価するであろう。経済通貨同盟の進行のための判断基準は，EG条約109j条1項において構成要件として（tatbestandlich）明確化され，かつ収斂基準に関する議定書において詳細に数量化されている。この議定書の6条は，これらの諸基準の具体化を理事会の全会一致の議決に留保している。これらの収斂基準の充足が，加盟国が通貨同盟第3段階に加入するための前提条件である。」

(b)「たとえ現在のところは，通貨同盟がその個々の段階において経済的意義，参加する加盟国および時期に応じてどのような展開を遂げるのかについて予見することはできないとしても，連合条約に対する同意法律は議会的責任（parlamentarische Verantwortbarkeit）の諸要請を充足している。」

(c)「欧州連合に関する条約は，継続的発展の性格を内在する加盟国間の結合体についての国際法上の協定を行うものである。欧州連合に関する条約は，加盟諸国がこの条約につねに生命を吹き込むことに頼らざるを得ないのであり，この条約の執行および展開は，条約当事者の意思によって支えられなければならない。それ故，EU条約N条は，条約改正についての各加盟国の提案権を規定しており，条約改正は，全加盟国によりその憲法上の規定に基づき批准された後に効力を生じる。……しかし，現行の諸条約の執行も，加盟諸国の協力の心構えに頼らざるを得ない。EG条約102a条以下で規定された経済通貨同盟は，条約上合意された

17

通貨同盟と，前提とされる経済同盟への展開の相互関連性の故に，すべての加盟国がつねに真剣に執行の準備を行う場合にのみ実現できるのである。

　条約内容と実際上前提とされる収斂のこの関連性の枠内では，経済通貨同盟第3段階開始の時点（109j条4項）も，法的に実施可能な日付というよりも目標値として理解されなければならない。たしかに，加盟諸国は，ヨーロッパ法上，条約上挙げられたこの日付を達成する真剣な努力を行う責務を負う。しかし……目標期日の設定の意味は，確立した共同体の伝統によると，統合の展開をどんなことがあっても期限通りに実現する点にあるというよりも，統合の展開に刺激を与え促進する点にある。」

　(d)　「経済通貨同盟第3段階移行に対して独自の評価を行うことを留保し，それによって安定基準の緩和に抵抗する，というドイツ連邦議会の関心事は，とくに，収斂基準に関する議定書6条に依拠することができる。そこでは，条約で定められた収斂基準の詳細を同議定書の定義から離れて規律することでさえ，理事会の全会一致の決定に留保されている。このことは，一方において，EG条約109j条1項に列挙された諸基準それ自体は理事会によっても自由に変更することができないことを意味する。そうでなければ，安定共同体としての通貨同盟の基本構想（…）を実現することができないのであるから，なおさらである。他方において，収斂基準に関する議定書6条から，個々の加盟国が単一通貨の導入のための収斂基準を充足しているか否かという，EG条約109j条2項により理事会が自己の勧告の基礎としなければならない評価が，たんなる多数決を通してこの基準の網を潜り抜けてはならないことを読み取ることができる。多数決が必要とされているのは，むしろ，残されている評価，判断および予測の余地の枠内において意見の相違を除去することができる，ということを意味し得るにすぎない。同じことは，国家および政府首脳により構成される理事会が，この勧告をEG条約109j条3項および4項に基づく自己の多数決決定の基礎としなければならない場合にも妥当する。理事会に与えられる評価，判断および予測の余地があるとしても，条約の文言は，EG条約109j条2項に基づく勧告における自己の決定基礎から，従って，条約上EG条約109j条1項で定められ，かつ収斂基準に関する議定書において詳細に定義されている収斂基準から離れることを理事会に許してはいない。これによって，ドイツの同意なくして——従ってドイツ連邦議会の決定的な協力なくして——収斂基準を「緩和」することはできない，ということが十分に確保されている。」

　(e)　「これに加えて，経済通貨同盟第3段階移行に関する議定書は，第3段階への撤回不能な加入が関係加盟国の『準備作業』に依拠していることを認めている。この準備作業も各々の国内憲法に従って行われるものであり，そこではこの作業

Ⅱ 通貨同盟の合憲性に関する連邦憲法裁判所の見解

は議会留保の下におかれ得るのである。その点においてもドイツ連邦議会は，将来の通貨同盟を厳格な安定基準を条件としてのみ開始させようとする自己の意思に，少なくとも基本法23条3項，安定共同体としての経済通貨同盟に関する1992年12月2日の決議——これは機関忠誠の意味で運用されなければならない——，および1993年4月2日の連邦大蔵大臣の書簡の枠内において効果を与えることができる。」

(f)「従って，結論として，ドイツ連邦共和国は，連合条約の批准によって，通貨同盟に向かっての見通しのきかない，自律的に進行するためにもはや制御不能な『自動機構』に服するものではない。この条約は，欧州法共同体の段階的なさらなる統合に道を開くものであるが，この道は，新たな一歩を踏み出す毎に，現時点で議会にとって予見可能な諸条件か，そうでなければ，これとは別の，議会が影響を及ぼすことのできる連邦政府の同意に左右されるのである。」

3 つぎに，連邦憲法裁判所は，通貨同盟第3段階移行後の通貨同盟の展開を規律した条約上の諸規定も「明確性の要請」を充足していると判断した。連邦憲法裁判所は，物価安定に向けた条約上の種々の予防措置を列挙して，安定共同体の失敗の可能性は条約の「法的な不明確性」が生じるほどには具体的ではないと判断したのである。以下，これにかかわる判旨を訳出しておく (S. 204 f.)。

(g)「通貨同盟の展開は，第3段階移行後も予見可能な仕方で規範化されており，その限りにおいて議会が責任を負うことができる。連合条約は，通貨同盟を，安定の継続性を義務付けられ，かつ特に貨幣価値の安定を保障する共同体として規律している。たしかに，ECU 通貨の安定が条約において講ぜられた予防措置に基づいて実際に持続的に確保され得るのかどうかについて予見することはできない。しかしながら，安定に向けての諸努力の失敗——それはその後に，加盟国のさらなる財政政策的譲歩という結果をもたらす可能性がある——の恐れは，そこから条約の法的な不明確性が生じるにはあまりにも具体性を欠く (zu wenig greifbar)。条約は，安定目標を通貨同盟の判断基準とし，制度的予防措置によってこの目標の実現を確保することに努め，かつ最終的には——最後の手段（ultima ratio）として——安定共同体が失敗した場合には共同体からの離脱も妨げないような長期的な基準を設定している。欧州中央銀行体制（ESZB）は，EG 条約105条1項により優先的に物価安定の保障を義務付けられる。欧州中央銀行（EZB）は，その任務を行使する際に EG 条約107条によって独立性が付与されている。すでに連合条

約前文の6番目の考慮から，安定した通貨を経済通貨同盟の設立の根底に据えようとする加盟諸国の決意が明らかになる。EG条約2条は，インフレーションを伴わない成長および経済的成果の高度の収斂を達成することなどを欧州共同体の任務と宣言している。条約において規定された統一的な通貨政策および為替相場政策の導入および実施は，EG条約3a条2項において，優先的に物価安定の目標を追求するように拘束されている。加えてEG条約は，加盟諸国がその経済政策において欧州通貨の安定を支えかつ促進する予防措置を講じている。EG条約3a条3項は，加盟諸国の活動に対しても，安定した物価，健全な公共財政および通貨の大綱的条件，ならびに持続的に融資可能な国際収支を指導的な諸原則として設定している（EG条約102a条2文も参照）。加盟諸国の経済政策は共通関心事項と宣言され，その基本的枠組みにおいて理事会の勧告によって調整されかつ監視される（EG条約103条）。EG条約104条は，各国中央銀行に対しても，加盟諸国の公的機関または公営企業に当座貸越の便宜またはその他の信用の便宜を認めたり，またはこれらから債務名義を直接的に取得することを禁止している。監督目的を除いて，加盟諸国の公的機関および公営企業に対して金融機関への優先的アクセス権を創設してはならない（EG条約104a条）。EG条約104b条は，ある加盟国の公的機関または公営企業の債務を共同体または他の加盟国が引き受けることおよび保証することを排除しており，そのため，加盟国は堅実でない財政政策の結果を容易には転嫁できないのである。最後に，EG条約104c条は，超過的赤字に際しての手続に関する議定書と関連して，加盟諸国に超過的国家財政赤字を回避する義務を課し，かつこのために加盟諸国を委員会による監視に服させる。理事会は，委員会の勧告に基づき，ある加盟国において超過的赤字が存在することを確認し，かつその削減に向けた働きかけを行うことができる。

　安定共同体としての通貨同盟のこの構想が，ドイツの同意法律の基礎であり対象である。通貨同盟が，第3段階移行のときに存在している安定を，合意された安定化委託の意味において絶えず継続的に発展させることができない場合には，通貨同盟は，条約上の構想から離れることになろう。」

Ⅲ　連邦憲法裁判所によるヨーロッパ法の解釈に対する批判

　1　以上で紹介したマーストリヒト判決の特徴は，この判決により基本法の解釈が示されたというよりも，EG条約およびその付属議定書に対して一定の解釈が示された点にある。例えば，連邦憲法裁判所は，マーストリヒト条約で規定されたプログラムは通貨同盟第3段階移行への「自動機構」を意

III 連邦憲法裁判所によるヨーロッパ法の解釈に対する批判

味しないと説いた（判旨(f)）が，この説明は，マーストリヒト条約の規定に対する「放棄することのできない憲法内容の対置という意味での憲法独自の論証」に基づくものではなく，むしろ「条約そのものの解釈」に基づくと理解されている[15]。そして，ここで注目しなければならないのは，連邦憲法裁判所が行った EG 条約などの解釈が学説上大変な不評を買った，ということである。以下，連邦憲法裁判所が行った EG 条約などの解釈に対して学説からどのような批判が出されたのかを確認することにしよう。とくに批判の対象となったのは，次の4つの点である。

2 第一は，ドイツの通貨同盟第3段階加入に対する「ある種の議会留保の観念」[16]である。連邦憲法裁判所は，通貨同盟の実現は，各段階において「現時点で議会にとって予見可能な諸条件か，そうでなければ，これとは別の，議会が影響を及ぼすことのできる連邦政府の同意」に依拠すると述べている（判旨(f)）。ここで注意しなければならないのは，すでに示唆したように，「連邦憲法裁判所は，通貨同盟第3段階へのドイツの加入に対する憲法上根拠付けられ，その点では強制的な議会留保を構築したのではな」く，連邦議会の要求する権限を「正当化されると見なした」にすぎない[17]，ということである。つまり，連邦憲法裁判所は EG 条約および議定書から「議会留保」を導き出したのである。

この点に関連してまず注目されるのは，「経済通貨同盟第3段階移行に対して独自の評価を行うことを留保し，それによって安定基準の緩和に抵抗する，というドイツ連邦議会の関心事は，とくに，収斂基準に関する議定書6条に依拠することができる」（判旨(d)）とする解釈である。連邦議会は，1992年12月2日にマーストリヒト条約に対する同意法律を可決したが，同日，経済通貨同盟に関する決議[18]を行った。連邦議会は，この決議において，「ドイツ連邦議会は，マーストリヒトで合意された安定基準を緩和するあら

---

15) *Volkmar Götz*, Das Maastricht-Urteil des Bundesverfassungsgerichts, JZ 1993, S. 1081 ff., 1084.
16) *Herdegen*, a. a. O.（Anm. 5），Rdnr. 406.
17) *Götz*, a. a. O.（Anm. 15），S. 1084 f.
18) BT-Drucks. 12/3902. また，連邦参議院も，1992年12月18日に，ほぼ同文の決議を行った（BR-Drucks. 810/92 S. 6 f.）．

ゆる試みに抵抗するだろう」し,「経済通貨同盟第3段階への移行が厳格にこれらの基準に基づいて行われるように監視するだろう」と述べて,「些か強い口調で」自らが「マーストリヒトで合意された安定基準の番人」となることを宣言する[19]とともに,「経済通貨同盟第3段階への移行はドイツ連邦議会による評価も要求し」,「連邦政府はこれに応じて EG 条約109 j 条3項および4項に基づく理事会の決議における連邦政府の投票態度のために連邦議会の同意投票を必要とする」と述べて連邦政府の行動を連邦議会の同意投票の留保の下におくことを要求した。連邦憲法裁判所は,この決議で表明された「連邦議会の関心事」を「収斂基準に関する議定書6条」から読み取ったのである。

しかし,こうした解釈に対しては批判が少なくない[20]。例えば,ケーニヒ (Doris König) は,この解釈は,「経済政策的および通貨政策的理由からは歓迎されるかもしれない」が,「条約諸規定およびこれに付属する議定書の文言と意図に反する」と批判した。「条約当事者の意思によると,通貨同盟第3段階への加入は,固定された日程に従って行われるべきものであり,

---

[19] *Herdegen*, a. a. O. (Anm. 5), Rdnr. 407.
[20] 例えば, *Rudolf Streinz,* Das Maastricht-Urteil des Bundesverfassungsgerichts, EuZW 1994, S, 329 ff., 333; *Stephan Hobe/Bodo Wiegand,* Die Maastricht-Entscheidung des Bundesverfassungsgerichts, ThürVBl. 1994, S. 204 ff., 210 を参照。これに対して,フロヴァインは,一方で,「議会的責任」という概念(判旨(b)) は「議会の政治的責任に関する限界」と用語上混同する危険があり,かつ,「議会的責任」という「奇妙な」定式は憲法裁判権の限界を不明確にすると批判しつつ,他方で,「ドイツ連邦議会が第3段階への移行を自己の決定を通して正当化しなければならない,という確認」は同意に値すると主張している。フロヴァインは,「経済および通貨の展開は予見することができない」ので,「条約の文言に従えば,さしあたり容易に思い浮かぶと思われる自動機構」を排除することは正当であると説く。つまり,「1993年における欧州通貨制度の危機が示しているように,世界的に相互依存している体制において生じる可能性のある撹乱を完全に予測しかつ制御することなどできない」ことを前提とするならば,「条約の諸規定をこの事実を考慮することなく解釈することは正当ではあり得ない」のであり,「この点では,通貨同盟への移行は自動機構ではなく,むしろ今後の統合段階において議会の同意を得ながら進行しなければならないという裁判所の確認は,憲法上もよく根拠付けられ,さらに共同体法上も確保されている」(*Jochen Abr. Frowein*, Das Maastricht-Urteil und die Grenzen der Verfassungsgerichtsbarkeit, ZaöRV 54/1 1994, S. 1 ff., 13 f.)。

III 連邦憲法裁判所によるヨーロッパ法の解釈に対する批判

まさに，もはや国内議会の改めての同意に左右されるべきものではない」。「そうでなければ，イギリス政府と議会の特別の決議を通貨同盟第3段階へのこの国の加入の前提条件としたイギリスの留保は，理解不能である」[21]。なお，この解釈を前提とすると，通貨同盟第3段階への加入に連邦議会が同意を表明しない場合に連邦政府は外交上の困難に陥る可能性があったが，実際は，連邦議会および連邦参議院は，1998年4月23／24日に圧倒的多数で1999年1日1日からの単一通貨導入に同意したので，こうした困難な状況は生じなかった。

加えて，連邦憲法裁判所は，「経済通貨同盟第3段階移行に関する議定書」が，第3段階加入が加盟国の「準備作業」に左右されることを認めていることを指摘し，この準備作業は各々の国内憲法に従って行われ，議会留保の下におかれる得ると説いている（判旨(e)）。しかし，この解釈に対しても批判が出された。例えば，ペルニツェ（Ingolf Pernice）は，たしかに連邦議会は単一通貨導入の準備に必要な国内措置を講じることとなるが，しかし，この措置は，条約から生じる法的義務の履行として行われるものである，つまり，この措置は，統合が条約で合意された形で進行するための「条件」ではなく，統合が進行した「結果」であるので，「議会留保」などは存在しないと説いている[22]。

3 第二は，EG条約109j条4項に基づく通貨同盟第3段階開始の時点の法的性格である。連邦憲法裁判所は，連合条約の執行と展開は加盟諸国の意思と協力の用意に左右されることを理由として，1999年1月1日という日付を「法的に実施可能な日付」ではなく，拘束力のない「目標値」であると解釈した（判旨(c)）。しかし，この解釈に対しても批判が出されている。例えば，ヘーデ（Ulrich Häde）は，この解釈は少なくとも，意識的に「確定的な開始期日」を設定した「マーストリヒトの交渉当事者たちの考え」に矛盾

---

21) *Doris König,* Das Urteil des Bundesverfassungsgerichts zum Vertrag von Maastricht —ein Stolperstein auf dem Weg in die europäische Integration?, ZaöRV 54/1 1994, S. 17 ff., 41 f.

22) *Ingolf Pernice,* Das Ende der währungspolitischen Souveränität Deutschlands und das Maastricht-Urteil des BVerfG, in: Ole Due/Marcus Lutter/Jürgen Schwarze（Hrsg.）, Festschrift für Ulrich Everling, Bd. II, S. 1057 ff., 1066.

すると指摘する。また，彼は，EG条約109j条4項は，法的には，理事会の決定により2つ以上の加盟国が単一通貨導入に必要な条件を充足しているとされた場合には第3段階への移行を義務付けているが，政治的には，この「確定期日」を条約改正により変更することは当然に可能であることを指摘し，連邦憲法裁判所は「法的な義務と政治的な実現可能性とを十分には区別していない」と批判している23)。ヴェーバー（Albrecht Weber）も，EG条約109j条4項は，理事会が1997年末までに第3段階開始の時点を設定しない場合に，第3段階への「自動的な」移行を規定したものだと見る。彼は，文言解釈によると，理事会はこの場合に「確認する」ことができるだけであって，もはや「評価」や「判断」を行うことはできないのであるから，EG条約109j条4項は，合意による変更さえも許さない「厳格な時間的進行」を規定しているはずであると主張している。また，彼は，1986年2月17／28日の単一欧州議定書8条の関する政府代表宣言によって1992年12月31日の域内市場統合の目標期日は「何らの自動的な効力」も生じないとされているが，こうした指摘はマーストリヒト条約には存在しないこと，むしろ，通貨同盟第3段階移行に関する議定書は，第3段階移行の「不可逆性」を強調し，1999年1月1日を第3段階への「撤回不能な加入」として確定していることを指摘し，連邦憲法裁判所の解釈は「共同体法上の解釈と部分的にしか合致しない」と批判している24)。

4 第三は，EG条約109j条1項および収斂基準に関する議定書で規定された収斂基準の法的意義である。連邦憲法裁判所は，収斂基準の充足が「加盟国が通貨同盟第3段階に加入するための前提条件である」(判旨(a))ことを前提として，理事会の決定がこの収斂基準に厳格に拘束されることを強調している (判旨(d))。しかし，この解釈についても様々な批判がなされた。例えば，シュトラインツ（Rudolf Streinz）は，連邦憲法裁判所の見解を「適切ではない」と批判する。シュトラインツによると，「連邦憲法裁判所の見

---

23) *Ulrich Häde,* Das Bundesverfassungsgericht und der Vertrag von Maastricht, BB 1993, S. 2457 ff., 2459 f.

24) *Albrecht Weber,* Die Wirtschaft- und Währungsunion nach dem Maastricht-Urteil des BVerfG, JZ 1994, S. 53 ff, 57.

解に反して，収斂基準の充足は加盟国が通貨同盟第3段階に加入するための前提条件ではない」。収斂基準は，たんに，高度の持続的な収斂が到達されているか否かに関する，理事会への委員会およびEWIの報告のための「判断基準（Maßstab）」にすぎない。加えて，この報告も，個々の加盟国が単一通貨導入に必要な条件を充足しているか否か，および加盟国の過半数が単一通貨導入に必要な条件を充足しているかについての理事会の「判断」の「基礎」であり，国家および政府の首脳により構成される理事会への「勧告」のための「基礎」でしかない。そして，国家および政府の首脳により構成される理事会は，委員会およびEWIの報告の「しかるべき考慮の下で（unter gebührender Berücksichtigung）」通貨同盟第3段階移行などを決定する。収斂基準の充足は，「委員会とEWIの報告により知らされる資料」であって，「強制的な条件」ではないのである[25]。

5　第四の論点は「共同体からの離脱」の可能性である。この論点は，第3段階移行後の通貨同盟の展開にかかわる（判旨(g)）。連邦憲法裁判所は，条約の設定する「長期的な基準」は「最終的には――最後の手段（ultima ratio）として――安定共同体が失敗した場合には共同体からの離脱も妨げない」として，ここでも，EG条約の解釈により「共同体からの離脱（Lösung aus der Gemeinschaft）」の可能性をEG条約から読み取っている。これに対して，学説は，ヨーロッパ法上，共同体からの加盟国の一方的な脱退は許容されていないと批判する。何故なら，EG条約は共同体からの加盟国の離脱について何の規定も有しておらず，むしろ，EG条約109l条4項は，理事会は各加盟国の通貨を「撤回不能に（unwiderruflich）」固定する交換率および各国通貨とユーロを置換する「撤回不能な」固定相場を決定すると規定しているし，また，経済通貨同盟第3段階移行に関する議定書は第3段階移行の「不可逆性」をはっきりと指摘しているからである[26]。なお，すべての参加国の合意によってある参加国の「ユーロ地域からの脱退」を容認することについては，EG条約はこれを妨げるものではなく，「形式的な条約改正を行

---

25)　*Rudolf Streinz*, Europarecht, 4. Aufl. 1999, Rdnr. 887.
26)　*Götz*, a. a. O.（Anm. 15), S. 1085; Kokott, a. a. O.（Anm. 10), S. 230 f.; *Pernice*, a. a. O.（Anm. 22), S. 1066 f.

わなくても」可能である，と解されている27)。また，国際法上，条約法に関するウイーン条約62条に基づく脱退の可能性が考えられる。この規定に基づいてドイツが一方的脱退権を行使できるかどうかは議論が分かれる28)。もっとも，一方的な脱退が可能であるとしても，一方的な脱退には一定の正当化事由が必要であるし，一方的脱退に伴う通貨交換は困難な問題を生じさせる29)。

Ⅳ　マーストリヒト判決の理論的基点――ドイツの国家性の保持

1　以上の叙述から，連邦憲法裁判所がマーストリヒト判決において行っ

---

27) *Herdegen*, a. a. O.（Anm. 5），Rdnr. 409.
28) *Hugo J. Hahn/Ulrich Häde*, in: Bonner Kommentar, Art. 88（93. Lfg. Dezember 1999），Rdnr. 616 の註651に挙げられた文献を参照。
29) 例えば，ヘルデゲン（Matthias Herdegen）は，「貨幣価値の持続的な，内部的な原因による下落」の場合に「事情の根本的な変化」を援用することができるし，また，「複数の他の参加国が根本的な条約義務（財政赤字の超過）に違反し」，「共同体諸機関が効果的な対処の意思と準備を欠いている」場合も，一方的脱退の正当化事由が存在すると説く。ただし，いずれの場合も，すべての条約上の装置（安定成長決議に基づく制裁を含む）を使い尽くし，離脱の意思を有する参加国には欧州共同体にとどまることがもはや期待できない（nicht mehr zumutbar）ことが一方的脱退の前提条件となる（*Herdegen*, a. a. O.（Anm. 2），Rdnr. 25）。また，ヘルデゲンは，ユーロ圏からの一方的脱退は困難な法律問題を引き起こすことを指摘する。脱退後に創設される加盟国の新しい通貨は，もともとの国内通貨と同一性を有しない。むしろこの通貨は「次の次の（übernächst）」通貨である。従って，ドイツがユーロ圏から脱退した場合，新たに創設される通貨はドイツマルクと同一性を有しない。脱退した参加国による新しい国内通貨の創設は，単純に「国家性と結び付いた『主権』を根拠として」実効性を獲得するわけではない。具体的には，欧州共同体，EU加盟諸国および第三国による承認が決定的に重要である。加えて，自国の裁判所が新しい国内通貨へのユーロ建ての債務の交換に共同体法に違反しつつ無条件に従うかさえ定かではない。この点に，「通貨高権の基体を欧州共同体に移行させるものであるので，ユーロ圏への道は権限のたんなる行使の委譲をこえたものである」ことが示されている（*Herdegen*, a. a. O.（Anm. 5），Rdnr. 409）。また，一方的脱退の場合は，ユーロと新しい国内通貨の交換が他の加盟国や第三国（例えば合衆国の裁判所）の承認を得られない場合に特別の困難が生じるし，欧州中央銀行への出資金などの返済請求権が無条件に存在するわけではなく，こうしたリスクの故に，貨幣価値の劇的な下落の場合でも「ユーロ共同体から撤退する憲法上の義務」は存在し得ない（*Herdegen*, a. a. O.（Anm. 2），Rdnr. 26）。

Ⅳ　マーストリヒト判決の理論的基点——ドイツの国家性の保持

た EG 条約および議定書の解釈の妥当性には疑問の余地があることが明らかになった。それでは，何故，連邦憲法裁判所は EG 条約および議定書に対して強引とも言える解釈を敢えて行ったのだろうか。結論を先取りして言えば，連邦憲法裁判所は「ドイツの国家性」を保持するために敢えてそうしたのだ，と見ることができる。こうした見方は筆者独自のものではなく，すでに複数の研究者により示唆されている。以下，3つの研究論文を参照しながら，連邦憲法裁判所が「ドイツの国家性」を保持するために EG 条約および議定書の強引な解釈を敢えて行ったことを示したい。

2　まず，キルヒホフ（Paul Kirchhof）の論文「経済通貨同盟へのドイツの協力」[30]を取り上げる。周知のように，キルヒホフは，当時，連邦憲法裁判所の裁判官を務めていたが，注目すべきことに，本件においては主任裁判官（Berichterstatter）として判決文を執筆している。従って，まさにキルヒホフ論文は，マーストリヒト判決を理解するために不可欠の素材なのである。

　キルヒホフは，欧州連合によって「ヨーロッパ国家」が創設されたわけではなく，「独立性を維持した諸国家間の国家結合体（Staatenverbund）」が設立されたのであるから，「欧州連合の法的判断のための基準は，加盟諸国の各々の憲法であり続け，各国の憲法が欧州連合への協力に際しても加盟国を拘束する」ことを指摘し，「欧州連合およびその法に対する加盟諸国の存続する責任」を議論の出発点に据える（S. 66 f.）。そして，キルヒホフは，この「欧州連合およびその法に対する加盟諸国の存続する責任」から，①ドイツにおけるヨーロッパ法の妥当根拠，②ドイツの諸機関と欧州の諸機関との協力関係，③条約の拘束力の方式と期間，という各論点について一定の帰結を導き出す。まず，キルヒホフは，「ある公共団体（Gemeinwesen）におけるすべての高権行使の対して責任を有するのは，国家である」ので，「ドイツにおけるヨーロッパ法およびその適用の妥当根拠は，国内の法適用命令，つまり，その時々のヨーロッパ法上の条約に対するドイツの同意法律である」

---

30) *Paul Kirchhof*, Die Mitwirkung Deutschlands an der Wirtschafts- und Währungsunion, in: Paul Kirchhof/Klaus Offerhaus/Horst Schöberle（Hrsg.），Steuerrecht-Verfassungsrecht-Finanzpoltik, Festschrift für Franz Klein, S. 61 ff. 以下，この論文の引用は割注の形で行う。

と解する。「ヨーロッパ法は，国内の同意法律という橋（Brücke）を通してのみドイツへと入ってくる」のであり，「この橋がこの法を支えていない場合，この法は少なくともドイツにおいては何らの法的拘束力を生じない」のである（S. 67）。つぎに，キルヒホフは，ドイツ連邦銀行の任務および権限の欧州中央銀行への移譲に明文の憲法上の根拠を与える基本法88条 2 文に関して，基本法88条の授権は「憲法というモザイク全体の中の一つの石を形成するものであり，この石は，絵画全体（Gesamtgemälde）をともに造形しているが，しかし他方で言明全体の均衡性（Ausgewogenheit）に変更を加えることは許されない」ので，「基本法88条の授権は，通貨政策を欧州連合の随意（Beliebigkeit）へと送り出すものではなく，むしろ，憲法上定められた限界において欧州中央銀行の作用にドイツの憲法秩序を開くものである」ことを指摘する。そしてキルヒホフは，「この限界の保証人および監視人は，基本法の妥当性と形成力を保障する加盟国ドイツにとどま」り，「基本法は，ドイツ国の諸機関に対して，欧州中央銀行の設立後も，同銀行の独立性を確保し，物価安定の優先的確保を保障し，かつ——基本法を修正している——連合条約とそこで合意された安定共同体の尊重を要求することを義務付けている」と考える。そして，通貨同盟第 1 段階および第 2 段階においては「基本法の適用領域における貨幣価値に対する責任はドイツ連邦銀行にある」が，「欧州通貨同盟の完成により，加盟諸国は，行動する主体から統制し事後制御する安定保証人となる」と主張した（S. 67 f.）。最後に，キルヒホフは，「EGへのドイツの加盟の条約上の基礎が，この所属の方式と期間を決定する」と主張する。すなわち，「EG条約はドイツにおいては同意法律に基づいてのみ法的拘束力を獲得するので，連邦議会が，EGへのドイツの加盟，EGの存続およびその展開について決定する」。「ドイツ連邦議会がその同意をもはや維持しないのであれば，ヨーロッパ法はヨーロッパ法圏ではたしかに拘束力を有するが，この拘束力は，同意法律という橋がドイツの高権領域へのヨーロッパ法の引き入れを支えていないので，ドイツには到達しない」。キルヒホフは，安定共同体が失敗した場合の共同体からの離脱は「ヨーロッパ法の，ドイツの法適用命令の存続への従属性」という文脈で理解されるべきものとする。つまり，「諸条約およびこの中で綱領宣言的に予定されたすべての不可逆性の妥当根拠も，終局的には議会の法適用命令に存する」のである（S.

Ⅳ マーストリヒト判決の理論的基点——ドイツの国家性の保持

68 f.)。共同体からの離脱は「通貨同盟に対する加盟国の責任」を明確化しようとするものである（S. 83）。このようにキルヒホフは，「加盟国の存続する責任」から「ヨーロッパ法の，ドイツの法適用命令の存続への従属性」を導出し，さらにこの従属性から「共同体からの離脱」の可能性を派生させたのである。

3 ゲッツ（Volkmar Götz）は，マーストリヒト判決の評釈31)の中で，マーストリヒト判決は「統合に開かれた国家の最終責任性という嚮導像」によって支えられていると分析している。つまり，「国家およびその機関が公共団体のあらゆる事項に対して有する分割できない責任の憲法的必要性」についての連邦憲法裁判所の確信という「統一的，原理的基点」から，連邦憲法裁判所が欧州連合への発展に対して課した「憲法上の要請のすべての支柱」が導出される。基本法23条1項によりEUへの高権的諸権利の移譲は許容されるが，「この移譲によっても国家はその最終責任性から免れない」のである。なお，ゲッツによると，「国家という団体の全権性と最終責任性が束ねられた概念が主権の概念である」。そして，ゲッツは，上記の支柱として，①欧州統合のプログラムとその実施に対するドイツ連邦議会の政治的責任，②欧州共同体の公権力の行為に対する基本法の基本権保障の妥当性要求，③共同体諸機関の限定的個別授権の確保の必要性に加えて，④「安定共同体」としての通貨同盟に対する諸要請，および⑤安定共同体が機能しない場合の最後の手段（ultima ratio）としての共同体からの離脱を挙げている（S. 1082）。ゲッツによると，安定共同体が失敗した場合の共同体からの離脱は「存続している国家主権という理念」によって支えられているのである（S. 1082 ; S. 1085）。

4 最後に，ココット（Juliane Kokott）の論文「欧州連合の枠内におけるドイツ——マーストリヒト条約について」32)を見ることにしたい。ココットは，「主権は今日何を意味するのか」という視角からマーストリヒト判決を分析している。ココットは，国際関係の緊密化に伴って変遷しつつある「現

---

31) *Götz*, a. a. O. (Anm. 15), S. 1081. 以下，この論文の引用は割注の形で行う。
32) *Kokott*, a. a. O. (Anm. 10), S. 207 ff. 以下，この論文は割注の形で引用する。

代の」主権概念を基礎に据えたとしても，「紛争状態において誰が決定するのか，ドイツの諸機関なのか，それとも欧州の諸機関なのか」という問題を未解決のままにしておくことはできないと考える。ここで主権とは「最終責任性（Letztverantwortlichkeit）」を意味する。「紛争状態において二つの競合する法主体がともに最終責任を負うことはあり得ないし，あってはならない」のである。また，ココットによると，民主国家において主権は「時代遅れの国民国家的思考」を象徴するものではなく，むしろ，「民主的法治国における主権」とは，「民主的自己決定の意味における国民主権」を意味する。「国民主権と民主的自己決定は，可能な限り直接に選挙された国民代表が十分な影響力を保持している場合にのみ機能する」。また，国民主権と民主的自己決定は，責任の範囲が明確に限定され，かつ責任を有する決定担当者に対して政治的制裁が可能である場合にのみ十分に機能する。「責任の押し付けあい」の可能性があってはならない。要するに，「主権者」とは「極限的紛争状態において決断する者」であり，これが誰なのかは「民主的自己決定の意味で確定されなければならない」。そしてココットは，マーストリヒト判決は「ドイツがこの決定を共同体の極端な権限逸脱行為（ultra vires-Akte）という極限的紛争状態において留保する」ことを明らかにしたものであり，まさにこの決定留保が「ドイツ連邦共和国の国家性の標識」であると見たのである（S. 232 f.）。

　それでは，こうした視角からは通貨同盟に関する連邦憲法裁判所の説示はどのように理解されるのか。ココットは，連邦憲法裁判所の示したEG条約および議定書の解釈がヨーロッパ法の解釈としては妥当でないことを認めた上で，こうした解釈を次のように性格付けている。第一に，EG条約109ｊ条４項の「1999年１月１日」という日付を「目標値」であるとする連邦憲法裁判所の解釈は「主権留保」を背景してのみ理解することができる。ドイツ側から安定基準の遵守を統制することができないままにマーストリヒト条約が自動的に通貨同盟に到達するのであれば，民主制原理が侵害されることになる（S. 227 f.）。第二に，EG条約109ｊ条に規定されている収斂基準があたかも「実施可能な法規範（durchsetzbare Rechtsnormen）」であるかのような印象を与える連邦憲法裁判所の解釈は妥当ではないが，「この厳格で骨の折れる解釈においてのみ条約は民主制原理を満足させる」（S. 229）。ココットに

Ⅳ　マーストリヒト判決の理論的基点——ドイツの国家性の保持

よると，こうした「不自然な印象を与える解釈」は，ヨーロッパ法とドイツ憲法との矛盾を回避する「苦心」の産物である。「ヨーロッパ法は優位を要求する」が，「しかし憲法は，ヨーロッパが連邦国家でない限り，共同体の優位を，変遷した『現代の』主権概念を基礎としても完全に無制約に許容することはできない」のであり，「主権国家の憲法秩序が『超国家的』秩序の優位を何の留保もなく完全に無制約に許容する場合には，主権国家の憲法秩序ではなくなる」(S. 229)。第三に，共同体からの離脱の許容性についての連邦憲法裁判所の解釈は，「条約を，それがなお国民主権と民主制という憲法上の基準と調和することができるように解釈するさらなる試み」に他ならない (S. 231)。このように，ココットは，連邦憲法裁判所は「国民主権と民主的自己決定」を意味する主権 (S. 236) のコンセプトと合致させるためにマーストリヒト条約を敢えて制限的かつ厳格に解釈したのだと観察したのである。

5　以上の諸学説で示された見方からマーストリヒト判決を読み直してみよう。たしかに連邦憲法裁判所は，この判決において「連邦議会」の責任を強調している。ただし，ここで注意しておくべきことは，連邦「政府」との関係において，通貨同盟の展開についての連邦「議会」の責任を強調したのではないということである。そうではなくて，連邦憲法裁判所は，「ヨーロッパ」の諸機関に対する「ドイツ」連邦議会の責任を問題としているのである。筆者の理解するところでは，連邦憲法裁判所は，連合条約は通貨同盟を「安定共同体」として構想していること，および，安定共同体としての通貨同盟の構想が「ドイツの同意法律の基礎であり対象」であることを前提とした上で，通貨同盟がこの「安定共同体」の構想を逸脱した場合を想定し，この場合について，第3段階移行までの通貨同盟の展開の過程では通貨同盟第3段階に加入しないという可能性を，第3段階移行後は共同体からの離脱の可能性を，加盟国ドイツに留保したのである。連邦憲法裁判所は，この留保を「ドイツの国家性」を保持するための条件と見ているのではないだろうか。すなわち，まず，ドイツ連邦議会は「経済通貨同盟第3段階移行に対して独自の評価を行うことを留保」しているが，これにより，通貨同盟が第3段階移行までに安定共同体の構想から離れてしまった場合にはドイツは通貨

同盟第3段階に参加しない選択を行うことができるのである。連邦憲法裁判所は，この選択の可能性がドイツに残されている限り，ドイツの「国家性」はなお保持されていると考えたのではないだろうか33)（なお，通貨同盟第3段階開始日および収斂基準についての連邦憲法裁判所の解釈は，連邦議会のこの留保を実質的に担保するためのものと位置付けられよう）。また，連邦憲法裁判所は，通貨同盟第3段階移行により加盟国の通貨高権にかかわる諸権限が欧州共同体に移譲されたとしても，加盟国ドイツは，通貨政策権限を行使する主体から「安定共同体」を「統制し事後制御する安定保証人」（キルヒホフ）へとその役割を変化させただけで通貨政策に対する「最終責任性」を放棄したわけではないと見ているのではないだろうか。連邦憲法裁判所が安定共同体の構想が失敗した場合の「共同体からの離脱」の可能性に敢えて言及したのは，連邦憲法裁判所が，「共同体からの離脱」を「安定保証人」である加盟国ドイツの「最終責任性」を担保する究極的な手段であり，ドイツの「国家性」を保持する条件と考えたからであろう。

V 結びにかえて

以上の考察から，連邦憲法裁判所は，マーストリヒト判決の通貨同盟にかかわる部分において，EG条約および議定書に対して些か強引な解釈を施したこと（Ⅲ），そして，こうした解釈は，連邦憲法裁判所がドイツの「国家性」を辛うじて確保しようとする試みであったこと（Ⅳ）が明らかになった。もっとも，連邦憲法裁判所のこうした議論に説得力があるかどうかは別の問

---

33) この点，ペルニツェは，議会が同意法律により通貨同盟の導入を「無条件にかつ特定の期日に最終的に」生じさせることを決定した場合，「何故この同意が民主的視点から責任を負えるもの（verantwortbar）とならないのか」理解し難いと批判する。つまり，「国家性および市民の民主的諸権利の喪失」の程度は，1段階で議決されても2段階で議決されても結局同じであって減少するわけではない，というのである（*Pernice*, a. a. O.（Anm. 22），S. 1061）。しかし，本文で見たように，ドイツ連邦議会の留保は，通貨同盟第3段階移行に積極的に民主的正当性を付与しようとするものでなく，「安定共同体」が失敗した場合には通貨同盟第3段階に参加しないという消極的な意味をもつものと見るべきではないだろうか。連邦憲法裁判所がこの留保を「安定基準の緩和に抵抗する」（判旨(d)）ためのものと見ているのは，この文脈で理解できる。

V 結びにかえて

題である。おそらく，Ⅳの末尾で示したような説明の仕方に論理的な間違いはないだろう。しかし，この説明は現実から遊離しているという疑問を払拭することができないのも確かであろう。ペルニツェは，連邦憲法裁判所が共同体からの離脱の可能性を容認している点について，「ドイツの法的な，さらには実際上の拘束」を無視していると批判し，むしろ，「加盟諸国は，マーストリヒト条約の発効によりその通貨主権を実際上放棄したか，あるいは，通貨主権の放棄を，少なくとも——法的に見て——一方的な決定によっては共通通貨 ECU の導入を阻止することもできないし，撤回させることもできないというようにプログラム化していることが確認されなければならない」と説いている[34]。このように加盟国の「通貨主権」の喪失を真正面から認める見解のほうが，より現実に近いであろう。しかし，こうした見解は，連邦憲法裁判所がマーストリヒト判決において執拗に拘った「国家性」の問題を棚上げにすることを意味する。そこでは，当然，主権問題の棚上げが理論的に可能なのかが問題となってくる。この論点の検討は，筆者の今後の課題とさせていただきたい[35]。

---

34) *Pernice*, a. a. O. (Anm. 22), S. 1070.
35) 本稿では，「主権（Souveränität）」，「国家性（Staatlichkeit）」および「国家の最終責任性（Letztverantwortlichkeit）」といった概念の相互関係について十分に明確化することができなかったので，この点についても今後さらに検討していきたい。

国際議会主義の歴史的展開

網井幸裕

**Historical development of the parliamentary democracy
over the frontiers**
Reconfirmation of the historical significance of the Council of Europe
from the interparliamentary point of view

TSUNAI Yukihiro

1　Foreign Policy has been a key part of the responsibilities of the Executive even in the democratic states. Nowadays, National Parliaments face many challenges in national decision-making without participating in foreign policy decision-making at a time when the distinction between national and international affairs is constantly fading. We live in the age of internationalization of the market economy system. In fact, we can see growing parliamentary diplomacy, especially the emergence of so many multilateral parliamentary meetings in the post-Cold War era.

2　Modern parliamentary democracy was born as an indispensable element of the liberal political system, which favors the development of the market economy system. It is natural that the doctrine of liberalism originally has the logic of growth of parliamentary diplomacy. The international provisions introduced in the modern constitutional systems as a result of both the American and French Revolutions must be proof of the internationalism that is rooted in the liberalism.

3　Important contents formulated in the international provisions are the ideas of international peace: a general acceptance of the rules of international law and a renunciation of war. The Inter-Parliamentary Union, the first permanent interparliamentary organization in history, was born and developed in the same historical atmosphere. The creation of the League of Nations inspired by the tragedy of the First World War could also be thought as a substantialisation of this idea of international peace. And this work could realize a new form of world politics ruled by the principle of collective security beyond the traditional form dominated by the principle of balance of power.

4   The League of Nations was an epoch-making international organization in its supreme authority over all the other international organizations, and in having the first public deliberative organ in history. On the other hand, the people's optimistic view of their democratically elected governments as well as the Upper House character of the Assembly, in which the people were not directly represented, hampered the League in the quest for real democratic legitimacy.

5   The United Nations had more democratic features as it was born in the midst of the world war of the democracies against the dictatorships. On the other hand, the failure of the League of Nations led it to allow to the five great Powers the privileged responsibility for a practical collective security system. It was the Security Council not the Assembly that exercised supreme authority and powers.

6   It was advocated that the United Nations system, as ruled by the great Powers, needed a parliamentary dimension. One idea supported principally by the British was to reorganize the UN into a World Parliamentary Government with genuine parliamentary legitimacy. Another idea proposed mainly by the Bergen and French was to set up a World Parliament for democratic control of the UN. Unfortunately, the Cold War, which divided up the world community, forcibly interrupted this kind of discussion.

7   In Europe, it had been envisaged especially by the British to set up the Council of Europe as a post-war collective security system in the

region. Public enthusiasm for a united Europe greatly surged soon after the Second World War and resulted in a political resolution that asked for a European Assembly to be convened immediately. This led to discussion about setting up a Parliamentary Assembly within the Council of Europe, and it finally came into being. But the Council of Europe was no longer a sovereign power over the Governments, nor did it represent the whole Europe when it really started to exist. This is because the UK Cabinet finally persisted in its national interest as a center of the Commonwealth and its member cuntries accepted the North Atlantic Treaty.

8　It was in the Council of Europe that the idea of setting up a Parliamentary body within the Inernational Organizations was achieved for the first time in history. The creation and success of the European Parliament could not have happened without the emergence of the Parliamentary Assembly of the Council of Europe. It is also the proof of the historical importance of the Council that so many International Organizations in today's Europe have their own Parliamentary bodies under their treaties.

I　はじめに

　ここでいう国際議会主義とは，各国の国会議員が議員外交，国際議員会議といった様々な形態をとって行っている国際交流を包括する概念である。このような交流の大半は，議員の個人的なイニシャティヴに基づいて行われているが，その一部は議会によってオーソライズされ今や議会自体の公的な活動となっている。今日の特徴は，議員交流一般の組織化が大きく進展する中で，議会の公的活動としての議会間交流が重要性を増しつつあることである。小論では，この議会の公的な対外活動に焦点を当てつつ国際議会主義の展開を概観することを目指している。「議員外交」に対して「議会外交」の用語を敢えて用いるのもこのような意図に他ならない。

II　アプローチの方法

　議会外交は一般的に，法律制定あるいは政府の民主的統制といった本来の議会活動とは直接関係のない議会の付属的な活動と見なされているためか，論文の数も少なく，あっても様々にある活動形態の極限られた事例の単なる紹介であることが多い[1]。したがって，小論は，近代市民国家を生み出した自由民主主義の思想が議会の国際活動をどのように展開させ，やがて史上初の議会機関を備えたヨーロッパ評議会を誕生させるに至ったのかを，出来る限り論理的に説明することを目的としたものであるが，上記の事情もあり，まず今日の議会外交の多様な形態を紹介することで，読者に議会外交に関する具体的なイメージを持っていただくことに務めた。

　行論の過程では，国際議会主義が自由主義的な政治原理が本来的に持っていた要素であること，さらに，その歴史的展開に当たっては，史上初の国際的な議会間組織である列国議会同盟（IPU）の結成，並びに，一般的な討議機関（deliverative organ）を備えた国際連盟の誕生とその後継機関である国際連合の創設が如何に歴史的な画期となったかを提示することに努めた。ヨーロッパ議会の誕生に至る分析は，ボリュームの関係で小論ではなしえなかったが，この作業が同時に，ヨーロッパ議会を頂点として第二次大戦後のヨーロッパになぜ議会機関を備えた国際機関が一般化するに至ったのかを傍証してくれることを期待している。

III　国際化と議会

　近代民主制国家においてさえ，かつての君主主権下と同様に，外交は例外なく政府の専権事項と考えられ，議会は主に条約の批准の承認や条約を国内

1）　例えば，1990年11月に「議会開設百周年記念特集号」として国立国会図書館調査立法考査局が刊行した『レファレンス』478号に収録された論文でも，議会外交に関しては残念ながら，「議員外交の一断面」と題して，1977年4月の両院合同超党派議員団のソ連派遣が「政府間交渉の補完的役割を担う」（p. 132）事例として紹介されているに過ぎない。議会外交を評価する視点の問題もさることながら，議会外交に関する情報不足をまず解消する必要性を感じさせる。

で実施するための法律の採択を通じて，政府の外交活動をその外側から指揮監督するものとされてきた[2]。

しかし，議会が法律の制定を通じて主導的な役割を果たす内政といえども，今日では外交と切り離して考えることは不可能である。「国民の期待に応えるためには，各国議会の正統性と実効性との間に乖離があることを勇気を持って考える必要がある。この乖離は大部分，国境を越えた経済と全能の市場を取り締まるには余りにもひ弱なもっぱら国内を対象とした政策との隔たりに起因する。……民主的発展の理念は，国境を越えた地平へと移動しなければならない。このことが世界の安定化と将来の経済への適応に絶対必要なものである。」[3]
他方，国際法のあり方も，以前のように国家間の関係のみに関わるものでなくなり，より直接的に個人や法人の権利義務を規制するようになっている。また，これまで国内問題と考えられてきた事柄が，国際問題に発展することも今日では決して珍しいことではない。「国家的な意思決定と国際的な意思決定の相違が絶えず薄れていくなかで，国家的な意思決定における議会の伝統的な役割の最も基本的な部分ですら，数多くの課題に直面している。」[4]

Ⅳ 議会の国際的連携

以上のような国際化の趨勢に対して，議会はどのように自己を適応させ，対外活動を活発化させてきたのであろうか。

1 二国間交流の進展

各国議会の相互理解と協力を促進する手段としての議会外交は，伝統的に，議長や議会代表団の相互訪問，あるいは，有志議員によって議会内に結成された友好議員連盟の活動を通じて行われてきた。また，最近では，各政党が

2） 議会解説書には例外なく，これと同じ趣旨が述べられている。例えば，大山礼子『国会学入門』p. 193 参照。

3） *INTERPARLIAMENTARY CONFERENCE The new role of natinal parliaments in pan-european construction 28-29 March 1996,* National Assembly Paris, p. 19.

4） Seppo TIITINEN "Role of Parliament in the conduct of foreign relations" *Constitutional and Parliamentary Information* No. 173/1997, p. 56.

派遣費用を負担する形で議員団を各国に派遣することも活発化しており、このように主として二国間ベースで行われる議会（議員）外交が、ますます多様化しつつ発展していくことは疑いない5)。特に、与党議員にとっては政府外交を補完し、支持する有力な手段であり6)、野党議員には、多様な国民の意見を伝えることによって政府外交の幅を広げる貴重な機会がこのような議会外交によって提供されている7)。

2 多国間交流の進展

他方、今日の議会外交は、主に多国間で定期的な討議の場を設けるという形でより組織的に行われることを最大の特徴とし、ポスト冷戦期を迎えて、このような会議体が質量共に飛躍的な展開を遂げつつある。既に創設から100年を超え、現在では世界のほとんど全ての議会制民主主義国を包括する唯一の国際議員会議となっている列国議会同盟（IPU）を例に挙げると、1970年代に従来の定期総会の開催に加えて、特定のテーマに関するシンポジウムや特別会議を組織するようになり、1980年代にはそれらを国連専門機関と連携して行うようになった。さらに、1990年代には国連主催の政府間会議に列国議会同盟がイニシャチヴをとる形で議員参加の機会を設けたり、国連と協力協定を結んでニューヨークの国連本部に連絡事務所を設け、国連に協力しながら列国議会同盟を通じて議会の声を国連の活動に反映させる様々な努力が行われるようになった。また、2000年の国連ミレニアム総会前に、列

---

5) この二国間ベースの議会外交には、儀礼的な相互訪問だけでなく、実質的な国際会議を持つ場合も含む。例えば、日本国会の場合には、正規に二国間ベースで会議を行っている事例は今のところ無いが、1978年以来、ヨーロッパ議会との間で毎年交互に訪問して開催している日本・EU議員会議は広い意味でこのカテゴリーに入れることが出来る。非公式ベースでは、1989年以来、日米の有志議員が毎年2回交互に訪問し、通訳なしで政治経済問題を話し合う日米国会議員会議が代表的な例である。
6) アメリカでは、議会の反対を政府が国際社会への言い訳に利用している面があり、政府と議会との二人三脚が米外交の幅を広げていると言われる（読売H10.6.7「国会議員の外交活動」）。
7) その他、各国議会は通例、特定の問題関心に従って海外事情を視察するための議員団を各国に派遣している。海外視察議員団は、それが議会外交の場として活用される可能性があることを否定できないにせよ、議会外交ではなく、国政調査活動の一環として考察すべきである。

Ⅳ　議会の国際的連携

国議会同盟が国連総会本会議場に世界の議長を集めて行う「世界議長会議」は，首脳外交の議会版がいよいよ世界大で始まることを予兆する出来事となっている[8]。他方，国際議員会議の数は，列国議会同盟の諮問機関である，各国議会事務局の総長・次長を会員とする各国議会事務総長会（ASGP）が1980年現在で調査した報告書[9]によれば，列国議会同盟，ヨーロッパ議会（EP），ヨーロッパ評議会議員会議（PACE），西欧同盟議会（AWEU），北欧評議会（NC），ベネルックス議会評議会（IPCB），北大西洋議会（NAA）[10]，英連邦議会連盟（CPA），国際仏語議員連盟（AIPLF），アフリカ議会同盟（UAP），アラブ議会同盟（AIPU），ラテン・アメリカ議会（LAP），アジア国会議員連合（APU）[11]，アセアン議会機構（AIPO）の14機関のみであったが，9年後の1989年の調査[12]では，上記に加えて，エフタ諸国議会議員委員会（CMPEC），アンデス議会（AP），中米議会（CAP），アフリカ・カリブ・太平洋＝ヨーロッパ経済共同体共同議会（JA-ACP/ECC），アマゾン議会（AP）[13]が列挙されている。また，最近の1996年の調査報告書[14]にはその他，ヨーロッパ安全保障協力機構議員会議（OSCE-PA），南部アフリカ開発共同体議

---

8)　定期の首脳会議としては，ヨーロッパ評議会加盟国議会の議長会議が1975年以来，毎年開催され，1981年からはその内のヨーロッパ議会加盟国議会のみに参加を限定した小会議と交互に開く形で継続されている。また，英連邦加盟国議会の議長会議が1969年以来，2年ないし3年おきの定期会議として開催されている。その他，世界の女性議長が参加する女性議長会議が1994年以来，毎年定期開催されている。なお，G8下院議長会議の準備会合が今年予定され，2001年にも第1回会議を開催する運びとなっている。

9)　J. D. Priestman "Relations between National Parliaments and International Parliamentary Assemblies" *Constitutional and Parliamentary Information No. 123/1980*, pp. 102-155.

10)　北大西洋議会（North Atlantic Assembly）は，現在，北大西洋条約議員会議（NATO Parliamentary Assembly）と称する。http://www.naa.be/info/index.html

11)　アジア国会議員連合（Asian Parliamentarians' Union）は，現在，アジア・太平洋国会議員連合（Asian-Pacific Parliamentarians' Union）と称する。

12)　H. Klebes "The Development of International Parliamentary Institutions" *Constitutional and Parliamentary Information No. 159/1990*, pp. 82-105.

13)　アマゾン議会（Amazonian Parliament）は，1989年に創設されたため，引用の報告書では設立予定の国際議員会議として列挙されている。http://www.webmediaven.com/parlamaz/consti_eng.html 参照。

14)　Seppo TIITINEN, *ibidem*, pp. 55-71.

員フォーラム（SADC-PA），アジア太平洋議員フォーラム（APPF），社会開発に関するアジア議員会議（APMPD），人口と開発に関するアジア議員フォーラム（AFPPD）が付加されている15)。

V 自由主義的政治原理と国際議会主義

　前節では，「国際化」をキーワードに議会の国際化の現状を見てきたが，これは正確には資本主義経済システムの国際化である。実は，近代の議会制民主主義自体が，資本主義経済の発展を正当化する自由主義的政治体制の本質的な要素として誕生した。したがって，議会制民主主義を誕生させた自由主義的政治原理の中に既に議会の国際化の論理が組み込まれていたとしても驚くには当たらない。ここではごく簡単に，自由主義的政治原理の中に組み込まれていた国際主義とはどのようなものであったのかを観察したい。その中に，1889年のフランス革命百周年を祝うパリにおいて誕生した，史上初の恒常的な国際議会組織，すなわち列国議会同盟（IPU）を理解する鍵があるはずである。

1 自由主義国家の原理
　自由主義的政治思想が予定した国家とは，端的に言えば「夜警国家」であ

---

15) その他，列国議会同盟が主催する2000年「世界議長会議」のオブザーバー・リストには国際議員会議として，バルト議会（BA），マグレブ諮問評議会（MCC），独立国家共同体議員会議（CIS IPA），黒海経済協力議員会議（PABSEC），ヨーロッパ・アラブ協力議員会議（PAEAC），イスラム会議機構議員同盟（PUOICM）等が掲載されている。以上には，多国議会が正規に代表を派遣しているか，あるいはそれに準じたステータスを有する主要な国際議員会議のほぼ全てが列挙されていると考えられる。国際議員会議に正規に派遣される代表団の構成には，通例，各国議会の党派構成が反映されるため，当該の国際議員会議は加盟国議会，従って，それら議会を通じて加盟国国民世論を代表する一面を持つ。住民の直接選挙で選ばれるヨーロッパ議会や中米議会については，言うまでもない。他方，国際議員会議には，各国の比較的少数の議員が特定の目的を持って組織しているものがあることも指摘しておかねばならない。その数は今日多数であり，いわばNGOとして国際世論の形成に果たす役割には無視し得ないものがあると思われるが，残念ながら，それらを一々列挙することは不可能に近く，ここでは割愛せざるを得ない。

る。資本主義的な市場経済のもとにおいては，市場の自動調整機能を介して社会的な公正と社会全体の富の増大が実現されるのであるから，国家の役割は，そのような資本主義的な市場経済の自動調整メカニズムを破壊することなく，もっぱら外からそれが正しく作用するための条件を保障することにある。国家は基本的に必要悪であり，せいぜい国防，司法，警察を行う最小国家が望ましいとされた16)。また，このような消極国家を良しとする観点から，議会優位の権力分立制，すなわち議会制民主主義によって，行政権を議会制定法によって拘束する統治構造が採用された。

ではこのような国家を構想した自由主義的政治原理が持っていた国際主義とは如何なるものであったか。それは，18世紀末の「アメリカ・フランス両革命の子」17)として「何よりも，国民の人権を保障しようとし，その目的のために，国家権力の発動に対して各種の制約を加えようとする」18)ために史上初めて誕生した成文憲法が既に「国際条項 (international provisions)」19)を含んでいたことを通して読みとることが出来る。

2 近代立憲主義と国際主義

「国際条項」とは，国家権力の外に対する発動に制約を加えることを目的として定められた一連の憲法規定である。

その第一は，例えば，1946年のフランス第四共和制憲法が，「フランス共和国は，伝統に従い，国際公法の原則に従う」と述べ，同じく1948年イタリア憲法も「イタリア法は，一般に認められた国際法の諸原則に従う」と述べているような国内法に対する国際法の優位を認めるの一連の規定である20)。既に，アダム・スミスが，社会的正義が市場経済のメカニズムを通じて達成されるとする論理を「国内社会の秩序のみならず国際社会にまで適用し……

---

16) 藤原保信『自由主義の再検討』岩波新書，1993年8月20日，pp. 25-27 等参照。
17) 藤原保信，前掲書，p. 17.
18) 宮沢俊義「成文憲法概説」『世界憲法集』第四版，1983年8月16日，p. 17.
19) Boris Mirkine-Guetzévitch "International Clause in New European Constitutions" *Inter Parliamentary Bulletin December 1948*, p. 119.
20) アメリカ合衆国憲法は国際法の支配を明示的に認めた最初の憲法であり，一般的な潮流として明白に国際法の支配と各国の憲法を調和させる方向になったのは，1918年から1939年の戦間期であるとされる。Boris Mirkine-Guetzévitch, *ibidem*, p. 120.

それゆえに輸入制限や輸出奨励といった形をとった貿易の自由への規制に反対し，自由貿易を唱え……市場の論理に委ねられた自由な貿易が，非ゼロサム・ゲームとして働き，その恩恵をすべての国々に及ぼしていくと」21)主張したことから当然に予測される事柄ではある。しかし，ここで重要な点は，国際社会がいわばホッブス的な自然状態，「万人に対する万人の戦争」の状態でなく，ある種の自然法的秩序を備えた実体として観念されていることである。後論で触れるように，国際連盟の誕生はこのような自然法観念のいわば実定法化であり，また，この実定法化を通じてようやく法理論としての国際法の支配が定着するのであるが，以上のように，自由主義的政治原理に基づく近代立憲主義のなかに既に国際法の支配が予定されていたと言えるのである。

その第二は，宣戦あるいは戦争準備行為に関する規制等から成る一連の平和憲法法規 (constitutional law of peace)22)である。ここではその代表的な事例である戦争放棄 (renunciation of war) 条項23)の観察を通して，自由主義的政治原理の持つ国際主義が如何に強く平和の思想と結びついたものであったかを確認しておきたい。

戦争放棄を憲法に取り入れた最初の例は，1791年のフランス大革命憲法である。国王の戦争権限を制限することを意図して，1790年5月22日，当時の議会が「フランス国は侵略戦争を行わず，また，如何なる国民の自由に対しても決して武力を行使しない」との議会令を採択したが，1791年のフランス憲法において，この条文は国法としての地位を獲得した。さらに1948年のフランス二月革命憲法は，同文言の前段に「フランス共和国は，自らの民族的独立 (nationalities) が尊重されることを意図するが故に，他国の民族的独立を尊重する」との民族原則を付加することで，戦争放棄が単なる主権制限を超えた内容を持つこと，すなわち民族的共和に基づく国際秩序の実現を目指すものであることを明示した24)。

このフランス革命に始まる戦争放棄の思想は，19世紀を通じて様々な憲法

---

21) 藤原保信，前掲書，p. 30.
22) Boris Mirkine-Guetzévitch, *ibidem*, p. 119.
23) 「戦争の放棄」が必ずしも「戦力の放棄」を意味しないことに留意願いたい。
24) Boris Mirkine-Guetzévitch, *ibidem*, p. 122.

の中で再確認され，やがて第一次大戦後，新たな発展を遂げることとなる。すなわち，1919年のベルサイユ条約よって国際連盟が誕生し，集団的安全保障措置が整備されたことに伴い，各国憲法を国際連盟規約［紛争の平和的解決と戦争の不法化（11条～15条），各加盟国の独立の集団的保障（10条），違反国に対する制裁（16条及び17条），軍備縮小（8条）］と調和させるための集団的な努力が払われ，1928年には戦争の放棄に関する条約[25]が締結された。スペインは真っ先にこれを取り入れ，1931年憲法6条において，「スペインは国策の道具としての戦争を放棄する」と宣言し，また，77条では宣戦布告権を，強制仲裁，現にある和解条約及び連盟規約12条が定める手続に従属させることによって，自らが侵略戦争を開始することを法的に不可能にした[26]。

Ⅵ　列国議会同盟（IPU）の誕生とその性格

1　国際法と平和運動

史上初の恒常的な国際議会組織，すなわち列国議会同盟（IPU）が誕生した論理は，全く同様なものであった[27]。すなわち，19世紀を通じた仲裁裁判の普及が自由主義者の注目するところとなり，これを国際紛争の平和的解決手段として整備し，その端緒として米英仏三国間で義務化しようとする考えが，世紀も終わりに近づくにつれヨーロッパ主要国議会で広範な支持を獲得するに至った。こうしてまず，イギリスにおいて当時のグラッドストーン首相等の有力政治家の支持もあり，こうした趣旨の下院決議が1873年に採択

---

25) 「不戦条約」，「パリ条約」，「ブリアン・ケロッグ規約」とも表記される。内容は，1条の『締約国は，国際紛争解決のため，戦争に訴えないこととし，かつ，その相互関係において，国家の政策の手段としての戦争を放棄することを，その各自の人民の名において厳粛に宣言する』，2条の『締約国は，相互間に起こる一切の紛争又は紛議は，その性質又は起因がどのようなものであっても，平和的手段以外にその処理又は解決を求めないことを約束する』に尽きる。

26) Boris Mirkine-Guetzévitch, *ibidem*, pp. 123-125.

27) 以下の列国議会同盟の沿革に関する説明は，『列国議会同盟及び同盟日本議員団概要』（旧縦組版）を1983年に横組版として改訂するに際し，私が書き直した原稿を基本的に引用している。

された。さらに,「仲裁裁判連盟」を率いるウイリム・ランドル・クリマー
(William Randal Cremer)28)が1885年の第3次選挙法改正の助けもあってイギ
リス下院議員に当選すると，彼は，1887年，イギリス下院議員233名の署名
と上院議員36名の賛成意見を携えて大西洋を渡り，アメリカ議会に共同行動
を取るよう働きかけた。その結果，アメリカ議会上下両院は，1890年，アメ
リカ大統領に対して仲裁裁判制度の確立を目指して交渉を行うようにとの共
同決議を採択した。

他方，フランスでは1887年，アメリカとの間に仲裁裁判条約を締結する交
渉を開始せよとの請願が122名の議員の署名を付して外務大臣に提出されて
いたが，翌年には，自由貿易派のリーダー，フレデリク・パシー議員が同様
の決議案をフランス下院に提出した。

以上を背景に，これら英仏議員の連携がようやく1888年に実現し，翌1889
年，米英仏等を含む9カ国96名の議員が参集して，列国議会同盟の第1回総
会となる「仲裁裁判普及国際議員会議」がフランス革命百周年を祝うパリで
開催された29)。

この第1回総会の第4決議は「各国政府の動向が，近来ますます国民全体
の理想や感情を反映したものになりつつあることに鑑み，国の政策を選択す
ることによって，これを諸国民の正義，権利，友愛の方向に導くことは有権
者の義務である」30)と述べている。この言説は，ヨーロッパを中心とした先
進各国における議会制民主主義の発展が，今や明確に国家の国際関係を統制

---

28) ウイリム・ランドル・クリマー（William Randal Cremer, 1828年～1908年）は，
労働者階級の出身で，造船工を経て大工となり「大工合同協会」を結成，普仏戦争後
には「労働者平和委員会」を創設した。この委員会はその後「労働者平和協会」に改
称され，さらに1871年に「仲裁裁判連盟」（International Arbitration League）へと発展
した。彼は1903年にノーベル平和賞を受賞し，その基金をもとにIPUイギリス議員
団の組織化に尽力した。この功績により「サー」の尊称が与えられている。胸像が功
績を記した説明文と共にイギリス議会内のIPUルーム入り口に飾られている。

29) 1889年当時，パリではフランス革命百周年を記念して万国博覧会が開催されてい
ことがきっかけとはいえ，自由主義の国際組織である列国議会同盟が創立された同じ
時期のパリで，社会主義者の国際組織である第1インターナショナルの結成大会が開
かれたことは，その後の両者の関係を考える上で示唆的である。

30) Chr.-L. Lange UNION INTERPARLRMENTAIRE-Résolutions des Conferérences et
Décisions principales du Conseil-1911, p. 34.

しようする時代が到来したという自負を宣明したものである。残念ながら，このような国家と議会に関する楽観的とも言える認識は，2回の世界大戦を経て根本的な修正を迫られることになるが，それは，戦間期と第二次大戦期を通じて準備された。

2 一般的国際議員会議の形成

列国議会同盟の創設時の目的が，仲裁裁判の普及にあったとしても，それは国際紛争の平和的解決というより高次の目標を達成するために取られた実際的手段であり，会議を重ねる中で，義務的仲裁裁判や居中調停のみならず，国際法の法典化や軍備制限等の様々な問題を取り上げるようになった。こうして，組織の整備と目的の普遍化に伴い，1905年には，団体名称を「仲裁裁判を求める列国議会同盟」から現在の「列国議会同盟」(Inter-Parliamentary Union) に改称した[31]。この時期から第1次大戦直後の国際連盟創立に至る期間は，1899年と1907年に2回開かれ，1915年ないし16年に第3回目の開催が予定されていた一連のハーグ平和会議への様々な貢献と，会議の成果に対するフォローアップが活動の中心的であった。その高い評価は，1901年から1913年にかけて列国議会同盟の7人のリーダーがノーベル平和賞を受賞したことが雄弁に物語っている[32]。

VII 国際連盟総会の性格と限界

第1次大戦後，既に述べたような国際連盟が誕生した。国際連盟規約の12及び13条には義務的仲裁裁判が，14条には常設国際司法裁判所の設置が唱われていた。列国議会同盟がそれまで追い求めていた目標が実現されないまでも実定法化されたことを前にして，1919年，戦後第1回目の会議として招集された同盟評議員会[33]では，列国議会同盟の存在理由が失われたのではな

---

31) "Inter-Parliamentary Union" に「列国議会同盟」の名称を充てることは，1908年に日本議員団が結成されたことに遡る。1911年に整備された日本議員団規約でこれが正式名称として定着し，今日に至っている。ごく最近の公文書では「IPU」を通称として用いる例であるが，既に一世紀近く様々な書籍に引用されてきた歴史的な名称であることから，ここでは「列国議会同盟」と記すことが相応しいと判断した。

32) その他，1921年，1927年にも計3名がノーベル平和賞を受賞した。

いかとの疑問さえ呈された。実は，19世紀末のイギリスで，普通選挙による「下院」と下院多数派に依拠する政府が出現することによって，かつての政府と議会との緊張関係が希薄化すると，自由主義的な政治原理，とりわけ民主主義的正統性の原理であった国民代表理論が，現状の政府を正当化する役割を担うようになる。その立場からすれば，民主的手続きによって構成された政府が各国民の主権平等の原則にしたがって構成する国際連盟は，自由主義的政治原理が長年追い求めてきた目標のまさに具現化以外の何ものでもなかった。第一次大戦後の国際議会主義の流れの中で，国民の人権を守るために，国家権力の発動をコントロールするという自由主義本来の批判精神が回復されることになるが，その明確な認識の確立は皮肉にも国際連盟が崩壊した第二次大戦後であった。

ただし，そのような批判精神がいかに回復されたかを理解するためには，まず，国際連盟の歴史的な意義と限界を国際議会主義の立場から明らかにする必要がある。

1 史上初の公開の討議機関をもった国際機関

国際連盟規約24条は，「一般条約に依る既設の国際事務局は，当該条約当事国の承諾あるに於ては，総て之を連盟の指揮下に属せしむべし。国際利害関係事項処理の為今後設けらるべき国際事務局及委員会は，総て之を連盟の指揮下にぞくせしむべきものとす」と定めていた。すなわち，国際連盟は通例の国際機関ではなく，他の全ての国際機関の上に立ち，それらを指揮すべき「世界政治組織」であるとされていた。この意味において，国際連盟は他の全ての国際機関とは全く違う普遍的な性格を持った国際機関であった。また，このような普遍性は，平等な代表権と表決権を持った各国代表が集い，公開の討議を行う連盟総会の存在によって，さらに強化されていた。

もっとも，同時に設けられた連盟理事会は，決定の実施権限を持たず，総会との関係も法的に曖昧なものであった[34]。したがって，国際連盟を国家

---

33) 列国議会同盟を構成する各国議員団からの代表2名を持って構成される，総会に代わる議決機関。その他，評議員会議長を委員長とする少人数の執行委員会が設けられている。

34) 新渡戸稲造「世界の議会としての国際連盟会議」『文明大観』大正14年4月1日，

機関に例えることは正確でない。また，国民代表的性格を端的に保障する制度である選挙の契機を国連総会が持っていないという根本的な欠陥を指摘することで，国連総会を議会に例えることに意義を唱えることも可能である。しかしながら，選挙をもって議会の定義とする主張は，選挙の段階でのみ国民意思の統合化を考える結果である35)。現に法案の大部分が与野党の賛成で通過しており，対決法案も与野党間の相互作用の中で採択に至っていることを考えるならば，選挙における国民意思の統合化と同時に，審議における国民意思の統合化を通じて議会を再定義しなければならない。

この点，議会「上院」が必ずしも普通選挙によるわけではなく，ましてや直接普通選挙によることがもっと少ないことは36)，議会の一つのあり方を考える上で大きな助けとなる。「上院」は，直接普通選挙に由来する正統性を有し，それによって国民を代表する資格を持つ「下院」とは異なる正統性を持つと考えられるからである。例えば，アメリカ合衆国上院が各州の権利を保障し，ドイツ上院が各州政府の大臣や閣僚を構成員としていることを指摘するならば，「ざっと三分の一は其國の大臣格の人……あとの三分の一は……外交官……後の三分の一が……国際法とか政治学の先生」37)が集まり，公開の場で審議を行う連盟総会を，理念型としての「上院」に含めて議論することは可能であろう。

2 連盟総会の権威の源泉

連盟総会の意思は，一つは「条約」，もう一つは「決議」の形で現れるが，前者の例は至って少なく，後者が圧倒的であり，これこそが通常の形態と言うことが出来る。決議は，条約と違って強制力を持たない。したがって，決議の実効性を確保するための根拠として通例言及されるのが，国際連盟の権威である。「兎に角其議決は取敢ず世界の世論である。責任ある代表者が集まって，そうして銘々の國の名で議論して，銘々の國で署名するのだから」，その決議は一種の道徳的な規範性を持つといえる38)。

---

 p. 28.
35) 芦部信喜「憲法と議会政」東京大学出版会，1975年6月30日，p. 349以下参照。
36) 衆議院国際部国際会議課訳『世界の議長』2000年1月，p. 118.
37) 新渡戸稲造，前掲書，p. 26.

しかし，国際議会主義の観点，つまり，連盟総会を上院的な存在として理解する立場からすれば，連盟総会おける決議の公的性格[39]を，審議の公開性まで併せて解釈することが必要と思われる。

すなわち，連盟総会という公的空間を介して非権力的「決議」が権威を持った「決議」に転化する論理とはどのようなものであろうか。それは，決議は条約のような強制力がないからこそ，たとえ激しい反対があっても比較的短時間で最終的に決議を採択することができるという逆説性の中に見いだすことができる。仮に，これが決議でなく強制力を持った条約であれば，一国の反対でも抑えることに大変な労力を要し，最終合意を得るために数年単位の時間を費やすことさえ当たり前となる。国際会議で取り上げられる議題は，その時々のホットな話題でなければ意味がない。つまり，このようなホットな話題に短時間で大半が賛成する合意を「決議」という形にまとめ上げることこそが，「条約」交渉とは対極をなす討議の意義であり，したがって，「決議」は，国際世論の最大公約数的表現であると形容することが出来よう。この点，決議のフォローアップを余りにも厳密に求めすぎることは，自己矛盾となり得る。合意の実効性を第一に考えるならば，それはもはや「決議」ではなく，「条約」でなければならない。

ただし，連盟総会の公開の討議のこのような公的性格も，極めて不十分なものであった。その一つは総会の決定が原則，全会一致で行われたことである。連盟総会の意思は，この全会一致原則によって，各国政府の個別意思から独立し得る契機を奪われてしまった。連盟総会は加盟国政府全体の代表機関であり得ず，個別意思の単なる交渉の場となってしまった。そのような連盟総会は，したがって，「条約」を生み出すには妥当なものであっても，「決議」の趣旨には全くそぐわないものであった。

二つ目は，連盟総会が政府代表による政治的討議の場であって，議会代表

---

38) 同様な論旨は，国際連盟総会の決議に関して，新渡戸稲造，前掲書，p. 27 に述べられている。

39) 国際連盟のこのような公共性を理解するもう一つの手がかりは，連盟規約18条が，全ての国際条約の強制登録を呼びかけていることである。国家の秘密条約を締結する権利は，第一次大戦後論争の的となり，議会に通報することなく条約を締結すること，つまり秘密条約を締結することがこれによって原則禁止された。

による討議の場とは全く別な論理に支配されていたことである。政府間会議における政府代表の発言は事前に決定された政府意思，あるいは政府から委任された権限に厳密に拘束されることが原則である。これに対し，議会間会議における代表議員は自己の信念に基づき自由に発言できることが原則である。今日，議会の正規代表団を会議に派遣する場合には，議会は派遣人数を予め決め，それを勢力比に応じて各党に割り振っている。しかし，誰が実際に派遣されるかは各党の自主性に任されており，議会自身が直接指名することはない。つまり，議会の会派構成が選挙を通じた世論の正確な反映であるならば，事前の議会手続は，議会の正規代表団の構成においてもその相似性を確保することのみに留まる。しかし，個々の議員の発言が自由であるということは，なんら無責任な発言が横行することを意味するのでなく，当該の発言の政治的帰結について，自己責任が課されていることを意味する。議員は己の発言によって政治的名声を博することもできれば，思わぬ非難や騒ぎを巻き起こして政治責任を取らされることもあるのである[40]。ちなみに，議会における討議形式を，「立会演説会型」と「質疑応答型」に分類するとすれば，連盟総会の討議形式は前者であり，それは会議の規模の問題もさることながら，以上の政府代表による討議の性格が大きな理由であると思われる。

VIII　第二次大戦後の時代状況とヨーロッパ評議会議員会議の出現

1　国連の出現とその二重の性格

第二次大戦後に一般的な国際安全保障制度を樹立するとの意思は，すでに

---

40) 従って議員の国際会議における表決では，代表個人の意思が表明されることを原則とする趣旨から，代表個々人が一票を持たない場合でも，代表団の内で票を分割することが出来るようになっている。なお日本では，議会代表団として国際会議に決議案を出すような場合に，派遣の実質的な決定機関である議員運営委員会に事前の承諾を得るようなことも現に行われているが，それだからといって，政治責任が全く回避されるわけではない。あくまでも自己責任の原則の下に承諾を与えているに過ぎない。したがって，技術的には，提出決議案の文言を巡って代表団団員間で意見が完全に一致しない場合でも，敢えて少数派の議員が会議の最終採決で留保ないし棄権することを条件として，取り敢えず決議案の提出について了承するという対応も想定される。

国際議会主義の歴史的展開

　1941年8月14日，米英両国が戦争遂行目的を明らかにするために公表した「大西洋憲章」の8項に示されていた。同8月21日，ルーズベルト米大統領はアメリカ議会の信任を得るため，議場でこの憲章を読み上げた後，この戦争を独裁国家 (the dictatorships) に対する民主主義国家 (the democracies) の戦いであると定義づけたが[41]，このような認識は政府指導者のみならず，各国議会指導者に共通の認識であった[42]。

　1943年10月30日の「全般的な安全保障に関する4国宣言」4項は，このような一般的国際安全保障制度が「すべての国の主権平等の原則」ではなく，「すべての平和愛好国の主権平等の原則」に基づくことを明記していた。「大西洋憲章」8項で，一般的国際安全保障制度の創設と，枢軸国の武装解除 (disarmament) が別個の文脈で捉えられていたことに対し，後者の正統性に懸念が呈されていたが[43]，ここでは，上記の独裁国家が大戦後の一般的国際安全保障制度下において主権平等であり得ないことを明示することで，独裁国家に対する民主主義国家の戦いであるとした戦争遂行の論理，一般的国際安全保障制度としての国際連合の構成原理，そして，ドイツ等の戦後処理の問題が一貫した論理の中で行われることが明らかとなった[44]。ドイツの

---

41) White House news release "President Roosevelt's Message To Congress on the Atlantic Charter" なお，このような戦争遂行の正統化には，アメリカ議会を中心とした伝統的な孤立主義（モンロー主義）が，勝敗の帰趨に決定的なアメリカのヨーロッパ参戦を困難にさせていたという別の事情もある。大戦後は，「全体主義対自由主義」の対立に読み替えて，ヨーロッパへのコミットメント継続の大義名分にしようとした。ギリシャ・トルコ支援のために，1947年3月12日，トルーマン大統領が米下院の上下両院合同会議で演説した「トルーマン・ドクトリン」として知られる趣旨もこの文脈から理解しなければならない。

42) 第二次大戦後，初めて開かれた同盟評議員会（ジュネーブ）の開会挨拶において，評議員会議長は「民主主義的かつ代議制的な公共 (public life) の概念が正にこの戦の勝敗如何に賭けられ，世界を恐怖させた専制と暗黒の教義を打ち負かした」と述べている。*Minutes of the Inter-Parliamentary Council XLIX September 12 and 13, 1945 Geneva, Inter-Parliamentary* Union p. 5.

43) 大西洋憲章8項の侵略国の武装解除に関する言及については，イギリス内の親国際連盟派の反対を懸念してチャーチル首相から削除提案があったが，アメリカ側の主張で結果的に挿入された。The Atlantic Conference : *Memorandam of Conversation, by the Under Secretary of State* (Welles), August 11, 1941.

44) 8月21日にハル米国務長官からイーデン英外相に示された原案には，「the princi-

Ⅷ 第二次大戦後の時代状況とヨーロッパ評議会議員会議の出現

戦後賠償あるいは国家分割の問題も,紆余曲折はあるにせよ,ドイツにおける民主主義政府樹立の問題点から再考する流れが形成されていった。こうして,国際連合には戦前の国際連盟には見られない民主主義の擁護者としての性格が付与されることとなった。

しかし,国際連合は,そのような民主主義的な性格と同時に,それとは全く相反する原理をも包摂していた。それは,国際連合が国際連盟の失敗の教訓の上に樹立された事情に由来する。

国際連盟の画期的な点は,勢力均衡原理 (the principle of balance of power) に支配されたヨーロッパを中心としたそれまでの国際政治を,集団安全保障原理 (the principle of collective security) の支配する世界に変えようとしたことである。すなわち,連盟のシステムは,従来のいかなる一国あるいは国の集団も他の存在を脅かすまでに強力になることがないよう,場合によっては,均衡を達成するために諸国家を敵対するグループに分断することも辞さないとする政策体系から,如何なる国家も脅かすことなく,連盟規則の遵守を約す全ての国に保護を与えようとする政策体系に切り替える手段を各国に与えた。したがって,連盟規約は,各国の自発的な主権制限と相互協力,特に,軍縮について完全な手続を定めることを主眼としていた。

連盟の権威は,何れの大国の力からも超然としたその普遍的性格に基づくものであったが,既にそのスタート時から,米ソ両大国が外れることで権威が損なわれ,集団安全保障の原理も不確実なものとなっていた。やがて,公然と連盟の権威に挑戦する大国に対して他の大国が本気で連盟を守る意思のないことが明らかとなると,全ての国が疑心暗鬼となり,伝統的な勢力均衡原理に全てが回帰してしまった。すなわち,満州からアビシニア,ミュンヘンを経て1939年9月の第二次世界大戦勃発に至る悲劇はこうして起こったと考えられる。

国際連合は,このような失敗の教訓から,米,英,ソ3大国の戦時同盟体

---

ple of the sovereign equality of all nation」となっていたが,最終案ではイギリスの修正提案を入れて「the principle of the sovereign equality of all peace-loving States」となった。Sir Llewellyn Woodward, *History of the Second World War, British Foreign Policy in the Second World War, Volume V*, Her Majesty's Stationery Office, PP. 70-80. なお,国連憲章2条1項では「the principle of the sovereign equality of its Members」とすることで論理的な整合性が保たれている。

制を大戦後も維持し，これに中，仏を加えた5大国が戦後の世界的な平和維持に主要な責任を負うことを基本的な原理とした。したがって，そのためには他の中小国の役割をむしろ制限することさえ企図した。こうして，国際連合では，全加盟国からなる国連総会ではなく5大国と，総会が2年の任期で選ぶ6ヵ国45)からなる安全保障理事会に最高の権威と必要な場合には武力行使を含む強大な権限が与えられ，さらに，安全保障理事会の決定にも，5大国の何れか一国が棄権あるいは反対すれば成立しないとする「拒否権」が認められた46)。また，国連総会は，国連の行動を義務づける決定を行う権限をもたず47)，総会の決定も原則，投票の3分の2の多数を要とするとの厳しい要件が課せられていた。国連憲章の第2条は「国連は，そのすべての加盟国の主権平等の原則に基礎をおいている」としていたが，機構的に，安全保障理事会の権威が国連総会に基づく構造となっていない以上，5大国の主権が他の加盟国の主権に優越する原理が取り入れたれていたと言うことができよう48)。

2 二つの世界議会論

1945年6月26日，国連憲章に50カ国が署名した後，国連は，10月24日正式に発足した。「1939年までには，紛争をその地方のみに閉じこめてしまう (localise) ことは出来ないとすることが当然とされていた」49)ことから，第二次大戦後，「如何に強く，如何にうまく守られた国であっても，孤立した状態で，自力のみで存立を確保することは出来ない」50)ことは，大戦前にも増

---

45) この非常任理事国の数は，現在は10カ国となっている。(憲章23条1項)
46) 現行の憲章27条3項は「安全保障理事会の決定は，常任理事国の同意投票を含む9理事国の賛成投票によって行われる」と規定している。当初は「7理事国の賛成投票」となっていた。
47) 憲章11条2項には「国際の平和及び安全の維持に関する……問題で行動を必要とするものは，討議の前又は後に，総会によって安全保障理事会に付託されなければならない」と規定されている。
48) 以上は主に，Report of the Secretary General on the International Situation, *Compte Rendu de la 36th Conférence,* publié par le Bureau Interparliamentaire, Caire 1947, pp. 150-175及び前田寿『軍縮交渉史』上，pp. 1-14を参考とした。
49) Report of the Secretary General on the Internatinal Situation, *Compte Rendu de la 38th Conférence,* publié par le Bureau Interparliamentaire, Stockholm 1949, p. 249.

Ⅷ 第二次大戦後の時代状況とヨーロッパ評議会議員会議の出現

して全世界の人々の確信となっていた。こうした観点から，安保理事会に武力行使を含む強力な執行権限を付与したことに対しても，国際世論は，これをむしろを集団安全保障を強化するものとして歓迎した[51]。

しかし，国際議会主義の立場からは，このような国連体制を基本的には支持しつつも，何らかの改正が必要であると考えていた[52]。イギリス議員団が1945年9月の同盟評議員会（ジュネーブ）[53]に提出した覚書『国際機構及び将来の列国議会同盟の任務』は，「国民がいかに多くの信頼を外務大臣とその同僚：外交官，軍人及びあらゆる種類の専門家に置いていようと，国民はそれにも関わらず自らの希望，恐れ，大志を表明する必要性を感じている。常に国民と接触しつつも，同時に職責に関わる責任と義務を認識している国民の選挙された代表者よりも，国民をよりよく媒介する者を思いつくことは困難である」と述べていた[54]。国連に何らかの議会主義的な原理を付与することが必要であると認識されていたのである。

他方，「5大国の合意に基づいて創設され，5大国間のみの全会一致原則の適用を必要としているが，この点にその強さと弱さがある」[55]とされた国

---

50) Report of the Secretary General on the Internatinal Situation, *Compte Rendu de la 37th Conférence*, publié par le Bureau Interparliamentaire, Rome 1948, p. 175.

51) 原子爆弾の投下によって，このような立場にも明らかな変化が見られる。例えば，1945年11月22日，イーデン前外相は，イギリス下院において，「原子力に関する様々な発見に照らして」機会あり次第国連憲章を再検討しなければならないこと，また，翌23日朝には「世界憲法」が必要とされているとの認識を述べている。The Conception of Sovereignty and the Creation of a World Parliament, *INTER-PARLIAMENTARY BULLETIN*, January 1946, pp. 26-30.

52) 1945年9月のジュネーブにおける政治・司法問題委員会において，オルバン委員（ベルギー）は，「国連憲章は，国際組織の発展の一つの段階であるにすぎず，恐らく幾つかの点について改正されるものと思われる」と述べている。*Minutes of the Inter-Parliamentary Council XLIX September 12 and 13, 1945 Geneva*, Inter-Parliamentary Union, p. 36 同様な趣旨の発言は多数の議員が述べている。

53) 戦後第1回目の公式会議。列国議会同盟の定期会議は，1940年3月のルガノ評議員会を最後に中断されていたが，大戦中も各国議員団からの分担金納付は継続され，ジュネーブの同盟本部事務局による機関誌発行等の活動が維持された。また，イギリス議員団によって「被占領国議員連盟」がロンドンに設立され，列国議会同盟の小委員会として被占領国議員団の活動を支えた。

54) *Minutes of the Inter-Parliamentary Council XLIX September 12 and 13, 1945 Geneva*, Inter-Parliamentary Union p. 13.

連は，発足時から米ソ対立に苛まれていた。このような米ソ協調体制の危機は，とりわけヨーロッパにおいて深刻な問題を惹起した。ヨーロッパの東半分をソ連が軍事占領している状況下にあって，米ソの対立は，ヨーロッパの分断に直結する問題であり，第3次世界大戦が起これば再びヨーロッパが主戦場になることを意味していたのである。したがって，ヨーロッパの政治家にとって，国連の強化の課題とヨーロッパの統一問題は不即不離の関係にあった。

では，各国政府を代表する国連に，議会主義的な原理をどのような形で付与しようとしたのか。

その第一のものは，議会政府論としての世界議会設立構想である。1945年11月23日，イギリス下院において，ベヴィン外相は個人的な見解であるとしつつ，世界の全ての諸国民が直接選挙で選ぶ世界議会を設立し，これまで国際法と称していたものを世界法に取って代えるよう主張した。すなわち，1940年にチャーチルがフランスに合同市民権 (joint citizenship) を申し出たことに触れ，この合同市民権が合同議会 (joint parliament) を必然とするように，「世界の人々が一体として選挙し，国連を構成する各国政府が責任を負い，事実上，世界法を作る世界議会 (a world assembly) を創設するための新たな研究が必要」であると述べ，さらに「普通の人々に真実が公表されていたならば，かつて防止できなかった戦争はなかった」「普通の人々こそ戦争の最大の防止策である」「平和という限られた目標をもった世界議会の選挙や構成を考案したいとする個人，団体，国家と共同したい」「しかしその間，サンフランシスコで設立された機関を弱体化させてはならない。これはさらなる発展への前奏である。世界議会を国連の代替物と考えてはならず，寧ろ国連の完成版あるいは発展型と考えるべきである」と述べた[56]。

以上のような考え方は，1948年4月6日，ニースで開催された列国議会同盟の政治・組織問題委員会に英国代表団が提出した決議案においても共通に

---

55) *Minutes of the Inter-Parliamentary Council LX April 25 and 27, 1946 Copenhagen,* Inter-Parliamentary Union pp. 3-6.

56) The Conception of Sovereignty and the Creation of a World Parliament, *INTER-PARLIAMENTARY BULLETIN,* January 1946, pp. 26-30.

Ⅷ 第二次大戦後の時代状況とヨーロッパ評議会議員会議の出現

確認することが出来る。すなわち、その6項は「世界の議会を代表する、世界議会政府（World Parliamentary Gonernment）を創設することが現実的か否か、また、世界の出来事や平和の維持により効果的に影響力を行使するためにはどのような形態をとるべきかを検討する」57)委員会を設立するよう提案していたが、そこにおける世界議会とは、いわば政府機関に民主的正統性を付与することを本質としたイギリス型の議会であった。

それに対し、第2のそれは、政府機関としての国連を民主的に統制するいわばアメリカ型の権力分立的世界議会論である。1945年9月の同盟評議員会（ジュネーブ）の開会挨拶におおいて、ウィアール評議員会議長（ベルギー）は、国際政治の場面で「国や外交官をオフィシャルに代表することと並んで、この世論が自由に表明されることが必要である」58)との認識を述べていたが、1946年4月のコペンハーゲンにおける政治司法組織問題委員会では、バスティド委員長（フランス）の下、第2議題の国家主権及び個人の国際社会における役割を討議する中で、「小差で、国連機構に対する肯定的な態度を捨て去ることは決してないものの、適当な機会に改正が出来るようにするため国連憲章を検討することを決定し」、同時に、「あらゆる民主主義国の立法機関が選挙する国際議会（international assembly）の形をとる世界議会（world parliament）を創設する可能性について採決」を行い、「賛成6、反対5、棄権1で可決し、①このような世界議会を創設する現在の可能性に関する検討、②このような機関が構想される場合、世界議会（universal legislative assembly）の将来の権限の定義が、小委員会の議事日程に登載された。」59)

もちろん、政府に民主主義的正統性を付与するイギリス型の世界議会論にしろ、政府に民主主義的統制を行うアメリカ型の権力分立制世界議会論にせよ、それは国連に対する現状批判論の域を越えることはなかった。各国議員団から1945年及び1949年の2回に渡って質問書に答える形で意見を聴取した

---

57) The Nice Inter-Parliamentary Meetings, *INTER-PARLIAMENTARY BULLETIN*, May 1948, pp. 37-39.

58) *Minutes of the Inter-Parliamentary Council XLIX September 12 and 13, 1945 Geneva,* Inter-Parliamentary Union, pp. 4-5.

59) *Minutes of the Inter-Parliamentary Council LX April 25 and 27, 1946 Copenhagen,* Inter-Parliamentary Union p. 17-20.

ものの,列国議会同盟に実質的に出来た唯一のことは,列国議会同盟自身の改革であった。

1946年の初めには,「列国議会同盟が創設された時代とは可成り異なる世界が現出している時代にあって,列国議会同盟が規約及び活動方式の全般的な再検討に取り掛かる必要」があり,とりわけ「各国議会から自由意思で集まった団体として存続すべきであるのか,あるいは,国内法か国際条約の何れかによって公的な認知を獲得することでより国民代表的性格(representative character)を纏うことが好ましいか」60)が課題となっていた。1946年8月のサンモリッツの政治組織委員会には,ホルドス委員(チェコスロバキア)から列国議会同盟を「議会理事会(Inter-Parliamentary Council)」としての国連に編入する案が示されもした61)。しかし,国連憲章は,外部機関との関係を経済社会理事会の諮問団体(71条「非政府組織」)62)であるか,政府間の協定によって設けられる各種の専門機関(憲章57条)63)に限定しており,結果として,列国議会同盟には前者の資格しか与えられることはなかった。

1949年4月,ニースで開催された列国議会同盟の政治・組織問題委員会は,それまでのすべての努力に終止符を打った。既に,1948年6月のベルリン封鎖から,同盟のニース会議直前の1949年4月4日に北大西洋条約が調印され

---

60) The Inter-Parliamentary Union at the Outset of 1946, *INTER-PARLIAMENTARY BULLETIN*, January 1946, pp. 1-2.

61) Report by M. Paul Bastid on Amendments to the Statutes of the Union, *Compte Rendu de la 36th Conférence,* publié par le Bureau Interparliamentaire, Caire 1947, p. 356.

62) 憲章71条「経済社会理事会は,その権限内にある事項に関係のある民間団体(non-govermental organizations)と協議するために,適当な取極を行うことができる。この取極は,国際団体(international organizations)との間に,また,適当な場合には,関係のある国際連合加盟国と協議した後に国内団体(national organizations)との間に行うことができる。」

63) 憲章57条「政府間の協定によって設けられる各種の専門機関(specialised agencies)で,経済的,社会的,文化的,教育的及び保健的分野並びに関係分野においてその基本文書で定めるところにより広い国際的責任を有するものは,第63条の規定にしたがって国際連合と連携関係を持たなければならない。」
　憲章63条1項「経済社会理事会は,第57条に掲げる機関の何れとの間にも,その機関が国際連合と連携関係をもたされるについての条件を定める協定を締結することができる。この協定は,総会の承認を受けなければならない。」

るまでに米ソの対決は決定的な段階に入っていた。会議に参加したブルガリア，チェコスロバキア，ポーランドの代表団からは，「世界議会 (representative assembly) を創設することは時期尚早であるのみならず，相互信頼の欠如によって平和の基礎が深刻に揺さぶられている折りに，その可能性を議論することは危険でさえある」[64]との強硬な反対論が唱えられた。その結果，委員会は「諸国民を代表する世界議会を創設する可能性に関する決議案」を可決することが出来なかった。ようやく「平和の擁護と強化」の一般的前提を入れて，副次的に「特に，この目的のために必要であれば諸国民を代表する世界議会を樹立し，IPU をそのような議会に漸進的に転化させる予備的調査を行う可能性」を挿入することで妥協し，これを1949年9月に予定されていたストックホルム総会で討議するとすることで全会一致の賛成を得ることが出来た。しかし，ストックホルム総会に東欧圏の代表が顔を見せることはなく，それと同時に世界議会を樹立する試みも，列国議会同盟を世界議会とする試みも同時に実現の途は閉ざされた。1949年6月に執筆されたその年の列国議会同盟の事務総長報告はその冒頭で，このような現状を，「世界は分割された。世界は分割の中で自らを組織化している。全ての諸国民を結集させるために樹立された偉大な機構，国連は，全くその意思に反し，その論理的展開の行き着く先をより明確なものとすることに貢献した。かくしてあらゆることが不確実となった。なぜなら，平和は分割不可能であり，不安は伝染病であり，また，ある場所の不安定は別の場所の不安定を創り出すからである」と評している[65]。

3 ヨーロッパ議会 (European Assembly) の創設

第二次大戦中のイギリス戦後政策文書には，戦後ヨーロッパの集団安全保障機構として，ヨーロッパ評議会 (Council of Europe) への言及を頻繁に見

---

64) Memorandum by the Bureau on the Defence and Consolidation of Peace, *Compte Rendu de la 38th Conférence,* publié par le Bureau Interparliamentaire, Genéve 1949, pp. 387-415.

65) Report of the Secretary General on the Internatinal Situation, *ibidem,* Stockholm 1949, p. 148, 1945年9月のジュネーブ評議員会よりソ連議会に参加招請が行われていたが，全くソ連側から回答が無く，ソ連が列国議会同盟に参加するのはようやく1955年になってからである。

いだすことが出来る。しかし，チャーチル首相にとってはそれ以上に，ヨーロッパ評議会はヨーロッパ合衆国を意味する言葉であった[66]。かくして，1947年3月に将来のヨーロッパ集団安全保障機構樹立の第一歩として英仏間でダンケルク条約が締結されると，旧大陸ではいやが上にもヨーロッパ統合が喧伝されることとなった[67]。1948年3月にはこれをさらに発展させて，英仏ベネルックス3国による「経済的，社会的及び文化的協力並びに集団的自衛のための条約」いわゆるブリュッセル条約が調印された。

　他方，戦後下野したチャーチルが，1946年9月，チューリヒ大学でヨーロッパ統合を訴えて以来，統合運動が急速な拡大を見せ，1948年5月にはハーグにおいて著名な活動家全てが参加するヨーロッパ会議（Congress of Europe）が開催された。そして，ほとんどの重要紙のコラムを会議の解説が埋めるという異例とも言える報道中で，ヨーロッパ各国議会が選ぶ議員によって構成されるヨーロッパ議会（European Assembly）の創設決議が行われた[68]。1948年9月，フランス及びベルギー両政府は，このハーグ会議の決議を支持して，これをブリュッセル条約の理事会に提議し，1948年10月25日には，同条約下に設けられた諮問委員会がヨーロッパ議会のあり方について討議を開始した。

　しかし，諮問委員会では，ヨーロッパ評議会に閣僚会議と諮問会議を設けることでは合意したが，後者のあり方についてイギリス側の考えと大陸側の考えが対立した。「フランス側は議会自身がメンバーを選出し，より広範な議案提出権を持つヨーロッパ議会のより広範な概念を擁護した」。しかし，「イギリス人にとっては議会から派生するか，少なくとも議会の多数派から派生した執行部を持たない議会を想像することは困難」であった。とりわけ「自国政府の行動に反対するために，非政権党の代表が他国の代表団と結託する」ことを問題視した。「したがって，各国政府が選出した各国代表団が

---

66) Sir Llewellyn Woodward, *ibidem*, pp. 39-40.
67) Report of the Secretary General on the International Situation, *ibidem*, Rome 1948, pp. 170.
68) Report of the Secretary General on the International Situation, *ibidem*, Rome 1948, pp. 176-188.

メンバーとなって，各国政府から提出される議案を審議する審議機関のみが真に有用な目的に役立つことができる」と主張した。つまり，イギリス側は国連総会のような機関の設立を考えていたのである。こうして5ヵ国委員会では合意を得ることに失敗し，1949年1月末のロンドンに於ける外相会議でようやく大陸側の考えを基本的に維持することで妥協が成立した69)。1949年3月5日，ロンドンにおいて，ブリュッセル条約加盟5ヵ国に，デンマーク，アイルランド，イタリア，ノルウェー，スウェーデンを加えた10ヵ国がヨーロッパ評議会規約に調印し，ここに議会組織を伴った歴史上初の国際機関が誕生した。国際社会にとって真に革命的な点は，各代表が政府の如何なる指示も受けず，ただ自分の責任に基づいて自分の名前で発言する機関が誕生したことである。

4 ヨーロッパ評議会議員会議の限界と歴史的役割

しかし，ヨーロッパ評議会は，加盟各国の主権との関係においては極めて曖昧な機関となってしまった。

その一つは，イギリス自身の世界国家 (universal Power) 的性格故に，ヨーロッパ統合に対するイギリスの態度は，非常に複雑な要素を併せ持つことになったことである。すなわち，19世紀を通じイギリスは今日も英連邦としての結束を誇る世界帝国を形成し，当時の自治領 (Dominions) との関係において超国家的な地位を有していた。大戦中，イギリス政府は，物理的に米ソに比肩しうる大国であるためには，この自治領との一体性を維持し，帝国市場 (internal market) を確保することが最重要であると考え，同時に，国際政治における主導的立場を確保するためには，米ソ，とりわけアメリカとの協調関係維持が不可欠であると考えた70)。他方，大国協調の主要舞台がヨーロッパにあり，ヨーロッパの大問題が，大人口を抱え工業の発展したドイツが中央で強勢を保っていることである以上，大戦後にフランスを含む4大国による「治安制度 policing system」を設けると共に，平和を脅かす可能

---

69) Report of the Secretary General on the International Situation, *ibidem*, Genéve 1949, pp. 148-261.
70) 1942年10月5日にイーデン外相からチャーチル首相に提出された覚書「The Four-Power Plan」梗概 Sir Llewellyn Woodward, *ibidem*, pp. 4-6.

性のある政治経済社会問題を処理するために米英ソをメンバーとするヨーロッパ評議会を設けることを目論んでいた71)。つまり，イギリスに取っては，自治領との連帯及び米英同盟が最優先事項であり，ヨーロッパ統合問題はその枠内で考えられていたのである。

こうして，ブラッセル条約諮問委員会がヨーロッパ議会のあり方を検討する直前の1948年10月に開かれたイギリス及び自治領の首脳会議において，自治領首脳からヨーロッパ統合がイギリスの主権の一部委譲を意味するならば英連邦のセンターとしてのイギリスの役割と矛盾することになるとの指摘がなされると，イギリスは近隣諸国との連合が英連邦の利益に沿ったものであることを約束した。1948年5月のハーグ会議において，真のヨーロッパ連合形成を目指す勢力に対抗して，チャーチルが率いたイギリス代表団が，各国が非常に柔軟な枠組みの中で最大限の自立性を確保する必要性があることを主張し，統合の勢いにブレーキをかけようとしたのもイギリスの国家利益を擁護する意図からだった72)。

その第2は冷戦の開始である。1948年6月のベルリン封鎖によってヨーロッパの東西分断は決定的となっていた。同月，アメリカ上院は「ヴァンデンバーグ決議」を採択して，平時においても西半球以外の国と集団安全保障条約を締結することを政府に許可した。アメリカ政府は早速，カナダと共にブリュッセル条約加盟国を含む10ヵ国と対ソ軍事同盟交渉を開始，1949年4月4日にはワシントンにおいて北大西洋条約が調印された。そのために，ヨーロッパ評議会はヨーロッパ分断によって西ヨーロッパのみの組織となってしまっただけでなく，勢力均衡原理に基づく北大西洋条約機構によって，その存在の基盤自体を削り取られてしまった。

したがって，ヨーロッパ評議会はヨーロッパ統合という観点からすれば極めて不十分なものとなってしまった。既に歴史が明らかにしているように，ヨーロッパ統合は，1950年5月9日に設立されたヨーロッパ石炭鉄鋼共同体の成功に帰されるべきものである。しかしながら，国際機関に議会機関を併

---

71) 1942年11月19日　Sir S. Cripps が the War Cabinet へ提出した 'four-Power' Plan に関する note, Sir Llewellyn Woodward, *ibidem,* pp. 11-12.

72) Report of the Secretary General on the International Situation, *ibidem,* Rome 1948, pp. 176-177.

Ⅷ 第二次大戦後の時代状況とヨーロッパ評議会議員会議の出現

設することはヨーロッパ評議会に始まる。今日のヨーロッパ議会（European Parliament）の誕生と成功もヨーロッパ評議会議員会議の成立なくしてはあり得なかったと言える。

　小論冒頭で様々な国際議員会議を紹介したが，ヨーロッパの際だった特徴として，同地域ではほとんど全ての国際議員会議が国際条約に基づいて国際機関に併設される形で設立されていることを指摘することが出来る[73]。それはひとえにヨーロッパ評議会の誕生に因るものであり，その存在がそれ以後のヨーロッパにおける国際機関のあり方に決定的な影響を与えた結果である。

---

73)　H. Klebes, *ibidem*, pp. 82-105.

EU 統合とフランス議会
―― アムステルダム条約と憲法88条の 4 ――

安 江 則 子

Les parlements nationaux en face de l'intégration européenne
—le traité d'Amsterdam et l'article 88-4 de la Constitution française

YASUE Noriko

Avec l'approfondissement de l'intégration européenne, les parlements nationaux d'Etats membres de l'Union européenne sont contraints à reconcidérer leurs rôle. Dans les parlements de chaque Etat, ils ont fondées des organisations speciales pour traiter les affaires européennes. La compétence de chaque parlement est très variée selon les Etats.

En France, les délégations pour la communautés européennes ont été créés dans deux assembléees en 1979, mais elles n'ont qu'un pouvoir très limité. Aprés l'entrée en vigueur de l'Acte Unique, les délégations pour la communautés européennes ont renforcé leur competence par la Loi Josselin, cependant cela ne parait pas encore satisfaisant.

En 1992, à l'occasion de la ratification du traité Maastricht, la Constitution française a été modifiée. Le nouvel article 88-4 a stipulé que les assemblées peuvent recevoir les informations sur les propositions des actes communautaires et adopter des décisions en la matière. Le gouvernement et les deux assemblées ont procédé par tatonnements pour appliquer cet article. J'essaie de montrer les débats sur l'application de l'article 88-4 jusqu'au 1998, qui amenent re-modification de cet article en janvier 1999 avant la ratification de traité d'Amsterdam. J'examine également la signification du protocole annexé au traité d'Amsterdam qui pré-

> cise le rôle important des parlements nationaux dans la construction européenne démocratique.

I 問題の所在：EU に関する国家議会の役割

　EU に関する国家議会の一般的役割は，まず基本条約の批准，次に共同体で決定された事項を国内法化すること，そして EU の意思決定に参加する政府の姿勢を監督することである。けれども度重なる基本条約の改正によって EU の権限が強化されるにしたがい，従来の方法だけでは本来国家議会が負っている使命を十分に果たせないとの声が強まり，国家議会の EU に関する役割が再考される必要が唱えられた。

　EU との関連において国家議会の役割が見直される必要性は，特に次の 2 つの文脈で主張される。第 1 に，EU レベルの民主主義の不足を補うこと，第 2 に，国家システムにおける政府と議会との権限関係を調整することである[1]。

　まず第 1 の点は，EU の場で重要な政策決定が行なわれるようになるにつれて，その意思決定に対して民主的な正当性が十分でないという批判である。EU レベルの民主主義は，第一義的には EU の機関である欧州議会の権限強化によって担保されるべきであろう。事実，単一欧州議定書（87年発効），マーストリヒト条約（93年発効），さらにアムステルダム条約（99年発効）によって，EU レベルの政策決定に関する欧州議会の権限はしだいに強化されてきた。けれども欧州議会は現在のところ，国家議会が国家の政策決定において有しているような権限を EU レベルにおいていまだ手にしてはいない。また棄権率の高い欧州議会選挙の実態[2]からいって，欧州議会議員が必ずしも各国の世論を反映する政治的背景を備えているといえないことなどから，EU レベルの民主主義を担保するためには，構成国の伝統ある国家議会との

---

1)　安江則子「EU 統合と議会制―EU レベルの代議制民主主義の可能性」『EU 統合の法的側面』1993年，91-118頁。

2)　99年欧州議会選挙の棄権率は EU 平均で51％。安江則子「欧州議会(2)」『国会月報』1999年 8 月号。

I 問題の所存:EU に関する国家議会の役割

連携が必要であるとの認識が高まってきた。

そこで90年代に入ると，EU の側から国家議会の役割を認めようとする姿勢が見られるようになった。まずマーストリヒト条約は，EU における国家議会の役割について宣言を付している3)。それによると，まず，「EU の活動に関して国家議会のより強い参加を奨励することは重要である」。また，「国家議会と欧州議会との間で情報の交換を奨励する4)」ことは有益であり，「各国政府は，国家議会が情報を得て必要な検討を行うために，欧州委員会が作成した法案を入手することができるよう互いに監視しなければならない」とされた。ただしこの宣言に法的拘束力はなく，構成国による独自の判断に基づいて国家議会の役割の強化がはかられるにとどまった。さらに，99年に発効したアムステルダム条約は，後述するように「EU における国家議会の役割に関する議定書」5)のなかで，EU 事項に対する国家議会のより積極的な関与を保障するための措置について定めている。

第2に，EU 統合の進展に伴って各国議会が，自国政府との関係でしだいに無力化してしまうという指摘である。EU レベルで決定される政策領域が拡大するにつれて，EU の閣僚理事会の場において政策決定を行う政府の行動に対して，国家議会の民主的統制は及びにくくなる。たしかに基本条約の批准は国家議会の重要な権限であるが，議会は通常，政府の締結した条約を批准するかしないかの二者択一を迫られ修正を施すことはできない。またいったん条約が批准されると，議会は EU レベルで決定された政策を国内法化することを強いられる。EU での交渉に臨む政府の行動に対する監督も，情報の不足や時間的制約により十分に行うことができない。EU 事項に関して，国家議会は無力化することを余儀なくされるのである。特に，フランス第5共和制は行政府に対する議会の権限が比較的弱いため事態は深刻視され，

---

3) Décralation n°13 relative au rôle des parlements nationaux dans l'Union européenne (traité de Maastricht).

4) マーストリヒト条約およびアムステルダム条約では，欧州議会と国家議会の協力関係についても取り上げられているが，この問題は紙幅の関係で別の論文で紹介する。*Parlement Européen et Parlements des Etats Membres: Contrôle parlementaire et instruments de coopération,* PE, juillet 1994.

5) Protocole n°9 sur le rôle des parlements nationaux dans l'Union européenne.(traité d'Amsterdam)

この問題について繰り返し議論が展開されることとなった[6]。

欧州統合開始後直後から構成国議会のなかには，伝統的な手段に加えて，共同体に関する事項を専門に扱う特別な委員会を国家議会内に設けるところが現れていた。EU で審議中の法案について国家議会も独自の関心に基づいて自国政府の対応を見守るために，こうした専門の委員会は有益である。現在ではこうした委員会は概ねどの構成国にも設置され，またその役割は一段と重要性を増している。

ただし国家議会が EU に関する事項についてどのような権限を有するかについては，国によってかなり異なっている[7]。それは，次の3つの形に大別できよう。第1のグループは，政府が議会に対して情報を伝達する一般的義務を有するにとどまるもので，大半の国がこれに属する。第2のグループは，国家議会が，EU の閣僚理事会における交渉や意思決定に臨む政府の姿勢に対して，ある程度の影響を行使できる権限を有する国々で，フランスおよびベルギーがこれにあたる。第3のグループは，EU における政策決定に国家議会の関与が広く認められている国々で，イギリス，ドイツ，デンマークおよびフィンランドが挙げられる。第3のグループに属する国々は，EU 事項に関する国家議会の決定が，法的に (de jure) あるいは事実上 (de facto)，政府に対し拘束的要素をもつ。

第3のグループについて簡単にその制度を紹介しておく。まずデンマーク議会 (Folketing) では，73年に設けられた欧州問題委員会 (通称 Market Committee) が，政府による EU での交渉に対し法的な委任をする強力な権限を有している。また連邦国家であるドイツは，ラントの利益を代表する連邦参議院 (Bundesrat) に，EU 事項に関する一定の役割を認めている。連邦参議院には57年に欧州問題委員会が設けられ，EU に関する情報は政府から制度的に付託され，重要な問題については専門の委員会の勧告に基づいた報告書

---

6) Gérard Laprat, Réforme des traités: le risque du double déficit démocratique, Les parlements nationaux et l'élaboration de la norme communautaire, *Revue Marché Commune et Union Européenne,* 1992, pp. 710-721.

7) EU 各国の議会内の欧州問題委員会については，*L'Assemblée nationale et l'Union européenne, connaissance de l'Assemblée,* secrétariat général de l'Assemblée nationale, fevrier 1998 pp. 175-204; G. Laprat, *op. cit.,* 714 et suiv; Bernard Rullier, L'article 88-4 de la Constitution: un premier bilan, *Revue du droit public,* n°6, 1994 pp. 1683-1692.

Ⅱ　フランス議会とEU：マーストリヒト条約と92年の憲法改正

を作成し，これを本会議にかける。本会議でそれが採択されると，連邦政府はブリュッセルでの交渉においてこれを念頭におかなければならず，従わない場合はその理由を示すことを求められる。これは急を要するので，88年に欧州院（Kammer für Vorlagen der Europäischen Gemeinschaften）が創設され，本会議に代わって意見を表明できることになった。連邦参議院のEUに関する役割は，93年の改正により基本法23条の規定するところとなった。イギリスは上下両院にSelect Committeeが設けられ，政府からEU諸機関の文書が制度的に伝達される。共同体法の法案には政府のコメントが付されており，Select Committeeは小委員会で検討した後，必要があれば報告書の形で本会議に上げられる。政府は，Select Committeeで検討されるまでは，EUの閣僚理事会でのいかなる提案にも合意しない。フィンランド議会（一院制）は，政体法33a条に基づいて，大委員会（Grand Committee）がEUの法案について事前の審理を行い，政府に対し拘束的な見解を表明できる。

　こうした第3のグループに属する国の国家議会に比べて，フランス議会のEUに関する権限は弱いものにとどまっていた。しかしそのフランスでも，90年代に入ると議会が自らイニシアチブをとり，92年および99年の2度の憲法改正など様々な措置によって，国家議会のEUに関する権限をしだいに強化させていったのである。次章からはフランス議会を素材に，統合されていく欧州の中で国家議会が自らの位置づけをどう再定義していくのかその変遷を辿ってみたい。

Ⅱ　フランス議会とEU：マーストリヒト条約と92年の憲法改正

1　欧州問題委員会の設置とジョスラン法

　フランスにおいては，欧州議会の直接選挙の始まった1979年に，議会内に6つある常設委員会（Commission）とは別の「欧州問題委員会」[8]（délégation pour les Communautés Européennes）を設けて，ECに関する議論を行ってきた（79年7月6日法[9]）。これは，ドイツが連邦議会内に欧州問題を扱う委員会

---

[8] EC/EUの機関である欧州委員会と混同しないため，またこの後94年に名称変更して"délégation pour l'Union Européenne"となるので機関の同一性を明確にするため，本稿では「欧州問題委員会」に統一しておく。

を設けたのと比べて20年以上も遅れている。それは，フランスにおいては憲法で議会内の常設委員会の数が限定されていたという機構上の理由の他，次のような障害があったためといわれる。第1に，特に上院は欧州統合に消極的で欧州問題に取り組む姿勢がみられなかったこと，第2に，下院においても既存の委員会との権限関係などの問題があったこと，第3に，政府はECに対する政策に議会の発言権が強まることを警戒して，こうした議会内委員会の設置に前向きでなかったことである。それでも79年に欧州議会が直接選挙によって議員を選出することになり，それ以前のように国家議会議員の代表が欧州議員を兼職するという制度が改められると，それに代わってECとフランス議会との間に何らかのパイプを維持する必要から，上下両院に欧州問題を扱う特別の委員会が設けられることになった。

欧州問題委員会が設けられても，80年代を通じてこの委員会の地位は低いものだった。この委員会の任務は，政府からECについて一般的な報告を受けるにとどまり，政府に報告の義務を課すものではなかった。

新たな動きが始まったのは89年，当時下院の欧州問題委員会の委員長を務めていたジョスラン議員の提案によってであった[10]。この提案の具体的内容は，政府に対し立法に関わる一定の法案が閣僚理事会で議論されるより前にフランス議会にその内容を付託することを義務づけ，欧州問題委員会に政府や欧州委員会の行政担当者を呼ぶことができるようにすること，ECの法案が閣僚理事会で採択される以前に，自らのイニシアチブで問題を取り上げることができるようにすること，委員会の仕事を報告書の形で公表し，よく知ってもらうこと，各委員がECの機関と連絡しあうことを認めること，などである。

この提案に対し，上院は次のように反応した。まず欧州問題委員会の機能を高めることについては基本的に同意し，フランス出身の欧州議会議員が委員会に参加すること，また閣僚およびECの関係者の聴聞についてはこれを認めることに賛成した。けれども，法案がECの閣僚理事会に提出される以前に国家議会がこれを審議すること，また欧州問題委員会にECの機関とフランス議会との調整に関する主導権を与えることについては，憲法の定める

---

9) Loi n°79-564 du juillet 1979.

10) L'Assemblée nationale et l'Union européenne, op. cit., pp. 67-70; B. Rullier, op. cit.

政府と議会の権限配分に抵触するとして反対した。結局，上院が同意した範囲の内容を盛り込んだ90年5月10日法（通称ジョスラン法）11)が成立し，上下両院の欧州問題委員会はその権限を強化するのに成功した。この法律によって，政府から議会へのECに関する情報の付託はある程度制度化された。

ジョスラン法に基づいて，閣僚，EC諸機関，関連国際機関および他の構成国の政策担当者への聴聞は頻繁に行われ，また委員会報告書も随時刊行されるようになった。欧州問題委員の数も18人から36人に増員された12)。欧州問題委員会の活動の活性化は，92年に調印されたマーストリヒト条約を批准するための憲法改正において，欧州問題に関する国家議会の権限をさらに強化する重要な道筋となった。

2　92年憲法改正による88条の4導入

92年2月，EUを創設するマーストリヒト条約が調印されると，6月にその批准に先だってフランスは重要な憲法改正を行った。この改正は，同年4月の憲法院判決に基づいて，マーストリヒト条約によるEUへの新たな主権的権能の委譲とフランス憲法との整合性をもたせるためのものであった13)。

この改正に際して，単に憲法院判決の趣旨に従ってEUへの権限委譲を規定するだけではなく，EUでの政策決定に参加する政府に対して，国家議会が何らかの影響力を持ちえるような仕組みの導入が求められた。前述のようにフランスでは，79年から上下両院に欧州問題委員会が設置されていたが，90年のジョスラン法以後でさえその権限はかなり限定されていたからである。そのため，EU統合の進展により国家議会の統制が及ばなくなることに懸念を抱く議員のイニシアチブにより，欧州事項に関するフランス議会の役割について定めた条文が新たに憲法に挿入されることになった。

新たに挿入された88条の4の条文は，「政府は，法律の性質をもつ共同体の法案が閣僚理事会に付託されるとすぐに，国民議会（下院）と元老院（上

---

11) Loi n°90-385 du mai 1990.
12) L'Assemblée nationale et l'Union européenne, *op. cit.,* pp. 68.
13) 安江則子「マーストリヒト条約とフランス憲法の改正」『日本EC学会年報』13号94-109頁1992年。安江則子「EC統合とフランス」『海外事情』1992年12月号2-14頁。*La Constitution et l'Europe,* Université Panthéon-Assas Paris II, 1992.

院)にそれを付託しなければならない。会期中または閉会中,この条文に基づいて,各議員の規則によって定められた方法に従って,決議を採択することができる」というものであった。この条文の導入に際して展開された議論をここで紹介したい。

この条文の導入に関する議論において,具体的に問題になったのは次の3点であった[14]。

第1に,議会がEUレベルで審議されている法案にどの時点で関与することが適当であるかという「時期」の問題である。EUにおいて新たな法案がEUの欧州委員会から閣僚理事会に正式提案されたときには,各国政府間における議論や,各国政府とEUの欧州委員会との調整は実質的に終了している場合が多い。議会にEUの法案が付託される時期はできるだけ早いほうが望ましいとの意見もあった。けれども結局,正式提案がなされる前の議論を政府が議会に付託することは現実には困難であるとの反論がなされ,議会への付託時期については,「法案が閣僚理事会に提案された時」に,政府が議会にそれを付託する憲法上の義務が発生することが適当であるとされたのである。

第2の問題は,「どのような共同体の法案」を政府は議会に付託しなければならないかという適用範囲の問題である。これについては,「法律の性質をもつ法案」がその対象となるとされた。法律の性質を有するか否かの判断は,政府とその法的諮問機関であるコンセイユ・デタが行うが,これは後述するように様々な問題を提起した。

第3に,国家議会に「どのような権限」を認めるかという問題である。言いかえれば,EU事項に関して政府が議会に対して負う義務は何かという点である。この点については,その権限の強さに応じていくつかのレベルが考えられる。最も弱いのは,これまでのように単に政府に情報伝達の義務を課すにとどまる場合,次にいわゆる議会に諮問的機能を果たさせる場合,さらに密接な政府と議会の協力関係が求められる場合,最後に議会の立場がEU法の法案の承認を意味する,すなわち政府の行動を拘束する場合が考えられる。この点について,フランス第5共和制憲法の下での権限配分によれば,

---

14) B. Rullier, *op. cit.*, pp. 1695-1698.

議会は立場を表明してもそれは何ら政府を拘束しえないとされた。憲法改正草案では，議会の立場表明の方法として「意見」という言葉が用いられたが，結局議会の修正によって「決議」という言葉に変更された。法的意味合いに大差はないが，単なる諮問的役割よりはやや強く政府の説明責任を要求できると解することもできる。いずれにしても，議会に政府の外交交渉権を制約するような権限は認められないことにかわりはない。

III 88条の4の適用における問題：アムステルダム条約まで

こうして事前に様々な議論を経て導入されたにもかかわらず，88条の4の文言は，その解釈をめぐって適用の段階で多くの問題を生じさせた。議会に付託されるべき法案や文書の範囲や決議の方式をめぐる憲法院やコンセイユ・デタの判断は，88条の4を積極的に活用しようとする議会と対立することになった。けれども93年の実施開始以来2，3年の経験が積まれると，政府と議会はしだいにEU事項について協力関係を築くことに共通の利益を見出していく。そうした経緯を追ってみたい。

1 議院規則と憲法院の立場

最初の問題は，88条の4を実際に適用するために両議院の規則が改正された際に，憲法と議院規則の抵触という形で生じた。なお決議採択の手続きは各々の議院規則に拠るため上下両院で手続きは若干異なっている。

まず，92年11月に下院が改正した議院規則15)は，同年12月の憲法院判決16)によって厳しい適用制限を付されることになった。新議院規則は，88条の4に基づく「決議」の採択にあたって，法律の採択とほぼ同様の手続きを規定していた。これに対して憲法院は，議会の決議の性質が法的にはあくまで「意見」であり法案を承認する性質をもたせることはできないことを確認した。また政府は議会における審議期限を定め，下院がその期間に決議を採択しない場合，外交上必要であれば政府は共同体法の法案について独自の立場で交渉を進めることができるとした。議会が政府の行動を停止させるこ

---

15) Chapitre VII bis du règlement de l'Assemblée nationale Art. 151-1.
16) Décision DC 92-314 du 17 décembre 1992.

とは憲法に規定された不信任決議による以外ないことを確認したのである。

上院もまた92年12月に議院規則[17]を改正し、これも憲法院に付託された。93年1月の憲法院判決[18]は3つの点で議院規則を制約するものあった。第1に、上院議院規則の規定にかかわらず、政府は外交上の要請があれば、議会に迅速に審議をするよう求めることができる。第2に、共同体法の法案が「法律事項」にあたるか否かに関する政府の判断に対して、議会が法的に争うことは認められない。第3に、上院が「会期中でない場合」に共同体法の法案について審議する会議を招集できるか否かについては、例外的な手続きは認められず、憲法28条の臨時会議の規定に従ってなされるべきことを確認した。

このように憲法院は、各議院が議院規則によって88条の4を実施するにあたって枠を嵌める判断を示した。憲法88条の4の趣旨は、EU統合の進展に伴ってフランス議会の政府に対する統制が「自動的」に及ばなくなることに対して、それを補正するものであって、本来第5共和制憲法が予定した政府と議会の権限分配関係を超えて、議会が政府によるEUでの交渉に縛りをかけるような強い権限を与えることは認められないという解釈を貫いた。しかしこの後、政府と議会の対立は両者の合意によって次第に緩められていく。例えば、後述する94年の首相通達[19]により、議会が決議を採択するまで、政府はEUの閣僚理事会での意思決定に一定期間臨まないことになった。

やがて下院は93年4月の総選挙の後、議会規則によらず非公式な形で新たな手続きを導入した[20]。憲法に抵触しない範囲で88条の4の運用を改善する処置をとったのである。これは共同体法の法案を、欧州問題委員会が次の4つのカテゴリーに分類するものである。(i)フランスにとって利害関係がさほどなく審議する必要がないもの、(ii)内容について審議が必要だと判断されるもの、(iii)委員会として何らかの決議の採択が必要と思われるもの、(iv)すでに共同体において採択された法案、である。上院においてもこれとほぼ同様

---

17) Chapitre XI bis du règlement du Sénat Art. 73 bis.
18) Décision DC 92-315 du 12 janvier 1993.
19) Circulaire du Premier ministre en date du 19 juillet 1994, relative à la prise en compt de la position du parlement français dans l'élaboration des actes communautaires.
20) B. Rullier, op. cit., p. 1703.

Ⅲ　88条の4の適用における問題：アムステルダム条約まで

の手続きが94年10月に採用されている。こうした手続きはイギリスの Select Committee における同様の機能を参考にしたものであろう。議会で共同体の法案を効率的に審議するためにこうした措置は有効であった。

2　議会へ付託される法案の範囲をめぐる問題

さて，88条の4の文言では，「法律の性質を有する規定を含む共同体法の法案」が議会に付託されることになっている。この文言の意味するところは，本来フランス議会の権限である法律事項について付託の義務を課すという趣旨であろう。けれども，共同体において審議される法案は国家の法律案と同様のプロセスを経て成立するわけでもなく，また同様の形式をもつわけではない。そこで，何が議会への付託が義務づけられる共同体法の法案なのか，その解釈が問題となったのである。

(a)　「正式な提案」に限定されるのか

第1に，議会に付託されるべき共同体法の法案は，「正式な提案」に限定されるか否かというものである。コンセイユ・デタによれば，EU の行政府である欧州委員会が意思決定機関である「閣僚理事会に対して正式に行なったすべての共同体法の提案」が議会に付託されればよいとする[21]。

それに対して，憲法88条の4の文言は，閣僚理事会に提案されたか否かではなく，「法律事項」に属する共同体法の提案すべてに議会への付託が義務づけられるとする立場がある。例えば，EU の欧州委員会が閣僚理事会に提案しなくとも，基本条約の授権に基づいて，欧州委員会が独自に採択することのできる派生法があるが，これについても，フランス議会に付託が義務づけられるべきであるとする。

また，正式な提案に限定されるか否かの問題は，いったん提出された法案の「修正案」に関する議会への付託義務についても問題になる。共同体法の法案は，閣僚理事会に一度送付された後も，何度か修正案が出されることが稀ではない。コンセイユ・デタの解釈では，こうした修正案については議会への付託義務を免れることになり，フランスの国益に関係の深い案件であっ

---

21)　Jean-Luc Sauron, Le controle parlementaire de l'activité governementale en matière communautaire en France, *RTD eur.* 35, (2) avril-juin 1999 p. 178 et suiv. コンセイユ・デタの判断については，94年の首相通達の巻末にも紹介されている。

75

ても，議会は実質的な共同体法の審議はできないことになる。この点については，94年の電気ガスの域内市場に関する指令について問題になり，上下両院は正式に付託されていないにもかかわらず，修正案についても決議を採択している22)。

さらに，EUの規則，指令，決定以外の形をとる文書や立場表明は国家議会への付託義務を免れることになる。共同体の方針の確認的な意味をもつ決議 (resolution) や，欧州委員会の出すコミュニケーション (communucation) がこれにあたる。また欧州委員会から閣僚理事会に出される勧告 (recommandation) も同様である。これらの形態をとる共同体の意思決定は，しばしばかなり重要な内容をもつが，「法案」という外観をもたないために，コンセイユ・デタの解釈に拠ればフランス議会への付託を免れることになる。

最後に，EUの「機関相互間の協定」23)についても問題になった。EUにおいては，主要機関である閣僚理事会と欧州委員会および欧州議会などの機関相互間で締結される協定が，EUの運営において重要な意味を持っている。こうした協定は，例えば，補完性原理や透明性原理に関するものなど重要なものが多いが，これらの協定案については，議会への付託義務に含まれないとするのがコンセイユ・デタの見解であった。

(b) 「EC事項」に限定されるか

第2に，議会に付託されるべき法案は，EC（共同体）事項に限定されるか否かというものである。すなわちEUは，EC（欧州共同体）を第1の柱として，共通外交安保政策（第2の柱），司法内務協力（3本の柱）により構成されているが，憲法88条の4の規定は，文言上はEC（共同体）法に限定され，政府間協力の側面をもつ「第2，第3の柱」に関する法案については憲法上の義務を免れるかのような表現になっている。この点に関して，フランス政府は，コンセイユ・デタの意見に基づき，司法内務協力の分野に関する閣僚理事会の提案を国家議会に付託することを拒んだ。93年12月には，域外国境の自由化に関する協定の締結に関して，議会と政府の対立が表面化した24)。

---

22) B. Rullier, *op. cit.*, p. 1707.
23) Charles Reich, La Mise en oeuvre du traité sur l'Union Européenne par les Accord Institutionnels, *Revue Marché Commune et Union Européenne*, 1994, p. 81 et suiv.
24) B. Rullier, *op. cit.*, p. 1709.

III 88条の4の適用における問題：アムステルダム条約まで

けれどもこのような解釈は憲法の趣旨に反するとして下院議員の反発が強まり，94年4月にバラデュール首相が自ら，第2，第3の柱を含むEU事項すべてについて議会へ伝達することを認めるに至った。その後，「94年6月10日法」25)によって下院の欧州問題委員会の権限が拡大されて，いわゆるEU事項全般について当然に下院において審議できるようになった。95年のジュペ首相書簡26)は，あらためてEC事項以外のEU文書を制度的に議会へ伝達することを認めた。96年のジュペ首相書簡27)ではシェンゲン協定に関連する文書の議会への伝達も認めるに至った。こうしてシェンゲン協定，欧州復興開発銀行，OSCE等に関連したEUの第2，第3の柱に属する法案についても，議会が事前に報告を受け審議することが可能になった。特に第3の柱である司法内務協力の分野に関しては，国境管理や治安維持，移民難民政策との関連で国家議会の関心は常に非常に高いものがあるが，それに比べて，第2の柱である共通外交安保政策についてはEUでの進展がそれほど見られないこともあって案件としては少数にとどまっている28)。ただしこの時点では，憲法88条の4に基づいて付託（soumettre）され，「決議」（resolution）の採択が行なえるのはEC事項のみであり，第2，第3の柱に属する事項については伝達（transmettre）され，別途の方法（conclusion）による意思決定が認められるにすぎなかった。EU事項全般について憲法上の「決議」の対象とすべきで，フランス議会の権限は不十分だとの声も高かったが，この点の改善は99年の憲法改正を待つことになる。

(c)　「法律の性質」の判断基準

第3に，「法律の性質」の意味についてである。コンセイユ・デタの解釈によれば，ある共同体法の法案がフランスにおける法律事項にあたるか否かの判断は政府が行ない，法律事項でないと判断されれば，その法案は議会に付託されなくともよい。共同体法の法案は，フランス憲法34条（法律事項 domaine legislatif）と37条（命令事項 domaine réglementaire）の区別にしたがっ

---

25)　Loi n°94-476 du 10 juin 1994.
26)　La lettre du Premier ministre du 10 juillet 1995.
27)　La lettre du Premier ministre du 24 juillet 1996. シェンゲン協定はその後アムステルダム条約によりEUに取り込まれた。
28)　詳しい数字は，J.-L. Sauron, *op. cit.*, p. 178 et suiv.

て，88条の4を適用することの可否を判断される[29]。

けれども，このような区別の方法は実態にそぐわないとの批判も強い。「法律の性質」を厳格に適用すれば，政治的に重要な法案を議会の審議対象からはずことになったり，時にはフランスに無関係の法案を多量に送り付けられることになるからである。また共同体法は，国内法のような上下の序列の明確な法体系を整備しきれておらず，法案の形式をもって国内法の法律事項にあたるか否かを判断することはできない。法律の性質を有するか否かの基準は，あくまでもフランス憲法に従って分類されるものとされた。

(d) 改正憲法施行前の法案

第4に，92年6月の改正憲法が発効する以前に提案されていながら，まだ審議の途中であり採択されていない共同体の法案に関してである。こうした法案については，94年以降，議長の求めに応じて首相が関連法案を議会に伝達する方針が採用されている。実際に，92年以前に提案されていた法案について議会が審議し決議が採択されている。

3 時間的限界に関する問題

改正憲法88条の4の適用に際して，最大の問題点は実は時間的制約であった。フランス議会における関連法案の審議が終るまでに，EUの閣僚理事会の場ですでに法案が採択されてしまう場合が多いのである。これではフランス議会の権限は有名無実になってしまう。極端な場合は，フランス政府から議会に法案が付託された時点ですでに閣僚理事会での意思決定が終了していた事例さえある。米仏間の農産物をめぐる摩擦に関する規則の草案が，フランス議会に付託される46日も前に閣僚理事会で採択されたり，テレコミュニケーション関連の法案が同様に22日前に採択されたことがあった[30]。

フランス議会に対して，共同体法案を付託する責任を負うのは，内閣官房（SGG）[31]と欧州経済協力に関する省際委員会官房（SGCI）[32]であるが，法案が法律の性質をもつか否かの最終的な判断はコンセイユ・デタに委ねられて

---

29) 34条は法律事項を列挙し，それ以外の分野は37条の命令事項とされる。
30) B. Rullier, *op. cit.*, p.1718.
31) Secrétariat général du gouvernement.
32) Secrétariat général du comité interministériel.

いる33)。こうした付託に関する手続きは，92年およびその後の一連の通達によって決められているが，政府側が必要なすべての手続きを経るのに最低1ヵ月は要するという。政府は，フランスに利害のある共同体法案の議会への付託を出来る限り迅速に行うよう求められた。

また，94年の首相通達34)では，政府が議会に付託する情報に，EUの閣僚理事会での予測される議事日程を付すことが決められた。EUの閣僚理事会における議事日程の調整に関しても影響を行使する姿勢が表明された。政府は，議会が審理を終えるまで，政府はブリュッセルにおける議事日程に当該法案をかけないよう常駐代表部を通じて働きかけることになった。それまで構成国議会における議事日程と，EU閣僚理事会における議事日程とを調整するメカニズムはなかった。特に半年毎の輪番制をとる閣僚理事会の議長国が交代する前の時期には，議事日程は非常に早いスピードでこなされていく。そのため，政府からの付託を受けて議会で審議しても，EUレベルでの法案の審議や採択に到底追いつかないという事態がおこる。フランス議会が法案に対して決議を採択する以前にEUレベルで法案が採択されるという問題について，政府と議会の調整が新たに求められるようになったのである。ただし，ある法案が閣僚理事会の議事日程に上ることは，通常は2週間ないし3週間前に決まる。フランス政府が，常にEU閣僚理事会での審議に待ったをかけられるわけではない。この点について，後述するようにアムステルダム条約の付属議定書で，問題の改善につながる新たな規定が盛りこまれた。

4　決議の採択とその効果

92年の憲法改正後，フランス議会で実際に88条の4に基づく「決議」はどのぐらい採択されてきたのであろうか。

下院では憲法改正後の93年4月から97年4月までの間に，88条の4に基づく決議は74件採択されている。上院では93年以降98年までに45件の決議が採

---

33) J.-L. Sauron, *op. cit.*, P. 183 et suiv. 1993年から98年までに，コンセイユ・デタに付託された法案は2625件で，そのうち43.7％にあたる1147件が法律事項，47.5％にあたる1246件が法律事項でないものと判断されている。コンセイユ・デタの判断は平均8日程度で下される。

34) Circulaire du Premier ministre en date du 19 juillet 1994, *op. cit.*

択されている。このうち下院では本会議で採択される決議が多いのに対して，上院では逆に常設委員会で採択される決議が多いという違いがみられる[35]。関連法案の受理，審議，決議案の提案から採択に至る手続きについては，前述の各議院規則に規定がある。

決議の内容は，まずその決議を採択するに至った理由が述べられ，そのうえで多くの場合，政府に対して共同体の政策に関する交渉について一定の提案を行っている。共同体法の法案に対する具体的修正案を付していることもある[36]。

88条の4に基づく決議の採択に至る過程において，両院の欧州問題委員会の役割は大きなものがある。欧州問題委員会には各政治グループから議会の議席と比例した構成メンバーが送られている。委員長は月に1度，欧州問題担当閣僚および欧州議会議員と会合をもつ。下院の欧州問題委員会は，年間約40回ほど（会期中は週に1，2度，閉会中も時折）会合をもち，上院の委員会も年間約30回ほど会合をもつ。特に上院では，大半の決議の採択が欧州問題委員会のイニシアチブで行われた[37]。決議案の提出権は，欧州問題委員会に限定されておらず，個々の議員にも認められている。ただしほとんどの場合，決議案を提出する議員は特定の常設委員会や，政党を代表している。欧州問題委員会は，88条の4が導入されるまでは常設委員会に比べてその地位が低かったが，この条文の導入によって，欧州問題に関しては議会内で中心的役割を担うようになっていった。

決議の採択後のことに関して，憲法88条の4は何も言及していない。ただ前にも述べたように，この決議は政府を拘束しなくても，議会に対してその後の共同体での交渉経緯について一般的な情報提供をする責任については否定されていないと解釈されている。94年1月の下院議院規則改正によって，下院が採択した決議に関する政府のその後の対応に関する情報は関連委員会に伝達されること，および決議の対象となった共同体の指令を国内法化する法案については，この決議との関連で説明を付すものとすることが付け加え

---

35) 決議の内容については以下参照。Bernard Rullier, L'article 88-4 de la Constitution, chroniques semestrielles, *Revue française de droit constitutionnel*, 1994-98.

36) B. Rullier, *Revue du droit public, op. cit.*, pp. 1723-1725.

37) L'Assemblée nationale et l'Union européenne, *op. cit.*, pp. 123-144.

Ⅲ 88条の4の適用における問題：アムステルダム条約まで

られた。94年4月，政府の欧州担当閣僚から欧州問題委員会の委員長に宛てて，下院が採択した決議についての初の覚書が提出されている。94年以降欧州問題委員長は，88条の4の適用に関する報告書を随時刊行している38)。こうしてEUにおける政府の行動の透明性が高まった。また同年7月の首相通達で，政府は欧州事項に関する省庁間会議においてフランス議会の立場をどう反映させるかについて検討されることになった39)。議会と政府のEU事項をめぐるやり取りは，88条の4の導入以降，明らかに活発化している。

88条の4に基づく「決議」は政府に対する法的拘束力がないが，政治的には次の2つの点で効果があることが指摘されている。，第1に，議会への情報の伝達が，随時，制度的に行われることによる議員への教育効果である。EUレベルで採択されようとしている法案に関してフランス議会が決議を採択するに先だって，法案は原則としてすべての議員に配布される。こうした措置はEU事項に疎い議員に対する啓蒙的な効果があった40)。

第2に，議会の政府に対する影響力の増大である。この点については，98年11月，下院が作成した憲法88条の4の適用状況に関する総括と，アムステルダム条約批准に伴う新たな憲法改正に向けた提言に関する報告書にまとめられている41)。その中で88条の4の意義について，フランス議会はEU問題について部外者として扱われなくなったことが強調されている。上院も同様の報告書を作成している42)。

さらに，政府の側からすれば決議によって何ら法的に拘束を受けないが，むしろフランスの国益との関連において，EUでの交渉に臨む際の新たな外交カードとしての意味をもつことが指摘された。自国の議会が反対を表明している事実を，フランス政府は後ろ盾として強い姿勢で交渉に臨めるという

---

38) Robert Pandraud, *Rapport d'information sur le suivi des affaires européennes à l'Assemblée nationale,* Doc. AN n° 1436, 28 juin 1994.

39) *L'Assemblée nationale et l'Union européenne, op. cit.,* pp. 163-164.

40) B. Rullier, *Revue du droit public, op. cit.,* pp. 1727-1734.

41) Henri Nallet, *L'article 88-4 de la Constitution: un bilan pour une réforme, Rapport d'information,* n° 1189, Assembrée Nationale, Délégation pour l Union Européenne, 1998.

42) Lucien Lanier, *Faut-il modifier l 'article 88-4 de la Constitution?* Les Rapports du Sénat n° 281, 1997-98.

のである。政府にとってあまり予期していなかったメリットであろう。

このように両院は各々、アムステルダム条約調印を機会に、それまでの88条の4の適用について総括した報告書を作成したが、そのなかで条文をさらに改正して国家議会の権限を一層強化することの必要性が強調されている。こうした状況で99年1月に88条の4に改めて手が入れられることになった。

Ⅳ　アムステルダム条約とフランス憲法の改正

1　99年憲法改正と国家議会の権限

97年にアムステルダム条約が調印されると、議会では、アムステルダム条約批准のための憲法改正に向けて討議がなされた。97年12月に憲法院はアムステルダム条約批准の前に憲法改正が必要だとの判断を示していた。憲法改正の最大の焦点は憲法院判決でフランスの主権との抵触を指摘された国境管理問題[43]であった。けれども議会は、88条の4の改正も当然行うべきだと考えていた。この点について政府と議会の合意はそれ以前からある程度なされていたとみることができる。例えば、95年の大統領選でシラクはEU事項に関する国家議会の権限強化に言及しており、上院の欧州問題委員長はこの時期すでに88条の4の改正案を提案していた[44]。しかしこのとき改正は見送られ、アムステルダム条約批准の前になってようやくそれが実現した。

まず88条の4について、99年の憲法改正案の採択に先立ち、両院がどのような改正を求める議論を行なったかについて述べ、実際に改正されたポイントとその意味を明らかにしたい。

上院で提案されたのは、主に、88条の4の適用において実際に生じた障害を取払い、条文の適用範囲を以下のように拡大しようとするものであった[45]。すなわち、EC事項に限定されないすべてのEU事項（第2、第3の柱）に関する法案や措置の提案、委員会の資料、機関間協定案、その他「法

---

43) Décis. n°97-394 du 31 déc. 1997 に基づく。詳しくは、安江則子「欧州統合とフランス憲法―国境管理の欧州政策化との関連を中心に―」石川明＝櫻井雅夫編『EUの法的課題』（慶応義塾大学地域研究センター叢書）慶応義塾出版会1999年255−278頁。

44) J.-L. Sauron, *op. cit.*, p. 188.

45) H. Nallet, *op. cit;* Jean-Luc Sauron, *op. cit.*, pp. 189-190.

IV アムステルダム条約とフランス憲法の改正

律の性質」いかんにかかわらず政府が議会に付託できる文書についてである。下院でも数人の議員からいくつかの改正提案が出された。上院と同様の論点に加えて，一部の議員からさらに急進的な提案があった[46]。まず，議会の決議に政府に対する拘束力を持たせようとするものであるが，この点については92年に憲法院の判断によって第5共和制憲法の定める権限配分のもとでは不可能とされている。また，議会が憲法に抵触すると考えられる EU の派生法に対して，議員が違憲審査を求める権限をもつことを規定した条文を，88条の5として新たに設けるべきだという提案もあった。けれども EU 域内における法の統一的適用を確保することが，構成国に課せられた基本条約の義務であり認められるものではない。これらの提案は下院の欧州問題委員長の作成した最終案には入れられなかった。98年11月から12月にかけて両院本会議で討論が行われ最終的な憲法改正法案が確定した。

憲法改正法案は，99年1月にベルサイユの両院合同会議で採択された[47]。両議会が最終的に可決した88条の4の改正条文は，予想された通りその適用対象を大幅に拡大するものとなった[48]。新88条の4は，「政府は法律の性質をもつ EC および EU の法案[49]が，閣僚理事会に伝達されると直ぐに，国民議会と元老院にそれを付託しなければならない。また，EU の機関によって出される法案やすべての文書も同様に付託される。各議院の規則に定められた方法により，前段で言及された法案や文書に対して，たとえ会期中でなくてもも決議を採択することができる」とされた。

この条文によって新たに第2，第3の柱を含む EU 事項全般について「付託」および「決議」の対象になるとされた。さらに EU の閣僚理事会に提出されない法案や機関間協定案，その他の関係文書についても政府は議会へ付託することができ，その場合「決議」の対象となる。この適用拡大は，93年

---

46) L. Lanier *op. cit;* J.-L. Sauron, *op. cit.,* pp. 190-192.
47) le Figaro, 19 janvier 1999; *le Monde,* 20 janvier 1999. 賛成758対反対111の圧倒的多数で成立した。上下両院では前年の12月にこの改正案が可決された。
48) Loi Constitutionelle n°99-49 du 25 janvier 1999; Jean-Luc Sauron, *op. cit.,* p. 195 et suiv.
49) 原文は，"les projets ou propositions d'acts" となっている。フランス憲法では，"projets de loi" が議員提出法案，"proposition de loi" が政府提出法案だが，これは EU/EC の法案なので単に法案とした。

に88条の4の適用が開始されて以来,通達や議院規則,首相書簡などで実際に運用面で考慮されてきてことを踏まえたものであり大きな改革とはいえないが,国家議会が地道に展開してきた運動の結実である。EU統合が不可逆的に進展するなかで,議会が自ら,政府とともにEUレベルのあらゆる決定に積極的に関わる責任ある立場にあり続けることを憲法上も明確にしたことに他ならない。

マーストリヒト条約以後,国家議会の側からは,EU統合の進展につれて自らの権限が自動的に失われていくことに対して強い危機感がもたれはじめた。統合の急速な進展に反対する議員も,もはや単に異議をとなえても部外者の呟きでしかなくなってしまう。国内的関心あるいはよりローカルな利益にのみ拘泥し,EUに無関心を装えば重要な利害関係の決定に参加する途を失っていくばかりである。国家議会の側からも,EUで決定されようとしていることについて自国政府を通じて政治的コントロール手段を確立することが急務であったのだ。フランスにおいては,第5共和制憲法の枠組みのなかではあるが,2度の憲法改正を含む議会のEU事項に関する権限強化への歩みにそれが現れている。

2 アムステルダム条約における国家議会の位置づけ

憲法改正に時間を要したフランスが最後の条約批准国となり,アムステルダム条約は99年5月に発効した。アムステルダム条約はEUの大幅な機構改革は先送りされたものの,欧州議会の権限強化をはじめEUの民主的正統性を高めること,「市民近接の原則」[50]に基づいたEUの建設をはかることについては進展がみられた。

こうした方向性の一環として,EUにおける国家議会の役割についても,条約と同等の効力をもつ「議定書」という形で規定が設けられた。これは先のマーストリヒト条約が,「宣言」という形で国家議会の役割について一定の認識を表明したことを一歩進めたもので,イギリスとフランスのイニシアチブの下で導入された。特に,93年以降のフランス憲法88条の4をめぐる議論は,この議定書の導入に直接的影響を与えた。

---

50) EU条約共通規定1条。

IV アムステルダム条約とフランス憲法の改正

「EUにおける国家議会の役割に関する議定書」[51]では、国家議会のEUに対するより積極的な関与について規定している。まず、「各国の国家議会が、各々固有の憲法上の制度や慣習に従って、EUの行動に関わる自国政府に対して監督する」よう呼びかけ、「EUの活動に対するさらなる国家議会の参加を奨励し、特に利害関係があることについて自らの立場を表明する能力を高める」ことが望まれた。

具体的には、構成国の国家議会に対する情報提供について次のことを定めた。まず、すべての委員会資料（グリーンペーパー、白書、コミュニュケーション）は各国の国家議会に直ちに伝達される。次に、理事会の決定に基づいた委員会の法案は、加盟国政府が各々の議会に適切にそれを受理させることを確保するように時間的な配慮をすること。さらに、共同体の法案あるいは司法内務協力に関してEU条約に基づいて採択される措置の提案は、緊急の場合を除き、委員会によって、欧州議会と理事会にすべての言語で入手可能にし、決定の採択あるいは基本条約251条または252条に基づく「共通の立場」[52]を採択するために理事会の議事日程に上るまでに6週間の期間を置くことである[53]。

この議定書は、すでに検討してきたようなフランスにおける憲法88条の4の適用に関する問題のいくつかに配慮したものである。第1に、提供される情報の範囲である。この議定書では、共同体の法案のみならず、より広範な資料を国家議会に提供することを求めている。第2に、時間的な問題である。国家議会が重要案件を審議中に、時には審議を開始する以前に、EUレベルで法案が採択されてしまうという問題に対して、議定書はEU側も時間的な考慮を約束した。原則として法案の提案から正式な採択のために閣僚理事会の議事日程に上るまでに「6週間」という時間が与えられた。さらに、各国が自国語で資料の入手が可能となるよう翻訳はEU機関に義務づけられており、各国議会がそのために時間を浪費する必要はない。

ただし当然のことながら、議定書は、各国政府が国家議会に対して具体的

---

51) voir supra 5)
52) 共同決定手続きと協力手続きに関する規定。
53) 共通外交安保政策（第2の柱）については、問題の性質上、6週間の期間は要求されていない。

にどういう形で文書を伝達する義務を負うのか，またその伝達の時期や審議に要する期日の問題，国家議会がどのように自らの意思表明を行い，それが自国政府のEU政策にどの程度の影響を及ぼすのかについては規定していない。こうしたことはそれぞれの構成国が憲法に基づく国内制度に従って決定すべきことである。議定書は，EUレベルで重要な決定が採択される前に，各国政府が自国の議会の意見を訊くために最小限必要な時間を確保することを保障したものである。

　こうした方針は，EUにおける民主主義の不足に対する批判に応えるものであるとともに，もう一つより現実的なメリットがある。例えばEUにおいて採択された指令を実際に国内法化して執行するのは国家であって，多くの場合そのために国家議会の協力は重要である。EUの法を執行するのは構成国の義務であるが，その段階まで国家議会にEUでの採択に至る経緯を知らされていなければ反発も強く，遅延などの原因ともなった。実際，皮肉なことに国家議会の政府に対する権限が最も強いデンマークにおいては，いったんEUレベルで採択された派生法を国内法化するスピードは他の構成国より迅速であることが報告されている。国家議会で事前に審議を尽くさせることが，結局EU域内の法の統一的適用への近道でもあるかもしれない。

　EUは90年代に入って統合を一段と深化させるにつれ，それまでのような政治エリート主導のプロセスから，広く市民の支持をとりつけていくことを求められるようになった。その過程において進めてきたEUの機関である欧州議会の権限強化と並行して，より長い歴史を有し完成度の高い民主的機関である国家議会を何らかの形でEUの意思決定とリンクさせていく方法が模索されるようになったのである。ただし，国家議会は，国家の意思決定システムの一環として機能させるべきであり，EUとしての意思決定システムにおいて直接的な影響力をもたせることはできない。こうした模索の途中経過がアムステルダム条約の附属議定書という形で表現された。EUの行動原理である「市民近接の原則」が，構成国の議会を通じて具体化されようとしているのである。EU諸機関，各国政府および諸議会が互いの役割を主張し，尊重しあうことによって，二重の民主主義システムを駆使した新しい統治の在り方がゆっくりだが着実に育ちつつある。

（2000年7月脱稿）

EUの「加盟基準」とトルコ
——加盟候補国への途——

八谷まち子

"Copenhagen Criteria" and Turkey
—Road to a candidate country—

HACHIYA Machiko

The European Union (EU) recognized Turkey as a candidate country for EU membership at the Helsinki European Council in December, 1999. It has always said that Turkey was "eligible" for membership but had not met the "Copenhagen criteria". Based upon this logic, the EU almost shut the door against the entry of Turkey in 1997. Only two years after the negative conclusion, the EU changed its attitude and decided to grant Turkey necessary supports for the preparation of the accession, although it did not indicate when to start the negotiation for entry, in contrast to the other 12 candidates, saying that Turkey still had to do more to meet the entry criteria.

The author will examine in this article what led the EU to the decision of granting candidate status to Turkey, with the underlying object of illustrating how the EU would identify its future character while the member states continue to enlarge.

In chapter 1, after reviewing the existing frameworks of EU-Turkey relationship, Turkey's application in 1987 and EU's response to it at Luxembourg summit in 1997 will be explained. We will find that the relationship soured almost to the point of deadlock. However, an unexpected incident contributed to give a break through. It was the earthquake that hit Turkey on 18 August, 1999.

In chapter 2, the eventual changes of situation leading the EU to recognize Turkey as a candidate country will be discussed at two levels: domestically, as atmospheric changes inside Turkey after the earthquake such as the acceptance of the ECHR request to suspend the execution of Öcalan, the PKK leader; and internationally, as the emerging need for establishing a regional European security order and implication of the new central Asian countries to Europe.

The author concludes that the EU reassessed Turkey's geopolitics in view of the international changes brought about by the collapse of the Cold War. The new situation requires the EU to play a solid role in the regional stability and security building, for which Turkey is placed at a crucial position as a NATO member and as a country sharing common civilization with the central Asian countries. The EU could not afford to leave out Turkey anymore, particularly with the improved relationship between Turkey and Greece after the earthquake.

When, then, will Turkey be able to start its negotiation for EU membership? It may have to wait until a further need for a new regional order emerges, the time when the EU might finally say that Turkey meets the Copenhagen criteria.

I　はじめに

1999年12月のヘルシンキ欧州理事会において，トルコが欧州連合（EU）の第13番目の加盟候補国として認められた。トルコは1987年に正式な加盟申請を提出しており，その10年後にあたる1997年のルクセンブルグ欧州理事会において，いったんは加盟の可能性をほとんど消失させる結論が出された。ところがそのわずか2年後に，新たに候補国としてリストに加えられることになったのである。

トルコの加盟申請以来，EUは「トルコには加盟資格がある（eligible）」と

I　はじめに

の立場をとってはいたものの，加盟基準（criteria）は満たしていない，としてきた。今回のヘルシンキにおける結論においても，基本的には従来の主張を変えてはいないが，加盟を前提として，基準達成へ向けて協力することを確認したのである。ここで用いられている「基準」とは，1993年6月のコペンハーゲン欧州理事会の結論において，EU加盟を希望していた中・東欧諸国を対象に明らかにされた加盟国となるための条件であった。それは，以下のように規定している。

　　加盟国となるには，候補国は，民主主義を保証する制度，法の支配，人権と少数民族の保護の尊重，およびEU域内での競争力と市場の力に対処できる安定した能力を達成していることが要求される[1]。

これは「コペンハーゲン・クライテリア」と呼ばれて，加盟のための達成されるべき条件として，ことある度に言及される原則となっていく。

トルコに関して言えば，加盟申請受理に続く手続きの規定にしたがって，1989年にEC委員会（当時）による「委員会意見」[2]が提出された。この時点では，文言としての「コペンハーゲン・クライテリア」は未だ存在しなかったが，意見書は，トルコが抱える政治的問題と，加盟がもたらす諸制約へのトルコの経済的，社会的対応能力に対する疑問を呈している。そして，1997年のルクセンブルグ欧州理事会の結論においては，トルコには対内，対外の両面で政治的に改善されるべき点があることを指摘し，経済分野では，まずはECとの関税同盟の完全実施を勧告している。即ち，トルコはまだ加盟準備を開始できる段階には達していないとみなされたのであった。しかしながら，委員会意見と首脳理事会結論は共に，トルコには加盟の資格があると再度明言している。それは何よりも，1963年の「アンカラ協定」において，トルコが適切な時期にEEC（当時）に加盟することを予定した条項が存在するからに他ならない。

資格は認められているものの基準が達成されていない，というEUの立場は一貫している。それはヘルシンキ欧州理事会の結論においても変わってい

---

1 ）　Bulletin of the European Commission, EC 6-1993, point 1.13., p.13.
2 ）　Bull. EC 12-1989, point 2.2.37.

ない。変わったのは，基準の達成へ向けて，EU 加盟を前提とした枠組みによる支援を享受する特別な扱いが，トルコに対しても認められたことである。トルコは，加盟候補国とされたのである。しかしながら，このことは，加盟のための基準とされる民主主義，人権と少数民族の尊重，法の支配，および市場経済の機能という「コペンハーゲン・クライテリア」と，トルコの情勢との距離が十分に縮められた，と EU が判断したことを意味しない。他の12カ国[3]とは異なり，トルコと EU との加盟交渉の開始時期は明らかにされていないのである。では，加盟候補国とは，一体いかなる位置付けなのであろうか。いかなる理由で，EU のトルコ政策が変化したのであろうか。

結論を先取りすれば，欧州の安全保障という EU にとっての新しい課題に対処するために，EU を取り巻く状況の総合的判断の結果として，トルコの再評価が余儀なくされたのである。

即ち，加盟のための基準としての「コペンハーゲン・クライテリア」は，普遍的性格を有する基準であり，加盟申請国の状況に合わせて判断が変えられるような基準ではありえない。そこで，今回のトルコに関する決定の変化は，可動的な基準としての，EU をとりまく国際状況が大きく作用した結果と言えるであろう。具体的には，ボスニア・ヘルツェゴビナ，そしてコソヴォと続くバルカン地方の紛争で，地域的安全保障の重要性が明らかになり，アクターとしての EU の能力が試されることになった。即ち，冷戦崩壊後の新しい秩序構築において，EU が果たすべき役割にとって，地政学的な重要性を有し，NATO 加盟国として EU 加盟へアメリカが強く後押しをするトルコを蚊帳の外に置いたままにしておくことの不利益が認識されたのである。

本稿は，拡大を続ける EU が，その将来像をいかに策定しようとしているのかという問題意識に基づいて，トルコを第13番目の候補国とするに至った過程を検討する。そのために，まず，EU とトルコの関係を，法的枠組みと加盟申請をめぐっての状況との二つの側面において概観する。そのうえで，ルクセンブルグ欧州理事会からヘルシンキ欧州理事会までの2年間における，トルコの EU 加盟にとっての最大の障害であったトルコ・ギリシア二国間関係を含むトルコの国内状況の変化，次いで，今回の決定をもたらした最大の

---

[3] ポーランド，ハンガリー，チェコ，スロバキア，スロベニア，ブルガリア，ルーマニア，エストニア，リトアニア，ラトビア，キプロス，マルタ。

要因である国際状況の変化を検証する。これら一連の作業を通じて，EUが掲げる「加盟基準」とは，政治的判断を普遍的に装わせる装置として機能することが明らかになるであろう。

II　ルクセンブルグまで

　EUとトルコの関係は長い。それはヨーロッパとトルコとの中世以来の交流の歴史の一部とみなすこともできるが，ここでは，EEC成立以後に限って，その関係の枠組みと流れを概観する。特に，トルコ共和国成立以来の一貫した近代化政策の到達点とされたEU加盟をめぐる一連の経過を中心に，いったんはトルコの加盟の可能性がほとんど否定されたと見做された1997年のルクセンブルグ欧州理事会までを，本章の対象とする。

　1　EU―トルコ関係の法的枠組み
　EUとトルコの間には4つの協定が存在する。それらは，年代順に，「アンカラ協定」と呼ばれる連合協定，その追加議定書，トルコを含む地中海地域の12の国と組織を対象とした「ユーロ・地中海パートナーシップ」，そして「関税同盟」である。それぞれの成立経緯と内容を簡単に整理しておこう。
　(a)　アンカラ協定[4]
　1963年に署名，翌64年に発効している。その目的を，協定2条は，トルコとEECとの間の貿易・経済関係の均衡のとれた発展を促し，トルコの経済発展を確かなものとすること，と記している。そして，その実現へ向けて，準備期間5年，移行期間12年以内，そして最終段階という3段階に分けて関税同盟の設置を目指すと記されている。
　同協定は，トルコのEEC加盟の可能性を適切と判断される時期に審査することを28条で明記しており，この条項の存在がトルコの加盟資格の根拠となっている。
　1960年代前半はアメリカとトルコとの結びつきが薄れていた時期であり，トルコの側にも，それまでの親米一辺倒から多角的外交へと政策の変更がみ

---

[4]　JO No. 217, 64/733/CEE, 29 DÉCEMBRE 1964.

られるようになった時期である5)。また，経済的には50年代ほどではないが，地道な経済成長を遂げた時期である。

こうしたトルコの相対的な国内の安定状態と，トルコの戦略的価値に対するアメリカの認識の低下という背景のもとに，それでもNATO加盟国であるトルコを西側に繋ぎ止めておく必要から，長期的にはEEC加盟をも視野に入れた経済分野の協定が締結されたとも考えられるであろう。

(b) 追加議定書6)

1970年11月に署名され，72年12月に発効した。当議定書は「アンカラ協定」に定められた第一段階を達成したとの認識のもとに，トルコへの経済支援を取り決めたものである。そして，57条で，22年後に関税同盟を設定することを明記している。

この時期のトルコは，国内的に政治的危機にあった。1969年の総選挙で政権が交代していたが，とどまるところを知らないインフレとあふれる失業者，ストや学生運動の頻発と激化，右翼の組織化，左翼の都市ゲリラの出現などに政府は悩まされた7)。こうした状況は西側の安全保障体制にとっての危機と受け止められ，トルコリラの切り下げなどの経済安定化政策の勧告と同時に，EECや世界銀行などによるトルコへの緊急援助が決定されたのであった。しかし，EECの追加議定書は発効までに2年を要した。その理由は，1971年3月に，軍部が介入した，いわゆる「書翰によるクーデター」が起こったためであろう。しかし，議定書発効後の1973年には，民政移管のため

---

5) わけても，1962年に起こったキューバミサイル危機の際に，アメリカのソ連への譲歩のひとつとして，トルコに配備されていたジュピターミサイルが撤去された。当ミサイルそのものの軍事的価値は高くはなかったが，NATO加盟国としてのトルコに，同盟国に対する不信感を持たせる結果を生んだといえる。また，1963年から64年にかけてのキプロスを巡るギリシアとの軍事的緊張が高まったときに，当時のアメリカ大統領ジョンソンは，トルコがキプロス侵攻に一切のアメリカからの装備を使用することを禁ずる，とした高圧的な調子の文書を送っている。Bruce R. Kuniholm, "Turkey and the West since World War II", in V. Mastny and R. C. Nation (eds.), *Turkey Between East and West: New Challenges for a Rising Regional Power*, Westview Press, 1996, p. 55.

6) JO L293, 29 décembre 1972.

7) 永田雄三＝加賀谷寛＝勝藤猛著『中東現代史I トルコ・イラン・アフガニスタン』山川出版社，1982年，216-7頁。

の総選挙が行われた。

(c) ユーロ・地中海パートナーシップ[8]

1995年11月に、当時のEU議長国であったスペインの主導によりバルセロナにおいて「ユーロ・地中海会議」が開催された。同会議は、地中海地域の安定と発展のための多国籍枠組みによる対話と協力促進の場として、トルコを含む12の国と組織[9]、及びEU15カ国とによるパートナーシップ宣言を採択した。これ以後、地中海地域という、EUの対トルコ経済援助の新しい枠組みが設定されたことになる。

当パートナーシップの発端は、1992年6月のリスボン欧州理事会へさかのぼる。当該理事会結論は、地中海南部と東部、及び中東の地域的安定がヨーロッパに対してもつ重要性に言及したのである。それは、1990年から91年にかけての湾岸危機をきっかけとして、冷戦崩壊後のNATOの役割が模索される一方で、冷戦崩壊により西側防衛の前線としてのこの地域の戦略的重要性が低下したと受けとめられていた時期に、その変わらぬ重要性が再認識されたことを意味していた。バルセロナ宣言のために準備された欧州委員会の文書は、マグレブ、マシュレク両地域とイスラエルとEUとの安定した関係、EU加盟の関連においてのキプロス、マルタ、トルコとの関係の重要性を特記している[10]。

当パートナーシップに基づく枠組みでの会合は毎年継続しており、1995年に決定された「平和憲章」の創設へ向けて、努力を続けることが確認されている[11]。これまでのところ成果はみられないものの、政治的不安定要素を多く内在させている地域において、話し合いの場としての枠組みが設定されていることそのものが評価されるといえるであろう。

(d) 関税同盟

1995年12月31日、アンカラ協定付属議定書が関税同盟の設立を定めていた「22年後」という期日の、まさしく期限最終日に、関税同盟はなんとか成立

---

8) Bulletin EU 11-95, pp. 136-45.
9) アルジェリア、キプロス、エジプト、イスラエル、ヨルダン、レバノン、マルタ、モロッコ、シリア、チュニジア、トルコ、およびPLO。
10) COM (94) 427 final, Brussels, 19.10.1994.
11) SIPRI Yearbook, 1999, pp. 183-4.

にたどりついた。そのためには，欧州議会 (EP) によるトルコ国内の人権侵害に対する厳しい批判と，理事会でのギリシアの拒否権行使という，EU内での抵抗を克服しなければならなかった。

関税同盟発足後に出された欧州委員会の二つの報告書[12]，ならびにEUの21世紀へ向けての指針として提出された『アジェンダ2000』は，ともに設立の効果を確認し，トルコ経済の市場競争への適応性を確認している[13]。しかしながら，トルコが引き続き取り組むべき政治的課題を指摘すると同時に，関税同盟を梃子としたトルコ—EU関係のより安定した発展のためには技術的，経済的支援が不可欠であるとして，EUの立法機関であるEPと理事会に対して，凍結されたままになっている対トルコ特別経済支援の速やかな立法化を呼びかけることも忘れていない。

以上の四つの法的な枠組みのなかで，トルコ—EU関係は進展してきたが，追加議定書で規定された，関税同盟実現へ向けての様々な措置は，80年代半ばにEUの単一市場プロジェクトが打ち上げられるまでは，トルコ，ECどちらの側もほとんど取り組んでこなかったのである。その最大の理由はトルコの国内体制に求められるであろう。

1970年代は，二度の石油危機からトルコもヨーロッパも無傷ではなく，特にトルコの経済はほとんど破産状態であった。1978年以後のイランとアフガニスタンの変動を受けて，トルコをNATO体制に留めておくべく，アメリカをはじめとした西側諸国は救済に乗り出し，そこで提供された援助はトルコ経済を一時的には改善したが，政局の悪化は止められなかった[14]。そして，1980年に，戦後3度目の軍事クーデターとなった。

1980年の軍事体制は3年間続き，それ以前の二度の同様のケースよりもはるかに大きな社会的影響をトルコ国内に与えた。国家の権威の建て直しを最優先とした統治は，反政府的な動きを厳しく抑圧し，この3年間で約6万人

---

12) COM (96) 491 final, Brussels, 30. 10. 1996.
   COM (97) 394 final, Brussels, 15. 07. 1997.
13) トルコ—EU間の貿易額は，関税同盟発足時の1995年の220億ECUから，1996年予測で270億ECU（EUの90億ECU出超）へ伸びた。Agenda 2000, Brussels, 16. 07. 1997, p. 67.
14) 前出，永田＝加賀谷＝勝藤，216—217頁。

がテロ行為や非合法政治活動の疑いで捕らえられている15)。こうした状況にヨーロッパ諸国はいっせいに抗議の声をあげ，EP は，EC と協定関係にある国においては人権の尊重を基本条件とする，という批判動議を採択した16)。EP に加えて EC 域内の世論のトルコ批判も厳しくなっていき，経済的支援を通してトルコ国内への影響力を行使するという EC/EU の手法がとられるようになり，この時期以降は，トルコとの関係において，民主制の確立や人権の尊重などの「政治的課題」が必ず問われるようになったのである。

EC/EU のトルコに対する態度に微妙な影響を与えたと考えられるもう一つの要因は，1981年のギリシアの EC 加盟である。EC/EU の意思決定システムでは，1993年のマーストリヒト条約までは，ほとんどの分野の意思決定は閣僚理事会での全会一致によっていた。このことは即ち，ある一国が拒否権を発動すればその政策は実施されないことを意味し，実際に，対トルコ支援においては，ギリシアの拒否権がたびたび使われることになるのである。

こうした中で，1983年に民政移管が実現し，テクノクラート出身で，中道保守勢力を結集した祖国党のオザルが政権に就いた。そのオザル首相の下で，トルコは EC（当時）への加盟を正式に申請する。

2 加盟申請

トルコの EC 加盟申請17)は，1987年4月14日に当時の首相オザルの名によってなされた。申請を受けた EC の反応は概して冷淡で，ギリシアが申請した際の歓迎ぶりとは対比が際立っていたようである18)。ともかく申請は

---

15) Ihsan D. Dagi, "Democratic Transition in Turkey, 1980-83: The Impact of European Diplomacy," in Sylvial Kedourie (ed.), *Turkey - Identity, Democracy, Politics,* Frank Cass, 1998, p. 125.

16) それに対して閣僚理事会は「様子見」の態度をとり，第4次経済援助を予定通りに決定した。

17) 申請当時は，European Communities（EC）であるが，1993年のマーストリヒト条約によって European Union（EU）となった。ここでは，1987年当時の現状に則して EC とする。なお，これに先立って，トルコは，EEC 成立直後の1957年に加盟の意思を表明したことがある。

18) Deniz Akagül, "Le cinquième élargissement de l'Union Européenne et La question de la candidature turque," *Revue du Marché commun et de l'Union européenne,* Nr. 419, juin 1998.

受理され，2年後の1989年12月に，規定にのっとって，加盟申請に対する「委員会意見」が提出された。そこで表明されたのは，予想されていたとおり，単一欧州議定書（SEA）の目的である単一市場の創設がECにとっての最重要課題であり，例外的状況が起こらない限りは，単一市場の完成が予定されている1993年以前にいかなる国との加盟交渉も勧告できない，とするものであった。個別事項としては，トルコの経済的，社会的状況を深慮すれば，加盟によって遭遇するであろう中期的な諸制約にはたして取り組めるかどうかは疑問であるとされた。同時に，トルコには，政治面での多元性の拡大，人権と少数民族，既存のEC加盟国との対立，キプロス問題などの政治問題が多く残されていることを指摘している。

その一方で，1963年のアンカラ協定の枠内で二者間の関係強化を図るべきであり，トルコの加盟資格（eligibility）には何の問題もないとして，トルコの近代化支援のための様々な措置を提案したのである。

1987年という時期は客観的に見ても，新規の加盟申請を行うには適切であったとはいえない。「委員会意見」を待つまでもなく，この年に発効した単一欧州議定書（SEA）にもとづき，1992年末の完成を目指す単一市場のための新たな273の立法措置が本格的な施行を開始した時期であり，「'92」がヨーロッパにおける合い言葉とさえなって，EC域内のみならず域外の欧州諸国にとっても単一市場がアジェンダの筆頭に上ってきた年であった。

このような時期になぜトルコはあえて加盟申請を行ったのであろうか。いくつかの国内的な理由が指摘されている[19]。まず第一には，貿易の機会の拡大を望むイスタンブール財界からの強い圧力があった。それには二つの背景が指摘できるであろう。ひとつは，1983年の民政移管以降，国内情勢が落ち着きを取り戻し，経済改革の成果が表れてきたこと，次に，その結果として貿易の拡大が望まれていたが，最大の貿易相手であったECは，1981年以来ギリシアを加盟国に加えており，ECの意思決定の多くが全会一致でなされていたために，トルコとギリシアの対立関係がそのままトルコとECとの関係強化の障壁となっているととらえられていたことである。そのうえで，財界の要求は，軍部の影響力を弱めて文民政権の基盤の強化をねらった政府

---

19) Heinz Kramer, "Turkey and the European Union: A Multi-Dimensional Relationship With Hazy Perspectives," in V. Mastny and R. C. Nation (eds.), *op. cit.,* p. 209.

Ⅱ　ルクセンブルグまで

の思惑とも一致した。また，1923年のトルコ共和国の成立以来，一貫して追求されている近代化の到達点としてのEC正式加盟を実現することで，アタチュルクに匹敵する英雄になろうとするオザル首相の個人的な野心も，無視できない要因であったとされている。

しかしながらECの反応は上記のごとく，トルコの有資格を確認しつつも，アンカラ協定の枠内での関係強化を主張し，トルコ国内の政治的，社会的，経済的改革を要請するという冷淡なものであった。1990年に，閣僚理事会による「委員会意見」の承認と抱き合わせで提案されたトルコへの財政支援措置（いわゆる「マトゥーテス提案」）は，ギリシアの拒否権発動で成立しなかった。

トルコの加盟申請への結論を先送りした状態は，1997年12月のルクセンブルグ欧州理事会まで続いた。その間に冷戦が崩壊し，それ以前には現実味を持たなかった中立諸国のEU加盟が実現し，また，キプロスを含む11カ国[20]が相次いで加盟を申請した。そして，当該欧州理事会は，トルコは未だ加盟交渉の準備を開始する基準に達していない，と結論付けた。この結論そのものは，それに先立つ7月に委員会から提出されていた『アジェンダ2000』の内容に沿ったもので，一般的にはさしたる驚きとは受け取られなかった。そこではあらためて，加盟の適・不適はどの候補国も同様に，1993年のコペンハーゲン欧州理事会で確認された「コペンハーゲン・クライテリア」に照らして審査されることが明言された。

加盟基準は，政治と経済の二つの側面を持つ。政治的側面は，民主主義，法の支配，そして人権と少数民族の尊重と保護を保証する制度が安定的に達成されていることであり，経済面は市場経済が機能することとしている。加えて，アキ・コミュノテール（acquis communautaire，一般に「アキ」）と称される既存のEU法全てに沿った法体制に国内法を調整することが求められる。そしてトルコに関しては，ギリシアとの領域上の対立を国際法にのっとって解決すること，近隣諸国との平和な関係の樹立へ向けて努力するべきことが特記された。

この結論は，トルコの将来のEU加盟の可能性をほとんど無に帰せるもの

---

20)　注3）に挙げた12カ国からマルタをのぞいた11カ国である。マルタは，1990年に一旦加盟申請を行ったが，1996年から98年までの2年間，加盟申請を凍結していた。

と理解された。ルクセンブルグにおいて加盟交渉の準備を開始するとされた中・東欧の10カ国およびキプロスのどの国よりも早く加盟申請を行い,かつ,関税同盟も樹立されているにもかかわらず,トルコは,加盟交渉の準備を始める段階には至っていないとされたのである。

これを境に,トルコとEUの関係は急激に冷え込んでいく。1998年3月に開催されたヨーロッパ会議に11の加盟候補国と共にトルコも招待国のリストに加えられたが,トルコ政府はこれを欠席することで強い不満を表明し,EUとのあらゆる政治的対話を凍結するとした。また,経済政策では,ロシアとの関係強化を誇示するごとく天然ガス貿易の協定に署名したり,EUとの関税同盟の見直しも考慮するという警告を発したり,トルコの経済的選択はEUに限られてはいないという外相発言がなされたりした[21]。かたやEUは,トルコの扱いには苦慮しており,トルコのEU加盟に反対していたドイツとギリシアの同意が得られる形で,何とかトルコとの関係を継続する方法を模索しており[22],11のEU加盟候補国と共にトルコを加えて,欧州の将来を議論する目的でのヨーロッパ会議を開催するというのも,そうした苦心の結果であった。しかしながら,理事会での決議が全会一致であるために,こうした例外的な扱い以上の展開は起こり得ず,また,凍結されたままになっている特別経済支援策を欧州議会(EP)が成立させることもなかった[23]。

この様な硬直状況が大きく動き出すきっかけが突然起こった。それが1999年8月17日未明にトルコ西部を襲った大地震である。

III ルクセンブルグとヘルシンキの間

工業都市イズミットを震源地としたトルコ西部大地震の後,世界各地からトルコへ多様な救援がすばやく提供された。このことは,トルコ国内の世界認識に重大な衝撃を与えると同時に,地震の被害の大きさが,EU内での風向きも大きく変えるはずみとなった。何よりも,トルコのEU加盟にとっての最大の問題であったギリシアとの関係が大きく改善の方向へ向かった。ト

---

21) *Financial Times*, 15, 16, 17, 21 December, 1997.
22) *Ibid.*, 14 December, 1997.
23) OJC 17/45, 22.1.1996.

ルコに対するこれらの融和的態度は，トルコ国内の諸改革を促進することにもなった。おりしも，1999年3月のNATOによるコソヴォ空爆に至ったバルカン情勢を受けて，ヨーロッパの安定と地域安全保障体制をいかに確立するかが緊急の課題となり，そのなかで，トルコをEUの加盟候補国の一団に加えずにおくことの不利益が顕著になりつつある状況があった。これら国内レベルと国際レベルの両方での情勢の進展があいまって，議論の流れは一挙に，トルコをEU加盟候補国とする方向へ向かったのである。

本章では，トルコを加盟候補国とするに至った情勢の変化を，トルコ国内と，トルコ周辺のEUを含む国際環境とに分けて検討する。

1　地震以後のトルコ国内

EUへの加盟申請に対して，「コペンハーゲン・クライテリア」に加えて，トルコに対しては特に，近隣諸国との紛争の解決が求められたのは前述した通りである。これらの課題の達成はきわめて困難であろうと一般的にみなされていたが，地震によって予期せぬブレイクスルーを与えられることになった。EUがトルコに対して求めた近隣国との国際法にのっとった紛争解決，人権尊重と少数民族保護のそれぞれの分野で改善の兆しが顕著になったのである。

地震の被害に対して世界各地から寄せられた様々な救援は，世界観を変えさせるほどの衝撃をトルコ国民に与え，トルコの文化人の一人をして「精神的革命が起こっている」という発言までさせているほどである[24]。世界は敵ではなく友であった，という衝撃であった。こうした変化は，まず何よりも，敵対関係が続いていた隣国のギリシアとの関係改善に顕われた。ギリシアは，他の諸国同様に素早く救援隊を派遣し，それに対してマスコミは，ギリシア国民に「友よ！」と呼びかけて熱い返礼を述べている。トルコに続いてギリシアが地震に襲われた時は，間髪を入れずにトルコからNGOが到着している[25]。両国の間は，突然にしてエールの交換であふれかえった。それに先立って，ギリシア政府は地震対策のためのEUからトルコへの緊急援助に拒否権を使わないことを明言し[26]，続いて，EU非公式外相会議の席で，

---

24) *Financial Times,* 11/12 September, 1999, p. IX.
25) 1999年9月7日。20人からなるトルコ隊は，この時の救援の一番乗りであった。

トルコをEUの候補国と認める用意があると述べている[27]。

EU加盟の最大の難問とみなされていたギリシアとの関係の改善は，地震の結果大きく弾みがついた。だがもちろん，それ以前にも改善のための努力がなされていたことを看過すべきではない。すでに1987年の時点で，当時のギリシアとトルコの首相であったA. パパンドレウとオザルとにより緊張緩和のための取り組みが実行に移されたり，1992年，次いで1996年にもそれぞれ当時の両国の首相の主導による対話の提案や試みがなされていた[28]。しかしながらどれも実を結ぶことがなかった。1999年にギリシア外相となったG. パパンドレウ（元首相の息子）とトルコ外相ジェムにより再び対話が開始され，非政治的分野を中心に協力可能な事項を模索する作業が続けられた。こうした政府レベルで用心深く始められていた和解への模索が，地震をきっかけに一挙に国民全体を巻き込んだ感情の変化へと飛躍したのである。

この事が即座にあらゆる問題を解決するのでは決してない。しかしながら，最大の懸案事項であるキプロス統一の問題にも，一つの変化が現れた。2年間中断されていた国連の調停協議が，北キプロス（トルコ系）のデンクタシュ大統領がアメリカの仲介を受け容れたことにより，1999年12月3日にニューヨークで間接交渉が再開された[29]。

また，トルコ国内政治が抱える最大の課題と常に批判されている人権問題においても，わずかながら，改善の動きが見られる。たとえば，小学校に人権教育の時間が導入されたり，公務員による拷問に歯止めをかける法改正が行われたりした。多くの分野に未だ改善の余地は大いに残されてはいるものの，こうした変化は，地震の後の11月18, 19の両日にイスタンブールで開催された全欧安保協力機構（OSCE）の総会の際に，アメリカ大統領クリントンによって賞賛された[30]。

---

26) *Financial Times,* 1 September, 1999, p. 3.
27) *Ibid.,* 6 September, 1999, p. 1.
28) M. James Wilkinson, "The United States, Turkey, and Greece—Three's a Crowd," in M. Abramowitz (ed.), *Turkey's Transformation and American Policy,* The Century Foundation Press, New York, 2000. pp. 185-218. 特に，pp. 204-208.
29) 第2回目と3回目の会合はジュネーブで，それぞれ，2000年1月31日および7月に，第4回目はニューヨークで9月に，第5回目は11月にジュネーブで行われた。
30) *International Herald Tribune,* November 16, 1999, p. 1. *Financial Times,* 18 No-

Ⅲ　ルクセンブルグとヘルシンキの間

　加えて，クルド労働党（PKK）のオジャラン議長が身柄拘束[31]されて以後のトルコ政府の対応も注目に値する。オジャランの本人尋問[32]の様子はテレビ放送で公開され，裁判の公正さをアピールした。オジャランは国家反逆罪で1999年6月に死刑判決が確定したが，彼は極刑を人権侵害として欧州人権裁判所（ECHR）へ提訴し，ECHRは審査終了まで刑の執行を延期するようトルコ政府に要請した。トルコは，2000年1月に裁判所の要請受け容れを決定した。EU加盟候補国となったトルコは，EUや欧州各国の意見に配慮を示したのである[33]。

　「精神革命」は外部に対してのみならず，トルコ国民内部でも起こった。地震直後の政府の対応のまずさ，政治的に揺るがぬ影響力を持つ軍の効率の悪さが明らかになるにつれ，国民は明確な非難の声をあげ始めた。そして，国内NGOの活動などを通して，国民同士の協力が政府に対抗する力を発揮し得ることを発見したのである。このような動きは，トルコに「市民社会」が存在することを内外に認識させた[34]。こうして，トルコは地震によって，文字どおり，国中が揺さぶられたのである。

　対外的にトルコの政策が，国際世論に配慮した柔軟なものとなっていったのは，まずは地震の被害に対して世界から差し伸べられた救援の手に応えるものであっただろう。そして，たまたまこの年が54カ国が一同に会するOSCE総会がイスタンブールで開催される年にあたっていたことで，災害からの復興に努力する，世界の信頼に応えうるトルコをアピールする機会が与

---

　　vember, 1999, p.2.
31)　PKK党首オジャランは1998年11月にイタリアで逮捕されたが，イタリアは死刑制度のあるトルコへの引き渡しを拒んだ。彼は，その後数カ所を転地し，ケニアのギリシア大使館に潜伏した後，1999年2月15日にケニア政府当局によって身柄を拘束され，トルコ政府へ引き渡された。テロリストとみなされていたオジャランをかくまったうえで，最終的に身柄引き渡しを行ったギリシア大使館の失態も，パパンドレウ外相の熱心なトルコとの対話の模索の動機の一つともされている。ちなみに，パパンドレウは，オジャラン事件の責任を問われて更迭されたパンガロス外相の後を受けて，それまでの代替外相（オルタナティヴミニスター）から正式の外相となった。朝日新聞，1999年2月17, 18, 19日。
32)　1999年5月31日，収監中のイムラル島の刑務所内の特別法廷で行われた。
33)　朝日新聞，2000年1月14日。
34)　*The Economist,* August 28, 1999, pp. 39-40.

えられた。また，トルコへ向けられる最大の批判は人権侵害であり，死刑の存在はヨーロッパ諸国の不興をかっているが[35]，欧州人権裁判所を尊重する姿勢を示すとともに，エジェビット首相が極刑の見直しを示唆する発言を行っている。こうした様々な機会を捉えて国内の改革へ向けた動きを対外的に示していくことで，「民主的なヨーロッパ」の一員として，EU 加盟候補国としての適切さをアピールすることにもなった。

2 国際環境の変化

ルクセンブルグ欧州理事会の結論は，トルコのEU加盟の可能性をほとんど排除する意図と受け取られていたが，コソヴォ紛争が一つの契機となって，トルコに対するEUの政策を見直す必要が認識され始めていた。それは，トルコがNATO加盟国として，空爆に協力的であったということのみではない。そうした認識の変化は，冷戦崩壊後の新しい国際秩序の模索の中で，地域的安定のためのヨーロッパの役割を策定するという，新しい，それでいて緊急かつ重要な課題の文脈のなかで理解される必要がある。

ソ連の消滅で決定的となった冷戦の崩壊は，新国際秩序という概念を生み，ソ連の膨張主義に対抗する最前線としてのトルコの地政学的重要性を低下させたかに見えた。しかしながら，旧ユーゴスラビアでの激烈な民族対立や，新しく誕生した中央アジア諸国の不安定な情勢は，これらの地域に地理的に近く，またイスラームという共通要素を持つトルコをNATOに留めておくことの意義を再認識させることになった。ソ連の消滅と独立国家共同体（CIS）諸国の誕生により，トルコとロシアは直接国境を接しなくなったが，トルコが国境を接する国の数そのものは増え，これらの新しい独立諸国との間でいくつもの多国籍条約が締結されて，トルコの影響力はむしろ高まったということもできる[36]。

---

35) 実際には，刑の執行は1984年以降行われていない。ただし，トルコ人権協会が1996年1月に公表した報告書によれば，1995年に122人が，暗殺や拘留期間中の拷問で死亡しているという。Hasan Basri Elmas, *Turquie-Europe: Une relation ambiguë*, Éditions Syllepse, 1998, p. 222.

36) 1985年以来，トルコ，イラン，パキスタンの3カ国で構成していた経済協力機構（ECO）は，1992年にアゼルバイジャン，ウズベキスタン，トルクメニスタン，1993年にクルギスタン，カザフスタン，タジキスタンを新たな加盟国としている。また，

III　ルクセンブルグとヘルシンキの間

　冷戦崩壊がもたらした現象の一つに，旧ソ連の中央アジア諸国の情勢がある。トルコはこれらの国々とは伝統，言語などの文化的な共通点を有し，地理的に接近していることもあり，近年は経済的な結びつきも強めつつある。それは，宗教的イスラームとしてのイランに対して，世俗的イスラームとしてのモデルを自負するトルコが，リーダーシップを発揮しようとする思惑に基づく行動でもある。そして，この地域の持つ豊かな天然資源は，先進工業国にとって魅力であるとともに，国際政治の主要舞台へこの地域の新しい国々を登場させることになった。その最たる例は「カスピ海・欧州石油パイプライン」建設計画であろう。このパイプライン計画には，アメリカ企業を中心とする合弁企業体とイタリア・ロシアからなる企業体との，共に多国籍の競合する二つのルートがあった。結局，1999年11月にOSCE総会開催の機を捉えて，アメリカの強力な後押しを受けたトルコ・ルートが，トルコ，アゼルバイジャン，グルジアの3カ国により正式調印された。それは，膨大な費用のために実現には疑問も唱えられながらも，カスピ海沿岸地域へのロシアとイランの影響力を低減させると同時に，欧米諸国のエネルギーの中東への依存を低減させる戦略的意味を持っている[37]。ここでもトルコはキー・プレイヤーとなったのである。

　ヨーロッパにおいては，1997年以来，NATOもEUも共に加盟国の拡大が重要課題となっていた。それぞれの機関が拡大に関して持つ意味は同じではないが，両者ともに，東西の分断の溝を埋め，より安定的な地域構造を作り上げることが期待されていることは共通している。こうした拡大の動きと呼応して，EUのなかでは，ヨーロッパ独自の安全保障枠組みの確立を模索する動きが活発になっていく。ヘルシンキ欧州理事会の結論では，それまでの共通安全保障《外交》政策に代わって，共通安全保障《防衛》政策として，危機管理を目的とする独自部隊の創設を決定した[38]。その背景には，「欧州

　1992年には，トルコ，ギリシア，ロシアなど11カ国からなる黒海沿岸経済協力体が発足した。

37)　アゼルバイジャンの首都バクーからトルコの地中海沿岸都市ジェイハンまでの約1700kmを輸送する。*The Financial Times*, 18, 19 November, 1999.

38)　1999年6月のケルン首脳理事会での指針に沿った形で，2003年までに，5―6万人規模で，60日以内の活動を最低1年間展開ができるような能力を持つ，EU加盟国による欧州緊急部隊を設置することが規定された。Presidency Conclusions-Helsinki,

の裏庭」とされるバルカン地域でのボスニア・ヘルツェゴビナ，コソヴォと続く紛争で顕わになった EU の軍事調整における無力さと，アメリカおよびアメリカを中心とした NATO なくしては，武力を伴う対立の解決がいかに困難であるかという事実が明白となったことがある。今回創設が決定された「欧州緊急部隊」は，NATO との任務の重複を避け，協力体制を築くとしている。そこでは非 NATO の EU 加盟国の扱いと共に，非 EU の NATO 加盟国の扱いが大きな問題となる。特にトルコは EU 加盟申請を行ったまま，それが認められない状況にあったが，他方では，NATO の忠実なメンバーであり，イスラームの国でありながらアラブや中東の諸国と一線を画した「西側」寄りの立場をとり，イラクへの偵察機の発着基地やコソヴォ空爆の戦闘機基地を提供している39)。

　ヨーロッパの安全保障に大きな影響力を持つアメリカは，冷戦崩壊後は，バードン・シェアリングの見地から，ヨーロッパ独自の安全保障政策に対しては NATO を核とする限りにおいて好意的であった。こうした文脈において，アメリカは一貫してトルコの EU 加盟を支持しており，クリントン大統領は，東西ドイツ統一の記念式典や OSCE 総会などの機会を捉えては，支持を表明する発言を行っている。

　トルコ軍は60万人を超える人員を擁しており，NATO 加盟国の中ではアメリカに次ぐ規模であるが，装備の大半は60年代のままであり，古くて実際には役に立たないとされており，また，GDP に占める軍事費の割合は4.4%と比較的低いため，新しい装備はアメリカからの援助に大きく依存している40)。アメリカは，ギリシアと比べて相対的にトルコ重視の政策をとっており41)，こうした事実が，同じ NATO 加盟国でありながら対立関係にあったギリシアの危機感をあおり，EU 閣僚理事会での，トルコ支援プログラムに対する相次ぐ拒否権の発動に結びついていたと考えられる。そうした経緯はありながらも，NATO 内での同盟国としてのトルコに対する信頼は，冷

---

10 and 11 December 1999. SN 300/99. II/25-28.

39) "A Survey of Turkey", *The Economist,* June 10, 2000, p. 5.

40) Didier Billion, *La Politique Extérieure de La Turquie,* L'Harmattan, 1997, pp. 289-316. SIPRI Yearbook 1998, p. 426. *The Economist,* ibid.

41) Ronald R. Krebas, "Perverse Institutionalism: NATO and the Greco-Turkish Conflict," in *International Organization* 53, 2, Spring, 1999, pp. 363-4.

戦崩壊後の秩序形成に関わる一連の出来事を通して，むしろ高まっていった。

　冷戦の崩壊は，EUにさまざまな課題を突きつけている。即ち，かつてのソ連の影響下にあった旧中・東欧諸国のEU加盟を確かな現実の問題とすると同時に，安全保障はNATO，経済活動はEU，というヨーロッパでの「分業体制」の見直しが迫られている。また，ヨーロッパの「裏庭」とされるバルカン地方の紛争によって，地域安全保障への現実的な対応も迫られることになった。さらに，新しく生まれた中央アジアのイスラーム諸国が，ロシアと距離を取る一方でヨーロッパへ目を向けつつある。こうした新しい国際環境は，ヨーロッパの境界をどこに策定するかという微妙な問題を含みつつ，トルコの置かれた地政学的な重要性を高めこそすれ，減じることはない。

Ⅳ　結　論

　ヨーロッパのトルコに対する態度は，長い交流史において常にあいまいであった。異なる文明の「他者」として位置づけると同時に，「ヨーロッパ」の拡大はまず「他者」であるトルコを参入させることでその普遍性を加味してきた[42]。その同じ流れをEUとトルコの関係にも見出すことができる。民主主義，人権尊重，法の支配そして市場経済という基準は，決してEUに独自のものではなく，今日のグローバル化した世界においては最も大きく合意が成立している範疇であろう。EU加盟の条件として，そのような基準の達成度の篩にかけることは，政治共同体としてのEUの普遍性を明確にし，キリスト教共同体にすぎないという批判をかわすとともに，より透明度の高い公平な判断をEUに命じることになる。

　トルコに対して出された判断は，1997年末の結論からわずか2年足らずで大きな転換をみた。それは経済的条件によったとは考えられない。1998年と

42）　たとえば，クリミア戦争の講和条約である1856年のパリ条約において，勢力均衡概念に基づくイギリスとロシアの政略が主な理由ではあったが，トルコは非キリスト教国として初めて「ヨーロッパ公法と協調の利益に参加すること」が認められた。田畑茂二郎『国際法新講上』東信堂，1997年，13頁。René Albrecht-Carrié, The Concert of Europe, Harper & Row, New York, 1968, pp. 152-196. Iver B. Neumann, "Making Europe: The Turkish Other" in *Uses of the Other: "The East" in European Identity Formation,* University of Minnesota Press, 1998.

EU の「加盟基準」とトルコ

　99年に提出された拡大に関する国別報告書において，トルコは，国家中心の分野が多く残されてはいるものの，市場経済の要件をクリアーし，1996年1月から施行されている関税同盟も順調に機能していると評価されている。特に99年の報告書は，最大の懸念であったインフレ率の低下を高く評価している。そのうえに，関税同盟による恩恵は EU 側に大きくもたらされており，また，1997年の時点でのトルコの国内経済は，EU 加盟の実現に最も近いといわれているポーランドと比較しても，決して遜色のないものであった[43]。

　EU の決定が転換したのは，ヨーロッパをとりまく周辺地域の不安定な情勢がヨーロッパの新しい役割の策定を要求し，その過程において両地域の境界に位置するトルコの地政学的役割が再認識されたことが大きい。実際，EU の拡大担当委員である G・フェアホイゲンは，1999年末のヘルシンキでの決定において，地政学が，唯一ではないが，重要な役割を果たしたことを認めている[44]。そこでは，ヨーロッパの安全保障の重要なパートナーであるアメリカの影響力も看過することができない。さらには，1999年4月のドイツの総選挙で，社会民主党が勝利し緑の党との連合政権が成立したことで，多文化主義の立場からドイツの対トルコ政策がより柔軟な方向へとシフトしたことも大きい。

　このようなトルコを取り巻く国際情勢の変化に加えて，トルコ国内の認識にも大きな変化が起こった。それは1999年にこの国を襲った二つの大地震の被害に対して，世界から寄せられた救援によってもたらされた。トルコは自国と世界との関係を全く新しい，友好に基づく視点で認識し直したのである。その結果，隣国であり EU 加盟国であるギリシアとの関係改善という大きな成果が生まれつつあり，前述の EU の99年の報告書においても，この動きが特記されている[45]。

　しかしながら，軍人が中心の国家安全保障評議会（NSC）の国内政治に対して持つ重大な影響力や，ジャーナリスト弾圧に代表される言論の自由の抑

---

[43] 　ポーランドとトルコは，1997年の国民一人当たりの GNP において，それぞれ2790ドルと2780ドルである。Deniz Akagül, *op. cit.*, p. 364.

[44] 　"Interview: M. LE COMMISSAIRE Günter VERHEUGEN," *ibid.*, no. 437, avril 2000, p. 214.

[45] 　Commission Report, *op. cit.*, 1999, p. 7.

Ⅳ　結　論

圧という民主主義の不備，一般にはクルド人問題として理解されている少数民族の扱い，また，極刑の存在，拷問や暗殺が報告される人権問題など，トルコの政治的課題は数多く残されている。これらの問題はルクセンブルグの決定からヘルシンキの決定の間の2年間で大きく改善されたわけではない。にもかかわらず，地震をきっかけにうまれたトルコと世界の連帯感を弾みにして，加盟候補国とする決定がなされたのであった。

トルコは加盟候補国とされたものの，加盟のための交渉を開始する段階には至っていないとされている。これはヘルシンキで，加盟交渉を開始することが確認された他の12の候補国と決定的に異なる点である。トルコと良好な関係を保つことの意義は認識されているものの，同等な仲間としての扱いには躊躇するという，ヨーロッパのトルコに対する曖昧な態度の歴史的な継続を見出すことができる。一貫して西欧化政策をとるトルコが[46]EU加盟のための基準を達成したとする決定が出されるのは，再び，ヨーロッパがヨーロッパとしての秩序形成に関わる緊急な課題を突きつけられるときまで，待たねばならないかもしれない。

---

46) トルコはオットマン帝国時代の18世紀末には，早くも西欧化志向の軍事，教育改革に取り組んでいる。1839年には，「ギュルハネ憲章」に始まる一連の西欧法が導入されている。大木雅夫「トルコにおける外国法の継受」『立教法学』1969年，第11号，第2章。

EU 諸国の対 LDC 投資に関わる奨励保護協定

櫻 井 雅 夫

The Encouragement and Protection Agreements on EU Member States' Investment in Developing Countries

SAKURAI Masao

The EU Member States have considered bilateral investment agreements (hereinafter referred, "BITs") as a useful instrument for encouraging and protecting investments in the developing countries (hereinafter referred, "LDCs") since the host country's unilateral provisions vis-à-vis foreign investors and the relevant rules of international law do not seem to offer the same safeguards.

The Member States have been endeavoring to widen the network of BITs, especially as the functioning of the BITs has proved to be encouraging. The contracting parties have observed the provisions of the BITs since there do not appear to have been any instances of serious infringement or of requests for arbitration.

The impact of BITs should not, however, be overestimated. They reflect the investment climate in a given country rather than improving it. BITs are important mainly for political and psychological reasons and therefore make for improved security ; they do not, however, enable perfect legal guarantees to be provided for foreign property in the event of political risks.

Despite these disadvantages, the existing agreements do have an practical value as a instrument of stimulating and protecting investments.

> The desirability of EU-level agreements with other countries or groups of countries for the encouragement and protection of investments has already been stressed in the various proposals. The conclusion of EU-level investment agreements with groups of LDCs would have serious advantages over the present BITs.
>
> Such an agreement on investment would create in one fell swoop a large number of contractual relations between LDCs and industrialized countries and would thereby make a considerable measure of administrative and budgetary rationalization possible.
>
> The conclusion of EU-level agreements should not present any problems from the angle of EU law. Action in this field by the EU would be justified by the need to stimulate private investment in the LDCs, in order to supplement the EU Member States' efforts, and to contribute to the economic development of the LDCs and the promotion of their trade with the EU Member States.

I 国際取決めの変遷と現状

1 変　遷

この数十年をみると，外国投資に関する法律文書の増加とその内容の拡大には著しいものがある。そして，外国投資に対する各国の態度は，保護，制限ないし管理から奨励・自由化へと変わってきている。

外国投資を規律する国際取決めの起源は，18世紀から20世紀の間に発展してきた慣習国際法のルールにまで遡ることができる。そのための基盤となったものは，第一に国家主権と排他的領域管轄権の諸原則，第二に外国人と外国人財産の損害に対する国家責任の法原則であった。外国投資に関する国際法は，この二つの基盤のそれぞれに力点を置きながら変化をみせてきた[1]。

---

1) United Nations Conference on Trade and Development, *World Development Report, 1996.* (Geneve: UNCTAD, 1996), pp. 131-60. 邦訳は，次の文献に収録。「外国直接投資のための国際取決め」櫻井雅夫『国際経済法』新版。(東京：成文堂，1997年)，

I 国際取決めの変遷と現状

19世紀末には，国家責任の原則という通説的パーセプションがラテン・アメリカ諸国の挑戦を受けることになる。これら諸国は，外国投資家の待遇に関して独自の国際法アプローチを発展させてきた。これが一般に「カルボ原則」(Calvo Principle) として知られるものである。その主張の要点は，次の三つである。すなわち，①国際法のもとでは，国家は外国人に対して自国の国民に対して与える待遇と同等の待遇を与えることを求められているのであり，したがって外国人を差別することと内国民の利用し得ない恩典を外国人に対してのみ付与することとは共に非難されること，②投資受入れ国に対する外国人の請求（特に契約に基づくもの）については当該国の内国裁判所によってのみ判決を下されなければならないこと，並びに③投資家に対する国籍付与国が外交的保護権を行使するのは国際法の直接違反の場合及び制限的な条件のもとでのみ可能であること，である2)。

外国投資に関して条約による複数国間ないし多数国間のルールを創出するという努力は，1940年代初めに「ハバナ憲章」の枠組みのなかで始められた。しかしながら，やがて外国投資に対する各国のポジションは次第にかけ離れたものになっていき，コンセンサスを得るには至らなかった。OECDのなかでさえも1960年代の「外国人財産保護条約案」を実現させるには至らなかった。その後，僅かに外国投資の保護保障に関する特定の側面を扱った多数国間イニシアティブがいくつか実現した。例えば，「国家と他の国家の国民との間の投資紛争の解決に関する条約」（略称，投資紛争解決条約，ICSID条約），「多数国間投資保証機関を設立する条約」（略称，MIGA条約）がそれである。

地域レベルでは，いくつかのグループが外国投資のために共通の自由化ルールを導入しこれを実施しはじめた。それは主としてOECDの枠内であり，特に1958年のEEC創設とともに自由な貿易と経済統合を推進する地域的な努力という状況のなかで行われたことである。この時期には，先進国と開発途上国との間の投資を保護するため（主として収用リスクに対処するため）に，二国間投資協定（Bilateral Investment Treaties. 以下「BITs」と略す。）の締結が始まった。

1970年代になると，多国籍企業のインパクトに対する関心が高まるなかで，

527—93頁。
2) 櫻井雅夫『国際投資法の研究』（東京：アジア経済研究所，1968年），68—73頁。

開発途上国は外国投資の導入と活動に対してさまざまな統制と制限と条件を課していった。この傾向はアンデス共同市場の関連諸決議等いくつかの地域文書にも反映された。他方，多数国間レベルでは多国籍企業の行動規準を策定することに努力が集中された（これは主に開発途上国の主張であったが，また労働組合と消費者の主張でもあった）。国連における「多国籍企業行動規範」や「技術移転行動規範」についての長期交渉も，最終的に文書合意を生むには至らなかった。ただし，特定の問題を扱ったほかの多数国間文書は締結された。ILOの「多国籍企業及び社会政策に関する原則の三者宣言」はその例である。

1980年代初めには，市場の適正な機能を確保するための規準の開発に焦点を当てた国連の努力が実った。すなわち，「制限的商慣行を規制するための多国間で合意された一連の原則とルール」や「消費者保護のためのガイドライン」がそれである。

1990年代には，OECDで「多数国間投資協定」（MAI）の策定作業が続けられたが失敗に終わり，その作業は実質的にWTOに引き継がれる可能性も出てきた。しかしながら，これも一部の開発途上国，一部のEU諸国およびNGOs等の反対を受けている。

以上まとめると，①外国投資関連の国際文書は数多く存在するが，その効果はほとんど限定的なものであり，それらの最もダイナミックな部分のみが実効性ある国際ルールを構成しつつあること，②近年，これらルールのほとんどは二国間ないし地域のレベルで発展してきたものであること，③多数国間の交渉と取決めも拡大されてはいるものの，現在のところ締結に達したものは特定分野ないし特定の問題に関わるもののみだということ，である。

2 二国間レベル

二国間レベルでは，主要国がさまざまな開発途上国との間で投資の相互奨励保護に関するBITsを締結してきた。投資に関して定着しつつある今日のキー・コンセプト，原理及び規準の多くは，このBITsの締結を通じて発展させられてきたものである。

BITsとは，投資を保護しそれによって投資に刺激を与えることを目的とした規定を織り込んだもののことである。とりわけ，法律上及び行政上の無

差別待遇，専横的収用からの保護なかんずく国有化の際の十分な迅速なかつ自由送金可能な補償，そして中立機関による紛争処理について規定したものを指している。なかには，いわゆる貿易関連投資措置（TRIMs）ないしパフォーマンス・リクワイアメント，経営要員の国籍制限の禁止等[3]の規定を織り込んだものもある。BITsは，友好通商航海条約と呼ばれる広範な内容の一般協定とは異なり，またそれまでアメリカが締結してきた片務的な投資保証協定（Investment Guaranty Agreements. 以下「IGAs」と略す。）すなわちアメリカ人の投資が脅かされたときに生じる手続上の問題に限定するものとも異なるものであった[4]。

　二国間レベルでは，これらの顕著な特色は内容がもっぱら投資に関わるものだということである。1940年前に導入されて以来，これらの協定はそのフォーマットの点で実質的に不変のままできており，また協定が扱っている問題も外国投資にとって最も重要なものに属するものである。これらの協定の規定ぶりは，開発を行うに際しての外国投資の重要性とその有用な役割についての宣言で始まるのが通例である。典型的なBITsには，出資の形態，さまざまなタイプの投資資産及び投資の大方の側面を含めて一般的かつ広範な投資の定義が織り込まれている。その多くは直接投資に限定せず間接投資にまで広げている[5]。

　対象となる投資家はひとつの締約国に属する会社及び個人であるが，BITsの適用は当該2国のいずれかと実質的に連関する投資家に制限されることが多い。協定は政府に対して外国投資を円滑化し奨励することを促す一方，一般には設立の権利を直接に規制することを回避し，この問題を国内法に任せている（かくして政府に対して外国投資の導入を規制する権限を暗黙のうちに認

3）　パフォーマンス・リクワイアメント等については，櫻井『国際経済法』新版，164—99頁；櫻井『新国際投資法』（東京：有信堂，2000年），164—99頁。
4）　広義の二国間協定のうち，従来の友好通商航海条約，アメリカ及びカナダの投資保証協定と本稿が対象とする狭義のBITsとの違いについては，次の文献を参照されたい。櫻井雅夫『国際経済法』新版，208—19頁；同『新国際投資法』130—19頁。このうち，開発途上国援助におけるアメリカの投資保証協定の意味については，次の文献を参照。同『国際経済法の基本問題』（東京：慶應義塾大学出版会，1983年）。
5）　外国直接投資と間接投資の法的な相違については，櫻井『新国際投資法』16—33頁。

めたことになる)。この一般的なアプローチに対する例外はアメリカが署名した BITs のなかに見出され，これは外国投資の参入と設立に対する内国民待遇と最恵国待遇の規準を設けている。ほとんどの BITs は，所有と支配の問題については明確なかたちで言及していない。他方，事業活動上の制限は多少カバーされている。特に，BITs によっては投資に関わる外国高級職員 (executive personnel) の入国について規定している。しかしながら，いくつかの BITs (例えば，アメリカが署名したもの，カナダとフランスの BITs のいくつかとドイツの BITs のモデル協定) だけは，パフォーマンス・リクワイアメントの全部又は一部の賦課を禁止している。大方の BITs は，内国民待遇，最恵国待遇及び公正かつ衡平な待遇並びに国際法に従った待遇を，個々に又は組み合わせて規定している。これらの規準では，最恵国待遇のほうが内国民待遇よりも規定されることがはるかに多いが，地域統合協定のメンバーシップのためには例外が定められることが普通である。内国民待遇自体は，広範かつ一般的な表現で記述されるのが特徴であるが，これにはたくさんの例外で制限を加えることが多い。さらに，BITs は，とりわけ資金の送金，収用及び国有化並びに条約当事国間及び投資家と受入れ国との間の紛争の解決に関する投資保護の特別規準について規定している。先に述べたように，BITs の基本的な狙いは保護措置を講じることによって外国投資を促進しようというものである。しかし，BITs が投資母国側の積極的な奨励措置を規定するようなことはほとんどない。BITs はまた，市場の適正な機能に関連する広範な問題を取り扱うようなことをしていない。

　他方，さまざまな BITs のあいだではその構成と実体的なカバレッジの双方で類似点はあるが，国の特定の関心事項に適合させるためそれぞれの規定の効力に相違点があるのは紛れもない事実である。

　BITs は，投資の保護を通じて協定当事国間の投資を促進することを意図するところから，一国の投資環境に関する重要なシグナルとみられている。同時に，開発途上国に導入された BITs は個々の協定当事国の特別の開発ニーズを疎かにしているわけではない。すなわち，BITs は経済開発に対する外国投資の重要性を強調し，一般に外国投資に関する国内法の効果を認め，一般原則に対しては例外と制限を設けることがある (例えば，資金の送金自由の原則に関連した国際収支を理由とする例外)。

BITsのネットワークは確実に拡大している。国連貿易開発会議によれば，1996年6月までに締結された1160近くの協定の約三分の二は1990年代に締結されたものであり（1995年だけで172），関係国の数は158である[6]。元来は先進国と開発途上国との間で締結されたものであるが，BITsはしだいに先進国と体制移行経済圏との間，開発途上国間，開発途上国と体制移行経済圏との間のものになってきている。

BITsとはべつにこのレベルで発展してきたほかの重要な諸原則は，二重課税の回避に関するものである。二重課税は一つ以上の課税管轄権が及ぶところで（広義で定義する）事業活動を営む企業の所得と資本が一つ以上の管轄権で課税対象になると認められるときに生じるものである。こうした摩擦を回避又は解決するするために，二重課税の回避のための二国間条約があらゆる地域で発展レベルを異にするたくさんの国の間で締結されてきた。例えば，EU諸国は，1996年6月現在で740を超える二重課税防止条約を締結している[7]。

条約のなかで，当事国は当該管轄権間の税収配分のための一定のルールを遵守することに合意し，またいずれの管轄権のもとでも課税されない課税所得というものの例を明示することに努めている。ほとんどの条約は二つの条約モデルを基としており，ひとつは国連，もうひとつはOECDが作成したものである。OECD条約モデルは，一般に先進国間で締結される条約に利用され，他方国連モデルは開発途上国を対象とする協定のモデルとなっている。

最近では，先進国のなかには自国の主要な取引相手国との間で競争政策の分野での協力，通報及び情報交換に関する協定も締結するものも出てきている（例えば，ドイツとフランスとの間；オーストラリアとニュージーランドとの間；オーストラリア，カナダ，EU，ドイツ，日本のそれぞれとアメリカとの間）。これらの協定は通報と執行問題を扱うものであり，実体的な共通原則，規準ないし義務を確立しているわけではない。とはいえ，国際事業取引についての国内ルールを執行するさいに国際的に広範な協力を行っていくべく努力を重ねるうえでこの協定はその第一歩となり得るものである。

---

6) United Nations Conference on Trade and Development, *op. cit.*, p. 147; 櫻井『国際経済法』新版，551，555頁。

7) United Nations Conference on Trade and Development, *op. cit.*, p. 147.

一般に BITs は，投資と貿易の相関関係について言及していない。その主な例外はパフォーマンス・リクワイアメントを扱った規定である。この相関関係は，1980年代に多くの国が締結した二国間の自由貿易・統合協定のなかに反映されている。なかでも，オーストラリアとニュージーランドとの間，カナダとアメリカとの間の協定（CUSFTA）が知られている（後者はメキシコを含めて再交渉が行われ，NAFTA になった）。

II　EU 諸国が締結する投資奨励保護協定

1　投資の保証とのリンク

1960年代初頭以降とくに70年代後半に入り，EC（現 EU）加盟国は，さまざまな開発途上国との間で BITs を締結してきた。

EU のなかで投資に対して非事業リスクを保証するシステムを設けている国は，通常は BITs を締結してきた国への投資に対してのみ保険を引き受けており（いわゆる「前置主義」），協定が紛争発生のときにはこの協定が基盤となって行動が起こされることになる。しかしながら，かつては BITs の数が相対的に少ないために，この条件はあまり厳格には適用されていなかった。特に投資保護に関する協定を締結せず外国投資に対して満足すべき待遇を与えてこなかった国については，EU 諸国の保証制度のほとんどがデロゲーションを考慮に入れてきている[8]。

2　協定の地理的分類

ドイツは，相対的にみて BITs を広範に締結している国であり，1996年春現在発効している協定は75，発効待ちが33となっている。ドイツは，1959年にこの種の初の協定に署名し1962年に発効させたが，他の加盟国はかなり遅れたため締結数はドイツほど多くない（1995年現在イギリス72, フランス66, オランダ52, イタリア39, ベルギー／ルクセンブルグ35, デンマーク33, スウェーデン28, フィンランド24, スペイン24, オーストリア18, ギリシャ14)。当

---

[8] Commission of the European Communities, *Protection and Guaranteeing Private Investments in the Developing Countries: Member States' Policies. Some Ideas for a Community Approach.* Doc. No. VIII/A/1, Dec. 20, 1976. p. 2.

初これらの国が締結してきた開発途上国とのBITsは，投資に対する待遇があまり詳細に規定していないごく一般的なものであった9)。

当時のEC諸国とBITsを締結してきた開発途上国は，1970年代半ばでみる限り，ほとんど例外なくアフリカと東南アジア諸国であった。ラテン・アメリカでは，エクアドル（1965年にドイツとの間）とハイチ（フランス，ドイツとの間）がBITsを締結した唯一の国であった。これとの関連でいえば，この種の協定は先述の「カルボ原理」に反するものと考えられてきた。

中東では，イラン，イスラエル，エジプトがBITsを締結し（イランとイスラエルはドイツとの間，エジプトはフランス，ドイツ，イタリア，オランダ，イギリスとの間），そのほかの国（ヨルダン，イエメンなど）は準備に入っていた。地中海諸国でも協定を締結している国があった。例えば，マルタ（フランス，ドイツ，イタリア），ユーゴスラビア（フランス，オランダ），ギリシャ，トルコ（ドイツ）といった国々である。イギリスは当時ルーマニアと締結した。この国と締結した加盟国としてはイギリスが最初であった。アフリカと東南アジア諸国は多数の加盟国との間で協定を締結してきた。そのなかには，モロッコとチュニジア（ベルギー，フランス，ドイツ，イタリア，オランダ），コードジボアール（デンマーク，ドイツ，イタリア，オランダ），韓国（ベルギー，フランス，ドイツ，オランダ，イギリス），インドネシア（ベルギー，デンマーク，フランス，ドイツ，オランダ），マレーシア（フランス，ドイツ，オランダ），シンガポール（フランス，ドイツ，オランダ，イギリス）が入っていた。

1980年代に入り，EC/EU諸国が締結してきたBITsは著しく増加した。その主な原因は，①当該諸国の開発途上国向け投資が著しく増加したこと，②一部開発途上国でなお非常危険（収用危険，戦争危険，送金危険）が発生していたこと，③当該諸国が協定締結に意欲を持続したこと，④開発途上国に対して「力」(force)によらずに開発協力としての政府ベース援助と民間ベース援助とのリンキングを受取り国側に理解させたこと，⑤当該諸国と開発途上国がアメリカのIGAsのような片務的なものではなくあくまでも相互主義

---

9) *Ibid.*, p. 3; Joachim Karl, "The Promotion and Protection of German Foreign Investment Abroad," *ICSID Review - Foreign Investment Law Journal*, Vol. 11, No. 1, Spring 1996, p. 5; United Nations Conference on Trade and Development, *op. cit.*, p. 147.

に基づいて双方の投資を促進（奨励）し保護しようとしてきたこと，があげられる。

3 BITs の内容：類似点と相違点

EU 諸国が締結してきた BITs を比較してみると，広範な原則では類似しているが詳細ではかなり異なったものになっている。こうした相違点は EU 諸国における法概念の多様性によるものであり，とりわけ開発途上国との交渉の結果によるものである。その結果，同一の EU 諸国がさまざまな開発途上国との間で締結した協定は，交渉のための基礎として使用される標準協定／モデル協定／プロトタイプとはかけ離れたものであり，場合によってはかなり異なったものとなっている10)。

その場合には協定は他方の当事国から特別の要請を受けて修正されている。これまでのいくつかの協定の規定を比較検討してみると，次のような類似点と相違点が明らかになる11)。

(a) 用語の定義

大方の協定には，「投資」(investments)，「所得／収益」(income/return)，「国民」(nationals)，「会社」(companies) といった用語の定義が含まれており，これによって協定の実際上の範囲が確定されることになる。とりわけ，これらは微妙に異なった定義をもたらす最初の用語となっており，そのうちいく

---

10) ドイツ，オランダ，イギリスは，かかる標準協定をもとにして交渉を行っているが，そのほかの加盟国とくにフランスはもっと実践的なアプローチをとっている。プロトタイプの二国間投資協定のいくつかは，次のとおりである。

Treaty between the Federal Republic of Germany and ＿＿ Concerning the Encouragement and Reciprocal Protection of Investments. United Nations Conference on Trade and Development, *International Investment Instruments: A Compendium.* Geneve: United Nations, 1996. Vol. 3, pp. 167-76.; Agreement between the Government of the United Kingdom of Great Britain and Northern Ireland and the Government of ＿＿ for the Promotion and Protection of Investment. United Nations Conference on Trade and Development, *Ibid.,* pp. 183-94; Projet d'Accord entre le Gouvernement de la Republique Française et le Gouvernement sur l'Encouragement et la Protection Reciproques des Investissements. United Nations Conference on Trade and Development, *Ibid.,* pp. 159-66.

11) Commission of the European Communities, *op. cit.,* pp. 4-10.

つは他のものより相違の幅がかなり大きくなっている。
　(b)　一般条項
　ほぼすべてのBITs協定には一定のフォーミュラがある。すなわち各締約国はそれによって他の締約国国民による自国領域向け投資を奨励し，自国の法令に従ってこれを承認し，それに対して公正かつ衡平な待遇を保証するというものである。
　一般的にいうと，BITsの「奨励」(encouragement) 的な側面はこうしたきわめて漠然とした規定ぶりに限られ，残りの条項は財産の「保護」(protection) コンセプトの形成に使われている。そのコンセプトが投資奨励というコンセプトにリンクするものであることは当然である。
　投資の認可という点に関しては，ほとんどのBITsが，契約的保護を受けられるようにするためにはまず投資案件が投資受入れ国によって承認されるものでなければならない旨規定している。
　(c)　無差別待遇
　BITsにある重要な規定のひとつは，各締約国が他の締約国の投資，国民及び会社に対して当該締約国が自国の投資，国民及び会社に対して与えている待遇又は最恵国の投資，国民及び会社に対して与えている待遇よりも不利でない待遇を与えるべきであるとの要求である。
　しかしながら，EU諸国が「内国民待遇」，「最恵国待遇」という二つの原則特に前者について一般的又は特定のデロゲーションを認めてきた例はこれまでかなり多くみられるところである。こうしたデロゲーションは，協定の一部を構成すると認められる議定書のなかに，またときには協定のなかにみられるのが一般的である。
　フランスとチュニジアとの間の協定，ドイツとエクアドルとの間の協定，及びイギリスが締結してきた協定は，地域経済グループ（例えば，共同市場）への参加の結果として当事国が第三国の国民に与える恩典を無差別待遇から排除している（free-riding〈ただ乗り〉防止）。
　ベルギー，オランダとの間の協定において，インドネシアは他の締約国の国民に対して必然的に適用するということをせずに自国の企業に対して，経済保護の観点から，一定の便益を供与する権利を留保している。
　特定の分野に限定したより専門的な性質をもったデロゲーションは，とり

わけドイツがコンゴ人民共和国，インドネシアとの間で締結した協定にみられる。最初のケースでは，コンゴ政府が自国民に対して信用供与と税制上の恩典を付与する特恵について内国民待遇付与の原則のデロゲーション及び入国，居住及び有給雇用について両国のデロゲーションが織り込まれている。第二のケースは，外国人による不動産の取得及び外国人に対する一定の差別的賦課に関わるデロゲーションである。

(d) 収用及び補償

すべてのBITsが資産の収用ないし国有化の場合の補償金支払，他の締約国の国民に属する権利ないし権益について規定を設けているもの，収用の基礎づけ及び状態，当該状態の正確な定義並びに補償の詳細に関しては相違があり，場合によってはその相違は顕著である。

協定のおよそ過半数は，外国投資に関しての収奪措置はあくまでも公益を根拠にとることができると規定している。ただし，（公共事業がなく例えば国家歳入の純増を図ったり民間個人に対して恩典を付与する意図があるというような極端な場合を除けば）国際法上公益についての明確な概念規定はなく，したがって，その解釈は一方的に投資受入れ国にまかされている。ある場合には，「公益及び社会事業」という用語が使われている（ドイツとエクアドルとの間の協定）。

協定の多くは，上記のような規定のほかに追加ないし選択的な規定を設けており，それによって国際法に従って法手続がとられ，かかる措置は差別的ないし特別約束に反するものであってはならないとされている。ドイツやイギリスが締結する協定では，収用の正当性と補償の額は普通法に基づいた司法手続によって立証されるものでなければならない旨規定されている。

EU加盟国は，「収用」という用語の定義のなかに投資を取得ないし制限を加えるために政府当局が講じるその他措置であって収用ないし国有化に相当するもの（「しのびよる収用」〈creeping expropriation〉[12]）すべてを含めようとしている。ドイツやイギリスは，これに関する特別の規定を含める方法で協定を締結してきたが，他の加盟国は一般に「収用，国有化又は収奪の直接的又は間接的な措置」に言及するというやや不正確な方法でこれをカバーし

---

[12] 櫻井雅夫「しのびよる収用」同『国際経済法の基本問題』第2部；同『国際経済法』新版，第12章。

てきた。

　すべての協定が，補償は十分な実効的なものでなければならず，収用時に支払われるべきその額は自由に送金可能でなければならずかつ遅滞なく支払われなければならない旨規定している。当該条項間では僅かながら相違がみられるが，ここでもドイツやイギリスの協定はやや正確に規定している。

(e) 自由な送金

　各協定の原文は，およそ比較可能な原則を織り込んでいる。すなわち，各締約国は他の締約国の国民に対して投下資本，かかる資本からの収益及び清算時の清算益金を送金する権利を保証することを義務づけてられている。しかしながら，タイムリミット，かかる送金に適用される為替レート及び上記原則をデロゲートする送金制限に関する規定は，同一のEU加盟国が締結する規定の間でさえも相違がみられる。

(f) 債権代位（求償代位）規定

　ドイツの協定すべて及び他のEU加盟国の協定のほとんどは，締約国は自国民が他の締約国の領域で行った投資に対して与えた保証に基づいて当該自国民に対して補償金を支払った場合に，締約国が自国民の権利に対する債権代位（求償代位。subrogation）権を行使する旨規定している。

　各加盟国の内国投資保証の法制度はすべて，保険者は，言い換えれば国家は，投資家が非常危険に基づく損失に対する保険金を受け取った場合に，投資受入れ国に対する投資家の権利を代位する旨規定している。したがって，この条項はこの代位が他の締約国によって確認されたものであることを意味している。

(g) 紛争処理

　紛争処理（例えば，仲裁。arbitration）を扱った投資保護協定の規定は，当該協定の解釈ないし適用に関する二つの締約国間の紛争を締約国と他の締約国との間の紛争から区別している。

　協定は，第一段階として外交チャネルを通じては解決し得ない紛争は両当事国の一方の要求により，所定の期間内に三人のメンバーで構成するアドホックの仲裁裁判所で解決される旨規定している。この場合，各当事者が1人の仲裁人を指名し，この二人のメンバーが第三の仲裁人を指名する。仲裁裁判所自体がその手続を決定し，仲裁人の過半数をもって行われた決定は両

当事者に対して拘束力を有することになる。

投資紛争解決条約（1966年）発効後に当該条約に署名した開発途上国との間で締結した協定のほとんどは，投資受入れ国に対して，投資受入れ国と投資家との間で生じる紛争を投資紛争解決国際センター（ICSID）に付託するよう求めている。1966年前に締結された或る協定の場合は，爾後にこの効果を担保できるよう改正された（オランダとチュニジアとの間の協定）。

ドイツは，それまで（両締約国に関して準備する）アドホックの仲裁裁判所以外には仲裁手続に関する規定を協定に織り込んでいなかったが，最近はその標準協定の中に，さらにはいくつかの新規協定の中にひとつの規定をも設けている。そこでは二つの仲裁手続の関係を定義している。すなわち，上記投資紛争解決条約（27条）に基づいて，締約国は，両締約国がこの条約に署名した場合に又は投資家と投資受入れ国が紛争をICSIDに付託することに合意した場合にはアドホックの仲裁に訴えることはできないことになっている（25条）。

この規定によって，ドイツは25条の要件に合致するとしてもICSIDの法手続を単に確認するだけであるが，ほかの加盟国は協定のなかで締約国は25条を適用しなければならないこと，したがって紛争をICSIDに付託しなければならないことを規定している。

フランスとエジプトとの間の協定はさらに進んだものとなっている。すなわち，紛争が生じた場合に3カ月以内に友好的な合意に達し得なかった場合にICSIDに訴えを提起することを他の締約国に特別に約束することを条件として，他の締約国の領域に関して投資保証を付与するのである。

近年，投資家と投資受入れ国との間の特定の紛争を扱うために設置するICSIDに言及する投資紛争解決条約に署名したEU加盟国と開発途上国が増えており，一方アドホックの仲裁は当該協定の運用に関する一般的事項のために選択されるもののように思われる。

ただし，この点に関し，ラテン・アメリカ諸国が投資保護協定の署名を妨げる憲法上の理由から投資紛争解決条約の署名を拒否していることを指摘しておかなければならない。この条約には現在のところ70カ国が署名している。

　(h)　適用，有効期間

協定のほとんどは，ドイツが締結したものを除き，発効前に実施された投

資に適用されるのかという点についてもまた将来の投資のみが保護の対象となし得ると特定するのかといった問題についても沈黙したままである。ドイツが締結した協定は，しかしながら，一般に発効前に存在していた投資に対しても適用される。場合によっては遡及効は一定の日に限定されるが，一般には当該開発途上国の独立記念日とされている。

　二国間協定は批准に従うことになっているが，協定署名後批准には一般に2～3年を要するので場合によっては批准前に暫定的に適用されることもある。署名はされても批准されない協定も数多く存在する。

　協定は5年から15年ほどの期間に対して締結される（そのほとんどは10年から15年），締約国のいずれか一方が期間終了1年前に通告をしない限り自動的に延長される。

　ほとんどの場合，協定は当該協定終了日前に行われた投資に対しては終了後10～20年の期間にわたって適用される。

　ドイツの協定は，締約国間の紛争の場合であっても，国際法の一般原則のもとで受容可能な暫定措置を講じる権利を妨げることなく，規定はなお効力を有するとの条項を含んでいる。

4　投資協定の評価

　EU加盟国が二国間投資協定を自国民による開発途上国向け投資の保護及び奨励にとって有用な方策であると見ていることは疑いないところである。その理由は，外国投資家に対する投資受入れ国の片務的な規定と国際法の関連原則が同様の保護措置を提供していないようだからである。さらに，これらの協定は，政治リスク（例えば，戦争，収用，送金危険）に対して投資保証を与えることによってEU加盟国が管理するリスクを減少させることになる。これらの協定は投資受入れ国の行為に関わる紛争を解決する手続を設けており，これが保証メカニズムを動かすところとなっている[13]。

　したがって，EU加盟国は，二国間協定の機能が投資奨励的であることが立証されているところから，既存のネットワークを広げることに努めている。締約国が概して協定の規定を遵守してきたために，深刻な違反又は仲裁の要

---

13) Commission of the European Communities, *op. cit.*, p. 11.

請の例があったようには思われない。

しかしながら，これら協定のインパクトは過大評価されるべきではない。これらは投資環境を改善するということよりもむしろ特定国の投資環境を反映したものである。かなりの数の事例において，開発途上国が投資保護協定の締結に合意しているのは，かかる協定が保証付与又は資金援助若しくは技術援助の付与の前提になっているという理由だけからである。したがって，開発途上国は，一般に「保護」的側面よりも協定の「奨励」—言い換えれば外国投資家の誘致をもたらす協定の効果といった側面に関心があるのである。というのは，協定によって保証された相互主義はほとんどの開発途上国にとってあまり大きな重要性をもたないからである。

この問題に関する専門家のほとんどは，投資協定が主として政治的心理的理由から，したがって安全保障上の理由から重要なものであると認めている。しかしながら，危機に面した場合に外国人財産に対して完全な法的保証を与えることを可能にするというわけではない。かなり詳細な規定を織り込んだ協定でさえも，重要な規定，例えば公益，妥当な補償，迅速な送金といったような規定には，多様な方法で解釈が加えられる可能性がある。紛争が生じた場合に国内法に伴う重要性としては，規定が中立機関による仲裁のために設けられているとしても，国内の裁判所ないし仲裁廷が案件提訴前に（国内司法手続の完了）また仲裁判断執行のさいに重要な役割を果たすのではないかといった問題が提起されている。

こうした不利な状況は協定の運用過程で立証されているわけではないが，それにもかかわらず，現行の協定は投資の奨励保護の一手段としては否定し得ない実務上の価値を有している。そのことはいくつかの調査で明らかにされた投資家の反応からも明らかである。さらに，もし協定のネットワークが増強されれば—さらにこれが標準化され多数国間化されれば—これは外国投資をカバーするための一定の国際法ルールの作成に寄与することになろう。

Ⅲ　EUレベルの投資協定の可能性

1　協定の効果

EU諸国のほとんどは，自国企業による対外投資を保護し，保証し，とき

Ⅲ　EUレベルの投資協定の可能性

にはこれを奨励することを企図した手続と機構を備えている。しかしながら，これらの制度は関係企業からすれば決して十分なものとはいえない。そのカバレッジも狭く，またさまざまな国籍の投資家による多国籍企業の事業活動はほとんどカバーされない。

　EUが（正確にはECが）投資の奨励保護のために他の諸国又は国のグループとの間で協定を締結するとの願望は，すでに「非加盟国への投資を保証するための共同体制度を確立する理事会規則」の提言のなかで強調されている[14]。このドキュメントに対する注釈メモランダムは次のような点を指摘している。すなわち，二国間協定の場合は共同体協定よりも力の小さい諌止手段に支えられたものであり，共同体レベルの解決策があれば当該国としては多数の二国間協定の交渉する必要を回避できることになろうということである。この資料はまた，かかる協定が共同体による保証のための保護枠組みとして有用であることを強調している[15]。

　かつてECは，国際投資及び多国籍企業の問題に関して国際経済協力会議（CIEC）開発委員会に提出したステートメント[16]のなかで，共同体はとりわけ限定された地理的枠組みのなかで協定を或る程度まで標準化し多数国間化する可能性を探るべきであると提言している。

　開発途上国グループとの協定を共同体レベルで締結できれば，現行の二国間協定よりもはるかに優位であることは疑いもないところである（図参照）。その優位点は，次の4点に集約される。すなわち，

　(1)　この問題に関する共通のアプローチは，共同体が一つの単位として行為をなすという事実を強調することになり，また関連の領域における共同体の行動に対して有用かつ論理的な行動として追加されることになる。関連領域とは，（ロメ協定，地中海諸国との協定，欧州＝アラブ対話のもとでの）通商協力協定，産業協力等である。

　(2)　二国間協定のネットワークは，現在のところ完全というところからは

---

[14]　Council Regulation Establishing a Community System for Guaranteeing Investments in Non-member Countries. COM（72）1461, 20. 12. 1972.

[15]　Need for Community Action to Encourage European Investment in Developing Countries and Guidelines for Such Action. Commission Communication to the Council. COM（78）23. Jan. 30, 1978; Commission of the European Communities, *op.cit.,* p. 12.

[16]　Community Statement to the CIEC Development Commission, 11 June 1976, p. 11.

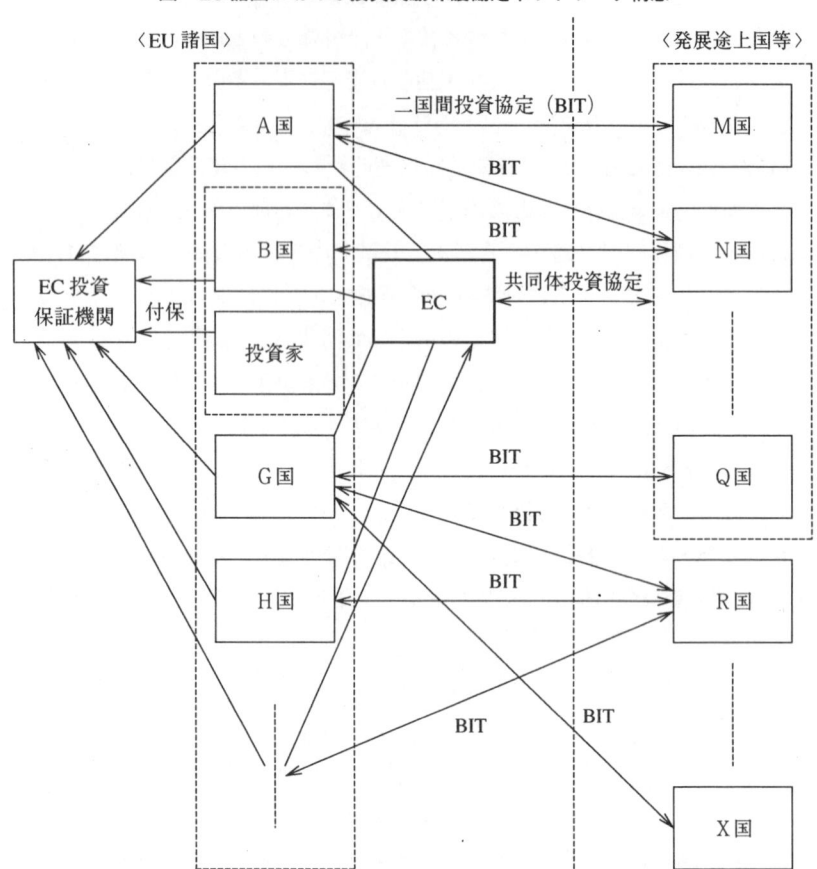

図　EU諸国における投資奨励保護協定ネットワーク構想

〈EU諸国〉　　　　　　　　　　　　　〈発展途上国等〉

- A国 ──二国間投資協定（BIT）── M国
- A国 ──BIT── N国
- B国 ──BIT── N国
- EC ──共同体投資協定── N国
- EC投資保証機関 ←付保─ B国（投資家）
- G国 ──BIT── Q国
- G国 ──BIT── R国
- H国 ──BIT── R国
- H国 ──BIT── X国

やや遠く，また満足のいく数で協定を備えているのはドイツぐらいのものである。さらに，協定の締結をこれ以上増やす交渉にはなお時日を要し困難が伴う。

（3）例えば開発途上国の多数のグループとの連合・協力政策のもとで共同体が進める交渉は，包括的な協定を締結する上で何が問題となっているかという見定めれば，成功の可能性は多少大きくなるかもしれない。投資に関するこうした協定は，開発途上国や工業国との間で一挙に多数の契約関係を創出し，それによって相当の行政・予算合理化措置が可能になる。

（4）外国人財産の取扱いに関して実施されている煩雑な実務を回避するた

Ⅲ EUレベルの投資協定の可能性

めには，投資保護協定を標準化しさらに多数国間化することが必要である。これは，法に関する要件（標準化）に合致するのみならず今後の投資家に対しても実務的な意味をもってくる。つまり，さまざまな開発途上国向け投資の一般要件がこれによって明確にされることになる。

多数国間協定の効果としては，次の3点が指摘される。すなわち，①国のグループが署名する協定が一つになれば，投資受入れ国が容認しがたい措置を講じたり適用することを思いとどまらせるうえで一層効果的である；②その結果保護が増大するということは，協定に署名した国への投資を奨励する効果をもつことになる；③紛争については，二国間関係といった脈略で解決するよりも多数国間枠組みのなかで解決することが一層容易になる。

最後に，多数の開発途上国との間に協定が存在することで，一国レベルでの制度又はこれからの共同体の制度若しくは国際的な制度のいずれによっても投資保証の付与が一層可能になり，またそれによって投資に一層の後押しとなる。

さらに，多数国間投資協定はトランスナショナルな投資すなわち多くのEU加盟国の国民ないし会社が行う投資には一層適したものとなる。

2 共同体投資協定

共同体投資協定の締結に当たっては，共同体法の角度から何らかの問題を提示するというようなことはすべきではない。この領域における共同体の活動は，加盟国の努力を補足しかつ開発途上国の経済発展及び共同体との貿易の促進に寄与するために開発途上国向け民間投資の奨励が必要なのであるということで正当化されることになる。

共同体投資協定と並んでBITsが存在するということは，少なくとも一定期間は何らの問題も引き起こすことにはならない。すなわち，二つのカテゴリーの協定のなかに一つの条項を規定することは可能であり，そのようにすれば，一方の当事国の法令から生じ又は二国間協定外からかかってくる国際義務から生じる一般又は特別の規律，及び他方の締約国の国民による投資に対して当該協定に定められた<u>待遇</u>よりも有利な<u>待遇</u>を与える一般又は特別の規律が，<u>協定に対して一層有利な先例</u>となってくる。

こうしたルールを適用することは，——二国間協定同士で相違があるよう

に——利点の程度といくつかの用語の正確な意味に関してのみ違いをみせるだけであるならば，べつに事を複雑にするわけではない。

ひとたびかかるアプローチに関して原則として合意が得られたときは，共同体の加盟国は当該開発途上国との交渉に当たって共通テキストを「標準協定」として使用することについて合意しなければならない。いくつかの協定を分析したときに相違点が検出されるにもかかわらず，こうした困難は克服できないものではない。標準協定の中に含まれるべき広範な原則に関する一致は可能であり，詳細な事項はいずれにせよ相手国との交渉問題となろう。

Ⅳ　学ぶべき教訓

今後の外国投資ルール策定に当たっては，過去の教訓を参酌しなければならない。同時に，多くの文書——特に自由化のプロセスを進める多くの文書——は，相対的に最近のものであり必ずしも十分に執行されているわけではなくまたその適用の効果が必ずしもまだ明らかになっていないので，はっきりした結論を出すことは難しい。外国投資に関する国際取決めの進展と現状を基にすれば，次のような多くの教訓を引き出すことができよう。

外国投資のための国際取決めの進展は，国レベルでの進展の後を追いまたそれと相互に影響し合ってきたし，さらに特定の時期の優先事項と利害を反映している。

第二次大戦後，外国投資の利害は主に天然資源と基幹産業に関連したものであった。植民地解放とともに，投資受入れ国にとって主要な関心事は自国の政治的独立を確固たるものとするために自国の経済と天然の富に対する支配権をいかにして取り戻すかということになっていった。

こうした努力は，天然の富と資源に対する恒久主権の原則に集約され，広く受け入れられるところとなった。外国投資家とその母国にとって，主要な急務は政治リスクとくに国有化からその投資を保護することであった。こうした環境のもとで，二国間ベースや資本輸出国のイニシアティブによるものとはいえ，投資保護の基準が出てきた。参入と設立の問題は一般には先進国と開発途上国の双方において国内法で規律されたままであった。これらの法令では，利潤と元本の償還を含み，外国投資の参入及び設立並びにその操業

Ⅳ 学ぶべき教訓

に関する制限，管理及び条件づけを設けた事例が多くみられる。また，技術へのアクセスと技術移転を確保するというニーズに関連する問題もとりあげた事例も多い。多数国間レベルでは，開発途上国がその増大する影響力を行使して，自国の経済の独立性を主張し，かつ多国籍企業行動規範を作成するよう求めた。

1980年代に入り，こうした傾向はすっかり変わった。これは主として多くの開発途上国における債務危機（これで金融機関からの借入よりも外国投資のほうが望ましい選択となった）の発生と，外国投資が開発途上国経済の成長と発展に果たすべき役割に対する開発途上国のパーセプションが変わったことの結果である。その結果として，法と政策が外国投資の自由化，保護及び奨励という方向に向かって劇的に変化しはじめ，現在もそれが続いている。

先進国における自由化の努力もまた拡大し深化していった。同時に，政府が追求する開発戦略が高度に保護的な輸入代替モデル（これは対内外国投資の開放化に反するものではない）から輸出主導の成長を強調する外向的な政策にシフトしていき，外国投資によってグローバルに統合された生産，分配及びマーケティングのネットワークと連携する機会をもち得ることが重視され，さらに貿易と投資をより密接に絡み合わせる政策がとられるようになった。こうした変化は，現在地域レベルの文書にまた分野別ないし特定主題について多数国間協定のなかに反映されている。

外国投資に関する政策のこれまでの進展から，次の2つの教訓を引き出すことができる。ひとつは，国際投資ルールの形成が進むにつれて各国の政策がひとつの方向に収斂していくということである。そしてもうひとつは，すべての当事者の利害を参酌することがそれゆえに相互の利益になるという外国投資問題へのアプローチが広く受け入れられる可能性がありまた究極的には一層実効的なものになるということである。実際には，ここから，どうすれば当事者間で権利と義務の適当なバランスを適当に保てるかという問題が生じてくる。と同時に，外国投資自由化のための国際交渉が進めば，各国は一国ベースで国内法に変更を導入することを一層促されるわけであり，国際約束で要請される以前にすらそれを行わなければならない場合もある。これは，国内のルールと国際的なルールとの間には相互作用があることのひとつの例証である。

国際的にとりあげられる必要のある外国投資の主要な問題について幅広い認識が生まれてきている。

開発における外国投資の役割に対する評価が高まり，また各国の態度が市場指向を選好する方向に収斂していくなかで，数多くの問題が国レベルから国際的なレベルに移行し，外国投資に関する国際的な討議の場で代表的な事項となってきている。

同時に，これらが二国間レベル，地域レベル及び多数国間レベルで特定の国際文書のなかにとりまとめられる範囲と方法はかなり多様であり，問題のとり上げ方の強さも次のようにまちまちである。

外国投資設立後に適用される待遇の一般基準，すなわち内国民待遇，MFN 及び公正かつ衡平な待遇は，広く二国間及び地域レベルで反映されている。また同じことは投資に関連しての資金の自由な送金にもあてはまる。

外国投資の参入及び設立の問題並びに事業活動上の特定の条件（パフォーマンス・リクワイアメント，及び間接的には優遇措置と高級職員／経営要員の制限など）の問題は，基本的には市場アクセスの増大を目的とするものであり，現在は数多くの地域協定及び多数国間協定のなかで取り上げられている。これらの問題への関心は二国間レベルでは限られたものであった。受入れと事業活動の条件の問題は特定の内国開発目標に従って取り扱われるままにするのが一般傾向である。

収用や投資家対国家の紛争解決の問題に関するいくつかの保護基準は主として二国間レベルで扱われているが，紛争解決の機構は多数国間レベルでも設置されている。

市場の適正な機能に影響がある企業行動例えば（競争政策という広範な脈絡のなかでの）制限的商慣行，消費者，労働者及び環境の基準並びに不正支払といった問題は，多数の特定文書のなかで扱われているが，そのほとんどは非拘束的なものである。

このほかの問題例えば外国投資の促進や（管轄権の相反という広範な脈絡のなかで）外国投資家に適用される相反要求といったことへの関心は，国際文書のなかではこれまでのところは限られたものである。

急速にグローバル化する世界経済のなかで，外国投資に関する国際的な論議の対象になってくる重要な問題のリストは——個々の文書のレベルでもま

た締結される文書の急増の結果としても——ますます広がってきており，最後には生産要素の移動に関するあらゆる範囲の問題を対象とすることになるかもしれない。したがって，この時期に相対的にほとんど注目されていない問題が将来的に重要性を増していく可能性がある。

　これまでのところ，透明性とモニタリングの増大に助けられながら，国際投資協定の進展は漸進してきている。現行の取決めの機能上の特徴に関していえば，多くのバリエーションはあるが，いくつか共通の特質もある。すなわち，第1に諸制限の前進的廃止。より高度の基準が長年に亙って求められてきた。例えば，OECDの場合には，自由化規約の採択から設立の権利が確認されるまで25年を要している。

　第2に国内規制の透明性。外国投資に関する地域文書と多数国間文書は，投資措置や関連する規範上の変更の通告を通じて，国内規制の透明性を増やすためのメカニズムを提供し，良好な投資環境の形成という重要な側面に寄与している。

　第3にモニタリング，フォローアップ及び紛争解決のメカニズム。外国投資に関する二国間，地域及び多数国間の文書にはその実施のために手続が含まれている。これらの文書のあいだでは，モニタリング当局に託された権限の強さと程度において，完全な紛争解決から協定の実施及び解釈に関連する問題についての協議やピア・レビューに至るまで，かなり違いがみられる。さらに，二国間条約と数を増す地域協定が投資家対国家の紛争解決を扱い，国際的な仲裁制度を次第に受け入れ，ICSIDに言及することも多くなってきている。実施のメカニズムは具体的な問題を確認し，文書を実効的なものとするうえで重要なものである。

　こうした機能的なアプローチから現出する重要な教訓は，規準の実施と強化を行うことには長時日のプロセスがあるということである。現在の地域文書と多数国間文書は，その交渉に或る程度の時間をかけたものであり，その効果を十分に顕すにはさらに多くの時間が必要になる。しかし，グローバリゼーションの圧力が高まり，企業戦略も変化してきているところから，将来は規範が一層迅速に反応していくことが促されるかもしれない。

　投資と貿易の相関関係は，ますます共通の枠組みの中で見られるようになってきている。第二次大戦直後に締結された友好通商航海条約は，一方の

当事国の国民の他の当事国の領域への入国・待遇及び貿易・投資・為替管理の問題を含めて，二国間経済関係の広範な側面を扱ったものである。こうした包括的なアプローチ特に投資と貿易と競争のルールを統合することの必要性は，ハバナ憲章などの多数国間レベルでも明示されてきた。しかしながら，まもなくこうした広範な協定の交渉が困難であることが判明した。

その結果，先進国は，1960年代に入って，特化した二国間条約，BITs すなわちほぼ専ら投資問題に焦点を当てた条約のほうに方向を変えていった。しかし，ごく最近になると，実効的に国際的な市場を獲得したいという企業側の論理に駆り立てられて，特に投資と貿易の問題を統合するというニーズが地域レベル（例えば，NAFTA）と多数国間レベルで再び現われてきた。

投資問題が多角的貿易システムのディシプリンの一部分として導入されたのはまさに多角的貿易交渉のウルグアイ・ラウンドが最初の時である（尤も，間接には投資関連の問題は例えば補助金コードや政府調達協定のもとごく僅かではあるが扱われてきている）。貿易と投資の問題が最も顕著に収斂したのは，サービス貿易について定める GATS の交渉の時であった。GATS は，活動拠点を通じるサービスの提供を含んだ四つの態様の供給を内容とするサービス貿易について定めたものである。TRIMs 協定は，まさに貿易と投資の間の政策の相関関係についてひとつの側面に焦点を当てたものである。投資政策と競争政策に関して将来作業が続けば，より一層深化した政策統合の方向に進むかもしれない。こうした結合に際して大きな問題になるのは，貿易と投資の関係を把握するさまざまな新しいコンセプトを開発することによってこの新しい傾向をどこまで順応させ推進させることができるかということであり，また，どこまでより包括的なアプローチを探っていくことができるかということである。後者は友好通商航海条約交渉の際にその最初の段階で関係国を締結から遠ざけた難問をいかにして回避するかということにほかならない。

開発の問題には，本腰で取り組まれなければならずまたそれは可能である。国際協定を実効的かつ安定的なものとするためには，すべての当事者の利害を参酌し，利害関係をとりまとめ，相互の優位性を認める必要がある。これは特に開発途上国に対して当てはまるが，一般的に言えば，発展のレベルを異にする国の間での協定に対しては常に当てはまることである。特に先進国と開発途上国を含むすべての協定では，開発政策と開発目標には特別の重要

IV 学ぶべき教訓

性があることに配慮しなければならない。事実，経済社会の開発は国際コミュニティの長期かつ根本的な目標なのである。このことは数多くの文書のなかではっきりと確認されており，その文書のいくつかは専らこの目的に寄与するために費やされてきたものである。

　開発の問題についてはさまざまな国際投資条約があらゆるレベルでまたいろいろな方法で取り組んでいる。大方の外国投資協定は締約国間の外国投資のフローを促進するという少なくとも奨励的な関与を約束するところから始まっている。そのいくつか，とりわけ欧州連合と68のアフリカ，カリブ海，太平洋諸国との間の第4次ロメ協定は，開発を加速化するためにこれらの地域への投資を促進するという特定の約束について規定している。TRIPS協定は，後発開発途上国への技術移転を促進するために政府が優遇措置を講じるという約束を行っている。タックススペアリングの規定も，開発途上国との租税条約には含まれている。

　開発の重要性についてはさらに，外国投資に関する協定のなかで開発途上国の特別な状況に配慮するかたちで文書の内容を構成して取り組んでいる。したがって，投資協定の規定については，一国の開発にとって必要な特定領域ないし国の政策手段を対象外とするかたちで交渉ないし定められている。開発途上国であるということは，多数の投資関係文書（例えば，BITs, NAFTA, RBPセット）のなかで広範（ないし一層広範な）例外ないし特別の待遇を付与されるための資格要件となってきたわけである。開発ないし調整のニーズは特定の約束の実施に際して普通より長い暫定期間を認めることでもとりあげられている（例えば，TRIMs, TRIPS, ECT, NAFTA）。こうした装置は先進国間の取決めの場合——例えば，OECD，欧州連合——でも適用されており，相対的に開発の遅れた加盟国に対してはその国独自の経済基盤を強化し，激化する国際競争への参加に備えることが認められている。開発の重要性に対するこうしたアプローチによって国際文書の作成を進める際に開発途上国の参加が容易になり，自由化のステップと開発の諸目標を同調させるうえで柔軟性を与えるものとなっている。

V　おわりに

　外国投資関連の国際取決めの策定は，過去50年にわたって進展してきた。現行の取決めは，実体的な範囲，アプローチ，特定の内容及び法的性質に関して，さまざまな地理的範囲と顕著な相違をもったさまざまな文書のなかに反映されている。それらの文書は徹底したものでもなくまた相互に排他的なものでもない。全体として一連の広範な問題をカバーした国際文書は増加したものの，それを全部合わせてもそれが外国投資に関する整合的かつ完全な国際的枠組みが形成されたことを意味するというわけではない。そのうえ，各国政府は二国間レベルないし地域レベルでは一定のルールに合意する用意をしているときでさえも，多数国間レベルで必ずしも同じ約束をする用意をしているというわけではない。

　この点に関し，外国投資に対する現在の一国，二国間，地域及び多数国間のアプローチは，過去のこの分野における包括的多数国間ルール締結が不成功に終わった結果であることを想起してみるとよい。しかしながら，過去10年ほどの間には，各国の開発戦略が同じようなものに収斂してくるなかで，外国投資政策にも或る程度の収斂がみられる。こうした新たな状況から，外国投資についての論議と交渉に対してこれまでと違った環境がもたらされ，今後もさまざまな一連の国際取決めを締結するにあたっては新たな一連のコストとベネフィットが生じているわけである。

EU データ保護法の域外効果

カール・フリードリッヒ・レンツ

> Extraterritoriale Wirkung des Europäischen Datenschutzrechts
>
> Karl-Friedrich Lenz
>
> Der Beitrag behandelt vor dem Hintergrund der aktuellen rechtspolitischen Diskussion des Datenschutzrechts in Japan die Regelung der Übermittlung personenbezogener Daten in Drittländer in der EG-Datenschutzrichtlinie, vor allem das besonders wichtige Verhältnis zu Amerika, mit einer Darstellung der Verhandlungen, die zu einer Anerkennung des "Safe Harbor"-Konzeptes als ausreichend geführt haben. Ein weiterer Teil untersucht vertragliche Gewährleistungen von grenzüberschreitendem Datenschutz, bevor im Schlussteil einige rechtspolitische Thesen aufgestellt werden.

I　はじめに

日本では現在（2000年7月），データ保護についての立法作業が進められている[1]。「高度情報通信社会推進本部」での「個人情報保護法制化専門委員会」が立法に向けて討論している[2]。1999年12月3日，「高度情報通信社会推進本部」は，「我が国における個人情報保護システムの中核となる基本的な

---

[1]　吉田正彦「個人情報保護基本法制に関する大綱案（中間整理）について」ジュリスト1182号（2000年7月）50-54頁参照。

[2]　www.kantei.go.jp/jp/it/index.html.

法制の確立に向けた具体的検討を進める」と決定した3)。その際，1999年11月の「高度情報通信社会推進本部個人情報保護検討部会中間報告」4)を「最大限重視」することも決定した。

この報告書では，EUのデータ保護規制も配慮されている5)。特に，EUデータ保護法の特徴であるデータ監督庁を消極的に評価している。むしろ，これを代替し得る全体として実効性ある事後救済システムの構築を目指す立場を採っている6)。

EUデータ保護規制は，第三国（例えばアメリカ・日本）へのデータ移転についても規制している。委員会が既に何年前からアメリカとこの問題について交渉を重ねているが，日本での立法作業でも注目されている。例えば，2000年6月9日の「第10回個人データ保護検討部会」では，「米―EUの協議はその後どうなっているのか」が議論された7)。確かに，EUからデータ保護水準不合格との指定を受ける第三国は，EUとのデータ移転における相当厳しい制限を覚悟する必要があるため，データ保護立法論の際，EUの第三国規制を検討する必要があると思う。本稿は，著者の意見を述べるより，EUデータ保護法の域外効果について検討することを目的としている。

II EUデータ保護法

1 概　要

先ずはEUデータ保護法の概要を説明する。主に1995年のデータ保護指令8)，1997年の通信データ保護指令9)と1999年5月から発効したEC条約の

3) www.kantei.go.jp/jp/it/index.html.
4) www.kantei.go.jp/jp/it/privacy/991119tyukan.html.
5) 報告書I 3(3)。
6) 報告書III個人情報保護システムの在り方。
7) 「第10回個人データ保護検討部会議事要旨」 www.kantei.go.jp/jp/it/privacy/dai10/10yousi.html.
8) Directive 95/46/EC of the European Parliament and of the Council of 24 October 1995 on the protection of individuals with regard to the processing of personal data and on the free movement of such data, Official Journal 1995 L 281, 31. インターネットでは，europa.eu.int/eur-lex/en/lif/dat/en_395L0046.html で掲載されている。
9) Directive 97/66/EC of the European Parliament and of the Council of 15 December

新しい286条10)が問題となる。それらの規制のうち，EUデータ保護法の中心となる1995年データ保護指令の日本語翻訳が最近公表された11)。

(a) 95年データ保護指令

95年のデータ保護指令の正式名称は「個人データ処理における個人保護およびデータの自由移動に関するEU議会および閣僚理事会の指令95／46／EC」である。「データ保護」はデータを保護することを目的とするものではない。人の個人領域が第三者に覗かれること，営業目的で個人データが利用されること，個人領域が国家により監視されること等，それらの個人領域に対する侵害を防止することが「データ保護」の目的である。そのために，指令名称が「データ保護」ではなく「データ処理に関する個人保護」になっている。

95年データ保護指令29, 30条は「個人データ処理における個人保護に関する作業部会」の設立を要求している。各国のデータ保護機関およびEU委員会の代表からなる「データ監督庁グループ」12)である。このデータ監督庁グループが第三国へのデータ移転について公表した意見13)によると，データ保護指令は以下の6原則を要求している。

① 目的限定の原則14)。データを処理する場合，特定の目的に限る。後

1997 concerning the processing of personal data and the protection of privacy in the telecommunications sector, Official Journal 1998 L 24, 1. インターネットでは，europa.eu.int/eur-lex/en/lif/dat/1997/en_397L0066.htmlで掲載されている。Lenz「EUの97年通信業界データ保護指令の翻訳」青山法学論集41巻1・2・3合併号（1999年）182頁も参照。

10) EC条約の改正後文言はue.eu.int/Amsterdam/en/traiteco/en/conso2/conso2.htmで掲載されている。

11) 庄司克宏「EUにおける「個人データ保護指令」――個人データ保護と域外移転規制」横浜国際経済法学7巻2号（1999年3月）143頁。

12) 訳語選定は，「第4回個人情報保護法制化専門委員会議事要旨」（www.kantei.go.jp/jp/it/privacy/houseika/dai4/4yousi.htmlを意識している。

13) Working Party on the Protection of Individuals with Regard to the Processing of Personal Data, Transfer of personal data to third countries: Applying Articles 25 and 26 of the EU data protection directive, Working Document Adopted by the Working Party on 24 July 1998, europa.eu.int/comm/internal_market/en/media/dataprot/wpdocs/wp12en.htm.

14) The purpose limitation principle（データ保護指令6条1項b）。

に別な目的で利用する、または第三者に打ち明けることは、最初の目的に適合する場合に限る。

② データ品質の原則および相当性の原則15)。データが正確であり、必要に応じて更新されること、また、処理目的との関係で有意義であり、過剰でないことが要求されている。

③ 明瞭性の原則16)。個人にデータ処理の目的およびデータ処理管理者の身元について、その他必要な情報を提供することが要求されている。（データ保護指令10条）。

④ 安全の原則17)。データが漏れないように、データ処理管理者が適切な技術的・組織的対策を採らなければならない。

⑤ 到達権、訂正権、拒否権18)。データ該当者は、自分に関するデータのコピーを得る権利、当該データに間違いがある場合、訂正を要求する権利を有する。場合によって、データ該当者がデータ処理を拒否できる。

⑥ データ移転の制限19)。データを移転する場合、データを受ける者が充分なデータ保護を保障するように拘束される場合に限って許される。

これらの6原則がデータ保護の一般原則であるが、データ監督庁グループがさらに特殊の場合に関する以下の3原則を挙げている20)。

① 内密データ21)（個人の健康、信仰、性的生活などに関するデータ保護指令8条で列挙されたもの）。内密データについては追加保障が必要となる。例えば、データ該当者の明示的同意を必要とする。

② 広告発送22)。データを広告発送のために第三者に移転する場合、データ該当者がいつでもその移転を拒否できる権利を有する（データ保護指

---

15) The data quality and proportionality principle（データ保護指令6条1項c, d）.
16) The transparency principle（データ保護指令17条）.
17) The security principle（データ保護指令17条）.
18) The rights of access, rectification and opposition（データ保護指令12条、14条）.
19) Restrictions on onward transfers.
20) Working Party on the Protection of Individuals with Regard to the Processing of Personal Data（Anm. 13）.
21) Sensitive data.
22) Direct marketing. 庄司・前掲注11）の14条b翻訳は訳語として「直接取引」を選んでいる。しかし「marketing」は「取引」ではなく、売上を伸ばすための消費者に対する広告だと思われる。

令14条b）。例えば，Eメール宛先のリストを広告発送のために第三者に販売する場合，データ該当者が広告Eメールを迷惑と感じる場合には，そのデータ移転に対し拒否権を行使することになる。データ該当者を迷惑広告から保護する拒否権である。

③　個人に対する自動判断[23]。個人に関する重要な判断（たとえば信用度に関する判断）を自動的にデータ処理に基づいて行う場合，データ該当者がこの自動判断の流れを知る権利を有する。その他，個人の適切な利益を保障する措置を採るべきである。

95年データ保護指令32条1項によると，加盟国は三年以内に指令を実施しなければならない。この期限は98年10月24日に過ぎたが，実施政策が遅れている加盟国はドイツを含めて9カ国であったため，委員会は，条約侵害手続きを開始する最初の一歩である「書面により加盟国に意見を述べる」措置を1999年7月29日に決定した[24]。その後，委員会は，フランス・ルクセンブルク・オランダ・ドイツ・アイルランドに対し条約侵害の訴えを提起することを2000年1月11日に決定した[25]。各加盟国の指令実施状況について，委員会のホームページで一覧表が掲載されている[26]。

(b)　97年通信データ保護指令

97年の通信データ保護指令[27]の正式名称は「通信業界における個人データ処理および個人領域の保護に関するEU議会および閣僚理事会の指令97／66」である。EUは情報化社会の発展，通信業界の自由化に力を入れている[28]が，情報化社会の新しい通信サービスが利用者のデータ保護に関する信頼を必要とする。そのために，通信に関する特別データ保護指令が必要で

---

23)　Automated individual decision（データ保護指令15条）.

24)　europa.eu.int/comm/internal_market/en/media/dataprot/news/99-592.htm.

25)　europa.eu.int/comm/internal_market/en/media/dataprot/news/2k-10.htm.

26)　europa.eu.int/comm/internal_market/en/media/dataprot/law/impl.htm.

27)　Directive 97/66/EC of the European Parliament and of the Council of 15 December 1997 concerning the processing of personal data and the protection of privacy in the telecommunications sector（Anm. 9）.

28)　Lenz「欧州連合における通信法とテレビ法」青山法学論集37巻3・4合併号（1996年）61-92頁；「欧州連合における通信法とテレビ法（続）」青山法学論集38巻3・4合併号（1997年）554-535頁参照。

ある29)。その内容を簡単に確認する。

① 通信網の安全性。通信サービスを提供する業者は，安全性を確保するために適切な技術的・組織的対策を採らなければならない。安全に対する特定な危険が生じた場合，利用者にその危険と対策について説明する30)。

② 通信記録の削除。原則として，利用者の通信記録は通信の終了後，即時削除しなければならない。但し，精算目的のため必要なデータは，請求書に対する異議が可能の時点まで，許される31)。

③ 利用者帳にデータを載せない権利。電話帳のように利用者のデータを公開する場合，利用者の明示的な同意がない限り，必要最低限のデータに限る。利用者は利用者帳記入を拒否できる32)。

(c) EC条約286条

EC条約の新しい286条はEU機関のデータ保護基準を制定している。1999年から，先に説明した指令の基準は，委員会・閣僚理事会・議会その他のEU機関のデータ処理に適用される。

III 域外効果

EUデータ保護法は間接的には第三国にも効果を及ぼす。直接域外適用はない。しかし，第三国で「充分な保護水準」33)に達していない場合，EUからその第三国へのデータ移転が許されないことになる。したがって，EUとのデータやり取りが必要な場合には，EUのデータ保護規制が間接的に第三国のデータ保護水準を強化する圧力になる。

95年データ保護指令の第4章34)は「個人データの第三国への移転」に関して規定している。その規制の理由が指令に含まれている。国内立法と異なり，立法自体で理由を述べることが，EU立法の特徴の一つである。データ保護指令の前文では，第三国に関する規定の理由が以下のように説明されて

29) 指令97/66前文3号。
30) 指令97/66 4条。
31) 指令97/66 6条。
32) 指令97/66 11条。
33) Adequate level of protection, 指令25条1項。
34) 指令25条と26条。

いる。

　国際取引の発展のため，国境を超える個人データの流れが必要である。データ保護指令による個人保護は充分な保護水準を保障する第三国への個人データ移転を阻止しない[35]。しかし，充分な保護水準を保障しない第三国への個人データ移転は禁止しなければならない[36]。

　この理由に基づいて，25条および26条[37]は以下のように規定している：[38]

「**第25条**：原則

　1　処理を受ける個人データおよび移転後に処理が予定されている個人データの第三国への移転について，加盟国は以下のように規定する。本指令のその他の規定に従って制定された国内規定を遵守した上，当該第三国が充分な保護水準を保障している場合に限り，データ移転が許される。

　2　第三国が提供する保護水準の充分性は，問題となるデータ移転（またはデータ移転の形態）の全ての状況に照らして評価されなければならない。データの種類，予定されている処理操作の目的および期間，データ発生国および最終目的国，当該第三国の一般的または部門的な法規および専門職規則，ならびに，当該国で遵守されている安全確保措置について，とくに検討されなければならない。

　3　加盟国および委員会は，ある第三国が第2項における充分な保護水準を保障していないと判断する場合について，情報を交換する。

　4　委員会が，第31条第2項に規定されている手続きに基づき，ある第三国が本条第2項における充分な保護水準を保障していない，と決定する場合，加盟国は，当該第三国へ同類のデータが移転されることを防止するために必要な措置をとる。

　5　適切な時期に，委員会は，第4項に従ってなされた決定から生じる状

---

35)　指令前文56項。
36)　指令前文57項。
37)　翻訳は庄司克宏（Anm. 11）に著者が多少変更を加えたものである。なお，堀部政男「電子取引における個人情報保護」比較法研究61（1999年）53, 59-60頁もこの条文の翻訳を提供している。
38)　Draf, Die Regelung der Übermittlung personenbezogener Daten in Drittländer nach Art. 25, 26 der EG-Datenschutzrichtlinie, Lang Frankfurt 1999.

況を改善するために交渉を開始する。

6　委員会は，第31条第2項に言及されている手続きに従い，以下のことを認定できる：ある第三国が，国内法により，又は国際法上義務（とくに第5項で言及されている交渉の結果として引き受けた国際法上義務）により，個人領域ならびに基本的自由および人権を保護するために本状第2項における充分な保護水準を保障している，との確認である。

加盟国は委員会の決定に従うために必要な措置を採る。

第26条：例外

1　特殊の場合についての別な国内規定を遵守した上，以下の条件が充たされた場合には，第25条の例外として，第25条第2項における「充分な保護水準」を保障していない第三国へのデータ移転も許される旨を，加盟国が規定する。

(a)　データ該当者が，予定されている移転に対して明らかに同意を与えていること。

または，

(b)　データ該当者と管理者の間の契約を履行するために，または，データ該当者の要請に応じてなされる契約前の措置を実施するために，移転が必要であること。

または，

(c)　管理者と第三者の間でデータ該当者のためになされる契約の締結または履行のために，移転が必要であること。

または，

(d)　重要な公共の利益を保護するために，または，裁判所における権利の立証，行使もしくは防禦のために，移転が必要であるか，または，法律により命じられていること。

(e)　データ該当者の重大な利益を保護するために，移転が必要であること。

または，

(f)　法または規則に従い，一般人に情報を提供するよう意図され，かつ，広く一般人または正当な利益を示すことができる者のいずれかにより参照が可能な登記簿から，参照のために法に定められた要件が個別の場合に充足されている限度において，移転がなされること。

Ⅲ 域外効果

2 第1項の例外と別に，加盟国は，管理者が個人の個人領域ならびに基本的権利および自由の保護に関し，また，当該権利の行使につき，充分な保護策を採っている場合，第25条第2項に意味における充分な水準の保護を確保していない第三国への個人データの移転を許可することができる。かかる保護策は，とくに適切な契約条項に基づくことができる。

3 加盟国は，委員会および他の加盟国に対し，第2項に従い自国が与える許可について通告しなければならない。

加盟国または委員会が，個人の個人領域ならびに基本的権利および自由の保護を含む正当な理由に基づいて異議を申し立てる場合，委員会は第31条第2項に定める手続きに従い，適切な措置を採らなければならない。

加盟国は，委員会の決定に従うために必要な措置を採る。

4 委員会が第31条第2項に言及されている手続きに従って，一定の標準的な契約条項が充分な保護策を提供する旨の決定を行う場合，加盟国は委員会の決定に従うために必要な措置を採らなければならない。」

条文の文言が長いが，第三国の立場から見る場合，とにかく「充分な保護水準」についての委員会判断が重大な問題となる。充分でないと指定された第三国の場合，EU市民のデータ保護に関する権利に対する迂回策を防止するために，第26条の例外範囲内のみに許されることになる。データ移転には原則としてデータ該当者の明白な同意が必要となる。一々，通常の取引場面で同意を伺うことがなければ，第三国の投資でEU内で経営されている子会社から親会社に売上データの報告もできない可能性が生じる[39]。様々な場面で情報の流れに足枷が付けられる状況になるため，第三国が委員会との協議の上に，「充分な保護水準」を達成している指定を目指す圧力になる。EU市民のデータ保護権が，保護水準が定かでない第三国でのデータ処理によって侵害されることを防止することが本来の目的であるが，データ保護水準が不充分な第三国がEU基準合格を目指すことにより，当該第三国の市民のデータ保護もより優れた水準に達することになる。

委員会の決定は，31条2項の手続きに基づいて行うことになる。委員会は，ある第三国について「充分な保護水準」指定の案を，加盟国の代表から構成

---

[39] Swire / Litan, None of your business, Brookings Institution Washington 1998, 50-75 参照。

されている「加盟国グループ」40)に提出する。この加盟国グループが委員会の提案に反対した場合，委員会は決定の実施を3ヵ月延長し，閣僚理事会に判断の機会を与える。閣僚理事会は，特殊過半数で委員会の決定と異なる決定を下すことができる。委員会は単独で判断できるが，加盟国（閣僚理事会）が最終的判断の権限を持っている。その際，EU議会にも発言の機会がある。データ保護指令は，議会との共同決定手続きに制定された立法である。共同立法手続き指令に基づいて行われる実施決定に関して，閣僚理事会・委員会・議会の1994年合意41)が妥当している。加盟国グループと同時に，議会の「法律・市民権」委員会も委員会の提案を討論する。作業委員会が提案に反対したため閣僚理事会の判断が必要となる場合，閣僚理事会が議会の意見を拝領する42)。

Ⅳ　アメリカとの交渉

第三国へのデータ移転について，データ監督庁グループが1998年7月に基本的な考え方を公表した43)。この基本的方針に基づいて，先ずは，EUの取引相手として重要なアメリカと交渉を開始したが，2000年3月末，合意が成立した44)。

EUとアメリカのデータ保護についての基本的な考え方が対立している。例えばスイスの場合，指令と同様なレベルのデータ保護規制が整備されているため，委員会がその旨を決定するだけで問題を解決できる。スイス・ハン

---

40) 訳語選定は，「第4回個人情報保護法制化専門委員会議事要旨」（www.kantei.go.jp/jp/it/privacy/houseika/dai4/4yousi.html を意識している。

41) Modus vivendi betreffend die Maßnahmen zur Durchführung der nach dem Verfahren des Art. 189b EGV erlassenen Rechtsakte, ABl. EG C 1995 43/40.

42) Vgl. Draf（注38），157 f.

43) Working Party on the Protection of Individuals with Regard to the Processing of Personal Data, Transfer of personal data to third countries: Applying Articles 25 and 26 of the EU data protection directive, Working Document Adopted by the Working Party on 24 July 1998, europa.eu.int/comm/internal_market/en/media/dataprot/wpdocs/wp12en.htm.

44) Data protection: Commission endorses "safe harbor" arrangement with US, europa.eu.int/comm/internal_market/en/media/dataprot/news/harbor4.htm.

Ⅳ　アメリカとの交渉

ガリーに関して，データ監督庁グループの積極的な評価45)を受けて，指令25条における「充分な保護水準」を認める委員会決定の案が2000年5月31日に公開された46)。

それに対しアメリカでは，自主規制によるデータ保護を中心とする，国家による規制を制定しない考え方が主流であった。最近，連邦取引委員会（Federal Trade Commission）が始めてインターネットにおけるデータ保護のために規制が必要である，との立場を表明した47)。しかし，EUとの交渉が成立するまで，アメリカの立場は自主規制を強調するものであった。

自主規制は，例えばtruste.orgのような民間組織によるインターネット上データ保護である。監督組織が会員企業を集め，それらの企業から年間料金を取る。かわりに，監督組織が企業のデータ保護政策を制定する援助，政策の実施監督，truste.orgのロゴをウェッブで表示する権利を与える等のサービス・実施権を提供する。

このような仕組みがデータ保護ゼロよりは優れている。しかし，構造的に見てデータ保護問題の解決にはならない。この図式では，監督組織の会員企業に対する立場が弱い。会員企業は監督組織の顧客である。仮に会員企業にデータ保護問題が発生しても，ロゴ使用権の剥奪が本来必要となるとしても，監督組織の利益からして，顧客を減らすことになるため，慎重になると思われる。サービス提供者が顧客を効率よく監督できると思われない。また，当然ながら，最初から自主規制サービスを利用しない全ての企業・個人には効果がないことになる。効果的な規制のためには，制裁が必要である48)。あ

---

45) Working Party on the Protection of Individuals with regard to the Processing of Personal Data, Opinion No. 5/99 on level of protection of personal data in Switzerland, adopted 7 June 1999, europa.eu.int/comm/internal_market/en/media/dataprot/wpdocs/wp22en.htm; Working Party on the Protection of Individuals with regard to the Processing of Personal Data, Opinion No. 6/99 Concerning the level of personal data in Hungary, adopted 7 September 1999, europa.eu.int/comm/internal_market/en/media/dataprot/wpdocs/wp24en.htm.

46) europa.eu.int/comm/internal_market/en/media/dataprot/news/index.htm 参照。

47) Federal Trade Commission, Privace Online, Fair Information Practices in the Electronic Marketplace, A Report to Congress, May 2000, www.ftc.gov/reports/privacy2000/privacy2000text.pdf.

48) Vgl. Lenz, Blick in die Zukunft: Schwangerschaftsabbruch, in: Arnold u. a.（Hrsg.）

る目的を達成するために必要な制裁の水準が不充分である場合，実効性を期待できない。

　合意の基本的な構造は，「安息所」(safe harbor) である。アメリカの企業が自主的に EU が要求する最低基準を守る場合，「安息所」参加資格が認められることになる。アメリカ政府は当該企業のリストを作成・公開する。当該企業の EU とのデータやり取りが全面的に自由となる。スイスの場合と異なり，アメリカとの関係では，「安息所」自主規制に参加する企業についての自由なデータ移転できる場合と，参加しないために，指令26条の例外領域のみでデータ移転を許す場合があり，アメリカとの関係におけるデータ移転規制は統一的なものでない点に注意すべきである。

　交渉のなか EU 側の関心は，データ保護の最低必要基準が何かとの問題より，違反があった場合の制裁にあった49)。参加企業が自主規制に違反した場合，truste.org のような民間組織の監督に加え，不正取引防止法違反として連邦取引委員会からの制裁の対象にもなる。企業が消費者にデータ保護を約束しながら，実際は自主規制を遵守しない態度が「欺瞞的競争行為」(deceptive trade practice) として違法となる50)。

　但し，上記制裁を加える権限は，一部の業界についてはない。金融・通信・航空では，連邦取引委員会の監督管轄がない51)。航空会社については，データ保護自主規制の必要な監督が連邦交通大臣 (US Department of Transportation) により行う予定である52)。官庁による自主規制遵守の監督がない業界の場合，「安息所」決定の範囲外となる53)。従って，行政監督による制裁を伴うことが，自主規制を「充分な保護水準」として認めるために必要な条件である。制裁のない自主規制は不充分，ということが EU の立場である。

　　　Grenzüberschreitungen, edition iuscrim 1996, 341-358.
49)　Swire/Litan（注39）159-161参照。
50)　Draft Commission Decision on the adequacy of the protection provided by the Safe Harbor Privacy Principles and related Frequently Asked Questions issued by the US Department of Commerce, europa.eu.int/comm/internal_market/en/media/dataprot/news/harbor3.pdf, 前文(6)(7)。
51)　Draft Commission Decision（注50）前文(8)。
52)　Draft Commission Decision（注50）前文(9)。
53)　Draft Commission Decision（注50）前文(10)。

IV　アメリカとの交渉

「安息所」制度は,「原則」(Safe Harbor Principles) と「よく出る質問」(FAQ's) からなる文書でデータ保護自主規制を整備する[54]。制裁問題については,「原則」で, 以下の最低基準を要求している。①個人の苦情を検討する手続きの整備。②組織がデータ保護について公表している約束が守られていることを監査する手続きの整備。③違反した組織に対する問題解決の義務および制裁。制裁は, 遵守を確保するために充分に厳しいものであること。更に, FAQ11では制裁について詳しい規制を整備している。例えば, 違反の公開, 違反データ削除義務, ロゴ使用権の剥奪などの民間組織による制裁と, 欺瞞的取引に対する連邦取引委員会制裁が挙げられている。

データ監督庁グループが今回の合意についての2000年5月16日決議[55]で, 以下の点を強調している。金融(銀行・保険)および通信業界の企業については, 欺瞞的競争行為について連邦取引委員会の監督を受けないため,「安息所」制度に関する決定の範囲外である。また, 非営利活動も範囲外となる。また, 今回の自主規制を中心とする「安息所」制度は, 制裁の面で弱い, と評価している[56]。確かに, 連邦取引委員会による監督が可能であるが, データ保護自主規制違反により被害を受けた個人は, 連邦取引委員会で訴えを提起する権利がない。

また, 今回の「充分な保護水準」指定は, まだ実際に運用されていない「安息所」制度を対象としているため, 決定案[57]の3条の重要性を強調している。3条は, いつでも「充分な保護水準」指定を変更することができること, 委員会が3年後に実務での効果を評価する報告を提出することを規定している。すなわち, 現在の制裁が弱い制度に対する「充分な保護水準」指定は一次的なものであり, 今後,「安息所」制度によるデータ保護が不充分である, と評価を変更する可能性を, データ監督庁グループが重視している。

学説では, 自主規制が「充分な保護水準」として評価できない意見もある[58]。自主規制の内容は, いつでも一方的に変更できるだけで, 不充分で

54) 2000年7月現在の案は, www.ita.doc.gov/td/ecom/menu.html で掲載されている。
55) Working Party on the Protection of Individuals with Regard to the Processing of Personal Data, Opinion 4/2000 on the level of protection provided by the "Safe Harbor Principles", europa.eu.int/comm/internal_market/en/media/dataprot/wpdocs/wp32en.htm.
56) Opinion 4/2000 (注55), 4.
57) Draft Commission Decision (注50).

ある。確かに，仮にある企業が自主規制に参加しても，次の日からデータ保護政策を変更することが恒に可能である。法律による規制と比べて安定性がない。また，最初から自主規制に参加しない企業・組織には効果がない，などの問題があるから，この学説には賛成すべきである。

それに対し，データ監督庁グループの評価は消極的ではあるが，一応，委員会の提案を支持している。1999年のアメリカでのデータ保護水準についての意見では，まだ「充分な保護水準」に達していない，と評価した[59]が，今回は，委員会の「充分な保護水準」評価を様々な不満と文句を言いながら承認している。しかし，EU議会の「法律・市民権」委員会は，現段階ではアメリカについて「充分な保護水準」指定を控えるべきとの意見を述べた[60]。「安息所」制度が整備された後に，実際の機能を評価したうえに「充分な保護水準」についての指定を行うべきである，と議会が主張している。

V 契約による対策

現在の時点（2000年7月）では，アメリカについて「充分な保護水準」に達したとの指定がない。アメリカのデータ保護水準は，EUの水準と比べて遅れている。自主規制しかないことが現状である。今までの自主規制がとくにインターネット関連のデータ保護課題を充分に解決していないことは，アメリカ側の報告書でも最近確認された[61]。そのため，アメリカとのデータ移転を大幅に止める可能性が理論的にはある（指令25条4項参照）。しかし，

---

58) Ellger, Vertragslösungen als Ersatz für ein angemessenes Schutzniveau bei Datenübermittlungen in Drittstaaten nach dem neuen Europäischen Datenschutzrecht, RabelsZ 1996, 738, 750f.

59) Working Party on on the Protection of Individuals with regard to the Processing of Personal Data, Opinion 1/99 concerning the level of data protection in the United States and the ongoing discussions between the European Commission and the United States Government, Adopted on 26 January 1999, europa.eu.int/comm/internal_market/en/media/dataprot/wpdocs/wp15en.htm.

60) www.europarl.eu.int/dg3/sdp/newsrp/en/n000623.htm#1.

61) Federal Trade Commission, Privace Onliny, Fair Information Practices in the Electronic Marketplace, A Report to Congress, May 2000, www.ftc.gov/reports/privacy2000/privacy2000text.pdf.

Ⅴ　契約による対策

重用貿易相手国とのデータ流れを止めることは，EUとアメリカ両方に経済的損害を与えることになるうえに，貿易摩擦の原因にもなる。そのため，今までは，加盟国がアメリカへのデータ移転を幅広く・積極的に防止した政策を採っていない。データ移転防止が例外である。EU議会が，アメリカのデータ保護を「充分な保護水準」指定することに消極的立場を採っているが，同時に，経済的理由でアメリカとのデータ移転を防止することが得策ではない，とも判断した62)。

しかし，今までの実務では，個別企業のデータ移転がデータ保護観点で問題とされた場合もある。その場合，とくに指令26条2項が移転許可の例外として認めている契約によるデータ保護対策が重用である。個別事例で検討してみる。

1　FIAT事例63)

この事例はフランスのデータ監督庁が1989年に処理したものであるため，データ保護指令がまだ整備されていない時代のものである。FIATはイタリアの車メーカであるが，上級社員を評価するためのデータベースを構築していた。FIATのフランス子会社の社員データをイタリアの親会社に移転するため，子会社がフランス国内で移転をフランスデータ監督庁に届けた。イタリアではデータ保護法が整備されていないため，フランスデータ監督庁が当該データ移転を問題とした。データ保護指令がない場合に，域内のデータ移転に障壁が生じ得る例にもなるが，問題解決のために，契約による対策を採った。親会社と子会社の契約に基づいて，イタリアの親会社がフランスデータ保護法を遵守する義務を負うことにした。この契約締結を受けて，フランスデータ監督庁が当該データ移転に反対しないことになった。

2　Bahncard事例64)

ドイツの鉄道会社 Deutsche Bahn AG は，集客政策として1994年に Bahncard という割引制度を導入した。Bahncard を一定の一時金で購入する者は，有効

---

62)　www.europarl.eu.int/dg3/sdp/newsrp/en/n000623.htm#1.
63)　Ellger（注58），744; Draf（注38），128; Swire/Litan（注39），25.
64)　Draf（注38），131-136.

期間中に切符を半額で購入できる，との販売促進政策であった。そこで，アメリカの Citibank 銀行との協定の元で，1995年7月以降に発行されるすべての Bahncard に，Citibank が発行する VISA クレジットカードの機能を付け加えることになった。

しかし，この変更には，消費者保護団体とデータ監督庁から批判があった。Bahncard を申請する者は，割引だけが目当てであっても，クレジットカード申請になってしまう。クレジットカード申請の場合，本人の支払い能力を判断するデータ（収入など）の確認が必要となるが，Bahncard の本来の目的からして不要なデータ処理となる。また，これらのデータが Citibank の親会社に移転されるため，アメリカで販売促進迷惑郵便（Direct Mail）などに悪用される心配も，批判の内容であった。

1996年当時では，まだドイツデータ保護法には指令25条，26条を実施する改正法がなかった。本件担当の Berlin 州データ監督庁の法律に基づく行政行為（指示）より，公開された批判の販売実績への悪影響を警戒して，関連企業がデータ監督庁の提案に基づいてデータ保護対策契約を締結した。

契約内容の一部は以下のようなものであった。アメリカでデータを受けるデータ処理業者は，ドイツデータ保護法の要求を遵守する義務を負う。ドイツの Bahncard 所持者は，データ保護法から生じる様々な請求権（説明・訂正・削除など）を，アメリカ側の企業に対し Frankfurt で提訴できる。欧州でもアメリカでも，顧客データを第三者に再転することが原則禁止されている。アメリカ Citicorp が社内データ保護担当者を指名し，Berlin データ監督庁による，または公認会計士によるアメリカでの現場監査に同意する。

3 一般論

データ監督庁グループは1998年公表した文書[65]で契約による第三国でのデータ保護についての考え方を示した。契約による場合，契約当事者以外の

---

65) Working Party on on the Protection of Individuals with regard to the Processing of Personal Data, Working Document: Preliminary views on the use of contractual provisions in the context of transfers of personal data to third countries, Adopted by the Working Party on 22 April 1998, europa.eu.int/comm/internal_market/en/media/dataprot/wpdocs/wp9en.htm.

者に権利を与えることが困難となる可能性がある66)。例えば，上記のBahncard事例では，契約により顧客がデータ保護法違反の場合にドイツ国内で訴えを提起できるように契約内容を設定したが，契約当事者でないデータ該当者に権利を与えることが，英米法が妥当する第三国では，できない可能性がある。この場合，データ処理についての企業同士の契約と並んで，データを移転する企業と顧客の契約で第三国へのデータ移転を規制することが，解決策になる，とデータ監督庁グループが指摘している67)。また，データ監督庁がBahncard事例のように，第三国でコントロールを行う法的根拠が疑問である，とも指摘している。

VI 検 討

以上は，EUデータ保護法の域外効果について指令・データ監督庁グループの考え方を説明したが，いくつかの問題点について，簡単に私見を述べて検討する。

1 自主規制か，法律規制か

アメリカとの関係で「充分な水準」指定が行われる場合，自主規制である「安息所」制度を充分と認めることになる。しかし，自主規制によるデータ保護は，好ましい政策と思わない。自主規制に最初から参加しない企業には効果がない。自主規制に参加する企業でも，各企業が自分でデータ保護政策を制定することになるため，統一的なデータ保護水準がない。

データ保護についての監督は，国家の課題である。データ保護監督庁が必要であると思う。民間企業による監督が機能する期待は現実的でない。アメリカでも，最近の報告68)で，自主規制によるデータ保護が充分でない，と指摘している。なお，日本では，「一般多数の事業者に対する規制措置によって本来自由であるべき事業活動を大幅に制約すること」を理由に，1999年11月の「高度情報通信社会推進本部個人情報保護検討部会中間報告」69)が

---

66) Draf（注38），144-147; Ellger（注58），763-766.
67) Working Party（注65），4.
68) Federal Trade Commission, Privacy Online（注47）.

データ保護監督庁の導入について消極的である。理由にならない理由である。自主規制を飾り物規制，実際に遵守する必要のない規制として考える場合，確かに，「事業活動を制約する」効果を避けることになるが，同時に，データ保護効果もゼロとなる。データ保護を本気で望むなら，「事業活動の自由への制約」は，当然必要となる。

2　第三国の主権

EUデータ保護指令により，第三国のデータ保護水準について，委員会が合否判定を行うことになる。スイス・ハンガリーが問題なく合格，アメリカの「安息所」制度が多くの検討課題を残しながら，何とか60点ギリギリ合格，という具合に，委員会が他国の制度に点数をつける作業を行うことになる。第三国から「none of your business」70)（あなたには関係ないだろう）と言われそうな作業である。国際社会上の礼儀を別にして，EUが他国の規制に点数をつけることが，主権侵害となる可能性がある。

EU委員会の第三国データ保護水準についての指定は，EU域内だけに効果を及ぼす。例えば，日本でのデータ保護についての現在の立法論の結果として制定された規制がEU委員会から「充分でない」と評価されても，日本国内の「事業活動の自由を制約する」効果はない。日本企業がEUで活動する際，EUのその他の規制と同様にデータ保護水準も遵守する必要がある。それらの現地の子会社には場合によって深刻な影響（日本とのデータ移転制約処分）が及ぼす可能性があるが，この影響が主権侵害とならない71)。

3　インターネットの発展とデータ保護

データ保護に対する最も深刻な侵害行為がインターネットの発展に伴う。テレビを見るとき，誰が何時どの番組を見たかの記録が残らないが，インターネット利用の場合，利用者が知らないうち，利用状況について記録を残すことが簡単である。これらの記録には，販売促進データとして，相当な経済的価値がある。データ保護の諸原則を無視することにより，独禁法違反と

---

69)　www.kantei.go.jp/jp/it/privacy/991119tyukan.html，Ⅲ 3. 3.
70)　Swire/Litan（注39），212.
71)　Ellger（注58），747-749.

同様，大きな利益を得ることが可能となる72)。

インターネット利用の場合，EUと第三国の間のデータ移転が伴う場合が多い。ドイツ人がアメリカのamazon.comで本を購入する場合，必然的にEU域内から当該顧客のデータがアメリカの業者に移転されることになる。データ保護監督庁がEU国民の人権・個人領域をこのような場面では守ることが不可能である。EU規制が第三国へのデータ移転を効果的に制限できる画面は，大きな組織内のデータ移転の場合である（例えば上記Bahncard事例のような場合である）。個人段階のデータ移転については，EU規制の適用が実際問題として，無理である。

委員会は，2000年7月12日の電子通信規制枠組み提案の一つとして，97年の通信データ保護指令73)を，インターネットの発展から生じる問題を配慮して改正することを提案している74)。しかし，仮にEU域内のインターネットデータ保護が整備されたとしても，重要第三国で必要なデータ保護水準が整備されないなら，EU国民の個人領域保護も確保できないことになる。重用第三国であるアメリカ・日本でのより充実したデータ保護規制を期待している。

---

72) Rosen, The Unwanted Gaze, The Destruction of Privacy in America, Random House New York, 2000, 159-167参照。

73) Directive 97/66/EC of the European Parliament and of the Council of 15 December 1997 concerning the processing of personal data and the protection of privacy in the telecommunications sector（Anm. 9）.

74) europa.eu.int/comm/information_society/policy/framework/pdf/com2000385_en.pdf.

EUデータベース指針
―― ドイツ著作権法における具体化と日本法との比較考察 ――

小橋　馨

Die EU-Datenbank-Richtlinie — Ihre Umsetzung ins deutsche Urheberrecht und Rechtsvergleichung mit dem japanischen Recht —

KOBASHI Kaoru

Obwohl Datenbanken bei unserem Leben immer wichtigere Rolle spielen, ist es nicht einfach, ihnen einen genügenden Schutz durch Urheberrecht zu geben. Eine Datenbank ist erst urheberrechtlich geschützt, wenn sie aufgrund der Auswahl oder Anordnung der Elemente eine persönliche geistige Schöpfung ist. Daher ist eine Datenbank nicht mehr ein Werk, wenn sie alle Daten vom bestimmten Bereich gesammelt hat. Eine teilweise Vervielfältigung einer Datenbank verletzt das darauf bestehende Urheberrecht, nur wenn der vervielfältigte Teil als eine persönliche geistige Schöpfung angesehen ist.

Das europäische Parlament und der Rat der europäishen Union erließen am 11. 3. 1996 die Richtlinie über den rechtlichen Schutz von Datenbanken, die durch das Urheberrecht und den Schutzrecht *sui generis* Datenbanken schützt. Diese Richtlinie ist in Deutschland durch Artikel 7 des Informations- und Kommunikaionsdienste-Gesetzes vom 22. 7. 1997 ins Urheberrechtsgesetz umgesetzt.

In Japan zählt Urheberrechtsgesetz Datenbank als ein Werk auf. Trotzdem hat das Gesetz keine spezielle Vorschriften für die Datenbankwerke und die Rechtslage in Japan ähnelt derselben in Deutschland vor der Gesetzesänderung durch IuKDG. Eine Eigenart des japanischen

Urheberrechtsgesetzes ist das starkes Senderecht. Darunter fallen nicht nur Funk- und Online-Sendung der Werke, sondern auch ihr Hochladen zum Server, der öffentlich zugangbar ist. In diesem Bereich sind Datenbankwerke sehr stark geschützt.

　Es ist notwendig in Japan, Rechtsregel für den Investionsschutz des Datenbankherstellers aufzustellen. Ob solcher Schutz von dem Schutzrecht *sui generis* oder von der wettbewerbsrechtliche Regelung durchgeführt wird, ist noch unbestimmt. Jedenfalls sind die Datenbank-Richtlinie und das deutsche Urheberrechtsgesetz gute Vorbilder, die Erwägung zwischen Investionsschutz und Verhinderung der Monopolisierung von Information zeigen. Bei der Neuregelung für den Schutz von Datenbanken sollte es in Betracht kommen, nicht nur Investion des Datenbankherstellers zu schützen, sondern auch Schranken für Online-Nutzung der Datenbanken geringer zu machen.

I　はじめに

　データを蓄積し，そこから必要とされるものを容易に取り出すことができるデータベースは，コンピュータが活用される主要な場面の1つであり，また情報技術が社会を変革していく上で大きな役割を演じている。我々の生活においてデータベースの持つ意味はますます大きくなっており，同時にデータベースを知的財産法の観点からどのように保護していくかという問題もいっそう重要性を増している。

　日本では，すでに昭和61（1986）年の著作権法の改正によって，データベースの定義ならびにデータベースが著作物として保護されることが規定された。しかしながら，データベースは情報の選択または体系的な構成によって創作性を有する場合にはじめて著作物として保護の対象となりうるのであって，一定の領域のデータをすべて蓄積したようなデータベースが著作物性を否定されるのみならず，最も投資を必要とするデータの蓄積行為自体も著作権によって保護されることはない。

I はじめに

　このような状況は各国でおおむね共通するものであり，欧州ではそのような状況に対し，欧州議会と欧州連合理事会が1996年3月に，データベースの法的保護に関する指針[1]を発布することによって欧州としての保護水準が確定することになった。この指針は，構成諸国が統一的なデータベース保護のルールを欠くことによる弊害を除去することを目的とし[2]，またデータベースを著作権で保護するものとしている[3]。さらに指針は，データベースの製作には多大な人的・技術的・財政的投資を要することを考慮して[4]，データベース製作者に独自の権利（Schutzrecht *sui generis*）を認めていることを大きな特徴とする。

　ドイツでは，指針に対応するため翌1997年に著作権法の改正がいわゆる情報・通信サービス法によって行われた。情報・通信サービス法は正式名称を「情報および通信サービスの大綱条件の規定のための法律」[5]といい，通信サービスの利用に関する法律，通信サービスにおけるデータ保護に関する法律，電子的署名に関する法律のほか，刑法・青少年に有害な書物の頒布に関する法律・著作権法の改正などを含むものである。著作権法の改正は同法第7款に規定されており，8ヶ条の新規定と6ヶ条にわたる修正から成り立っている。独自の権利については，その投資保護的な性格から著作権法に規定せず独自の法律が制定される例もあるが，ドイツではすべてを著作権法の中に取り入れている。

　本稿は，欧州連合のデータベース指針，ドイツ著作権法，日本の著作権法の3者におけるデータベースの法的保護の対比を行おうとするものである。もっとも，データベース製作者の保護は日本ではまだ実現していないことか

---

1) Richtlinie 96/9/EG des Europäischen Parlaments und des Rates vom 11. März 1996 über den rechtlichen Schutz von Datenbanken, Amtsblatt Nr. L 77, 27. 3. 1996, S. 20. 梅谷眞人・データベースの法的保護（信山社，1999年）165頁以下に翻訳ならびに詳細な解説がある。
2) Erwägungsgrund (3).
3) Erwägungsgrund (5).
4) Erwägungsgrund (7).
5) Gesetz zur Regelung der Rahmenbedingungen für Informations- und Kommunikationsdienste (BGBl. 1997 I S. 1870). 日本語による解説として，米丸恒治「ドイツ流サイバースペース規制　情報・通信サービス大綱法の検討」立命館法学255号（1997年）1029頁。

ら，独自の権利の領域については，データベース指針とドイツ著作権法の対比のみとなる。しかしここにおいても，データベース指針がどのように実定法に具体化されているかを見ることは意味のあることであると思われる。対比はデータベース指針の構成を基準に行うが，紙幅の都合からすべてを取り上げることができないことをお断りしておく。

II　著作権による保護

データベースについて著作権による保護を与えることは，世界的な傾向である。データベース指針（以下『指針』と略称する）3条1項は，

> この指針により，素材の選択あるいは配列によってその著作者の精神的創作を表すデータベースは，それ自体として著作権によって保護される。データベースがこの保護について考慮されるかどうかの決定については，他の基準が適用されてはならない。

と規定する。ドイツ著作権法（以下『ドイツ法』と略称する）は，改正前はデータベースに関する規定を置いていなかったが，それまでの選集（Sammelwerk：日本の編集著作物に相当）に関する4条を規定し直し，その1項において

> 著作物，データあるいは他の独立した要素の収集で要素の選択あるいは配列により人の精神的創作であるもの（選集）は，個々の要素に成立しうる著作権あるいは著作隣接権とは無関係に，独立の著作物として保護される。

と規定することとなった。日本の著作権法（以下『日本法』と略称する）も，12条の2において

> データベースでその情報の選択又は体系的な構成によつて創作性を有するものは，著作物として保護する。

として，データベースを著作権によって保護することを明示している。

このように，データベースについて著作権による保護が与えられる点では共通しているが，指針とドイツ法がデータベースに対して個別の保護内容を規定しているのに対し，日本法はデータベースの著作物についても他の著作物と同様に著作権法が適用されるという前提に立って[6]，特別な規定を置く

---

[6]　井上明俊「データベース，ニューメディアの発達への法的対応—著作権法の一部改正」ジュリスト865号（1986年）79頁。

ことなく著作権法の一般的な保護に委ねている。

1 データベースの定義

指針1条2項はデータベースの定義につき，

> この指針の意味において『データベース』の語は，体系的あるいは組織的に配列され，電子的方法あるいは他の方法によって個々に利用することが可能な著作物，データあるいは他の独立の要素を意味する。

と規定する。ドイツ法4条2項1文も，

> 本法の意味におけるデータベース著作物は，その要素が体系的，組織的に配列され，電子的手段あるいは他の方法を用いて個々に入手できる選集である。

と規定する。日本法は2条1項10号の3でデータベースを

> 論文，数値，図形その他の情報の集合物であつて，それらの情報を電子計算機を用いて検索することができるように体系的に構成したものをいう。

と定義する。指針は当初，伝統的な編集物はベルヌ条約で保護されていることから，電子的なデータベースについてのみ保護することを予定していた。しかしこれに対して，著しい技術の進歩のもとで電子的なデータベースのみを保護するのでは不十分という見解や，TRIPS協定10条2項においても機械で読取り可能かどうかは区別されていないという指摘があり，現在のような規定となった[7]。日本法は，データベースを電子計算機を用いて検索することができるものに限定している点で前2者と異なっているが，データベースに編集著作物と異なった保護が与えられるわけではないので，実際上の影響はないと思われる。

データベースの作成や利用に用いられるコンピュータプログラムについて，指針は1条3項において

> この指針によって与えられる保護は，電子的に利用できるデータベースの作成あるいは運用に利用されるコンピュータプログラムには及ばない。

と規定し，またドイツ法は4条2項2文において

> データベース著作物の創作あるいはその要素への到達を可能にするために用いられるコンピュータプログラム（69条a）はデータベース著作物の構成要素ではない。

---

7) Hornung, Die EU-Datenbank-Richtlinie und ihre Umsetzung in das deutsche Recht (1998), S. 69ff.

として，明確にデータベースの保護対象から除外している。日本の著作権法はこの点について明確に規定はしていないが，データベースの利用等に関するプログラムはデータベースの著作物に含まれないと解されている[8]。

データベースを構成する個々の内容について成立する権利に関しては，指針は3条2項において

> この指針によって与えられるデータベースの著作権上の保護はその内容に及ばず，またその内容に関する権利に影響しない。

とし，ドイツ法は前出の4条1項において「個々の要素に成立しうる著作権あるいは著作隣接権とは無関係」である旨を明示している。日本の著作権法も12条の2第2項において

> 前項の規定は，同項のデータベースの部分を構成する著作物の著作者の権利に影響を及ぼさない。

として，ほぼ同様の内容を規定している。ドイツ法は著作権以外に著作隣接権も無関係である旨規定しているが，改正以前には著作権のみを無関係と規定していた。著作隣接権が加えられたのは，データベースに独自の権利による保護が認められたことに対応したものであろう。

2　著作者

指針4条は，データベースの著作者について以下のような規定を置いている。

(1) データベースの著作者はデータベースを作成した自然人あるいは自然人の集団，あるいは，構成国の法規によって許容される限りにおいて，その法規によって権利者とみなされる法人である。

(2) 構成国の法規によって集合著作物が認められる限りにおいて，財産権上の権能は著作権を有する者に属する。

(3) データベースが自然人の集団によって共同で作成されたときは，その集団にそれについての排他的権利が共有される。

データベースの著作者，ことに複数の者が関与する場合については，指針は明確な基準を定立せず，構成国の規定に委ねる姿勢を採用している[9]。そ

---

8) 金井重彦＝小倉秀夫編著・著作権法コンメンタール〔上巻〕（東京布井出版，2000年）67頁（藤田耕司）。

9) Erwägungsgrund (29).

の結果，ドイツでは特に新たな規定を設けることなく，これまでの原則が適用される。

1項は著作者について自然人以外に法人を許容する規定であるが，ドイツ法は厳格に創作者主義を採用しており，創作的活動のできない法人は著作者とはなりえない[10]。これに対して日本の著作権法は職務著作に関する15条において法人にも著作者としての完全な地位を認めており[11]，日本では法人がデータベースの著作者となりうる。2項の集合著作物 (kollektive Werke) は，複数の自然人が共同著作者として作成した著作物がある自然人や法人の名前で公開されたとき，その自然人や法人に著作権を認める制度である[12]。ドイツ法も日本法もこのような著作物を認めていない。日本法においては，映画製作者への著作権の帰属（29条1項）が権利関係の処理としては類似するものと思われるが，いずれにせよデータベースの著作物については適用がない。第3項は共同著作者に関するものであるが，これはドイツ法（8条）でも日本法（2条1項12号，64条，65条）でも認められている。

3 著作権の内容

指針5条は，データベースに成立する著作権について以下の内容を認めている。

　データベースの著作者は，著作権のある表現形態に関連して以下の行為を行いあるいは許可する排他的権利を有する：
　　a) あらゆる方法とあらゆる形式における，全部あるいは一部の，一時的あるいは継続的な複製；
　　b) 翻訳，加工，配列ならびにあらゆる他の変形；
　　c) データベースあるいはその複製物のあらゆる形式での公衆への頒布。権利者あるいはその同意による共同体におけるデータベースの複製物の最初の販売によって，共同体においてその複製物の転売を統制する権利は消尽する；
　　d) あらゆる公の再生，展示あるいは上演；
　　e) b)に示された行為の結果のあらゆる複製ならびに公衆への頒布，再

---

10) Rehbinder, Urheberrecht 10. Aufl. (1998), S. 114.
11) 斎藤博・著作権法（有斐閣，2000年）114頁。
12) Gaster, Der Rechtsschutz von Datenbanken (1999), S. 77.

生，展示あるいは上演。

ここに規定されている内容は，大部分がドイツ法ですでに認められている権利によって保護の対象とされている。すなわち，a）については複製権（16条），c）については頒布権（17条），d）については公の再生権（15条2項）および演述・上演・展示権（19条）によって保護されることができる。しかしb）に関しては，ドイツ法では加工（翻訳を含む）あるいは変形に著作者の同意を要するものは例外であり，加工・変形したものを公表あるいは利用する際に原著作者の同意を得ればよいのが原則である（23条1文）。データベースは加工・変形に著作者の同意を要するものの中に含まれていなかったので，同条2文を改正して含むこととし，b）の要件を満たすことになった。

とはいえここにおける保護は著作権法の一般原則のもとで適用されるものであり，データベースの生データはもちろんのこと，選択や配列が精神的創作性を表さない範囲では，複製等に著作権の効力は及ばない[13]。

日本法においてもこれらの大部分の内容は，複製権（21条），翻訳権・翻案権（27条），公衆送信権（23条），上映権（22条の2），展示権（25条），上演・演奏権（22条）によって認められていた。c）の意味での頒布権は長い間日本には存在しなかったが，平成11（1999）年の改正によって譲渡権（26条の2）として認められることになった。日本のデータベース保護の大きな特徴は，公衆送信権であろう。昭和61年の改正でデータベースの保護が導入されるまで，著作権法では有線放送のみが規定されていたが，データベース等で個々の送信が行われることに対応して，より多くのものを含む有線送信の概念が同時に導入された。さらにこの有線送信の概念は，通信手段の発達にともない平成9（1997）年の改正で有線・無線を含む公衆送信へと統合された。同時に，インタラクティブ送信を自動公衆送信という名称で定義するとともに，送信可能化が定義され，それに伴ってデータベースの公表の時点も送信可能化の時点とされている[14]。

日本においても，通常のデータベースの利用は検索等による一部分の利用

---

13) Berger, Der Schutz elektronischer Datenbank nach der EG-Richtlinie vom 11. 3. 1996, GRUR 1997, 175.

14) 濱口太久未「著作権法の一部を改正する法律について」ジュリスト1119号（1997年）43頁。

であることから，そのような部分的な利用についてもデータベースの著作者の権利が及ぶかどうかが問題となっている。この点については，データベースの著作物としての価値をもちうるような形で部分が利用された場合には著作者の権利が及ぶと解する説が有力である15)。

なお著作権の存続期間は，ドイツでは著作者の死後70年（64条）であり，日本では50年（51条2項）である。

4 著作権の制限

指針6条は，著作権の制限について以下のように規定する。

(1) データベースあるいはその複製物の適法な利用者は第5条に列挙された行為について，それらがデータベースの内容へのアクセスのためであり適法な利用者の通常の利用に必要である場合は，データベースの著作者の同意を要しない。適法な利用者がデータベースの一部を利用する権利のみを有する場合，この規定はその部分にのみ適用される。

(2) 構成国は以下の場合に第5条に挙げられた権利の制限を定めることができる：

　a）私的な目的のための非電子的データベースの複製について；

　b）非商業的目的の追求のために正当とされる限りにおいて，もっぱら授業での説明のための，あるいは－出典を指示して－学術的研究を目的とした利用について；

　c）公の安全あるいは行政ないし裁判所の手続を目的とする利用について；

　d）a)，b)，c)を侵すことなく，伝統的に構成国の国内法において規定されているその他の著作権の制限の場合において。

(3) 文学的及び美術的著作物の保護に関するベルヌ条約との調和のもと，本条は，権利者の適法な利益が不当に害されあるいはデータベースの通常の利用が妨げられるように本条が適用されうるように解釈されることはできない。

指針が著作権の制限として要求するのは適法な利用者について5条に列挙された行為を認めること（1項）とベルヌ条約に反しないこと（3項）だけであり，他の制限については構成国に委ねているが，その範囲もさほど広いものではない。適法な利用者ならびに通常の利用の内容は，利用契約に従う

---

15) 加戸守行・著作権法逐条講義改訂新版（著作権情報センター，1994年）106頁。金井重彦＝小倉秀夫編著・前掲書249頁（藤田耕司）。

ものであるとされている16)。

指針の第1項に対応して，ドイツ法は適法な利用者による利用に関して以下のような55条aを新たに設けた。

　著作者の同意に基づき譲渡により市場に出されたデータベース著作物の複製物の所有者，他の方法でその使用権を有する者，著作者あるいはその同意のもと第三者と締結された契約に基づきデータベース著作物を利用できる者によるデータベース著作物の加工ならびに複製は，加工あるいは複製がデータベース著作物の要素の入手とその通常の利用に必要である限りにおいて許される。契約に基づき第1文によりデータベース著作物の一部分のみが利用されるときは，この部分の加工および複製が許される。これに反する契約上の合意は無効である。

この規定は指針1項を忠実に反映しようとしたものであるが，かえって文言上不明瞭になったとの批判もある17)。なお，第3文において強行規定とされているのは，指針15条が「第6条第1項および第8条に反する契約上の規定は無効である。」と規定していることに基づく。

私的利用等のための複製について，ドイツ法53条1，2項は以下のように規定している。

　(1) 私的利用のために著作物の少数の複製物を作成することが許される。複製する権限を有する者は，他の者によって複製物を作成させることができる；ただし著作物の録画媒体あるいは録音媒体への移転および造形美術の複製は，無償で行われるときに限る。

　(2) 以下の場合において，著作物の少数の複製物を作成しあるいは作成させることが許される

　　1　この目的のために複製が必要である限りにおいて，自己の学問的利用のため，

　　2　この目的のため複製が必要であり複製の原本に自己の素材が用いられる限りにおいて，自己の資料集への収録のため，

　　3　放送で送信された著作物に関して，自己の報告のため，

　　4　その他自己の利用のため

　　　a）公表された著作物の小さな部分あるいは新聞，雑誌に公表された個々の寄稿に関する場合

　　　b）少なくとも2年間絶版となった著作物に関する場合。

---

16)　Gaster, a. a. O., S. 96.
17)　Fromm / Nordemann, Urheberrecht, 9. Aufl.（1998），S. 443ff.（Nordemann）.

これらの著作権の制限は，指針2項が要求する基準を満たしていないことから，以下のような53条5項が新たに挿入された。

(5) 第1項ならびに第2項第2号ないし第4号は，その要素が個々に電子的手段を用いて入手できるデータベース著作物に適用されない。第2項第1号は，学問的利用が営業目的のために行われないことを条件として，そのようなデータベース著作物に適用される。

この改正の結果，電子化されたデータベースの著作物については，一般の著作物について認められている私的利用等に関する著作権の制限はほとんど適用されないこととなった。唯一認められるのは学問的利用を目的とする場合であるが，企業が調査研究のために行う利用などは除外されることになった[18]。なお，授業や試験における著作物の利用は新聞あるいは雑誌に掲載されたものに限られており（53条3項），データベースはその対象に含まれていない。裁判所・仲裁裁判所・官庁における利用や公の安全を目的とする裁判所や官庁における利用（45条）は従来どおり認められる。

日本の著作権法はデータベースについて個別に著作権の制限を規定していないため，著作権法の一般的なルールに従って処理されることになる。したがって，データベースを私的使用のために複製すること（30条1項）は禁止されておらず，研究のための引用（32条1項），教育機関の授業での使用（35条），試験問題としての利用（36条）も無制限ではないものの許容される。私的使用のための複製および教育機関の授業で使用できるものについては，翻訳・編曲・変形・翻案が認められており，研究のための引用や試験問題としての利用が認められるものについては翻訳することが認められている（43条）。裁判手続や立法・行政の内部使用としての利用も許される（42条）。

III　独自の権利

現実に存在するデータベースには，著作権による保護のための創作性の条件を満たすものもあるが，単純に事実を蓄積し，著作権による保護の対象にならないものも存在する。また上述のように著作権による保護は著作物とし

---

18) Fromm / Nordemann, a. a. O., S. 423（Nordemann）.

て認められる複製等についてのみ及ぶことから，たとえ著作権で保護される
データベースであっても，一部分の利用については著作権では保護されない
場合が多いことが予想される。さらには，データベースから取り出された
データによって全く異なった配列のデータベースが作成された場合，もとの
データベースについて成立する著作権では新しいデータベースを制限するこ
とはできない[19]。このように著作権の保護が及ばない場合，データベース
製作者がデータベース構築のために投入した資本をどのように保護するかは，
データベースの保護をめぐる重要な問題である。

　この点に関しては2つの対立した立場がある。1つは，データベースにつ
いて著作権の保護が及ばない場合に，独自の権利を認めるというものであり，
他の1つは，新たな権利を創設せず，データベースの内容の不当な利用行為
等を直接に制限する不正競争防止法的なアプローチを採用するものである。
指針は，最初に委員会から行われた提案では後者のアプローチを採用してい
たが，最終的に前者の独自の権利を認める立場を採用した。その理由として
は，まず構成諸国間において不正競争を防止するための法制度が様々であり
調和をとることが困難であることが指摘されている[20]。さらに，たとえば
ドイツを例にとると，不正競争防止法が適用されるためには競争を目的とす
る営業取引上の行為が必要であり，企業内部での利用など競合する製品が市
場に登場しないような場合には十分な保護が行えないであろうことが指摘さ
れている[21]。

　データベース製作者の保護は日本ではまだ実現していないため，以下では
指針とドイツ法における規定の対比を行う。

1　独自の権利の内容

指針7条は以下のように規定する。

　(1)　構成国は，データベースの内容の入手，検査あるいは表示について質的
あるいは量的観点から実質的な投資を必要とするデータベースの製作者に，そ
のデータベースの内容の全部あるいは質的ないし量的観点から実質的な部分の

---

19)　Erwägungsgrund (38).
20)　Erwägungsgrund (6).
21)　Hornung, a. a. O., S. 54ff.

III　独自の権利

抽出および/あるいは再利用を禁止する権利を与える。

(2)　本節の目的について，以下の定義が適用される：

　　a）「抽出」は，抽出のために用いられる方法および形式を問わず，他の媒体へのデータベースの内容の全部あるいは実質的部分の常時あるいは一時的な移転を意味する；

　　b）「再利用」は，複製物の配布，賃貸，オンライン伝達あるいは他の伝達形式により，データベースの内容の全部あるいは実質的部分を一般に利用可能にするあらゆる形式を意味する。権利者あるいはその同意のもとでの共同体におけるデータベースの複製物の最初の販売によって，共同体においてこの複製物を再販売することを統制する権利は消尽する。一般への貸出しは抽出あるいは再利用にあたらない。

(3)　第1項に挙げられた権利は移転ないし譲渡されることができ，あるいは契約によるライセンスの対象となりうる。

(4)　第1項に定められた権利は，データベースが著作権あるいは他の権利により保護されるかどうかにかかわりなく適用される。それはさらに，データベースの内容が著作権あるいは他の権利により保護されるかどうかにかかわりなく適用される。第1項以下で与えられる権利によるデータベースの保護は，その内容について成立する権利に関係しない。

(5)　データベースの通常の利用を妨げあるいはデータベース製作者の正当な利益を不当に害する行為となる場合には，データベースの内容の実質的でない部分の繰り返される組織的な抽出および/あるいは再利用は許されない。

　まず，独自の権利の基礎となるデータベースは，内容の入手，検査あるいは表示に質的あるいは量的観点から実質的な投資を必要とするデータベースであり，ここにいう投資とは単に資金的なものだけでなく，時間，労働，精力も含まれる[22]。このようなデータベースを製作した者，すなわち主唱し投資の危険を負担する者[23]が独自の権利の主体となる。

　データベースの製作者は2項に定義されるような抽出・再利用に関する排他権を与えられる。そこでは，質的あるいは量的観点から実質的であるかどうかが重要な基準となるが，その内容は必ずしも明らかではない。指針が対象とするデータベースは多種多様であり，個別的事例において判断せざるをえないであろうが，指針は投資に対して量的あるいは質的に重大な損害を与

---

22)　Erwägungsgrund (40).
23)　Erwägungsgrund (41).

える行為が禁止されることを予定していると指摘する見解もある[24]。

独自の権利はデータベースやその内容に成立する権利と重畳的に成立する。またその権利の範疇に属さない行為であっても，5項に該当する場合には禁止される。

ドイツ法は，指針7条に対応する内容に関して，まず87条aで以下のように独自の権利とその主体について規定する。

(1) 本法の意味におけるデータベースは，体系的あるいは組織的に配列され，電子的手段あるいは他の方法を用いて個々に入手でき，その入手，検査，表示に質的あるいは量的に実質的な投資を必要とする著作物，データあるいは他の独立した要素の収集をいう。その内容が質的あるいは量的に実質的に変更されたデータベースは，変更が質的あるいは量的に実質的な投資を必要とする場合には，新しいデータベースとみなす。

(2) この法律の意味におけるデータベース製作者は，第1項の意味における投資を行った者をいう。

ここにおいてもやはり投資の概念やその実質性の基準の不明瞭さが指摘されているが，情報の独占を回避するためにも，投資の実質性とはデータベースの内容の入手，検査，表示にそもそも投資が必要であるというだけでは不十分であるという見解がある[25]。なお1項2文は，後述の指針10条3項に対応するものである。2項はデータベースの製作者を定義する。データベースの製作者は，自己がデータベースに投資したこと，投資が実質的なものであること，さらにはデータベースに新たな保護期間を開始させる要件について証明責任を負うとされる[26]。

データベースの製作者の権利に関して，著作権法87条bは以下のように規定する。

(1) データベース製作者は，データベースを全体としてあるいはデータベースの質的あるいは量的に実質的な部分を複製し，配布し，公に再生する排他権を有する。データベースの質的あるいは量的に実質的でない部分の反復された体系的な複製，配布，公の再生は，その行為がデータベースの通常の利用に反しあるいはデータベース製作者の正当な利益を不当に害する場合には，データ

---

[24] Gaster, a. a. O., S. 127.
[25] Fromm / Nordemann, a. a. O., S. 584ff. (Hertin).
[26] Fromm / Nordemann, a. a. O., S. 586 (Hertin).

Ⅲ　独自の権利

ベースの質的あるいは量的に実質的な部分の複製，配布，公の再生と同等である。
　(2)　第17条第2項および第27条2項，3項は準用される。

　1項はデータベース製作者の権利について規定するが，指針の「抽出・再利用」に代って「複製・配布・公の再生」の概念を用いている。2項で準用される17条2項は，適法に頒布された著作物について権利が消尽し再頒布が認められる旨の規定である。また27条2項，3項は，著作物の使用貸借において著作者に補償金請求権を認める規定である。

2　利用者の権利

指針8条は，データベースの適法な利用者の権利と義務について規定する。
　(1)　いかなる方法であれ一般に利用可能なデータベースの製作者は，このデータベースの適法な利用者が質的および／あるいは量的な観点からデータベースの内容の実質的でない部分を任意の目的のために抽出および／あるいは再利用することを禁止することができない。適法な利用者がデータベースの一部分のみを抽出および／あるいは再利用することができる場合には，本項はこの部分のみに適用される。
　(2)　いかなる方法であれ一般に利用可能なデータベースの適法な利用者は，このデータベースの通常の利用を妨げあるいはデータベースの製作者の正当な利益を不当に害する行為を行ってはならない。
　(3)　いかなる方法であれ一般に利用可能なデータベースの適法な利用者は，このデータベースに含まれる著作物あるいは給付に関する著作権あるいは隣接する保護権の権利者に損害を与えてはならない。

　1項は，データベースの適法な利用者に最低限認められる権利を定める。すなわち，そのような利用者は目的を問わず，データベースの実質的でない部分を利用できる。2項，3項は利用者の義務を規定しており，データベースの通常の利用を妨げあるいは製作者の正当な利益を不当に害すること，および内容について成立する著作権や隣接権の権利者に損害を与えてはならないとされている。適法な利用者あるいは通常の利用については，利用契約に従って判断されることになる[27]。

　ドイツ法はこれに対応して，87条eで以下のように規定する。
　　データベース製作者の同意に基づき譲渡により市場に出されたデータベース

---

27)　Gaster, a. a. O., S. 145.

の複製物の所有者，他の方法でその使用権を有する者，あるいはデータベース製作者あるいはその同意のもと第三者と締結された契約に基づきデータベースを利用できる者が，データベース製作者に対して質的あるいは量的にデータベースの実質的でない部分の複製，配布あるいは公の再生を行わない義務を負う契約上の合意は，その行為がデータベースの通常の利用に反せず，データベース製作者の正当な利益を不当に害さないかぎり無効である。

この規定は指針8条1項，2項と同様の内容を定めるものであるが，基準に反する契約を無効であると明言している。データベースの実質的でない部分を複製，配布あるいは公に再生することはそもそも独自の権利の範疇に属さないものであり，したがってこの規定は，データベースの製作者は，契約関係にない者に対して要求できない内容を契約関係にある者に対して要求できないということを意味するとされる[28]。

3 独自の権利の限界

独自の権利の例外として，指針9条は以下のように規定する。

構成国は，いかなる方法であれ一般に利用可能なデータベースの適法な利用者が，以下の場合においてデータベースの内容の実質的な部分をデータベース製作者の同意なく抽出および／あるいは再利用しうることを規定することができる：

a）非電子的データベースの私的目的のための抽出；

b）出典を指示し非商業的目的によって正当化される限りにおいて，授業での説明あるいは学術的研究の目的のための抽出；

c）公の安全あるいは行政ないし裁判所の手続を目的とする抽出または／あるいは再利用。

この規定は，著作権に関する指針6条2項の制限にほぼ対応するものである。データベースの著作権による保護と特別の権利による保護は重畳的に発生するため，これらの権利の制限の範囲を基本的に同一に保つことは重要であるとされる[29]。

ドイツ著作権法87条cは，データベース製作者の権利の制限について以下のように規定する。

---

28) Fromm / Nordemann, a. a. O., S. 596（Hertin）.
29) Gaster, a. a. O., S. 148.

Ⅲ　独自の権利

(1)　データベースの質的あるいは量的に実質的な部分の複製は，以下の場合に許される
　　1　私的利用のため；その要素が電子的手段を用いて入手されるデータベースについては適用されない，
　　2　この目的のための複製が必要であり，また学問的利用が営業目的のために行われない限りにおいて，自己の学問的利用のため，
　　3　営業目的のために行われない限りにおいて，授業での説明のための利用について。
第2号，第3号の場合において，出典が明確に示されなければならない。
(2)　データベースの質的あるいは量的に実質的な部分の複製，配布，公の再生は，裁判所，仲裁裁判所，官庁における手続のための，および公の安全を目的とする利用が許される。

特別の権利の制限については，電子的手段を用いるデータベースについては私的利用のための複製は認められないなど，著作権についての制限と類似した内容が規定されている。著作権の制限と異なる点は，授業の説明のための利用が明示されている点（1項3号）と，公の安全を目的とする利用が官庁・裁判所に限定されていない点（2項）である。なお1項3号は，情報・通信サービス法に基づく当初の文言では「学校の授業，非営業的な教育および生涯教育の組織ならびに職業教育において，1学級に必要な数での，自己の利用のため」と規定されていたが，1998年の改正によって条件が緩和された。

4　保護期間

独自の権利の保護期間については，指針10条は以下のように規定している。
(1)　第7条に規定される権利はデータベース製作の終了の時点で成立する。その権利は製作終了の日の翌年の1月1日から15年で消滅する。
(2)　第1項に規定された期間の経過前にいかなる方法であれ一般に利用可能とされたデータベースの場合には，この権利によって与えられる保護は，そのデータベースが最初に一般に利用可能とされた時点の翌年の1月1日から15年で終了する。
(3)　質的あるいは量的な観点から実質的な新たな投資が行われたと認められうるような連続する追加，消去あるいは変更の蓄積による実質的な変更を含む，データベースの内容の質的あるいは量的観点から実質的な変更は，この投資の

結果であるデータベースに独自の保護期間を創設する。

　独自の権利の存続期間は著作権とは別の基準で定められ，それは15年とされている。データベース製作者は，データベースの完成時期や，実質的な新たな投資とみなされるデータベースの内容の変更があったことについての証明責任を負う[30]。またデータベースの内容を綿密に検査することも，実質的な新たな投資と認められうる[31]。

　ドイツ法の87条dは以下のとおりである。

　　データベース製作者の権利は，データベースの公開後15年で消滅し，データベースがその間公開されなかったときは，製作後15年で消滅する。期間は第69条によって計算されなければならない。

　実質的な変更が行われたデータベースについては，前述のように87条a第1項2文で新しいデータベースとみなされることが規定されている。この場合には，データベース全体の保護期間が延長されるのではなく，実質的な変更が行われた部分が新しいデータベースとして独自の保護期間を持つのであり，複数の保護期間が並列的に存在する可能性があるとされる[32]。また常時メンテナンスされるデータベースについては，永久に保護されることも考えられる[33]。

Ⅳ　むすび

　データベースは，その要素の選択あるいは配列に創作性が認められることによってはじめて著作物として著作権で保護されるため，本来的に著作権による保護は容易ではないといえる。一定の分野のデータを網羅的に蓄積したデータベースや単純にデータを蓄積しただけのデータベースには創作性が認められず，またデータベースの複製は著作物としての複製から保護されるものであるため，創作性の認められない範囲での複製は著作権によっては制限されない。その結果，データベースの製作についての投資を回収することが

---

30) Erwägungsgrund (53), (54).
31) Erwägungsgrund (55).
32) Fromm / Nordemann, a. a. O., S. 595 (Hertin).
33) Fromm / Nordemann, a. a. O., S. 595 (Hertin).

Ⅳ　むすび

困難である場合も少なくないことは容易に想像できる。

このような状況に対し，欧州連合は著作権によるデータベースの保護を整備するとともに，データベースの製作者に独自の権利を認めるという対応を行った。これに基づきドイツでは著作権法が改正され，指針に沿った内容が規定されることとなった。

わが国では，すでに1986年に著作権法にデータベースの保護が盛り込まれたが，特別の保護の範囲が定められるわけでもなく，一般の著作権法の規定が適用されることとなっている。その結果，日本におけるデータベースの保護は改正前のドイツと類似した水準にあるということができ，データベース製作者の投資保護の充実は急務であるといえよう。しかし他方において日本ではオンラインによる著作物の利用に関しては手厚い保護が規定され，サーバーへのアップロードの時点で公衆送信権が働く場合もある。このような場合には，データベースの利用に対する制約は改正後のドイツ法をも上回ることになる。

データベースの製作者を特別の権利によって保護することやそれを著作権法に規定することは，1つの選択肢であって必ずしも唯一の方法というわけではない。しかし指針やドイツ法に規定される内容は，データベースの著作者や製作者の保護と情報の独占とのバランスを考慮した最新のものである。わが国におけるデータベースの法的保護を考えるにあたっては，指針やドイツ法はきわめて重要な手本となるであろう。そのように考えた場合，データベースの保護を単に手厚くするだけでなく，オンラインでの利用に対する制約を少なくすることも考慮すべき内容に含まれると思われる。

欧州統合による知的財産法の形成について

角 田 光 隆

On the formation of the intellectual property by the european integration

TSUNODA Mitsutaka

The purpose of this paper is to consider the process of the european legal integration. For that purpose I choose the intellectual property in Europe. This study is one of my study on the european private law. Because of the globalization of the economy and the international information-oriented society, this study is usefull and important for the japanese jurisprudence and the practiced business society.

In this paper first of all the intellectual property and subsidiarily the industrial property are written. These fields are written in the chapters of "The history of the european integration", "The development in Europe (the development in the european countries and the development by the European Community)", "The influence of the development in the world".

The development in Europe has begun since 1980s. Since 1990 many directives have been adopted. They can understand the development in Europe from a point of view of the international relationships. The eastern european countries will take over the law of the intellectual and industrial property in the European Community, if they will become a member of the European Community.

The influence of the development in the world has been seen since the latter half of the 19 centuries. The activities of WIPO, WTO, UNESCO,

> OECD and so on are important for the protection of the intellectual and industrial property. The harmonization of the intellectual and industrial property in Europe is connected with the activities of the international organizations. The activities of the european countries and the European Community in the international organizations have not only the passive character, but also the positive character. The activities contribute to the establishment of the international rule. The european countries and the European Community are fully aware of their responsibility of the support of the enactment and the application of the natinal law in the developing countries as Asia.
>
> The political and economic exchanges between the European Community and Japan have become very active since 1991. The problems of the intellectual and industrial property and the electronic commerce are discussed. Including the relationships between EU and ASEAN and the european activities in ASEM, the embodiment of the cooperation between the European Community and Japan is worthy of note.
>
> In my country the reforms of the intellectual and industrial property and the rule of the electronic commerce are necessary. The support of the enactment and the application of the civil law in Asia is expected. In this case I think, Japan should comply with the requests and the rule of Europe, America, public internatinal organizations and civil international organizations.

I　はじめに

ヨーロッパの統合に対して社会的・文化的な観点からの批判が存在し、また、政治的・経済的・法的な統合の可能性の対して懐疑を抱く者も存在するであろう。しかし、遠い昔からヨーロッパの統合が唱えられ、第二次世界大戦後のシューマン・プラン以後からヨーロッパの統合が現実化してきた事実は動かすことができない。ただし、その統合はヨーロッパ内部の事情や世界

Ⅰ　はじめに

情勢の影響があって，紆余曲折を経てきた。このために，その統合の過程と内容に関して，思想的相違や分析手段の相違も加わって，多様な考え方が主張されてきたのである。そして統合の進んだ現在でもなおそうである。

　このような状態の中にありながら，法律の分野においてもヨーロッパの統合過程は客観的事実として現れている。これは欧州共同体において制度的に行われきた場合と個別の国民国家が自発的に行ってきた場合とがある。しかし，この種の個別の国民国家を越えたヨーロッパ化の傾向が今後どのようになるのかはもちろん正確に予測をすることはできない。

　このようなヨーロッパの法制度に関する研究は必要不可欠である。なぜなら日本の法学にとってだけでなく，実務的に重要なものであるからである。私は別稿において，ヨーロッパの私法制度に関する論文を公表中である。ヨーロッパ私法学の歴史的な考察にとどまらず，ヨーロッパ私法の体系の現在の状態も明らかにしようと努めている。その中にあって，本稿は知的財産法の分野に限定して，法律の分野におけるヨーロッパの統合過程を明らかにしようとするものである。知的財産法の分野は最近特に注目されている新たな展開が予想される分野であり，特にヨーロッパ化の現象を探求するには最良の分野と言っても過言ではない。しかし，概略を述べるだけで，特定の個別問題に解答を出そうとするものではない。

　知的財産法の発展を概観した場合に，ヨーロッパ各国独自の発展と並んで，各国相互の影響などに見られるヨーロッパ全体の内部的な発展を認めることができる。また，国際条約が早くから存在したことから，ヨーロッパ各国の知的財産法には国際的発展の影響が存在するのである。この傾向は最近の経済のグローバル化と高度情報化によって加速されている。2000年7月に開催された沖縄における先進国首脳会議で決まった沖縄のIT（情報技術）憲章もそうである。高度情報化を伴った経済のグローバル化の中でビジネス・モデル特許を始めとした知的財産法の整備が必要とされ，これに伴ったプライバシーなどの個人情報の保護が求められている。国際的発展の影響というものは必ずしも受動的な現象だけではなく，能動的なものでもあるのである。すなわち，ヨーロッパの対外的な影響が存在し，ヨーロッパが果たしつつある世界における役割としての知的財産法の形成があるのである。特に東ヨーロッパやアジア地域に対する動きは今後の注目すべき点であると推測する。

欧州統合による知的財産法の形成について

　知的財産法に関するヨーロッパ各国の発展とヨーロッパ全体の内部的発展と国際的発展の影響はそれぞれ別々に存在するのではなく，それぞれが相互に結び付き合っているのが実状である。したがって，それぞれを別々に考察する場合にも，相互関係を意識する必要があるのである。

　知的財産法という法律用語は，広い意味では知能的財産に関する法を指している。すなわち，著作権法と工業所有権法を含む概念である。しかし，狭い意味では，著作権法だけを意味し，工業所有権法と対立する概念となる。

　狭い意味での知的財産権は，ドイツ語では Geistiges Eigentum，フランス語では Propriété intellectuelle，英語では Intellectual Property となる。工業所有権は，ドイツ語では Gewerbliches Eigentum，フランス語では Propriété industrielle，英語では Industrial Property となる。これらの法律用語に日本語の権利に相当する言葉を付加する場合もある。

　知的財産権とは，音楽・映画・出版・演劇・テレビ放送・ソフトウエアーなどに関する権利である。他方で，工業所有権の対象は，発明・商標・意匠・モデルの保護である。両者は競争・雇用・芸術的技術的革新・経済成長に役立つものであり，国内の法規制の調和化などの特別の配慮がなされている。

　本稿は以下において主としてヨーロッパ統合によって生まれた狭い意味の知的財産権の動向について論述してみたいと思う。副次的に広い意味の知的財産権に言及する。

II　欧州統合の歴史

　ヨーロッパの統合によって生じた狭い意味の知的財産権の動向は，後述の欧州内部の発展と国際的発展の影響に関連するものである。このテーマの前提となっているヨーロッパの統合はどのような過程を経て行われてきたのかを論ずることから始めたいと思う。

　ヨーロッパ統合史の概略は公表されている幾つかの年表を見ることによって理解することができる。これらの年表は今世紀の始めから書かれている場合と第二次世界大戦後から書かれている場合とがある。また，前者と後者のそれぞれの場合においても年表で取り上げられている事項は異なっている。

Ⅱ　欧州統合の歴史

このことは年表作成者の認識の相違を表している。しかし、どの年表においても共通点が存在する。これはヨーロッパ統合の観点から見て最低限度言及されなければならない事項である。これを軸として関連事項が取り上げられていると理解できる。

1　第　一　期

今世紀の初めから書かれている年表によれば、まず最初にあげられているのは、クーデンホーフ・カレルギーによる汎欧州運動である。1922年からのカレルギーの活動が取り上げられている。カレルギーは日本人の母を持ち、日本生まれである。日本の政治家とも交流があったために日本ではよく知られている。カレルギーの活動が取り上げられていることは、ヨーロッパの統合にとっての出発点を示しているものと受けとめることができる。その他に取り上げられているのは、フランス外相ブリアンの欧州統合に向けた政治的活動である。ブリアンの1929年から1930年の活動が記されている。これらの両者の活動だけが年表にあげられている。細かいことをあげればその他にもあるだろうが、大きな出来事としてはこれらの二つだけであった。

今世紀の初めから書かれている年表および第二次世界大戦後から書かれている年表によれば、戦後は1946年のイギリスのチャーチルによるヨーロッパ合衆国構想から始まっている。戦争があったとはいえ、それは戦前のクーデンホーフ・カレルギーとブリアンの活動と無関係なものではないであろう。アメリカのマーシャルによるマーシャル・プランが1947年に発表され、その次の年には欧州経済協力機構が発足している。1948年と1949年には、ベネルックス諸国絡みで政治・経済的な分野で共同行動がなされた。すなわち、ベネルックス関税同盟の成立、イギリスとフランスを加えたブリュッセル条約と欧州評議会の成立である。1949年にはドイツのアデナウアーによる欧州連邦構想が出された。

2　第　二　期

1997年に成立したアムステルダム条約には、欧州石炭鉄鋼共同体条約の改正規定が入っている。この欧州石炭鉄鋼共同体条約の発端となったのは、1950年に提唱されたフランスのシューマンによる石炭鉄鋼の共同管理構想で

あった。ヨーロッパ統合に向かったより現実的な政策が採られるようになったのはこの時期からである。この同じ年には，欧州の農業共同体や防衛共同体に関する計画が公表された。

その石炭鉄鋼の共同管理構想は1951年に欧州石炭鉄鋼共同体条約の調印という形で結実した。調印国は，フランス，ドイツ，イタリア，ベルギー，オランダ，ルクセンブルグであった。1952年には，欧州防衛共同体条約が調印された。

1953年に，欧州政治共同体条約の草案が公表された。1954年には前述したブリュッセル条約が修正され，西欧同盟が発足した。1955年の欧州石炭鉄鋼共同体外相会議でメシナ宣言が採択された。スパーク委員会が設立され，ヨーロッパ統合に向けた活動がさらに推進された。欧州経済共同体と欧州原子力共同体の創設がここでは対象とされていたのである。1957年には，欧州経済共同体条約および欧州原子力共同体条約（ローマ条約）が締結された。この加盟国はフランス，ドイツ，イタリア，ベルギー，オランダ，ルクセンブルグであった。1960年には欧州経済共同体において域内資本移動自由化第一次指令が採択された。

このようなヨーロッパ大陸の動きに対して，その他のヨーロッパ諸国は異なった連合体を創設しようとした。これは1960年の欧州自由貿易地域協定の締結として実を結んだ。しかし，1961年にイギリス，デンマーク，アイルランドは欧州経済共同体に加盟申請を行っていた。ただし，この加盟申請は成功しなかった。

3　第三期

1962年には，欧州経済共同体において共通農業政策の原則が確立した。この年には，第二段階アクションプログラムの覚書の発表と域内資本移動自由化第二次指令の採択もあり，ヨーロッパの経済的な統合が進んだ。

1965年はヨーロッパ統合の飛躍となった年であった。このことは欧州石炭鉄鋼共同体，欧州経済共同体，欧州原子力共同体の機関を統一したブリュッセル条約が締結されたからである。これによって欧州共同体が成立することになった。

1968年には，欧州経済共同体諸国において関税同盟が成立した。これは

ローマ条約によって定められていたものであった。また，同年には，共同体における農業近代化のためにマンスホルト・プランが発足した。

1969年には，経済通貨同盟に関する第一次バール案が公表された。ヨーロッパ統合にとって重要なハーグ首脳会議が開催された。この会議では，ヨーロッパ共同体の拡大・制度改革・通貨同盟の設立について合意された。

4　第　四　期

1970年にはルクセンブルグ条約が締結されて，ローマ条約の財政規定が改正され，自己財源の導入が行われた。また，総会の権限が強化された。

同年には経済通貨同盟に関するウェルナー委員会が発足し，ウェルナー報告が発表された。同じ頃に，新しい通貨制度となる通称「トンネルの中のヘビ」というアンショー報告もなされた。また同年には，欧州政治協力に関するダヴィニョン報告が行われ，それが発足した。

1971年には，欧州理事会が経済通貨同盟の段階的実現に関する計画を採択した。1972年には，ヨーロッパ共同体の拡大を示すイギリス・デンマーク・アイルランド・ノルウェーの欧州共同体加盟条約調印があった。同年には，前述した「トンネルの中のヘビ」が始動した。また，欧州共同体と欧州自由貿易連合との間に自由貿易協定が締結された。同年のパリ首脳会議では，欧州同盟の設立が議論された。

1973年には，欧州通貨協力基金が設立された。また，コペンハーゲンで，欧州安全保障および協力に関する会議が開催された。欧州政治協力に関する第二次ダヴィニョン報告が行われた。

1974年には，パリで首脳会議が開催された。この会議では，欧州理事会の制度化，地域開発基金の創設，欧州議会の直接選挙についての合意，経済通貨同盟の再確認，ベルギー首相チンデスマンに欧州同盟に関する報告書を委託することなどが行われた。

1975年には，第一次ロメ協定が締結された。経済通貨同盟に関するマルジョラン報告がなされた。また，チンデスマン報告もなされ，これは欧州連合構想を欧州加盟国に提案したものであった。

1977年には，ジェンキンズ欧州共同体委員長が単一通貨の導入を提唱した。1978年には，欧州通貨制度を創設することが欧州理事会で決定された。翌年

にそれが発足し，欧州通貨単位も同時に成立した。1979年には，第二次ロメ協定が締結された。同年に，欧州議会の普通直接選挙が行われた。また同年に，欧州議会は共同体予算案を拒否した。

5 第五期

1980年には，イギリス首相サッチャーの要求に端を発した5月30日のマンデイトが行われた。1981年に，ギリシャが欧州共同体に加盟した。同年に，5月30日のマンデイトに対する委員会報告がなされた。また，欧州政治協力強化に関するロンドン報告書が採択された。欧州統合に関するゲンシャー・コロンボの提案も出された。

1983年には，共通漁業政策や欧州同盟計画が採択された。また，欧州理事会は「欧州同盟に関する厳粛な宣言」に調印した。

1984年に，欧州議会は欧州同盟条約草案を採択した。また，第二回目の欧州議会議員の直接選挙が行われた。第三次ロメ協定も調印された。

1985年に，欧州理事会は域内単一市場を1992年までに創設することで合意した。同年に，スペインとポルトガルが欧州加盟条約に調印した。また，欧州理事会はローマ条約を改正することで合意し，欧州委員会は域内市場の完成に関する「域内市場統合白書」を提出した。

1986年のヨーロッパ統合にとって大きな出来事は，単一欧州議定書が調印されたことである。

1988年に，欧州理事会は共同体財政に関するドロール・パッケージを承認した。また，経済通貨同盟を検討する委員会（議長ジャック・ドロール）の設置を決定した。

1989年には，経済通貨同盟に関する報告書（ドロール報告）が発表された。この報告を審議して，欧州理事会は経済通貨同盟の第一段階を1990年7月に開始することを決定した。また，同年に欧州共同体社会憲章が提案され，イギリスとデンマークの反対があったが承認された。また，第三回目の欧州議会議員の直接選挙が行われ，第四次ロメ協定が締結された。

6 第六期

1990年に，ドイツ，フランス，ベネルックス諸国は，域内通行自由化に関

するシェンゲン協定に調印した。同年に欧州通貨同盟の第一段階が発足し，資本移動の完全自由化が行われた。東西ドイツが統一化し，旧東ドイツは欧州共同体に加入した。欧州理事会は経済通貨同盟の第二段階を1994年1月に開始することを決定した。また，政治同盟と経済通貨同盟の二つの政府間会議がローマで開催された。

1991年に，ルクセンブルグが新条約草案を提出した。欧州委員会は共通農業政策の改革案を承認した。また，欧州共同体はポーランド，ハンガリー，チェコスロバキアとの間で連合協定に調印した。さらに，欧州理事会は欧州同盟に関する条約に合意し，政治統合と通貨統合を促進することを決定した。

1992年に，欧州連合条約が調印された。また，欧州共同体は欧州自由貿易連合と欧州経済領域を創設することに正式に調印した。同年末に域内市場統合白書による域内市場統合がほぼ完成した。

1993年には，欧州共同体はルーマニアと連合協定に調印した。また，ドロール委員長が「欧州経済再生の指針」を発表し，欧州委員会は「欧州共同体経済再生白書」を発表した。

1994年に，欧州通貨同盟の第二段階に入り，欧州通貨機構も発足した。また，欧州連合がロシアおよびウクライナと協力協定に調印した。同年に，第四回目の欧州議会議員の直接選挙が行われた。

1995年に，オーストリア，フィンランド，スウェーデンが欧州連合に加盟した。この年は通貨統合に関する多くの動きがあった。たとえば，欧州委員会は単一通貨導入の手順を示す報告書を発表し，欧州理事会は1999年1月に通貨統合をすることに合意した。欧州通貨機関は2002年7月までに通貨統合を完成させる提案を行った。マドリードで開催された欧州理事会で，1999年1月から欧州通貨同盟の第三段階を開始し，2002年7月までに通貨統合を完成させることが決定された。単一通貨の名称は「ユーロ」となった。

1996年にダブリンで開催された欧州理事会は，財政安定協定で制裁を発動する条件の確定，新しい為替相場メカニズムを創設することの合意，欧州連合条約の見直しを1997年6月までに完了することの合意をした。また，通貨統合を1999年1月に開始することを再確認した。

1997年のアムステルダムにおける欧州理事会は，新欧州連合条約，安定成長協定，成長と雇用に関する決議を採択した。この年に新欧州連合条約が調

印された。また同年に，欧州委員会が欧州連合の拡大に備えた「アジェンダ2000」を発表した。

　1998年は欧州連合の拡大と通貨統合に向けた動きが目立った。たとえば，新規加盟に向けた欧州連合と中・東欧諸国との欧州協議会が開催された。また，アジア欧州会合がロンドンで開催された。同年に，欧州委員会は閣僚理事会に11カ国を通貨統合の第一陣に勧告した。欧州蔵相理事会は財政・経済政策の相互監視を1998年7月より開始することで合意し，通貨統合参加国通貨相互間の為替相場を1999年1月1日以降為替相場メカニズム中心相場で固定することで合意した。ブリュッセルでの欧州連合特別首脳会議において，通貨統合第一陣としてイギリス・スウェーデン・デンマーク・ギリシャを除く11カ国が決定された。欧州通貨基金を基礎として欧州中央銀行が設立された。欧州連合首脳会議は共通予算・補助金制度・機構改革などの見直しをすることで合意した。欧州中央銀行は金融政策手段に最低準備金制度を導入することを決定した。ロンドン証券取引所とドイツ取引所が1999年末までに統合することで合意した。

　1999年1月に欧州通貨同盟は第三段階に入り，ユーロが通貨統合参加国の法定通貨となった。

III　欧州内部の発展

　欧州統合の歴史は，第一期から第六期に向かって統合の度合いを強めていった。各国独自の知的財産法の形成と並んで，その欧州統合の歴史に対応するかのように，欧州レベルにおける知的財産法の調和的な形成が行われてきた。

　各国独自の知的財産法の形成とは，各国が自ら文化・経済・産業などにおける当該権利の発展に合わせるために法律を制定し，判例を発展させることをいう。ヨーロッパの国々，たとえば，オーストリア，ベルギー，オランダ，ルクセンブルグ，デンマーク，フィンランド，フランス，ドイツ，ギリシャ，アイスランド，アイルランド，イタリア，ノルウェー，ポルトガル，スペイン，スウェーデン，スイス，イギリスなどの国々において，各国は知的財産法を持っているのである。各国の知的財産法の保護は，各国の法律と判例に

Ⅲ　欧州内部の発展

よって発展してきた。しかし，このことは逆に，各国において知的財産法の内容が場合によっては異なりうることを意味するのである。

　欧州統合の歴史で見たように，欧州統合の具体的・現実的な組織化は第二期から生じた。この時期から各国の独自の知的財産法と並行して，共同体レベルの知的財産法の形成が始まったのである。したがって，共同体レベルということであるから，共同体の構成国における知的財産法に調和的な特徴を付与することになったのである。この時期以前から存在する国際的影響の側面は同時に欧州レベルの知的財産法の形成という特徴を持っている。このことは「国際的発展の影響」の中で後述することにする。

　第二期の組織化は石炭鉄鋼共同体から始まるが，ローマ条約によって設立された欧州経済共同体が知的財産法の分野で役割を果たし始めた。しかし，この役割は，域内市場の良好な機能と競争の保護に関する場合だけであった。この領域に関連する場合だけ立法活動などが許されていたのであった。

　しかし，知的財産権の実際の保護は共同体構成国に依然として委ねられていたものであることを考慮しておかなければならない。このような法の二重構造に着目する必要があるのである。共同体レベルにおける知的財産に関する立法活動などの法的根拠は，旧・現行法を挙げるとするならば，欧州共同体条約30条（旧36条），133条5項，95条（旧100ａ条）である。

　工業所有権の領域ではあるが，第三期の欧州経済共同体の時代と第四期の欧州共同体の時代に目立った共同体レベルの活動が現れた。

　第三期では，1962年の特許実施権契約に関する通告がある。第四期においては数が増え，1975年には共同市場のための欧州特許権に関する協定案の欧州共同体委員会の決定と同じ年の欧州共同体理事会の採択がある。また，1976年には，欧州共同体委員会は特許権協定に関連して勧告を行っていた。

　著作権および著作隣接権などの領域では，その時期に欧州経済共同体および欧州共同体の目立った活動はなかった。しかし，1980年代に入って，欧州共同体の活動が活発になった。第五期の1986年には，欧州共同体理事会は，半導体製品の構造に関する権利保護について指令を出した。また，1980年頃から，欧州裁判所の判決が，たとえば，著作権利用会社の活動，保護期間，賃借権などの分野において下されていたのである。

　1988年には，著作権法と科学技術の挑戦に関する欧州共同体委員会の緑書

が公表された。この書物において，コンピューター・プログラムの権利保護，海賊行為，私的な複製，賃借権と頒布権，データー・バンクの権利保護について共同体の行動が要求されたのである。この緑書に基づいて，その後の欧州共同体委員会の行動計画が策定された。

この活動はそれらの分野における法の同一化に関する指令となって現れた。欧州共同体閣僚理事会（EU閣僚理事会）によって採択されたものが四つある。たとえば，1991年のコンピューター・プログラムの権利保護に関する指令，1992年の知的財産の領域における賃借権および著作権に類似した特定の保護権に関する指令，1993年の衛星放送とケーブルの普及に関する著作権および著作隣接権の規定の調整に関する指令，1993年の著作権および類似の特定の保護権の保護期間の調和化に関する指令である。EU閣僚理事会および欧州議会によって採択されたものが1996年のデーター・バンクの法的保護に関する指令である。

1986年の半導体製品の構造に関する権利保護についての指令および後続の決定などは，保護の対象となる人と物，独占権，権利の例外，保護期間に適用される共通の原則を確定しようとしたものである。1991年のコンピューター・プログラムの権利保護に関する指令および修正指令は，コンピューター・プログラムの保護に関する共同体構成国の法規定を調和化しようとしたものである。1992年の賃借権および著作権に類似した特定の保護権に関する指令および修正指令は，賃借権および類似の特定の権利の調和化をめざし，文学的・芸術的な財産に対する高い保護水準を達成しようとしたものである。1993年の衛星放送とケーブルの普及に関する著作権および著作隣接権の規定の調整に関する指令は，越境的な番組の伝達に関する法的不安定性を除去しようとしたものである。同じく1993年の著作権および類似の特定の保護権の保護期間の調和化に関する指令は，その名称の通り，当該権利の保護期間の調和化を目的としていた。1996年のデーター・バンクの法的保護に関する指令は，データー・バンクに対する著作権の調和化と新しい特別な権利を保護しようとしたものである。

1996年には造形芸術家の追加請求権に関する指令案が出され，1998年には欧州議会とEU閣僚理事会による芸術作品の原作の著作権者の追加請求権に関する修正指令案が公表された。この指令案は芸術作品の市場における競争

の障害を除き，統一的な保護水準を確保することを目的としている。この指令案に対してはイギリスの反対があって，その成立が難航してきた。1999年にこの指令案の注釈が出され，2000年に最新の状態が公表された。

　知的財産法のより大きな発展は「情報化社会」という観点から生じた。したがって，欧州共同体法にこの観点からの法発展を促がすことになった。この法発展は以前より増して，欧州共同体の統一法への動きを生じさせることになった。

　この「情報化社会」という観点が出てくる来ることになったきっかけは，1990年からの産業政策であった。これは単一政策の下で，企業の競争促進と競争力向上のための環境整備に重点を置く政策であった。この環境整備の中に，単一市場政策と単一通貨の導入による競争促進，競争政策による自由競争の確保と欧州会社法などの制度面の整備，欧州横断ネットワーク政策の推進と情報化社会への対応，ハイテク産業育成のための研究開発，健全なマクロ経済政策運営，環境保護政策などが存在した。このような産業政策は経済のグローバル化と高度情報化に対応するものであった。特に欧州横断ネットワーク政策の推進と情報化社会への対応が重要である。この政策は1992年のマーストリヒト条約にも取り入れられていた。

　このような産業政策を受けて1994年に公表されたバンゲマン報告書があった。この報告書の名称は，「ヨーロッパとグローバルな情報化社会」というものである。この中で，知的財産の保護が情報化社会にとって必要であることが述べられていた。

　この報告書が公表されてから約一年後に，欧州委員会は「情報化社会における著作権と類似の権利の保護権」という名の緑書を出した。この緑書においては，著作権の領域における個別のテーマが議論されていた。この緑書を受けて，1996年にイタリアのフロレンツで著作権と類似の保護権という同じテーマで会議が開催された。この会議でも幾つかのテーマが議論されたが，注目すべき点は域内市場における欧州共同体の行動だけでなく，知的財産の保護に関する国際的行動が認識されたことである。

　これらの議論を踏まえて，1996年に欧州委員会は著作権法および類似の保護権に関する報告を行った。この報告では，域内市場における著作権の保護に関する同一の条件を設定する立法措置が求められていた。たとえば，複製

権，公衆への再生権，頒布権，技術的な制御装置の保護に関する立法措置である。1997年には，情報化社会における著作権および類似の保護権の特定の側面の調和化に関する欧州議会とEU閣僚理事会の指令案が公表された。これは科学技術の発展と情報化社会に適合させるようと意図していたものである。また，その指令案は1996年に世界知的所有権機関で合意された事項を含む国際的な義務の履行でもあったのである。ただし，その指令案は欧州議会によって表明された修正要望を取り入れて，1999年に修正指令案が公表された。この修正指令案には，複製権，公衆への再生権，頒布権，不正な複製の防止および権利の管理に関する制度の法的保護が主に規定されていた。さらに，修正指令案では，コミュニケーション・ネット経営者に権利者の許可を必要としない複製権を与えること，アナログ方式またはデジタル方式によって作られた私的な複製に対して権利者に報酬を与えることが含まれている。

1996年の欧州委員会の行った著作権法および類似の保護権に関する報告は将来の課題について予測していた。これに関連する国際会議が1998年にウィーンで開催された。この国際会議では，デジタル方式の放送権，デジタル方式の私的な複製，適用される法，道徳的な権利，権利の管理が分科会のテーマとなった。ラウンドテーブルでは，国際的な問題が討議された。たとえば，データーベースの保護や視聴覚的実演などである。その後もこの課題は欧州共同体で議論されてきた。

このような議論を踏まえて，2000年には，情報化社会における著作権および類似の保護権の特定の側面の調和化に関する指令案の最新状態が報告されている。この指令案は，1996年の世界知的所有権機関の条約，いわゆるインターネット条約の批准と関連がある。同じ2000年に，欧州委員会は情報化社会における著作権と類似の保護権に関する指令案についてのEU閣僚理事会の合意を歓迎し，特に複製権，適切の報酬，頒布権に関する消尽の原則，電子商取引の指令との関係などに言及している。

人的なデーターの処理における自然人の保護と自由なデーターの交換に関する欧州議会とEU閣僚理事会の指令が1995年に採択された。この指令は着実に構成国の国内法に置き換えられつつある。データーの保護については，国際連合やOECDのガイドラインが存在する。コンピューター・プログラムに関する指令は前述したように1991年に採択されていた。2000年にコン

Ⅲ　欧州内部の発展

ピューター・プログラムに関する法的保護についての指令の実行と効果について欧州委員会の報告が行われた。

　電子商取引の分野も以前から十分に議論がなされ，2000年に欧州議会とEU閣僚理事会による域内市場における情報化社会のサービス，特に電子商取引の特定の法的側面に関する指令が出された。この電子商取引は電子署名を不可欠なものとする。欧州議会とEU閣僚理事会による電子署名に関する共同体の条件についての指令が1999年に採択されていた。

　2000年にフランスのストラスブルグで知的財産の国際会議が開催された。ここでは，知的財産の管理と正当な利用がテーマとなっていた。個別的には，知的財産権の契約と実施，権利の集団的管理，国際的交渉を必要とする放送権などが討議された。

　第六期における知的財産法の発展にとってヨーロッパという地域を越えた国際関係が重きをなしてきていた。たとえば，前述したことから抽出するならば，1996年のイタリアのフロレンツ会議における知的財産の保護に関する国際的行動の認識，1997年の情報化社会における著作権および類似の保護権の特定の側面の調和化に関する指令案における世界知的所有権機関の条約，データー保護に関する国際連合やOECDのガイドライン，2000年のストラスブルグ会議における国際的交渉の必要性に国際関係の意義が現れていたのである。

　なお，狭い意味の知的財産権から離れるが，工業所有権法に関連する規則・指令などを挙げておくことにする。たとえば，1988年の商標に関する構成国の法規定の同一化に関する指令，1989年の共同体の特許権に関する合意，1989年の共同市場のためのヨーロッパ特許権に関する協定の実施規定，1993年の共同体の商標に関する規則，1994年の共同体における植物の品種の保護に関する規則，1998年のバイオテクノロジーによる発明品の法的保護に関する指令，1997年の実用新案権の保護規定の同一化に関する指令案，1998年の意匠とモデルの法的保護に関する指令などがある。

　2000年に入って，商標権の消尽の問題，バイオテクノロジーによる発明品の法的保護，共同体の特許権の法的保護が課題として挙げられている。工業所有権全体についてヨーロッパだけでなく，ヨーロッパを越えた世界を意識した発言が行われている。

欧州統合による知的財産法の形成について

「新しいヨーロッパの建設」という2000年から2005年までの欧州共同体の目標に関して欧州委員会は報告を2000年2月に行った。この報告書において，情報化社会への移行に関する措置が行われるべきことが指摘されていた。2000年3月と6月に開催された欧州理事会では，情報化社会への包括的な対策が具体的に決定された。この中に知的財産法の整備が取り上げられているのである。

Ⅳ　国際的発展の影響

ヨーロッパの国々は自国の文化・経済・産業などの発展に合わせて知的財産法を発展させてきた。この発展のために法解釈を行い，または立法を行ってきた。その際に比較法学の貢献があり，外国法が参照されているのである。これは国際的発展の影響の一つである。

しかし，国際的発展の影響の中核部分を形成するのは，国際法の分野である。工業所有権法の分野では，1883年の工業所有権の保護に関するパリ同盟条約がある。狭い意味での知的財産法の分野では，1886年の文学的および美術的著作物の保護に関するベルヌ条約や1952年の万国著作権条約がある。

これらの条約によって加盟国となったヨーロッパの国々の知的財産法が形成されたのである。

工業所有権の保護に関するパリ同盟条約と文学的および美術的著作物の保護に関するベルヌ条約の事務局を前身とし，1967年に締結された条約によって世界知的所有権機関が設立された。この機関の活動内容は，知的財産権の保護の国際的促進，各国制度の調和などを目的とする条約の策定，技術協力を通じた発展途上国における保護水準の引き上げ，情報化の推進，知的財産権に関する条約・国際登録業務の管理・運営である。

この世界知的所有権機関の活動によってヨーロッパの国々が加盟している条約の知的財産権が保護されてきた。

世界知的所有権機関によって管理される知的財産権として，著作権の保護に関する条約には，1886年の文学的および美術的著作物の保護に関するベルヌ条約と1996年の知的所有権機関の著作権条約がある。著作隣接権の保護に関する条約には，1961年の実演家，レコード製作者，放送機関の保護に関す

IV 国際的発展の影響

るローマ条約，1971年のレコードの無断複製に対するレコード製作者の保護に関するジェノヴァ条約，1974年の衛星によって発信される番組伝送信号の伝達に関するブラッセル条約，1996年の知的所有権機関の実演およびレコード条約がある。著作権法で保護されないデータベースの保護については，世界知的所有権機関のデータベース保護条約案がある。工業所有権の保護に関する条約には，1883年の工業所有権の保護に関するパリ条約，1891年の商品の供給源の虚偽的または詐欺的な表示の抑止に関するマドリッド条約，1981年のオリンピックのシンボルの保護に関するナイロビ条約，1989年の集積回路に関する知的財産権のワシントン条約，1994年の商標法条約がある。インターネット上の商標の保護については，世界知的所有権機関の規則草案がある。その他に，数カ国における知的財産権の保護の取得を促進する条約や国際的な分類を確立する条約がある。

現在の課題として，著作権法については，オンライン・サービス・プロバイダーの責任，創造性のないデータベースの保護，映像実演家と放送事業者の保護，裁判管轄の問題がある。その他に，バイオテクノロジーと特許権，インターネットと情報技術，世界貿易機関の知的所有権の貿易関連の側面に関する協定の履行，グローバルな特許権にかかわる問題が存在する。

世界貿易機関も知的財産法に関連する活動を行っている。1994年に世界貿易機関を設立するマラケシュ協定の付属書として，知的財産権の貿易関連の側面に関する協定が締結された。この協定に加盟するヨーロッパの国々はこの協定によって知的財産法が規律されることになる。この協定はアイデアと創造性に関する貿易と投資について規定しており，たとえば，著作権，著作隣接権，商標，製品の地理的表示，意匠，特許，集積回路の回路配置，開示されていない情報の保護，契約による実施許諾等における反競争的行為の規制が対象となっている。この協定はこの規定と関連する既存の個別的な国際条約や世界知的所有権機関との関係を持っている。1995年に世界知的所有権機関と世界貿易機関の間における協力関係を樹立するための合意が行われた。

このような国際条約は締結・批准によって国内法の同一化現象が出てくるが，欧州共同体における知的財産法の調和化と無関係ではない。欧州統合の歴史における第四期に公表された著作権法と科学技術の挑戦に関する緑書にすでに国際法との関係が現れていた。この傾向は1995年の情報化社会におけ

る著作権法と類似の権利に関する緑書にも出ていたのである。また，1996年の欧州共同体委員会の著作権と類似の保護権に関する報告書や1996年のフロレンス国際会議と1998年のウィーン国際会議もそうであった。このような現象は科学技術の発展や経済のグローバル化などに裏付けられているのである。これらの事情から欧州共同体の受けた国際的発展の影響と世界への積極的な意見表明が出てくるのである。したがって，アジアにおいても，ヨーロッパにおける知的財産法の動向に注視する必要があるのである。

　国際条約との関連から見た欧州共同体における知的財産法の調和化は，形式の問題ではあるが，欧州共同体の対外交渉の仕方に依存する場合がある。世界知的所有権機関の会議や国際条約の集会にはオブザーバーとして参加していたが，1994年の世界貿易機関の知的財産権の貿易関連の側面に関する協定は欧州共同体条約の133条に基づいて欧州共同体が締結したのである。その後も，1997年にはアムステルダム条約において，欧州共同体の知的財産に関する交渉権限に関する新規定が設けられた。これは欧州共同体条約の133条5項である。その他に考えられる方法は，欧州委員会の提案，欧州議会の聴聞，EU閣僚理事会の決議という手続を経る場合と国際道路交通で働く自動車乗務員の労働に関する欧州協定に関する1971年の欧州共同体裁判所の判例による方法である。科学技術の発展や経済のグローバル化を背景とした知的財産法の調和化を考慮した場合に，欧州共同体の対外交渉権限が拡大することは望ましいことである。

　ただし，1886年の文学的および美術的著作物の保護に関するベルヌ条約には欧州共同体の構成国が加盟しているが，欧州共同体自体は国家ではないという理由で加盟することができない。しかし，構成国自身が加盟しているので，その限度でヨーロッパにおける著作権法の同一化が行われていると言える。

　ベルヌ条約の延長線上に，1996年の世界知的所有権機関の著作権条約がある。この著作権条約に対しては，ベルヌ条約とは異なって，17条3項に基づいて欧州共同体に交渉権限があり，条約の締結をすることができるのである。

　1961年の実演家・レコード製作者・放送機関の保護に関するローマ条約も1886年のベルヌ条約と同様のことが言える。そのローマ条約は科学技術の発展と経済のグローバル化に対応できないために，1996年に世界知的所有権機

IV 国際的発展の影響

関の実演およびレコード条約が成立した。

1996年におけるこれらの二つの条約と欧州共同体の指令案との関係は，欧州共同体の内部の発展の中で前述した。欧州委員会は欧州共同体の名でこれらの条約への加盟についてのEU閣僚理事会の決定に関する提案を行った。

国際関係を配慮した動きは欧州委員会の決定にも見られる。たとえば，半導体製品の構造の法的保護をアメリカおよび特定地域の人に拡張した1992年の決定，カナダ人に拡張した1994年の決定，世界貿易機関の構成国の人に拡張した1994年の決定，マン島人に拡張した1996年の決定がある。

欧州委員会による知的財産権に関する世界への積極的な意見表明はまた，欧州委員会による多国間および国際的な貿易問題に関する活動に現れている。この活動は，前述した世界貿易機関の知的財産権の貿易関連の側面に関する協定に関するものが代表的なものである。この協定に関連して，電子商取引に関するワーキング・グループに参加しており，さらにこの協定の欧州共同体の計画が公表されている。たとえば，協定の完全な実行，発展途上国の国内法の整備の援助，知的財産権に関する世界貿易機関の交渉の支援，協定の実行の効率性と費用の減額への支援，協定の規則的な更新の協力（この中には世界知的所有権機関の1996年の条約も考慮されている）である。

環大西洋消費者対話においても，知的財産権および医薬品の特許権の保護に関する報告書が出された。

ヨーロッパと国際機関との関係は，UNESCOとの関係にも現れている。この国際機関においても著作権および著作隣接権の保護が行われてきた。この活動は国民の文学・科学・音楽・芸術における創造性と作品の増大を目的としたものである。UNESCOが行っていることは，大きく分けると四つになる。たとえば，著作権および実演家の権利の保護と集団的管理について国家に法的・技術的援助を行うこと，専門家の集団的または個人的訓練，著作権および著作隣接権の大学における講義のための援助，UNESCO自身またはUNESCO以外の団体と共に管理される国際協定の促進である。さらに最近では，メディアのデジタル化と技術的な収斂に対応した国際会議が1996年以降にUNESCOによって開催されている。ヨーロッパ諸国も積極的に参加してきた。

ヨーロッパ諸国も関係しているUNESCO自身または世界知的所有権機関

などと共に管理されている国際条約は、1952年に採択され、1971年に改正された万国著作権条約、1961年の実演家・レコード製作者・放送機関の保護に関する条約、1971年のレコードの無断複製に対するレコード製作者の保護に関する条約、1974年の衛星によって発信される番組伝送信号の伝達に関する条約である。その他に勧告が出されている。たとえば、1976年の翻訳家および翻訳の法的保護と翻訳家の地位の改善のための実際的手段に関する勧告、1980年の芸術家の地位に関する勧告である。

これらの条約と勧告はヨーロッパにおける知的財産法の形成にとって少なからぬ影響を与えてきたのである。

知的財産法を考えるうえで、ヨーロッパとOECDとの関係を含める必要がある。この国際機関では、様々なテーマが取り上げられている。特に最近の大きなテーマとなっているのは、バイオテクノロジーと情報化社会である。OECDにおける貿易委員会はバイオテクノロジーおよびバイオテクノロジーによる生産物に関する知的財産権の調査を行い、情報収集に努めている。

もう一方の情報化社会というテーマでは、主に電子商取引が扱われている。電子商取引に関する科学技術・価格・暗号作成などの技術的・経済的な側面からの研究だけでなく、法的問題も扱われている。特に注目に値するのは、1999年の電子商取引における消費者保護に関するガイドラインとグローバル・ネットワークにおけるプライバシーの保護である。

これらのOECDの活動は、ヨーロッパ諸国や欧州共同体の知的財産法の形成にとって役立てられているのである。

その他に、国際連合の国際商取引委員会の活動も同様である。たとえば、1996年の電子商取引のモデル法がある。民間国際団体のガイドラインも事実上の影響を与えるものである。また、2000年3月には、欧州共同体とアメリカとの間で、個人情報のデーター保護に関する原則的な合意が行われた。

次に欧州共同体と日本との個別的な関係に言及してみたいと思う。この関係においても欧州共同体の知的財産法がテーマとなる。

欧州共同体と日本との関係は1991年の日本・EC共同宣言からより深まっている。この共同宣言は一般的なことしか書かれておらず、知的財産法に関する直接的な言及は存在しない。しかし、知的財産法に関連する項目を挙げてみると、貿易および投資に関するGATTおよびOECDの原則を実施する

ことによる多角的貿易制度の強化への協力，相互の市場への公平なアクセス並びに貿易および投資の拡大を阻害する障害の除去，貿易・投資・産業協力・先端技術・競争規則などの分野における協力，環境や国際犯罪などの国境を越えた課題に対応するための協力，科学技術分野における協力，開発途上国やアジア・太平洋地域などへの援助である。この共同宣言に基づいて協議が今までに行われてきた。

これらの内容に相当する知的財産法に関することは，個別的・具体的に日本とEUとの規制緩和に関する対話の中で出てきている。これもまた欧州共同体における知的財産法に対する国際的発展の影響の中に入ってくるものである。日本およびEUの相手に対する規制緩和要求は投資・競争政策，電気通信などの分野である。特に日本からの要求として個人情報保護指令と著作権指令案の変更が挙げられる。EUからの要求は金融商品の販売等，証券取引分野における電子システムの整備である。

その他に，特許権に関する三極特許庁会合などがある。

日本とEUの21世紀に向けた日欧関係の新たなステップとして，特に電気通信分野で電子商取引を始めとする情報化社会の発展にかかわる問題が取り上げられている。この問題には，同時に取り上げられている消費者政策や競争政策も関連する。

2000年7月19日に開催された日本・EUサミットにおいて，グローバル化の中における経済・貿易のパートナーシップが強化された。この中で，情報技術の分野の協力も強化され，電子商取引やテレコミュニケーションの分野の発展が含まれている。これは科学技術協力によって裏付けられている。協力分野として挙げられている知的財産法に間接的に関係があるのは，WTO，投資，競争，ビジネス対話，消費者団体間の対話である。

ヨーロッパとASEANとの関係やASEMの枠組みにおいても投資，情報技術が関心事となっている。したがって，知的財産法がテーマとなってくるであろう。

V 結 び

欧州統合による知的財産法の形成について，欧州統合の歴史を前提としな

がら，欧州内部の発展と国際的発展の影響を概観してきた。

　欧州内部の発展は欧州統合の歴史の第三期頃から具体的に始まってきたが，本格的な発展は1980年代後半になってからである。1988年に欧州共同体委員会の緑書が公表されたこともあって，第六期には多くの指令が採択された。ただし，この背景には，産業政策の転換があったことを記憶にとどめておく必要がある。第六期における欧州内部の発展は国際機関などとの国際関係を考慮しなければ理解できないものである。2000年に入ってからは国際関係を考慮する傾向は顕著である。

　「はじめに」で述べたように，東ヨーロッパ諸国は欧州共同体の第五次拡大の対象国である。加盟が認められれば，欧州共同体の中に入るのであるから，欧州共同体の法制度を受け継ぐことになるであろう。

　知的財産法の国際的発展は欧州内部の発展よりも早くから始まっていた。19世紀後半のパリ同盟条約やベルヌ条約に代表される。1967年に世界知的所有権機関が設立されたことは，国際レベルにおける知的財産権の保護にとって重要であった。このことは世界貿易機関や UNESCO および OECD の知的財産法に関する活動などにも当てはまる。これらの国際機関の活動は欧州内部の知的財産法の調和化と関係しているのである。

　この国際機関の活動は必ずしも受動的なものではなく，能動的な性格を持っている。「はじめに」で述べたように，そのような国際機関で積極的に発言して，国際ルールの確立に寄与しているだけではない。経済のグローバル化の中で今後の経済成長が見込まれるアジアなどにおける発展途上国の国内法の整備への援助が意識されていることは注目に値する。

　アジアの一員である日本との関係では，規制緩和要求の中で知的財産権や電子商取引に関する要望が示されていた。さらに，EU と ASEAN との関係や ASEM の枠組みにおける EU の行動も考慮して，日本以外のアジア地域に対する日本と EU との共同行動の具体化が注目される。

　このようなアジアへの接近化に際して，アジア地域の国々の法慣習および要望とアメリカの行動に配慮する必要があるであろう。その法慣習の認識には比較法社会学的考察が不可欠であり，西欧的な近代的法観念の限界が認識されるようになるかもしれない。アジア地域の要望は ASEAN や APEC などの場で明らかにされてきた。

V 結 び

　我が国における最近の課題は，情報技術・電気通信関連の製品・サービス市場の競争促進，デジタル放送とネットの一体化をにらんだ放送と通信の融合法制，公正取引委員会の競争促進政策の立案強化，運輸などの関連サービスの効率化，競争促進との調和を持った知的財産権の保護，消費者・プライバシー保護を含む電子商取引に関する取引の基本法の策定，書面提出や対面販売を義務づけている法律や書面交付義務を付けた法律の改正および情報技術を活用した株式総会の運営などの商法の改正，紛争処理制度の形成，ネット犯罪対策，ネット取引に対する課税，発展途上国の政策・規制およびネットワーク環境整備の促進，国際的な情報・知識格差の解消，アジアにおける知的財産権保護などの情報の安定性には問題があり，電子商取引を促進させるには法制度の整備を支援することなどである。

　この法制度の整備は経済法や民法・商法などの商取引関係の法制度の整備および民事手続に関連する国際協定の締結などの一環として存在するものである。これらの法制度の整備の支援に際して，それぞれのアジア地域の実情に合わせながら，モデル法を作ることも考えることができる。

　アジア諸国における知的財産法の整備については，世界貿易機関の知的所有権の貿易関連の側面に関する協定の履行と関連して，その整備が進んでいるとはいえ，不十分な面が依然として存在する。また，当該協定の見直しも予定されている。当該協定の十分な実行と法制度の健全な運用ための援助が必要である。

　前述したように，欧州共同体との共同行動に留意しながら，このような多くの課題に対する我が国の将来の方向はヨーロッパ，アメリカ，国際機関，民間の国際団体などの基準や要望を統合した解決策を見いだして行くことである。

　個別的に少し触れておくと，著作権法については，デジタルコンテンツの不正利用を防ぐ対策が必要である。たとえば，技術的手段の開発と普及，権利者の保護のための法的措置，国際ルールの整備である。さらに，視聴覚的実演の国際ルールの整備，放送事業者の権利，オンライン・サービス・プロバイダーの責任，データーベースの取り扱い，国際私法上の問題，裁判外紛争解決の活用，電子的管理システムの発展などが取り組むべき課題として存在する。

欧州統合による知的財産法の形成について

特許権については，ビジネスモデル特許に関する国際的調和の必要性，コンピュータープログラムの特許保護の必要性，バイオテクノロジー成果物およびヒトゲノム研究成果物に対する保護のあり方，特許権の侵害訴訟における特許無効抗弁の有無，インターネット上の特許権侵害における国際裁判管轄や準拠法の問題（この問題については，ハーグ条約草案がある）などがある。

〈参考文献〉

拙稿，「ヨーロッパ共通私法への潮流(1)(2)(3)」平成10年，11年，琉大法学59号，60号，62号。

拙稿，「ヨーロッパ私法へのアプローチ」平成11年，琉大法学61号。

拙稿，「ヨーロッパの政治・経済統合と私法の体系(1)」平成12年，琉大法学63号。

Daniel Kaboth, Das Schlichtungs-und Schiedsgerichtsverfahren der Weltorganisation für geistiges Eigentum（WIPO），P. Lang, 2000.

Elmar Wadle, Geistiges Eigentum,VCH, 1996.

Jurgen Schwarze/Jurgen Becker（Hrsg.），Geistiges Eigentum und Kultur im Spannungsfeld von nationaler Regelungskompetenz und europäischem Wirtschafts-und Wettbewerbsrecht, Nomos 1998.

Petra Buck, Geistiges Eigentum und Völkerrecht, Duncker & Humblot, 1994.

Carsten Intveen, Internationales Urheberrecht und Internet, 1. Aufl, Nomos, 1999.

Julia Ellins, Copyright law, Urheberrecht und ihre Harmonisierung in der europäischen Gemeinschaft, Duncker & Humblot, 1997.

Jorg schneider-Brodtmann, Das Folgerecht des bildenden Künstlers im europäischen und internationalen Urheberrecht, C. Winter, 1996.

Joachim Maus, Die digitale Kopie von Audio-und Videoproduktion, 1. Aufl, Nomos, 1991.

Robert Dittrich（Hrsg.），Harmonisierung der Schutzfristen in der EG, Manz, 1993.

Elmar Wadle（Hrsg.），Historische Studien zum Urheberrecht in Europa, Duncker & Humblot, 1993.

Commission of the European Communities, Replies from interested parties on Copyright and neighbouring rights in the information society, Office for Official Publications of the European Communities, 1995.

Gerhard Schricker（Hrsg.），Urheberrecht auf dem Weg zur Informationsgesellschaft, Nomos, 1997.

Heinz Puschel, Urheberrecht im Überblick, Haufe, 1991.

Jurgen Becker/Thomas Dreier（Hrsg.），Urheberrecht und digitale Technologie, Nomos 1994.

Jörg Reinbothe, Geistiges Eigentum und die Europäische Gemeinschaft, ZEup 1/2000, C.

V 結 び

H. Beck, S. 5ff.

Reto M. Hilty (Hrsg.), Die Verwertung von Urherberrecht in Europa, Helbing & Lichtenhahn, 1995.

Alain Strowel, Droit d'auteur et copyright, Bruylant, 1993.

Claude Colombet, Grands principes du droit d'auteur et des droits voisins dans le monde, Litec: Unesco, 1992.

Jean-Sylvestre Berge, La protection internationale et communautaire du droit d'auteur, Librairie generale de droit et de jurisprudence, 1996.

Shu Zhang, De l'OMPI au GATT, Litec, 1994.

OECD, Intellectual property, technology transfer and genetic resources, 1996.

Andre Francon/Valerie-Laure Benabou/Vincent Varet, La codification de la Propriété intellectuelle, Documentation Francaise, 1998.

IRPI, Les inventions biotechnologiques: protection et exploitation, Librairies techniques, 1999.

Dennis Cambell/Susan Cotter (eds.), Internatinal intellectual property law: European jurisdictions, Willey, 1995.

Friedrich-Karl Beier/Gerhard Schricker (eds.), From GATT to TRIPs, VCH, 1996.

Mitchel B. Wallerstein/Mary Ellen Mogee/Roberta A. Schoen (eds.), Global dimensions of intellectual property rights in science and technology, National Academy Press, 1993.

David L. Garrison, Intellectual property, Oceana Publications, 1995.

Peter Groves et al, Intellectual property and the internal market of the European Community, Graham & Trotman, 1993.

Guy Tritton, Intellectual property in Europe, Sweet & Maxwell, 1996.

George Metaxas-Maranghidis (eds.), Intellectual property laws of Europe, J. Wiley, 1995.

Arthur Wineburg (eds.), Intellectual property protection in Asia, Butterworth legal Publishers, 1991.

Edwin Mansfield, Intellectual property protection, foreign direct investment, and technology transfer, World Bank, 1994.

Horst Albach/Stephanie Rosenkranz (eds.), Intellectual property rights and global competition, Edition Sigma, 1995.

J. A. L. Sterling, Intellectual property rights in sound recordings, films & video, Sweet and Maxwell, 1992.

Robert E. Evenson, Intellectual property rights, R & D, inventions, technology pruchase, and piracy in economic development, Yale University, Economic Growth Center, 1990.

Jonathan Band/Masanobu Katoh, Interfaces on trial: intellectual property and interoperability in the global software industry, Westview press, 1995.

Michael A. Epstein/Ronald S. Laurie/Lawrence E. Elder, International intellectual property, Prentice Hall Law & Business, 1992.

Dennis Cambell/Susan Cotter (eds.), International intellectual property law: global jurisdictions J. Wiley, 1996.

Dennis Cambell/Susan Cotter (eds.), International intellectual property law: new development J. Wiley, 1995.

Jon S. Schultz & Steven Windsor, International intellectual property protection for computer software, F. B. Rothman, 1994.

Donald S. Chisum/Toshiko Takenaka/Kraig M. Hill (eds.), International perspectives on the legal interpretation of patent claims, CASRIP University of Washington School of Law, 1994.

Dennis Cambell (eds.), International protection of intellectual property, Financial Times Law & Tax, 1996.

George R. Stewart/Myra J. Tawfik/Maureen Irish (eds.), International trade and intellectual property, Westview Press, 1994.

Marshall A. Leaffer (eds.), International treaties on intellectual property, Bureau of National Affairs, 1990.

OECD, Protection of intellectual property in Central and Eastern European countries, 1995.

The First twenty five years of the World Intellecutual property Organization: From 1967 to 1992, International Bureau of Intellectual Property, 1992.

Inge Govaere, The use and abuse of intellectual property rights in E. C. law, Sweet & Maxwell, 1996.

Edward Slavko Yambrusic, Trade based approaches to the protection of intellectual property, Oceana Publications, 1992.

Lonnie T. Brown/Eric A. Szweda (eds.), Trade related aspects of intellectual property, 1990.

Roger E. Schechter, unfair trade practices and intellectual property, West Pub. Co., 1993.

WIPO, WIPO Worldwide Symposium on the Future of Copyright and Neighboring Rights, 1994.

http://europa.eu.int
http://www.wto.org
http://www.ocde.org
http://www.unesco.org
http://www.wipo.org
http://www.mofa.go.jp
http://www.jpo−miti.go.jp
http://www.bunka.go.jp

スポーツ独占放送権と放送法
——ドイツの短時間ニュース報道権とイベント・リスト規制——

鈴木秀美

Exklusivübertragung von Sportveranstaltungen und Rundfunkrecht
— Kurzberichterstattungsrecht und Listenregelung in Deutschland
SUZUKI Hidemi

Die wirtschaftliche Bedeutung sportlicher Großveranstaltungen bedarf keiner besonderen Erläuterung. Die Sportübertragungsrechte sind für die Marktstellung von Fernsehprogrammveranstaltern von zentraler Bedeutung. Die Entstehung des digitalen Fernsehens wird zu einem weiteren Entwicklungsschritt auf dem Markt für Sportrechte führen. Beim Verkauf von Sportüvertragungsrechte an einen Pay-TV-Veranstalter für Zwecke der Vermarktung im digitalen Fernsehen werden Sportveranstaltungen nur einem Teil der Fernsehzuschauer zugänglich. Aber in Deutschland sind die Exklusivrechte von Übertragung der Sportveranstaltungen durch Kurzberichterstattungsrecht und Listenregelung rundfunkrechtlich beschränkt.

Das Bundesverfassungsgericht hat durch das Urteil vom 17. 2. 1998 das in § 3a des Gesetzes über den Westdeutschen Rundfunk Köln und des nordrhein-westfälischen Rundfunkgesetzes enthaltene Recht auf nachrichtenmäßige Kurzberichterstattung grundsätzlich als verfassungsgemäß bestätigt. Nur die unentgeltliche Gwährung des Kurzberichterstattungsrechts bei berufsmäßig durchgeführten Veranstaltungen ist verfassungswidrig. Der Gesetzgeber ist insofern aufgefordert, binnen einer Frist von fünf Jahren eine verfassungsmäßige Regelung zu treffen.

Nach Ansicht des BVerfG hätten Fernsehveranstalter und Fernsehzuschauer ein gleichermaßen legitimes Interesse daran, in ihrem Fernsehprogramm über Sportveranstaltungen von besonderer Bedeutung zu berichten bzw. unterrichtet zu werden. Die Rundfunkfreiheit unterstreiche den Gemeiwohlbezug, weil sie verlange, daß die informationellen Voraussezungen der Meinungsfreiheit im Leitmedium des Fernsehens gewährleistet werden. Zur Verhinderung vorherrschender Meinungsmacht bedürfe es ausreichender Maßnahmen gegen Informationsmonopole. Eine durchgängige Kommerzialisierung von Informationen von allgemeiner Bedeutung oder allgemeinem Interesse, die dem Erwerber der Verwertungsrechte gestattete, damit nach Belieben zu verfahren und Dritte auszuschließen oder in der Teilhabe zu beschränken, würde den Leitvorstellung von Art. 5 Abs. 1 Satz 2 GG nicht gerecht. Der Gesetzgeber könne sich daher auf vernünftige Erwägungen des Gemeinwohls berufen, wenn er dem entgegenzuwirken suche.

Diese Rechtfertigungskonzeption des BVerfG kann auch die Listenregelung nach § 5a Rundfunkstaatsvertrag gelten, die u. a. Fernsehveranstaltern die Originalberichterstattung von bestimmten Großereignissen verschlüsselt und gegen besonderes Entgelt nur gestattet, wenn das Ereignis zeitgleich auch im frei empfangbaren und allgemein zugänglichen Fernsehprogramm gezeigt wird.

Im Jahr 1977 gab es eine heftige Diskussion im japanischen Parlament über die Fernsehübertragung der Olympischen Sommerspiel in Moskau, weil ein privater Fernsehveranstalter zum ersten Mal das Exklusivrecht erwarb. Aber der Gesetzgeber traf damals keine rundfunkrechtlichen Vorkehrungen. Durch die Einführung des digitalen Fernsehens wird die Erwägung wahrscheinlich unentbehrlich, die bisher nur nach Verträgen oder Gewohnheitsrechten ausgeübten Sportübertragungsrechte auch in Japan rundfunkrechtlich zu regeln.

I 問題の所在

世界各国でいわゆる放送のデジタル化が進められている。放送の伝送路がデジタル化されることによって，テレビを通じて視聴可能なチャンネルの数は飛躍的に増大する。ドイツでは，1998年8月24日，連邦政府が，テレビ放送のデジタル化完了の目標を2010年とする閣議決定[1]を行った。計画によれば，それまでに95パーセント以上の受像機でデジタル番組の受信が可能になる。これは，地上放送だけでなく，ケーブルや衛星によるテレビ放送すべてに共通の目標とされている。なお，衛星放送の分野では，1996年7月にメディア企業キルヒが，衛星デジタル放送DF1による有料テレビ放送をすでに開始しているが，莫大な投資にもかかわらず，目標の加入者数獲得に苦戦している[2]。このように新しいメディアを普及させる際，視聴者の獲得を確実に見込める人気スポーツイベントの独占放送権[3]の獲得はきわめて効果的な方法である[4]。実際に，キルヒ・グループは，1996年に2002年と2006年の

[1] この閣議決定は，連邦政府の委託によって連邦経済省に設置された作業部会の報告書「イニシアチブ『デジタル放送』」に基づいている。連邦，州，放送・電気通信事業者，家電メーカー，消費者，学者などの代表からなるこの作業部会は，放送のデジタル化の目標とそれを達成するためのおおまかなスケジュールについて合意した。その後，計画を実現するための技術面での条件整備とともに，放送法制の見直し作業が進められている。なお，閣議決定によって設定された目標達成の可能性は，2003年に再度見直される。

[2] このためキルヒは，最大のライバルであるベルテルスマンと提携し，DF1と有料放送のプルミエール（アナログ放送は1991年から，1997年2月にはデジタル放送も開始）との合併をめざしたが，欧州委員会とドイツ連邦カルテル庁は，2社による放送市場独占のおそれがあるとの理由によりこれを認めなかった。その結果，ベルテルスマンは，所有していたプルミエールの株式をキルヒに売却し，ドイツの有料放送市場から撤退した。キルヒは，プルミエールとDF1を合併させて，「プルミエール・ワールド」としての放送を1999年10月に開始した。2000年10月現在の加入者数は220万であった。2000年末までに290万達成という目標の実現は難しいとみられている。

[3] スポーツ独占放送権の特徴については，M. Diesbach, Pay-TV oder Free-TV, 1998, S. 73 ff. ここでいう放送権は，著作権としての放送権ではなく，スポーツイベントの主催者が契約によって放送事業者に与える中継権を意味する。

[4] ドイツにおけるスポーツ独占放送権の展開については，Diesbach, a. a. O. (Fn. 3), S. 57 ff. また，有料テレビと独占放送権について，K.-H. Ladeur, Pay-TV und Ex-

サッカー・ワールドカップ独占放送権をこれまでの10倍以上の価格で獲得している。放送市場における視聴率獲得競争が激しさを増すにつれ，サッカーのワールドカップだけでなくオリンピックの放送権も高騰している5)。

今後，これらのスポーツイベントに独占放送権が設定され，それを有料放送事業者が獲得すると，有料放送によらなければ試合のテレビ観戦ができなくなるだけでなく，他の放送事業者による試合結果についての報道においてさえ試合の映像を利用できないという可能性も生じる。こうした状況のなか，ヨーロッパでは，人気の高いスポーツイベントの独占放送権を放送法によって制限する動きがある。以下では，ドイツの短時間ニュース報道権（Recht auf nachrichtenmäßige Kurzberichterstattung）とイベント・リスト規制を手がかりに，放送法による独占放送権の制限について検討を加えることにしたい。

II 短時間ニュース報道権

1 立法の経緯

短時間ニュース報道権6)とは，独占放送権に制限を加え，一般に公開され，かつ公衆が関心を寄せるイベントと事件（Veranstaltungen und Ereignisse）7)について，テレビにおいてニュースとしての短時間（スポーツイベントの場合には，原則として1試合につき90秒）の報道をする権利である。

ドイツでは，1984年以降，民間放送の導入にともなって放送事業者間の競争が激化した。とくに新規参入者である民間放送事業者は，より多くの視聴者を獲得するため重要なスポーツイベントの独占放送権を獲得しようとした。

---

klusivverträge über Senderechte für Sportveranstaltungen, SpuRt 1998, 54 ff.
5) 詳細は，「変貌するメディアとスポーツビジネス(2)——ヨーロッパ」のうち，内野隆司「ドイツ」放送研究と調査1999年2月号17頁以下参照。
6) 短時間報道権について多数の文献があるがさしあたり，Hartstein/Ring/Kreile/Dörr/Stettner, Rundfunkstaatsvertrag, §5の解説を参照。
7) 放送州際協定の理由書によれば，「事件」とは「イベント以外の，とくに予見不可能な出来事」とされ，炭坑事故が例示されている。Hartstein/Ring/Kreile/Dörr/Stettner, Rundfunkstaatsvertrag, §5 Rdnr. 31f. ドイツでは，1963年にレンゲデで発生した炭坑事故の際，事故から2週間後に坑内から救出された鉱員と雑誌「シュテルン」が締結した体験談独占出版契約の効力が裁判で争われたという前例がある。Vgl. BGH, GRUR 1968, 209 f.

Ⅱ　短時間ニュース報道権

ところが，民間テレビ番組は，主としてケーブルテレビによって送信されており，当時の技術水準では，全国どこでも受信可能な状態ではなかったため，独占放送権の設定は，視聴者が当該スポーツイベントをテレビ観戦する可能性を事実上制限することを意味していた。この問題は，1988年，民間放送に出資しているメディア企業ベルテルスマンの子会社が，ドイツ・サッカー協会からむこう3年間の連邦リーグ全試合の独占放送権を獲得したことによって強く意識されるに至った。当時，民間放送の番組を受信可能な世帯は全世帯の約3分の1にすぎなかったため，その他の視聴者は，サッカーの全国リーグをテレビ観戦する機会を奪われてしまう可能性も生じた。

そこで，放送についての専属的立法権をもつ州は，対抗措置として放送法への短時間ニュース報道権の導入に踏み切った。1990年に締結された「放送州際協定改正のための第1次州際協定（テレビ短時間報道についての州際協定）」によって，1987年の「放送州際協定」が改正され，短時間ニュース報道権について規律する10a条から10f条が挿入された。当該規定は，そのまま1991年の「統一ドイツにおける放送州際協定」第1章「放送州際協定」の4条とされ，さらに1996年の改正によって短時間ニュース報道権の規定は「放送州際協定」の4条から5条に移されたが，その内容は変更されなかった。

ノルトライン・ヴェストファーレン州（以下では，「NW州」と略記）は，1990年の州際協定締結直前に，「西部ドイツ放送協会に関する法律」（以下では，「WDR法」と略記）および「州放送法」（以下では，「LR法」と略記）のそれぞれに3a条として短時間ニュース報道権を導入した。1995年の改正によりわずかに文言が修正されたWDR法とLR法の3a条は，以下の通りである。

① ヨーロッパで免許を付与されているすべてのテレビ事業者に，一般に公開されており，かつ公衆が知りたいと関心を寄せるイベントと事件について，テレビにより無償で短時間報道をする権利が，自己の放送目的のために与えられる。この権利は，以下の第3文と第2項から第6項の条件のもとで，入場，短時間のライブ放送，録画，1つの番組のみを制作するためのその利用，および番組提供についての権利を含む。他の法律の規定，とりわけ著作権と人格権保護についての規定は，この権利の影響を受けない。教会および他の宗教団体ならびにそれに

相応する任務を担っている施設には，第1項と第2項は適用されない。

② 無償の短時間報道は，その場合に応じたニュースとしての短時間報道に限定される。許される放送の長さは，イベントまたは事件の，ニュースとしての情報内容を伝えるために必要な時間の長さにしたがって決定される。短期間の，かつ定期的に繰り返される，比較可能なイベントの場合，放送の長さの上限は，原則として1分半である。同種のイベントについての短信が要約される場合，その要約においてもニュースとしての性格は保持されていなければならない。

③ 短時間報道権は，イベントまたは事件に回避可能な障害を発生させないように行使されなければならない。主催者は，さもないとイベントの開催が疑わしくなったり，イベント来場者の道徳感情がはなはだしく侵害されると認められうる場合には，放送または録画を制限し，または排除することができる。短時間報道権は，それが公共の安全と秩序にとって妨げとなり，かつその理由が情報についての公共の利益にまさる場合には排除される。その他の点で，イベントの放送または録画を全体として排除する主催者の権利は，この規律によって影響を受けない。

④ 短時間報道権の行使について，主催者は，一般に予定されている入場料を要求することができる。その他の点で，この権利の行使によって発生する必要経費は，主催者に償還されなければならない。短時間報道権の行使は，遅くともイベント開始10日前までに，テレビ事業者が主催者に届け出ることを条件とする。主催者は，遅くともイベント開始5日前までに，届出をしたテレビ事業者に，放送または録画のために十分な空間的・技術的可能性が存在するか否かを通知しなければならない。短期間のイベントまたは事件の場合には，できる限り早い時期に届出をしなければならない。

⑤ 空間的・技術的条件がすべての届出を考慮するために十分でない場合には，まず，イベントの主催者または事件の担当者と契約上の合意を締結しているテレビ事業者が優先される。さらに，主催者または事件の担当者は，選択権を有する。その際，まず，イベントが開催された州または事件が発生した州に包括的な（テレビ番組の）供給を確保しているテレビ事業者が考慮されなければならない。無償で短時間報道を行うテレビ事業者は，入場を許されなかったテレビ事業者に対して，適当な費用の対価にかえて，信号または録画を直接に利用に供さなければならない。主催者または事件の担当者が，あるテレビ事業者と報道について契約上の合意を締結する場合には，主催者または事件の担当者は，少なくとも他のテレビ事業者が短時間報道を行うことができるよう配慮しなければならない。

⑥ 短時間報道に利用されなかった部分は，イベントまたは事件が終了した後，遅くとも3ヶ月以内に廃棄されなければならない。廃棄は，当該イベント主催者

または事件の担当者に文書で通知されなければならない。この期間は、第三者の正当な利益の行使によって停止される。

　この規定は、住民の情報受領を確保し、すべての放送事業者に包括的かつ十分な報道をする機会を保障し、また、情報の商業化によって情報の幅と多様性について生じる危険を回避することを目的としている。報道の対象には、スポーツイベントだけでなく、政治、文化、学問などの分野におけるイベントと事件も含まれる。

2　短時間ニュース報道権事件
(a)　事件の争点

　州による立法の動きに対し、1991年、連邦政府は、WDR法とLR法の3a条が基本法に違反し、無効であるとの確認を連邦憲法裁判所に求めた。連邦政府は、当該規定が、基本法14条1項（所有権）、12条1項（職業の自由）、13条1項（住居の不可侵）、5条1項（放送の自由）および2条1項（肖像権）ならびに部分的に71条、73条9号の権限規定に違反し、無効であると主張した[8]。短時間ニュース報道権による所有権の侵害についての連邦政府の主張の要旨は以下の通りである。

　公開のイベント、とりわけスポーツイベントを主催することは、基本法14条1項によって保護されている。ドイツ・サッカー協会が放送事業者に契約によって放送権（Übertragungsrecht）を売却することは、所有権の行使である。連邦憲法裁判所の確立した判例は、著作権の財産権的側面が所有権保障に含まれると解している。主催者の権利保護には、この著作権の保護と同じことが妥当する。短時間報道権によって、主催者は、イベントを多数の放送事業者が録画し、そこから短時間報道を編集するか、ライブ中継することを甘受しなければならなくなる。これによって、主催者の中継権（Senderecht）およびその経済的利用についての処分権は制約を受ける。純粋な意味での独占中継権の売却は不可能になる。多数の放

---

[8]　BVerfGE 97, 228 (235 ff.). この事件の争点については、村上武則／アンドレアス・シェラー「ドイツにおける自由な短時間ニュース報道の権利の憲法問題」阪法47巻2号1頁以下（1997）、同「現今のドイツにおけるスポーツとテレビ報道をめぐる法律問題」阪法47巻6号1頁以下（1997）も参照。

送事業者によって，イベントのハイライトシーンが放送されるが，それは当該イベントが完全中継以上に効果的に情報および娯楽として提供されることを意味する。中継権の価値が低下し，中継権を獲得した者は，短時間報道を売却する可能性を失う。違反に対する制裁が設けられていないため，スポーツイベントの録画が，短時間報道以外に濫用される危険もある。短時間報道権は，ライブの報道も認めているため，イベントの入場者を減らさないために締結される，時間をずらした独占放送契約は無意味になる。

　立法者は，所有権の内容形成について広範な決定の余地を認められているが，その際，14条2項における公共の福祉の義務づけが，所有権の内容形成と制限の指針ないし限界となる。対立する利益は，立法者によって，比例原則を適用することによって調整される。所有権者は，この原則の範囲内においてのみ，社会的共同生活を保護するための制約を甘受しなければならない。しかし，短時間報道権は，放送の自由からも，知る権利からも導出することはできない。ここで問題となっているイベントは，娯楽のためのものである。娯楽のための利益は，私人の権利への重大な侵害を正当化することはできない。公共の福祉のための必然的な理由は存在しない。報道権には，契約上の根拠が必要であり，この権利を法律によって一方的に放送事業者に付与することはできない。

　連邦政府は，州に対して，著作権法の改正による報道目的の引用権の拡大を提案した。より負担の少ないこの規定によって同じ目的が達成できるため，短時間報道権による所有権の制約は比例原則によって正当化されない。

　なお，サッカーの試合の中継を認めるか否かについての決定は，職業についての基本権の行使の問題でもある。その限りで，14条1項と12条1項の保障領域は，重なり合っている。比例原則を満たさない短時間報道権は，職業の自由をも侵害する。

　この事件で連邦憲法裁判所の抽象的規範統制の対象とされたのは，NW州法の短時間ニュース報道権であるが，前述した現行放送州際協定5条の規定も内容は同じであるため，この事件の争点は，そのまま放送州際協定にも妥当する。

　この事件に対して，NW州の政府と議会，その他の州政府，ドイツ公共放送協会連盟（ARD）と第2ドイツ・テレビ（ZDF）が，当該規定の合憲性を支持する立場を明らかにした。他方，民間放送・通信連盟は放送の自由の侵害を主張し，ドイツ・サッカー協会とドイツ・スポーツ協会は，基本的に連邦政府の立場を支持した。本件には，憲法学者のパピア教授9)が連邦政府の

Ⅱ　短時間ニュース報道権

訴訟代理人として関与した。短時間ニュース報道権については，いつのかの鑑定書をはじめ多くの論文が公表されている10)。

(b)　連邦憲法裁判所の判断

スポーツイベントは，連邦政府の提訴から，1997年に連邦憲法裁判所の口頭弁論が開かれるまでの数年間にますます商業化し，独占放送権料も高騰した。放送のデジタル化という環境変化を背景に，民間の有料放送に加入しない限り人気の高いスポーツイベントをテレビ視聴できなくなるという可能性もあらたに生じるなかで，1998年2月17日，連邦憲法裁判所第1法廷判決11)が下された。

連邦憲法裁判所は，短時間ニュース報道権を，職業として開催されるイベントについて無償で認める限りにおいて基本法12条1項に違反するが，その他については憲法適合的解釈によって基本法に合致するとみなした。

連邦憲法裁判所は，各争点について以下のように説示した。

1　［立法権］12)

WDR法とLR法の3a条は，基本法73条9号によって連邦が専属的立法権を有している著作権の問題ではない。当該規律は，州の立法権である放送法の分野に属する。短時間報道権そのものについても，これはきわめて明白である。

2　［職業の自由］13)

(1)　「当該規律の対象とされた活動は，原則として職業の自由の保護を享受する」。「当該規律は，主催者が契約に基づく放送権を与えなかったテレビ

---

9)　H.-J. Papier, Rechtsfragen der Rundfunkübertragung öffentlicher Veranstaltung, AfP 1989, 510 ff.; ders., Verfassungsrechtliche Fragen des Rechts der Kurzberichterstattung, in : Festschrift für Lerche, 1993, S. 675 ff.

10)　さしあたり，Lerche/Ulmer, Kurzberichterstattung im Fernsehen, 1989; H. D. Jarass, Verfassungsmäßigkeit des Rechts der Kurzberichterstattung, AfP 1993, 435 ff. など。Hartstein/Ring/Kreile/Dörr/Stettner, Rundfunkstaatsvertrag, §5, S. 8 ff. に短時間ニュース報道権についての文献一覧が掲載されている。

11)　BVerfGE 97, 228. なお本稿のうち，「2　短時間ニュース報道権」は，鈴木秀美「放送法による独占放送権の制限——短時間ニュース報道権事件」自治研究75巻4号122頁以下（1999）に加筆したものである。

12)　BVerfGE 97, 228（251 f.）.

13)　BVerfGE 97, 228（252 ff.）.

事業者に無償の短時間報道を許可し，そのために必要な前提条件をイベント会場に準備することを主催者に義務づけることによって，イベント主催者の職業における処分の自由を制限する。テレビ放送権の経済的価値は，それによって低下する可能性がある。イベント主催者または権利仲介業者から放送権を獲得したテレビ事業者は，競争関係にあるテレビ事業者による短時間報道を甘受しなければならないし，それによって視聴者と広告収入を失う可能性がある。そして短時間報道の対象とされるイベントの出場者さえも，彼らが自己の業績についてのテレビ利用権（Fernsehverwertungsrecht）を自由に処分できるその限りにおいて，職業活動を制限される」。

「当該法律の諸規定は，たしかに直接的な職業関連性をもってはいない」。「しかし，こんにちでは，その放送が取引の対象とされるイベント，とりわけ国内外の関心を集める大きなスポーツイベントの場合にはまさに，この規律が職業規律的傾向をもつことを否定できないほど一般的に，イベントは職業として組織され，利用されている」。

(2) (ア)「短時間報道権は，職業の遂行のみにかかわる」。この規律は，それが公共の福祉の合理的な考慮によりそれが合目的的とみなされ，かつ基本権を比例原則に反して制限していない限り，基本法12条1項に合致する。

(イ)「当該規律は，合理的な公共の福祉の考慮を基礎としている」。立法者は，「公衆が関心を寄せるイベントについての十分な情報をテレビというメディアにおいて確保しようと意図した」。「すべてのテレビ事業者が，WDR法とLR法の3a条の意味におけるイベントについて，独自に，少なくともニュースの形態で報道することが可能な状態におかれている。これによって同時に，テレビを通じて伝達される情報が，唯一の情報源からではなく，異なった情報源から発せられ，同一の対象についてさまざまな視点，主張，解釈が有効に働きうるような前提条件がつくりだされる」。

「自由な情報伝達活動と，自由な情報へのアクセスを保障することは，基本法の本質的関心事である。テレビは，公衆にとって重要なイベントについて情報を提供する唯一のメディアではないが，イベントについて映像と音声によってライブ中継で報道することの可能な唯一のメディアである。テレビによって伝えられる，信憑性と同時体験というみせかけのため，そしてその手軽な利用可能性のため，テレビは，この間に住民の大部分が情報需要を満

足させるためのメディアとなっている」。

「なるほど当該規律の契機となった危険は，現時点ではもはや存在していない」。独占放送権をもつ民間テレビ放送を視聴可能な世帯は，公共放送協会のそれとほぼ等しくなっている。「しかしこのことは，この規律からその公共の福祉との関連性を奪うものではない。一方で，重要なイベントが将来は有料テレビ（ペイ・テレビまたはペイ・パー・ヴュー）というメディアにおいてのみライブで放送され，そのために一部のテレビ視聴者がそのイベントにアクセスできないことになれば，類似の危険が発生する。他方で，情報が全国的に放送されている，すくなくともひとつの番組から入手可能であることとは無関係に，公衆にとって情報価値の高い出来事について，自局の番組によって報道できることは，すべてのテレビ事業者の正当な利益である。テレビ事業者は，これによって，テレビ視聴者が，いつも視聴している番組または選択した番組においてそのつど，とくに重要なイベントについて情報を与えられるという，同様に正当な期待に応える。そして，情報独占を防ぎ，見せ方と表現の多元性を確保することにも，正当な公共の福祉の利益がある」。

「この規律の公共の福祉との関連性は，基本法5条1項2文において放送の自由を憲法上保障する意義によっても強調される。連邦憲法裁判所の確立された判例によれば，放送の自由は，個人的意見及び公的意見の自由な形成に奉仕する。これは，包括的かつ真実に即した情報伝達を条件としてのみ達成されうる」。「それゆえ，基本法5条1項2文は，意見形成のための情報伝達についての前提条件が，テレビという基幹的媒体（Leitmedium）において保障されることを求める」。

「テレビの情報伝達機能は，狭い意味における政治的情報に限定されない」。「放送制度において全体として達成されなければならない，古典的な放送責務の意味における情報とは，ジャーナリズムの基準をふまえて，すべての生活領域に関する，対象を限定されない情報を意味する」。これには，重要なスポーツイベントについての報道もたしかに含まれる。重要なスポーツイベントの意義は，その娯楽価値に尽きるものではなく，さらに重要な社会的機能を果たす。「スポーツは，地方および全国において同一化の可能性（Identifikationsmöglichkeit）を提供し，住民間の幅広いコミュニケーションの連結点

となる」。基本法によって要請される包括的な報道は、スポーツイベントを抜きにして実現されえない。「公衆にとって重要な、または公衆が関心を寄せる対象についての報道が、ひとつの放送事業者によって独占されることは、この目的を脅かす可能性がある」。「支配的な意見の力を阻止するために、事業者レベルの集中に対抗する有効な措置が必要とされるのみならず、情報独占に対抗する十分な措置も必要となる。公衆にとって重要な情報の完全な商業化は、利用権獲得者に、好き勝手に振る舞い、第三者を排除し、または関与を制限することを可能にするが、このことは、基本法5条1項2文の基本理念にそぐわないであろう。これに対抗しようと試みるとき、立法者は公共の福祉の合理的な考慮に依拠することができる」。

(ウ) 無償の点を除けば、この規律は、憲法適合的解釈により比例原則に適っている。

(i)「この規律は、法律の目的達成に適している」。

(ii)「法律の目的を同様に達成する、より負担の少ない手段を認識することはできない」。

(iii)「この規律は、その核心において狭義の比例原則をも考慮している。この規律は、報道の待機時間については憲法適合的解釈によって基本法12条1項に適合するが、無償の短時間報道を規定している点では職業の自由を過剰に制限する」。

① 「この規律は、一方で、テレビというメディアにおいて公衆が関心を寄せるイベントに関する多数かつ多様な情報伝達を可能にし、それによって重要な、基本法自身によって高く評価された公共の福祉の目的に奉仕する」。「公衆が高い関心を寄せるイベントの放送が、将来、契約テレビへと移行し、その結果、住民全体への重要な情報の供給があらためて危険にさらされる場合には、この権利の意義はさらに高まる可能性がある」。

「他方、短時間報道権による職業遂行の自由の制限は、深刻ではない」。WDR法とLR法の3a条2項2文と4文が、報道価値に限定された報道と、娯楽価値に関連する報道を区別しているため、当該規定に憲法上の異議を唱えることは原則としてできない。「放送権の経済的価値は、イベントの娯楽的性格とともに高まる。方法と時間による短時間報道権の制限は、イベントの放送がもつ娯楽価値の伝達を妨げる」。たしかに短時間報道権は、まさに

II 短時間ニュース報道権

イベントのハイライトを再現することを認めるが，他の部分と無関係にハイライトを放送することは，長時間の中継や完全中継ほど魅力的ではない。短時間報道は，イベント会場の観客数およびテレビにおける長時間中継の視聴者数に重大な影響を与えないし，広告と放送権からの収益を著しく減少させることはないという立法者の推測に，憲法上の異議を唱えることはできない。

② 「イベント主催者と有償で利用権を獲得した権利者が，多数の観客を確保するため，イベント終了からテレビ放送までに待機時間を設けているのに，短時間報道の権利者が，イベントの進行中，またはイベント終了後すぐにその報道を放送できるとすれば，当該規定は，イベント主催者と有償で利用権を獲得した権利者をたしかに期待できないほどに脅かす」。当該規律の憲法適合的解釈によれば，「契約上の権利を持つ者が，待機時間を守らなければならない場合，短時間報道権を，契約に基づく放送権よりも前に行使することは許されない。」

③ 当該規定は，そこで短時間報道権が無償で内容形成されているその限りにおいて，職業の自由に対する過剰な制限を含んでいる。「なるほど，法秩序には，公共の福祉を根拠として職業活動に財産価値をともなう給付義務または受忍義務を相応の対価なしに課している，合憲的な職業遂行の規律は多数存在している。しかし，本件の規律は，職業上の給付の成果が，公衆だけでなく，イベント主催者が最初の利用権（Erstverwertungsrecht）を契約上与えたテレビ事業者の競争相手にも役立つという点で，前述の規律とは区別される。これと結びついた損失は，規範の保障目的との関係において主催者に不適切な負担を課す。他方，この規律によって優遇されたテレビ事業者には，適切な対価の支払いを期待することが可能である。

公的利益の保護が問題であるため，短時間報道の対価についての規定は，もちろん主催者の任意に委ねることは許されない。むしろ，立法者は，短時間報道権が高すぎる対価によって空洞化されず，原則としてすべてのテレビ事業者にとって利用可能であり続けることを保障する規律を定めなければならない」。その際，ニュース報道に限定された短時間報道権は，イベントの，経済的にとくに重要な娯楽価値を限定的に伝達することしかできないので，契約上の放送権がそのまま評価の基礎として考慮されることはない。

3 ［一般的行為の自由］[14]

短時間報道権は，非営利のイベントの主催者を対象とする限りにおいて，一般的行為の自由，とりわけ経済的行為の自由の保障としての基本法2条1項にかかわる。しかし，この自由は，無償の短時間報道権によって侵害されない。職業としての主催者の場合と異なり，イベントの開催をその職業としていない者が，期待できないほどに負担を課されているとは認められない。

4 ［所有権］15)

イベントについての放送権を売却する可能性を有することが，所有権的地位を意味するか否かは，ここでは未解決とすることができる。たとえ，基本法14条1項が当該規律によって制限されていたとしても，所有権保障を基準とする審査が，職業の自由または一般的行為の自由を基準とする審査と異なる結論へと導くことはないだろう。

5 ［住居の不可侵］16)

短時間報道権は，その権利者にテレビ録画のためにイベント会場と事件現場に立ち入る権利を認めるが，それによって基本法13条1項における住居の不可侵の基本権は侵害されない。私的生活の空間は保護の必要性が最も高いのに対し，純粋な営業，事務または労働のための空間における保護の必要性は，その空間がもつ目的によって緩和される。営業のための空間に立ち入る権利は，法律がそれを認め，それが許された目的に奉仕し，目的の達成のために必要であり，立ち入り目的，対象，範囲が認識可能であり，その空間が営業上の利用のために使用されている時間に限定して立ち入りが許されている場合には，基本法13条1項に違反しない。短時間報道権は，この基準に適っている。

6 ［放送の自由］17)

放送の自由は侵害されていない。「放送の自由は，法律による内容形成を必要とする。その際，立法者は，一方では，放送がその機能を，それが政治的性格であっても，経済的性格であっても，ジャーナリズム以外の，いかなる利用からも影響を受けることなく達成できるように配慮しなければならな

---

14) BVerfGE 97, 228 (263 f.).
15) BVerfGE 97, 228 (264 f.).
16) BVerfGE 97, 228 (265 f.).
17) BVerfGE 97, 228 (267 ff.).

い。これには，とくに支配的な意見の力の阻止が含まれる。他方，立法者は，放送が憲法上前提とされている任務を意見形成のために果たすことを保障しなければならない。これには，社会的に重要なテーマについての縮減されず，真実に即した情報の提供が含まれる」。

「放送の自由を内容形成する際には，立法者は広範な自由を享受する」。「憲法上問題になるのは，自由で包括的な報道の保障と，誤った方向への発展の回避のみである。放送の自由を内容形成する法律が，放送の自由の目的促進に適しており，基本法5条1項2文の保護法益を適切に顧慮している場合，これに憲法上の異議を唱えることはできない」。短時間報道権は，基本法5条1項2文の目的の実現に奉仕する。この規律は，適切でもある。放送の自由の核心としての番組編集の自由は，この規律によって制限されていない。

7　［一般的人格権］18)

短時間報道権は，基本法1条1項との結びつきにおける2条1項に由来する一般的人格権にも適っている。一般的人格権は，ここでは，「造形芸術および写真の作品の著作権に関する法律」が22条で保護しているように，競技者などの自己の肖像に関する権利として現れる。この権利は，ある人物の肖像が，頒布され，または公然と展示することが許されるか否か，およびいかなる方法でそれが許されるかについての処分権を保護する。

自己の肖像に関する権利の短時間報道権による制限は正当化されうる。一般的人格権は，2条1項の留保に服する。「その制限は，重要な公的利益のために，とくに個人が他者とのコミュニケーションに加わり，自己の行動によって他者に影響を与え，それによって隣人の個人的領域または共同体の利益とかかわりあいをもつ場合には，許容される」。ここでは，競技者が，あるテレビ事業者に独占放送権が売却されたイベントに参加していることが重要である。肖像権の人格権的視点ではなく，金銭的視点が中心になっている限り，基本法1条1項との結びつきにおける2条1項ではなく，12条1項が問題となる。

8　［経過措置］19)

---

18)　BVerfGE 97, 228 (268 ff.).
19)　BVerfGE 97, 228 (270).

短時間報道の対価について憲法に適った規律をなすため，立法者には判決から5年の猶予期間が与えられる。この規律がなされるか，遅くとも期限が切れるまで，無償の短時間報道についての規定は適用可能である。

(c) 判決の評価

連邦憲法裁判所は，公衆が関心を寄せるイベントについてテレビによる多数かつ多様な情報伝達を可能にするために，短時間ニュース報道権によって独占放送権を制限することを原則として認めた。本判決は，基本的に州政府の立場を認めたが，無償の短時間報道を違憲とし，憲法適合的解釈によって報道の待機時間を設定するなど，連邦政府の主張も一部は採用しており，すべての関係者を満足させることに成功したとみなされている[20]。

本判決では，短時間報道権によるいくつかの基本権制限のうち，職業の自由の制限についてとくに詳細に合憲性が検討された。本判決は，職業の自由による保護には，職業として獲得した給付の経済的利用も含まれると解して，短時間報道の対象となるイベントの場合には，イベントの開催だけでなく，そこから得られる広告収入と放送権料も職業の自由の保護を受けると判示した。連邦政府は，職業の自由よりもむしろ所有権の侵害を主張したが，本判決は，放送権が所有権による保護を享受するか否かを未解決とした[21]。

---

20) 判決直後の反応について，Funkkorrespondenz Nr. 8-9 v. 20. Februar 1998, 6 f. 参照。判例評釈として，J. Schwabe, Anm., JZ 1998, 514 f; A.-T. Lauktien, Anm., ZUM 1998, 253 ff.; M. Diesbach, Gemeinwohlbezug von Kurzberichterstattung und Listenregelung — Rundfunkfreiheit und Sportübertragungen nach dem Urteil des BVerfG vom 17. Februar 1998, ZUM 1998, 554 ff.; R. Zuck, Ist Fußball ein Menschenrecht?, NJW 1998, 2190 f.; T. Brinkmann, Die Sicherung der freien Berichterstattung von Sportveranstaltungen und anderen öffentlichen Ereignissen, Media Perspektiven 1998, 98 ff.; A. Hesse, Ausgewählte Rechtsprechung mit grundsätzlicher Bedeutung für die Rundfunkordnung in der Bundesrepublik Deutschland, Rundfunk und Fernsehen 1998, 515, 523 ff.; P. J. Tettinger, Kurzberichterstattung über Sportereignisse im Fernsehen, SpuRT 1998, 109 ff.; Chr. Lenz, Das Recht auf Kurzberichterstattung — Bestätigung und Korrektur aus Karlsruhe, NJW 1999, 757 ff.; Chr. Tietje, Kurzberichterstattung im Fernsehen als Verfassungsproblem, JuS 1999, 644 ff. がある。

村上武則／アンドレアス・シェラー「短時間ニュース報道の権利と1998年2月の連邦憲法裁判所判決」阪法48巻3号1頁以下（1998）も参照。

21) 職業の自由と所有権の区別については，BVerfGE 30, 292 (335) 参照。それによると，「14条1項が既に獲得された物，活動の結果を保護するのに対し，12条1項は

Ⅱ　短時間ニュース報道権

　憲法判例によれば，職業選択の自由と職業遂行の自由では，制限の合憲性審査基準が異なる[22]。前者は，とくに重要な共同体の利益を保護するためにどうしても必要とされる場合にしか制限できないが，後者は，合理的な公共の福祉の考慮により，それが合目的的とみなされる限り制限できる。本判決は，短時間報道権を後者のみにかかわるものとして合憲性を審査したが，その際，公共の福祉との関連性を異例といえるほど多角的に検討することによって正当化した。多元的な情報源の必要性，テレビというメディアの意義，有料テレビに起因する将来的危険，放送の自由の意義，スポーツイベントの社会的機能，情報独占の危険，重要な情報の商業化防止の必要性などを理由に，立法者は合理的な公共の福祉の考慮に依拠しているとみなされた。同様の理由づけは，狭義の比例性審査にもみうけられる。

　なお，本判決は，短時間報道権の行使が無償で認められていることを職業の自由の侵害とみなし，立法者に短時間報道の対価についての規律を義務づけた。対価が必要となる理由について，本判決は，短時間報道権が公衆だけでなく，独占放送権を獲得した放送事業者の競争相手も優遇することになる点のみを指摘している。学説には，本判決が，職業の自由の侵害に，所有権の侵害に対する補償の要否についての憲法判例を応用しているとの指摘もある[23]。

　本判決は，短時間報道権の合憲性を，放送の自由の内容形成という観点からも審査した。憲法判例によれば，放送の自由を制限する場合と，これを内容形成する場合とでは合憲性審査基準が異なる[24]。制限の場合，いわゆる三段階審査によって制限の比例性が厳格に審査されるが，内容形成の場合には，立法者に広範な形成の自由が認められる。自由な意見形成に「奉仕する自由」と解される放送の自由を内容形成する法律は，自由で包括的な報道を保障し，誤った方向への発展（放送事業者の集中や情報の独占による「支配的意見の力」の成立）を回避しなければならない。放送の自由を内容形成する

　　獲得すること，活動自身を保護する」という。
　22）　BVerfGE 7, 377 (404 ff.). 判例評釈として，野中俊彦「薬事法距離制限条項の合憲性」ドイツ憲法判例研究会編『ドイツの憲法判例』223頁以下（信山社・1996）参照。
　23）　Vgl. Tietje, a. a. O. (Fn. 20), 649.
　24）　詳細は，鈴木秀美『放送の自由』134頁以下（信山社・2000）参照。

法律は，放送の自由の目的促進に適し，その保護法益を適切に顧慮している限り合憲とされる。この基準にしたがって，短時間報道権の合憲性が確認された。

本判決では，連邦憲法裁判所が，放送のデジタル化という急激な環境変化を目前にして，いわゆる放送判決を通じて確認してきた放送の自由の意義をあらためて強調している点が注目される。本判決は，サッカー・ワールドカップ独占放送権料の高騰などといった社会的現実をふまえて，情報の独占化と商業化の危険に対抗する明確な姿勢を打ち出した。短時間報道権の対価の規律を委ねられた州の立法者は，州際協定改正に要する時間と，放送の直面する環境変化を顧慮するために，5年という比較的長い猶予期間を与えられた。

スポーツイベントに，娯楽としてだけでなく，その他の社会的機能を認めた本判決には，「サッカーは，人権か？」という批判[25]も加えられている。しかし，スポーツ独占放送権を放送法によって制限しようとする動きはドイツだけのものではない。1997年に改正されたEUのいわゆる「テレビ指令」は，各構成国において重要なイベント・リストを作成し，当該イベントについての無料テレビ観戦を可能にするための措置についての欧州共同体法上の根拠を明文化した[26]。本判決は，ドイツにおけるイベント・リスト規制の導入にも憲法上の手がかりを与えたものとみなされている。

Ⅲ　イベント・リスト規制

1　1997年EUテレビ指令改正

イベント・リストによる規制は，1984年に，有料放送による独占放送権の獲得に対抗するためにイギリスの放送法に採用された[27]。その後，フランスやベルギーなどでも類似の規制が行われるようになった。EUでは，1996

---

25) Zuck, a. a. O. (Fn. 20), 2190. Papier, a. a. O. (Fn. 9), S. 683 も，スポーツイベントは娯楽にすぎず，公衆の娯楽に対する関心によって私人の権利制限を正当化することはできないと説く。

26) テレビ指令が採用したイベント・リスト規制については，本文後述「3　イベント・リスト規制」の(1)を参照。

27) Vgl. E. Barendt, Broadcasting Law, 1995, S. 136 ff.

Ⅲ　イベント・リスト規制

年，テレビ指令28)の改正作業のなかで，公衆のために重要なイベントをライブ中継でテレビ観戦する機会を確保することを目的とするイベント・リスト規制の導入が提案された29)。この規制は，有料放送事業者による独占放送権の取得を認める一方で，リストに含まれるイベントについては，独占的な放送権の行使を制限するものである。有料放送事業者は，たとえ独占放送権を取得しても，リストに含まれるイベントについては，「フリー・テレヴィジョン」30)においてライブ中継が行われるよう配慮しなければならない。改正作業のなかで，拘束的なイベント・リストを指令によって明文化すべきか，リストの作成を構成国に委ねるべきかについて意見の対立があったが，最終的には前者の案をとらないことで合意が成立した。イベント・リスト規制を含むEUテレビ指令改正案は1997年6月に成立した。ただし，理事会における改正案の採択に際して，ドイツは，連邦参議院の決議にしたがって棄権した31)。ドイツは，独占放送権の制限が経済政策ではなくメディア政策の問題であるため，テレビ指令によってではなく，各構成国の放送法によって規律されるべきであるとの立場をとっていた。

---

28)　正式には，「テレビ放送活動の遂行に関し構成国において法律，規則，行政行為によって制定される規定の調整に関する1989年10月3日の理事会指令」という。この指令は，EUの域内市場におけるテレビ放送活動のために構成国の放送法を調和させることを目的としている。

29)　EUテレビ指令のイベント・リストについて，Diesbach, a. a. O. (Fn. 3), S. 157 ff.；Hartstein/Ring/Kreile/Dörr/Stettner, Rundfunkstaatsvertrag, §5a Rdnr. 1 ff.「変貌するメディアとスポーツビジネス(2)――ヨーロッパ」のうち，村瀬眞文「EU（欧州連合）」放送研究と調査1999年2月号25頁以下も参照。

　　1997年のEUテレビ指令改正については，M. Schmitt-Vockenhausen, Revision der EG-Fernsehrichtlinie, ZUM 1998, 377 ff.

30)　英文のテレビ指令における「フリー・テレヴィジョン」(free television) の概念は，独文では「無料でアクセス可能なテレビ放送」(frei zugängliche Fernsehsendung) という概念に置き換えられている。テレビ指令前文によれば，「無料でアクセス可能なテレビ放送」とは，「当該構成国においてテレビのために存在している料金制度（たとえば，テレビ受信料またはケーブル接続のための基本料金）以外に，付加的な支払いを行うことなく，公共チャンネルまたは民間チャンネルにおいて公衆がアクセス可能な番組の放送」を意味する。これには，広告によって賄われている民間テレビ放送のほか，受信料を財源としている公共テレビ放送も含まれる。

31)　その背景について，鈴木秀美「欧州共同体立法へのドイツ諸州の参加権」石川明＝櫻井雅夫編『EUの法的課題』246頁（慶應義塾大学出版会・1999）参照。

EUテレビ指令に新設された3a条は以下の通りである[32]。

①　各構成国は，共同体法に一致して，その主権に服するテレビ事業者が，当該構成国が重要な社会的意義を認めたイベントを，当該イベントを無料でアクセス可能なテレビ放送においてライブでまたは時間をずらして報道するという方法によって，当該構成国における公衆の多数が視聴する可能性を与えることなく，独占的に中継することがないようにするための措置を講じることができる。ある構成国が，当該措置を講じる場合には，当該構成国が重要な社会的意義を認める国内外のイベントのリストを作成する。構成国は，そのために明確かつ透明な方法で適時かつ効果的に配慮する。その際，当該構成国は，当該イベントがライブで全体的もしくは部分的な報道の方法によって，または公的利益のための客観的な理由によって必要ないし適切である限り，時間をずらして全体的もしくは部分的な報道の方法によって，放送可能であるか否かについても決定する。

②　構成国は欧州委員会に遅滞なく，第1項にしたがって講じたすべての措置または将来講じるであろうすべての措置を報告する。欧州委員会は，報告から3ヶ月以内に当該措置が共同体法に適っているか否かを審査し，他の構成国にも通知する。欧州委員会は，[この指令の] 23a条にしたがって設置された委員会の意見を求める。欧州委員会は，当該措置を遅滞なく欧州共同体の官報において公表する。欧州委員会は，毎年少なくとも1回，構成国によって講じられた措置を整理したリストを公表する。

③　構成国は，国内法の枠内で適切な措置によって，その主権に服するテレビ事業者が，この指令が公表された後に獲得した独占権を，他の構成国の公衆の多

---

[32] 3a条は，独文の指令から訳出したものである。

　　放送についての立法権をもつドイツの諸州は，欧州共同体法としての放送立法にかねてより反対の立場をとってきた。文化政策の一環としての放送政策は，構成国に残された権限であり，欧州共同体は放送についての立法権を与えられていないと考えているからである。欧州共同体による立法の拡大にともない，構成国，とりわけ州が立法権を喪失することをおそれたドイツの働きかけにより，1990年のマーストリヒト条約に補完性原理が導入されたほか，ドイツでは1992年の基本法改正によって州に欧州共同体立法への参加権が認められた。また，連邦憲法裁判所の1995年の判決 (BVerfGE 92, 203) によって，1989年にドイツ連邦政府がテレビ指令に同意したことによる州の権利（放送についての立法権）の侵害も確認されている。テレビ指令に対するドイツの対応については，鈴木秀美「統合ECと連邦国家ドイツの憲法的危機」日本EC学会年報14号107頁以下（1994），同「ECの放送政策と連邦国家ドイツ」国際通信研究所編『欧州地域の市場形成と情報通信の発展』207頁以下（国際通信研究所・1997），同・前掲注31) 227頁以下参照。

Ⅲ　イベント・リスト規制

数に，当該構成国において第1項および第2項にしたがって指定されたイベントを，無料でアクセス可能なテレビ放送において，第1項にしたがって他の構成国によって決定されたように，ライブで全体的もしくは部分的な報道として，または公的利益のために客観的な理由によって必要ないし適切である限り，時間をずらして全体的もしくは部分的な報道として，視聴する可能性を与えることなく，行使しないことを確保する。

なお，テレビ指令のイベント・リスト規制と同様の規定は，1998年に，欧州審議会の「国境を越えるテレビ放送に関する欧州協約」にも9a条[33]として新設されている。

EUテレビ指令のイベント・リスト規制の特徴は，リストの作成を構成国に義務づけるのではなく，構成国がイベント・リストを作成して有料放送の独占放送権を制限するための根拠を明文化した点にある[34]。イベント・リストを作成するか否かは，構成国の判断に委ねられている。

2　1999年放送州際協定改正

ドイツでは，当初，イベント・リスト規制を採用すべきか否かについて意見の一致がみられなかった。しかし，1998年3月，州首相会議が，イベント・リスト規制を新設することを決定し，1999年6月24日の改正によって，放送州際協定5a条[35]が新設され，2000年4月1日に施行された。

5a条2項にリストアップされたイベントは，夏と冬のオリンピック，サッカーのワールドカップとヨーロッパカップ（ドイツ代表が出場するすべての試合と，ドイツ代表の出場とは無関係に開幕試合，準決勝と決勝），ドイツ・サッカー連盟の準決勝と決勝，サッカーのドイツ代表の国内外での試合，ドイツ代表が出場するサッカーのヨーロッパ選手権（具体的には，チャンピオン

---

33)　詳細は，Hartstein/Ring/Kreile/Dörr/Stettner, Rundfunkstaatsvertrag, §5a Rdnr. 2.
34)　Bröcker/Neun, Fußballweltmeisterschaft zwingend im Free-TV?, ZUM 1998, 766 ff., 770.
35)　詳細は，Hartstein/Ring/Kreile/Dörr/Stettner, Rundfunkstaatsvertrag, §5a Rdnr. 1 ff.; A. Hesse, Der vierte Rundfunkänderungsstaatsvertrag aus der Sicht des öffentlich-rechtlichen Rundfunks, ZUM 2000, 190 f.; Diesbach, a. a. O. (Fn. 20), 554 ff.; Bröcker/Neun, a. a. O. (Fn. 34). 766 ff. 内野・前掲注5) 19頁以下にも簡単な解説がある。

ズリーグ，UEFA カップ）の決勝である。このリストは，すべての州の間で締結される州際協定によらなければ変更することはできない。

放送州際協定5a条1項は，以下のように規定する。

ドイツ連邦共和国において，社会的に重要な意義を有するイベント（重要イベント）を，テレビにおいてスクランブルをかけて，有料で放送することが許されるのは，当該イベントが，ドイツ連邦共和国において無料で受信可能でかつ一般にアクセス可能なテレビ番組 (frei empfangbares und allgemein zugängliches Fernsehprogramm) の少なくともひとつにおいて，同時に，または並行して開催される個々のイベントのためにそれが不可能な場合である限りにおいてわずかな時差で，放送される可能性を，有料テレビ事業者自身または第三者が，適切な条件の下で，確保している場合に限られる。条件の適切さについて合意が成立していない場合，当事者らは，イベントが開催される前の適切な時期に，民事訴訟法1025条以下の仲裁手続について合意するものとする。仲裁手続についての合意が，有料テレビ事業者または第三者が主張した理由によって成立しない場合には，第1文による中継は，適切な条件のもとで実現されたとはみなされない。一般にアクセス可能なテレビ番組にあたるのは，世帯の3分の2以上が実際に受信可能である番組に限られる。

放送州際協定5a条3項には，テレビ指令3a条の国内法への置換のための規定が設けられている[36]。それによると，ある構成国がテレビ指令3a条に基づくイベント・リスト規制についての規定を欧州委員会に報告し，欧州委員会が報告から3ヶ月以内に異議を申し立てず，欧州共同体の官報において当該構成国の当該規定が公表された場合には，官報に公表された規定にしたがって，無料でアクセス可能な番組における中継を可能にした場合に限り，ドイツのテレビ事業者は，当該構成国においてスクランブルをかけてかつ有料で重要なイベントを放送することが許される。放送事業者がこれに違反した場合には，免許の取消（同5項）のほか，制裁金が科される可能性もある（放送州際協定49条）。

36) 放送州際協定5a条は，EUテレビ指令3a条に対応する規定を第3号に設けているだけでなく，欧州審議会の国境を越えるテレビ放送に関する欧州協約9a条のイベント・リスト規制に対応する規定を第4号に設けているが，本稿の解説は，紙幅の都合もあり，テレビ指令との関係に限定することにする。

Ⅲ イベント・リスト規制

　放送州際協定のイベント・リスト規制によれば，独占放送権を獲得した有料テレビ事業者は，無料で受信可能でかつ一般にアクセス可能なテレビ番組の少なくともひとつに，イベントの原則としてライブの放送権が売却されない限り，有料テレビ番組において独占放送権を行使することはできない。ただし，この規制は，独占放送権の権利者に，放送権を無償で譲り渡すことを義務づけるものではない。無料で受信可能でかつ一般にアクセス可能なテレビ番組のなかから，どの番組に放送権を売却するかは，独占放送権の権利者の判断に委ねられており，放送権を公共放送に売却する義務はない。

　なお，放送州際協定は，イベントの時差放送が許される場合を，イベントが並行して開催されているため，同時にライブで放送することが不可能である場合に限定している。これは，無料で受信可能なテレビ番組に売却される放送権料の高騰を阻止するためのものである。放送権の売却に際し，放送権料をはじめとする条件についての合意が当事者間で成立しない場合には，民事訴訟法の仲裁手続が用いられ，そこで条件の適切さが審査される。

3　イベント・リスト規制の合憲性

　放送州際協定によって新設されたドイツのイベント・リスト規制は，短時間ニュース報道権と同様に，国民が関心を寄せるイベントに設定される独占放送権に対抗することを目的としている。ただし，このイベント・リスト規制には，短時間ニュース報道権と比較して，以下のような相違がある[37]。両者の最も大きな相違点は，前者がイベントそれ自体の原則としてライブの中継を実現するのに対し，後者はイベントの結果を映像とともに原則として90秒間報道することを可能にするという点である。この他，短時間ニュース報道権は，ドイツ国内で開催されるすべてのイベントを対象とし，会場施設等に問題がない限り，独占放送権をもたない放送事業者にも会場内での録画・録音が認められ，報道に用いる映像を自社で編集することができる。これに対し，イベント・リスト規制の対象は，放送州際協定に明記された重要なイベントに限られる。有料テレビ事業者が，当該イベントを独占放送するためには，当該イベントの原則としてライブの中継権が，少なくともひとつ

---

[37]　Diesbach, a. a. O.（Fn. 20）, 555 ff.; Hesse, a. a. O.（Fn. 35）, 191 Fn. 28.

の無料で受信可能なテレビ番組に売却されなければならない。イベントの開催地がドイツ国内か否かは問題にならない。放送州際協定によってリストアップされたイベントが，オリンピックの他は，サッカーに限られているのは，ドイツでサッカーの人気が非常に高いためである。

　学説の一部では，放送州際協定5a条のイベント・リスト規制と短時間ニュース報道権の相違を強調して，前者についての憲法上の疑義も指摘されている。ドイツのイベント・リスト規制は，有料テレビ事業者にリストアップされたイベントの有料テレビにおけるライブ独占放送を原則として禁止する。この制限は，有償で認められる短時間報道権と比較して，イベント主催者や独占権を獲得した有料テレビ事業者の基本権をより強く侵害するというのである[38]。また，「仲裁手続についての合意が，有料テレビ事業者または第三者が主張した理由によって成立しない場合には，第1文による中継は，適切な条件のもとで実現されたとはみなされない」と規定する放送州際協定5a条1項2文についても，契約の自由，職業の自由または所有権の観点から憲法上の問題がないとはいえないとの指摘もある[39]。

　ただし，連邦憲法裁判所は，短時間ニュース報道権事件において，この権利と直接には関係のないEUテレビ指令のイベント・リスト規制も視野に入れ[40]，今後，有料テレビによって重要なイベントのライブ中継が独占される可能性にも言及したうえで，公衆が関心を寄せるイベントについての情報独占ないし公衆にとって重要な情報の完全な商業化を阻止する必要があることを強調している。また，放送州際協定による重要イベントのリストアップもかなり限定的である。このため，学説の多くはむしろ放送州際協定のイベント・リスト規制の合憲性を支持している[41]。短時間ニュース報道権は，これまで実際に行使されたことはなく，むしろ放送権についての契約交渉の際に，放送権料の高騰を抑制する機能を果たしてきたといわれる。イベント・リスト規制についても，対象がごくわずかなイベントに限定されいるた

---

38) Lenz, a. a. O.（Fn. 20），760.
39) Hartstein/Ring/Kreile/Dörr/Stettner, Rundfunkstaatsvertrag, §5a Rdnr. 12.
40) BVerfGE 97, 228（234 f.）.
41) 合憲説として，Bröcker/Neun, a. a. O.（Fn. 35），779; Hesse, a. a. O.（Fn. 35），191; Diesbach a. a. O.（Fn. 20），560などがある。

め，実際の効果よりも，放送が市場において取引される商品とは異なるものであるということを明らかにする効果（Signalwirkung）にその意義があるとみなされている42)。

Ⅳ　むすび

　有料テレビ事業者の独占放送権獲得により，人気スポーツイベントを無料でテレビ観戦する機会が奪われつつあるのは，ヨーロッパ諸国だけの問題ではない。日本でも，2000年9月には，2002年に日本と韓国で開催されるサッカーのワールドカップのテレビ放送権について，通信衛星（CS）有料放送のスカイパーフェクト・コミュニケーションズが，全64試合と本大会抽選会のCS独占放送権を国際サッカー連盟の代理店から135億円（推定）で取得して話題を集めた43)。これに対し，同年11月，日本放送協会（NHK）と日本民間放送連盟で構成するジャパン・コンソーシアム（JC）が63億円（推定）で取得したのは，40試合についての地上波放送と系列の放送衛星（BS）デジタル放送の放送権である44)。この結果，JCが放送権をもたない24試合は，CS有料放送によらなければテレビ観戦できないという可能性も生まれている。

　日本には，プロ野球の映像利用についていわゆる「3分ルール」という慣行がある。ある試合の放送権をもつテレビ局が，他のテレビ局にも全映像を提供する。提供を受けたテレビ局は，1番組につき3分以内であれば，ニュースにおいてその試合の映像を無料で利用することが許されている。多くのスポーツもこの慣行にしたがっているという。ただし，大相撲のように，日本相撲協会がNHKと独占中継契約を結び，ニュースにおける映像利用についても詳細なルールを設定している例もある。また，オリンピックやサッカーのワールドカップ45)など，人気の高いスポーツイベントの場合には，

---

42)　Hesse, a. a. O.（Fn. 35），191の指摘。
43)　朝日新聞2000年9月5日朝刊記事（東京本社版）。その背景について，雑崎徹／大村美香「高騰するテレビ放送権料」朝日新聞2000年6月1日朝刊記事（名古屋本社版）参照。
44)　朝日新聞2000年11月19日朝刊記事（東京本社版）。
45)　1998年のサッカー・ワールドカップの場合には，日本放送協会（NHK）が6億円で日本における独占放送権を獲得した。NHKが民間放送への映像提供について採用

イベントごとに放送権やニュースにおける映像利用権についての契約が締結される。

日本では，1977年3月，1980年に開催予定のモスクワ・オリンピックの独占放送権を日本教育テレビ（1977年4月に全国朝日放送に社名変更）が獲得し[46]，それが国会で論議されたことはあるものの，これまでのところ，スポーツ独占放送権に対する法的規制の動きはない。短時間ニュース報道権を採用していたドイツでさえ，イベント・リスト規制の導入についてはなかなか合意が成立せず，当初は，法的規制を行うよりも，イベント主催者，代理店および有料放送事業者の間の自主的な申し合わせに委ねるという試みを優先すべきであるとう雰囲気が強かったという[47]。

スポーツ独占放送権の法的規制をめぐる問題は，テレビ放送の社会的意義についてだけでなく，スポーツの社会的意義を問い直す契機を与える。連邦憲法裁判所は，短時間ニュース報道権事件判決において，重要なスポーツイベントの意義を強調している。重要なスポーツイベントは，娯楽だけでなく，「地方および全国において同一化の可能性を提供し，住民間の幅広いコミュニケーションの連結点」として社会的機能を果たすという[48]。これに対して学説の一部には，スポーツイベントは，ハリウッド映画と同様に単なる娯楽にすぎないという批判[49]もみられる。しかし，国民が高い関心を寄せるスポーツイベントと，それを中継ないし報道するメディアの間に相互作用が生じ，それが社会に大きな影響を与えることは，マス・コミュニケーション研究の分野でも認められている[50]。

した基本方針は，1回のハイライト番組を認めるほか，ニュースまたはスポーツ・ニュースについては，①1番組あたり3分以内，②使用解禁時間は午前11時以降，③平日の午後10時以降，土日の午後11時以降は5分以内などといったものであった。朝日新聞1998年6月2日夕刊記事（東京本社版）。

46) その背景について，橋本一夫『日本スポーツ放送史』307頁以下（大修館書店・1992年），日本民間放送連盟編『日本放送年鑑'77』17頁以下（洋文社・1978）参照。

47) Vgl. Diesbach, a. a. O.（Fn. 3），S. 171.

48) BVerfGE 97, 228（257）. ドイツにおける国家とスポーツの関わりについて，井上典之「スポーツ・個人・立憲国家」神戸法学雑誌49巻1号1頁以下（1999），石村修「国家目標としてのスポーツ」専修大学法学研究所紀要25号『公法の諸問題5』1頁以下（2000）参照。

49) Schwabe, a. a. O.（Fn. 20），514.

Ⅳ　むすび

　問題は，有料テレビ放送が，そうした人気スポーツイベントを独占的に中継すること，あるいは報道におけるその映像利用を制限することに対して，法律がどのような態度をとるべきかにある。イギリスのように，有料テレビ放送による人気スポーツイベントの独占中継という事態が実際に発生しない限り，スポーツ放送権については，従来どおり契約ないし慣行に委ねておけばよいともいえる。ただし，日本でも，従来，無料で視聴されてきたスポーツイベントが，今後ますます有料放送へと移行していくことが予想される。放送法による独占放送権の制限について検討する必要が生じる日は，それほど遠くないのかもしれない[51]。

　[付記]　本稿執筆に際し，NHK放送文化研究所の曽根俊郎氏から，放送権ビジネスについてご教示いただいた。記して謝意を表したい。

---

50) 吉見俊哉「メディア・イベント概念の諸相」津金澤聰廣編著『近代日本のメディア・イベント』3頁以下（同文舘・1996），橋本純一「マスコミとスポーツ」菅原禮ほか『スポーツ社会学の基礎理論』294頁以下（不昧堂出版・1984）参照。
51) 2000年6月4日，関西大学にて開催された日本マス・コミュニケーション学会2000年春期研究発表会ワークショップ「スポーツ放送の商業化と公共性をめぐって」では，ドイツの議論を参考に日本の状況をめぐって討論が行われた。

EU（EC）法秩序における欧州人権裁判所の役割
―― マシューズ判決を中心に ――

庄 司 克 宏

The Role of the European Court of Human Rights in the Legal Order of the European Community:
Reflections on the Matthews Judgment

SHOJI Katsuhiro

〔Summary〕

1 The doctorine of "Equivalent Protection", established by the European Commission of Human Rights in the case of *M. & Co. v. Germany* and maintained by the European Court of Human rights (the Strasbourg Court) in the *Matthews* case, respects the primary role of the Court of Justice of the European Communities (the Luxembourg Court) in ensuring the protection of fundamental rights in the EC Law. The Luxembourg Court draws on the European Human rights Convention (the ECHR) as a "guideline" (the "guideline" approach). The Strasbourg Court only intervenes if the equivalent protection of fundamental rights as enshrined in the ECHR is not ensured by the Luxembourg Court. Such a situation means that the level of the standard of the protection of fundamental rights by the Luxembourg Court is below that by the Strasbourg Court, which suggests the collapse of the "guideline" approach itself. But there are cases where no judicial remedies in the EC Law, because the Luxembourg Court has no jurisdiction, as in the *Matthews* case. Such a case is beyond the Luxembourg Court's "guideline" approach. It is in this case that the "Equivalent Protection" doctorine counts and the

> Strasbourg Court plays a vital, though complementary, role, since there is no formal relationship between the two Courts.
>
> 2 The Strasbourg Court recognizes the European Parliament (the EP) as "a legislature" in Article 3 of the First Protocol to the ECHR, in the light of the overall legislative process of the EC and the supervising power of the EP over the EC Commission. This Court has strengthened the democratic legitimacy of the EC legislation, although it is not an organ of the EU/EC. This view is, however, in line with the judgment of the Luxembourg Court in the Roquette/Maizena cases (in which the EP's right to be consulted was disregarded by the Council in the legislative process) that refers to "fundamental democratic principle that the peoples should take part in the exercise of power through the intermediary of a representative assembly".

I はじめに

1994年4月12日、ジブラルタル在住の英国市民であるマシューズ (Denise Matthews) は、ジブラルタル選挙管理官に対し、欧州議会選挙の有権者として登録するよう申請した。同選挙管理官は、同年同月25日、以下のように回答した。「1976年 EC 直接選挙議定書第2附属書の規定は、欧州議会選挙の選挙権を英国に限定している。同議定書は全加盟国により合意されたものであり、条約としての地位を有している。以上の点から、ジブラルタルは、欧州議会選挙の選挙権から除外されることになる。」その結果、原告は欧州議会選挙権を認められなかった[1]。

マシューズは、1994年4月18日、欧州人権委員会に申立を行い、欧州人権条約第1議定書3条(自由選挙に対する権利)の違反を主張した。欧州人権委員会は、96年4月16日、同申立を受理可能と宣言した。ただし、同委員会は97年10月29日付報告書において、欧州人権条約第1議定書3条の違反はな

---

[1] Appl. No. 24833/94, *Denise MATTHEWS against the United Kingdom*, Judgment of the European Court of Human Rights, 18 February 1999, p. 3.

I はじめに

かったとの意見 (11対6) を表明した。98年1月26日,同委員会は,事件を欧州人権裁判所に付託した。99年2月18日,欧州人権裁判所は大法廷 (17人の判事で構成) において,15対2で,欧州人権条約第1議定書3条の違反があった旨認める判決を言い渡した[2]。

このマシューズ事件において,第1議定書3条との関連で問題となった主要な争点は,相互に関連しているが,3つ存在する。第1は,「英国は,ジブラルタルにおける欧州議会選挙を実施しなかったことに対して,欧州人権条約上の責任を負うとみなされうるか」という点である。これは,前掲1976年議定書が条約としての地位を有するEC法(第一次法)であり,英国が一方的に改廃できないにもかかわらず,同国が欧州人権条約上の責任を負うか,という問題である。第2は,「第1議定書3条は,欧州議会のような機関に適用可能か否か」という点である。これは,欧州議会が加盟国議会または州議会のような地方議会ではなく,超国家的な議会であるにもかかわらず,第1議定書3条にいう「立法府」(a legislature) にあたるかどうか,という点である。第3は,「欧州議会は,当該時点において,ジブラルタルの『立法府』の特徴を備えていたか否か」という点である。これは,第1議定書3条が欧州議会のような超国家的議会にも適用されるとしても,欧州議会の権限には制約があること,また,ジブラルタルでは他の領域と異なりEC法の適用が限定されていることから,同地域の「立法府」といえるかどうか,という問題である[3]。

本稿の目的は,マシューズ事件における以上の争点について欧州人権裁判所がどのような判断を示したかを述べた後,第1に,ECとしての行為に対する(欧州人権条約締約国たる) EU (EC) 加盟国の責任について欧州人権委

2) *Ibid.*, p. 1, 10, 21. 1998年11月1日より,欧州人権条約第11議定書に基づき,欧州人権委員会(欧州人権裁判所の審理に先立って,申立の受理可能性に関する決定および和解斡旋を行う)と同人権裁判所(本案審理を行う)という二層構造が廃止されて,単一構造の欧州人権裁判所(本案審理の前に,申立の受理可能性に関する決定および和解斡旋も行う)が設置されている。本件は,単一構造化された後の欧州人権裁判所が判決を行った事件である(ただし,受理可能性については欧州人権委員会が決定した)。なお,同議定書による欧州人権条約の改正に伴い,条文番号に修正があるため,本文中で適宜注記することとする。

3) *Ibid.*, p. 11, 13, 15.

員会が確立した「同等の保護」理論を検討し，欧州人権裁判所においても同理論が踏襲されているかどうかを検証することである。第2に，欧州議会が欧州人権条約第1議定書3条にいう「立法府」にあたるか否かについて，欧州人権裁判所の判断を欧州人権委員会の立場と比較検討することである。最後に，それらの点を踏まえて，EU（EC）法秩序における欧州人権裁判所の役割如何について言及することとする4)。

II 欧州人権裁判所の判断

1 英国の責任

欧州人権裁判所は，英国の責任に関し，まず，欧州人権条約1条との関連について以下のように判示した。同条によれば，締約国は，その管轄内にあるすべての者に対し，同条約に定められている権利および自由を保障しなけ

---

4) 本稿は，拙稿「欧州人権裁判所と EU 法(1)―マシューズ判決（欧州人権裁判所）の概要―」『横浜国際経済法学』8巻3号，2000年3月，99頁および「欧州人権裁判所と EU 法(2)―マシューズ判決（欧州人権裁判所）の意義―」『横浜国際経済法学』9巻1号，2000年9月，49頁に依拠して，加筆修正のうえ作成したものである。なお，マシューズ判決を評釈したものとして以下参照。拙稿「欧州議会選挙権と欧州人権条約」（EU 法の最前線 第10回）『貿易と関税』48巻9号，2000年9月，81頁, Gérard Cohen-Jonathan et Jean-François Flauss, "A propos de l'arrêt Matthews c/ Royaume-Uni (18 février 1999)", *RTDeur.* 35(4), oct.-déc. 1999, p. 642, 643; H. G. Schermers, "Matthews v. United Kingdom, Judgment of 18 February 1999" (Case Law B: European Court of Human Rights), *CMLRev.*, Vol. 36, No. 3, 1999, p. 673; Michael Doherty and Alan S. Reid, "Voting Rights for the European Parliament: Whose Responsibility?", [1999] *E. H. R. L. R.*, Issue 4, p. 420; Kurt Herndl, "The Right to Participate in Elections―A Genuine Human Right?" in Wolfgang Benedek, Hubert Isak and Renate Kicker (eds.), *Development and Developing International and European Law* (Esseys in Honour of Konrad Ginther on the Occasion of his 65th Birthday), Peter Lang, Frankfurt am Main, 1999, p. 557; R. A. Lawson & H. G. Schermers (eds.), *Leading Cases of the European Court of Human Rights,* Ars Aequi Libri, Nijmegen, 1999, p. 671; Susan Nash and Mark Furse (eds.), *Essential Human Rights Cases,* Jordans, Bristol, 1999, p. 281; Iris Canor, "*Primus inter pares.* Who is the ultimate guardian of fundamental rights in Europe?", (2000) 25 *E. L. Rev.* Feb., p. 19; Toby King, "Ensuring human rights review of intergovernmental acts in Europe", (2000) 25 *E. L. Rev.* Feb., p. 85, 86.

ればならない。同条は，関係する法規または措置の種類に関して区別を設けていないし，加盟国の管轄のどの部分についても欧州人権条約に基づく審査から除外していない[5]。第１議定書３条がジブラルタルに適用されることについて，当事者間に争いはない。1953年10月23日付英国宣言により，欧州人権条約の適用はジブラルタル領域に拡張され，第１議定書は1988年２月25日よりジブラルタルに適用されることとなっている。それゆえ，明らかに，欧州人権条約第１条の意味における領域「管轄」（territorial "jurisdiction"）が存在する[6]。

次に，欧州人権裁判所は，英国が，欧州議会選挙のECとしての性格にもかかわらず，欧州人権条約１条に基づき，ジブラルタルにおいて同選挙を実施するよう要求されているか，という問題につき，「EC それ自体の行為については，ECが締約当事者ではないため，当裁判所において異議申立することはできない」とした後，次のように判示した。「〔欧州人権〕条約上の権利が引き続き『保障』されているならば，〔同〕条約は，国際機構への権限の委譲を排除していない。それゆえ，加盟国の責任は，そのような委譲の後においても存続する」[7]。

このような立場に基づき，欧州人権裁判所は，英国の責任について以下のように判断している。すなわち，本件において，英国の責任に関する申立は，英国が締約した理事会決定および1976年議定書附属書，ならびに，マーストリヒト条約によりもたらされた欧州議会の権限の拡張に由来するものであり，これらはすべて，英国が自由に締約した国際文書を構成するものであった。「実際，1976年議定書は，〔EC〕の『通常』の行為ではなく，〔EC〕法秩序内における条約であるため，〔EC〕裁判所において異議申立の対象たり得ない。マーストリヒト条約もまた，〔EC〕の行為ではなく，EEC条約に改正をもたらした条約である。英国は，マーストリヒト条約の他のすべての締約国とともに，同条約の諸結果に対して，〔欧州人権〕条約１条およびとくに第１議定書３条に基づき，『内容に関する理由で』（ratione materiae）責任を有する」[8]。

---

5) Appl. No. 24833/94, *op. cit.,* p. 11, 12, para. 29.
6) *Ibid.,* p. 12, para. 30.
7) *Ibid.,* p. 12, para. 32.

このように欧州人権裁判所は，ジブラルタルにおける欧州議会選挙に関し，英国の責任を原則として認めたが，その責任の範囲，つまり，第1議定書3条における権利を「確保する」ことに対して，英国はどの程度責任を有するか，という点については，次のような見解を示している。すなわち，ECの立法過程から派生する立法は，現地議会による立法と同様に，ジブラルタル住民に影響を及ぼすため，「この限りにおいて，欧州立法と〔現地〕立法の間に相違はない」。現地立法に関して「確保する」するよう求められている権利と同様に，EC立法に関しても第1議定書3条における権利が「確保」されなければならない。したがって，英国は，選挙が現地か欧州域かに関係なく，ジブラルタルにおいて第1議定書3条により保障される権利を確保することに対し，欧州人権条約1条に基づき責任を有する，とされた[9]。

2 「立法府」の範囲と超国家的代表機関

欧州人権裁判所はまず，欧州人権条約が「今日の状況に照らして解釈されなければならない生きた文書である」として[10]，ある機関が欧州人権条約の起草者により想定されていなかったという事実だけでは，同機関が欧州人権条約の範囲内にあることを妨げることはできない，とする。すなわち，「締約国が国際条約により共通の憲法的または議会的構造を組織する限りにおいて，当裁判所は，〔欧州人権〕条約および議定書を解釈する際，これらの相互に合意された構造上の変化を斟酌しなければならない」[11]。

次いで，欧州人権裁判所は，第1議定書3条の「立法府」という文言が必ずしも国内（中央）議会のみを意味するわけではない（地方（州）議会も含まれうる）点を指摘する[12]。そのうえで同裁判所は，EC法は国内法と並んで，また，それに優越して存在することに鑑み，欧州議会の活動範囲が第1議定書3条の範囲外にあるとするならば，「実効的な政治的民主主義」が維持されうる基本的手段のひとつが損なわれるおそれがある，とした[13]。し

---

8) *Ibid.*, p. 12, para. 33.
9) *Ibid.*, p. 13, paras. 34, 35.
10) *Ibid.*, p. 14, para. 39.
11) *Ibid.*
12) *Ibid.*, p. 14, para. 40.
13) *Ibid.*, p. 15, para. 42.

がって，欧州議会が純粋に国内代表機関ではなく超国家的代表機関であることを理由に，同議会を第1議定書3条にいう選挙の範囲から除外することを正当化する根拠は何ら認められない，とされた[14]。

3 欧州議会の権限の程度

欧州人権裁判所はまず，ECにおける立法過程が欧州議会，理事会およびコミッションの参加を含んでおり，厳密な権力分立制に従っていないという特殊な性格を念頭に置かざるを得ないとする一方，欧州人権条約が適用される領域において「実効的な政治的民主主義」が適切に満たされるよう確保しなければならない，とする。また，厳密に立法的な権限だけでなく，立法過程全体における当該機関の役割にも顧慮しなければならない，とする[15]。その上で，欧州人権裁判所は以下のように判示している。

「マーストリヒト条約以来，欧州議会の権限はもはや『諮問的および監督的』であるとは表現されていない。これらの文言の削除は，欧州議会が純粋に諮問的な機関から，〔EC〕の立法過程において決定的な役割を有する機関へと移行したことの徴候であると理解されなければならない。……〔EC〕の立法過程全体における欧州議会の実際の権限を検討してはじめて，当裁判所は，欧州議会がジブラルタルにおいて『立法府』またはその一部として行動しているか否かを決定することができる。」[16]

この後，欧州人権裁判所は欧州議会の権限をEC条約に照らして実際に検討するが[17]，同裁判所の結論は次のとおりである。

「欧州議会が機能する脈絡に関して，当裁判所は，欧州議会が〔EC〕システムにおける民主的，政治的説明責任の主要な形態を意味している，という見解を有する。当裁判所は，欧州議会の制約がどのようなものであれ，同議会が直接普通選挙により民主的正当化を得ており，〔EC〕の構造において，

---

14) Ibid., p. 15, para. 44. 本判決における反対意見（Freeland判事およびJungwiert判事による共同意見）によれば，欧州人権条約第1議定書3条にいう「立法府」とは，国内議会または地方議会に限定され，超国家的代表機関は排除される（Appl. No. 24833/94, op. cit., p. 23）。
15) Appl. No. 24833/94, op. cit., p. 16, paras. 48, 49.
16) Ibid., p. 16, para. 50.
17) Ibid., p. 16, 17, para. 51.

『実効的な政治的民主主義』に対する関心を最も良く反映している部分であるとみなされなければならない、と考える。

ジブラルタルが一定の〔EC〕活動領域から除外されているとしても、〔EC〕の活動がジブラルタルにおいて直接影響を有する顕著な分野が残されている。EC条約189B〔新251〕条に基づいて採択される措置であってジブラルタルに影響を及ぼすものとして、道路安全、不公正契約条件、車両排気ガスによる大気汚染および域内市場完成に関するすべての措置がある。

当裁判所はそれゆえ、欧州議会がEC条約189B〔新251〕条および189C〔新252〕条に基づく立法採択にいたる特定の立法過程に十分関与しており、また、〔EC〕の活動の一般的な民主的監督に十分関与している結果、第1議定書3条の目的上、ジブラルタルの「立法府」の一部を構成している旨認定する。」[18]

III 「同等の保護」理論

1 「同等の保護」理論の確立

欧州人権委員会は、1990年2月9日付決定のM. & Co.対ドイツ事件[19]において、ECの行為に対する（欧州人権条約締約国たる）EC加盟国の責任を明示的に認めるとともに、「同等の保護」理論を確立した。

本件では、EC裁判所がEC条約81〔旧85〕条（カルテルの禁止）等に基づき多額の過料を課す判決を下したのをうけて、ドイツ国内機関が同判決の執行令状を出した点につき、同国内機関は執行令状を出す前に、EC裁判所の判決が欧州人権条約6条（公正な裁判を受ける権利）に規定される保障を尊重する手続の下になされたかどうかを審査すべきである、ということが主張された。問題となるのは、欧州人権条約違反を申し立てられたEC裁判所の判

---

18) *Ibid.*, p. 17, 18, paras. 52-54. 前掲共同反対意見によれば、欧州議会は発議権を欠いており、「立法府」とみなしてよい段階には依然として達していない。また、欧州議会が重要な役割を果たすEC権限領域であってジブラルタルに適用される分野は限定的である（Appl. No. 24833/94, *op. cit.*, p. 24, 25）。

19) Appl. No. 13258/87, M. & Co. v/the Federal Republic of Germany, Decision of 9 February 1990, *D. R.*, Vol. 64, p. 138. 本件については、前掲拙稿「EC裁判所における基本権（人権）保護の展開」56、57頁参照。

Ⅲ 「同等の保護」理論

決が可能となったのはドイツがこの分野における権限をECに委譲したためであり，それゆえ，ドイツが同国内機関の当該行為によって欧州人権条約に基づく責任を負うかどうか，という点であった[20]。

この問題に関して欧州人権委員会は，まず「国家が条約義務を締約し，その後に当該条約義務の遂行を不可能とする他の国際協定を締結する場合，当該国家は先の条約に基づく義務の違反が発生することに対して責任を有する」[21]という判例法を引用したうえで，欧州人権条約は締約国が国際機構に権限を委譲することを禁じるものではないが，委譲された権限の行使に関して締約国が同人権条約上の責任を問われることを必ずしも排除しない，としている。すなわち，「国際機構への権限委譲が〔欧州人権〕条約に反しない」ためには，「当該国際機構内おいて基本権が同等の保護を受けること」が条件であるとされる[22]。

欧州人権委員会は1977年のEC「人権共同宣言」およびEC裁判所の判例法の発展に鑑みて，ECの法制度が基本権を保障するものであることに加えて，それを遵守するためのコントロールをも備えているゆえにその条件が満たされている，とした。その結果，EC裁判所の判決の執行令状が出される前に個々の事件ごとに欧州人権条約締約国たるEC加盟国に対して，当該判決に至る手続において同人権条約6条が尊重されたかどうかを審査する責任を負わせることは，国際機構への権限の委譲という観念そのものに反する，とされている。以上の結果，本件申立は「内容に関する理由で (ratione materiae)」欧州人権条約規定と相容れないとされ，27条2項（旧規定）により受理不能とされた[23]。

2 「同等の保護」理論とマシューズ判決

M. & Co. 対ドイツ事件において欧州人権委員会は，ECに関して「同等

---

20) *Ibid.*, p. 144.
21) Appl. No. 235/56, X v. Germany, Decision of 10 June 1958, *Yearbook* 2, p. 256, 300.
22) Appl. No. 13258/87, *op. cit.*, p. 145.
23) *Ibid.*, p. 145, 146. なお，EC「人権共同宣言」については，拙稿「欧州共同体における基本権の保護──『人権共同宣言』の採択と意義──」石川明編著『EC統合の法的側面』成文堂，1993年所収，201頁参照。

の保護」という要件が満たされているとし、本件申立を「内容に関する理由で」欧州人権条約規定と相容れないゆえに受理不能とした。「内容に関する理由で」受理不能とは、通常、当該申立が欧州人権条約により保護されていない権利の侵害に関わるものであり、同条約の範囲外にあるため、本案の審理が不可能であることを意味する[24]。そのため、欧州人権委員会は今後、少なくとも6条に関する限り、EC機関の行為に対する事後的コントロールを放棄したのか、換言すれば、一般論として「同等の保護」が存在する旨認定されたならば、その後は特定の権利の保障について当該国際機構に白紙委任状が与えられることになるのか、という点が問題として残る[25]。

実際、M. & Co. 対ドイツ事件における欧州人権委員会のアプローチについては、「絶望的な権限放棄」であるとする批判がなされている[26]。また、欧州人権委員会は、当該申立を「明白に根拠不十分」として受理不能としていたならば、事後的コントロールは可能であることが示されたとする指摘もある[27]。「明白に根拠不十分」とは、「内容に関する理由で」と異なり、当該申立は欧州人権条約が保護する権利に関わるものであるが、事実関係が当該違反を証拠立てるものとみなされないため、本案の審理が不必要であるとされる場合である[28]。

以上の点を考慮するならば、「同等の保護」理論は、権限を委譲された国際機構に白紙委任状を与えるものではなく、欧州人権条約に基づき加盟国の責任として事後的コントロールを及ぼすことが含意されていると解すべきである。この点をM. & Co. 対ドイツ事件と整合させるためには、同事件の決定がその特有の事実関係を超えて適用されるものではなく、EC競争法に関するEC裁判所判決の執行と公正な裁判を受ける権利に関わる特殊ケースとして限定的に位置づけることが必要である[29]。

---

24) P. van Dijk and G. J. H. van Hoof (eds.), *Theory and Practice of the European Convention on Human Rights* (3rd ed.), Kluwer Law International, the Hague, 1998, p. 163.

25) Gérard Cohen-Jonathan et Jean-François Flauss, *op. cit.*, p. 642, 643.

26) D. J. Harris, M. O'Boyle and C. Warbrick, *Law of the European Convention on Human Rights,* Butterworths, London, 1995, p. 28.

27) Gérard Cohen-Jonathan et Jean-François Flauss, *op. cit.*, p. 642.

28) P. van Dijk and G. J. H. van Hoof (eds.), *op. cit.*, p. 163.

Ⅲ 「同等の保護」理論

　マシューズ事件において，申立人は「同等の保護」理論を援用し，1976年議定書が共同体機関への権限委譲を含むものであると解釈されうる場合，「第1議定書3条に基づく当人の権利について同等の保護がない場合，〔英国〕政府はいずれにせよ〔欧州人権〕条約上の責任を有する」旨主張した。しかし，この点について，欧州人権委員会意見は判断を示さなかった30)。

　一方，同委員会におけるシェルマース (Schermers) 委員の反対意見によれば，次のとおりである。マシューズ事件では英国政府が1976年議定書および同附属書について，また，M. & Co. 対ドイツ事件ではドイツ政府がEC競争法分野におけるECの行為について，両者ともEC法秩序の範囲内にあるため，欧州人権条約機関による審査に服しないと主張した点で，類似の事件である。しかし，M. & Co. 対ドイツ事件ではEC裁判所による基本権保護が確保されているとされたが，マシューズ事件ではEC裁判所は1976年議定書および同附属書について審査権を有していない点で相違がある。すなわち，マシューズ事件では「同等の保護」という要件が充足されていない。すなわち，英国は，ジブラルタル住民についても，第1議定書3条に基づく権利を保護することなく，また，ECに同権利を保護するよう義務づけることなく，立法権限をECに委譲することはできなかった31)。

　欧州人権裁判所のマシューズ判決は，すでに引用したとおり，以下のように述べている。

　「ECそれ自体の行為については，ECが締約当事者ではないため，当裁判所において異議申し立てすることはできない。〔欧州人権〕条約上の権利が引き続き『保障』されているならば，〔同〕条約は国際機構への権限の委譲を排除していない。それゆえ，加盟国の責任は，そのような委譲の後においても存続する。

　本件において，申し立てられている〔欧州人権〕条約違反は，マーストリ

---

29) Gérard Cohen-Jonathan et Jean-François Flauss, *op. cit.*, p. 642; Iris Canor, *op. cit.*, p. 19.
30) Appl. No. 24833/94, *op. cit.*, p. 11.
31) Appl. No. 24833/94, *Denise MATTHEWS against the United Kingdom*, Report of the European Commission of Human Rights, 29 October 1997, p. 27. なお，同委員によるマシューズ判決の評釈として以下参照。H. G. Schermers, *op. cit.*, p. 673; R. A. Lawson & H. G. Schermers (eds.), *op. cit.*, p. 671.

ヒト条約によりもたらされた欧州議会の権限拡張とあわせて，英国により締約された1976年議定書の附属書に由来している。理事会決定および1976年議定書ならびにEEC条約改正を伴うマーストリヒト条約はすべて，英国により自由に締約された国際文書を構成した。実際，1976年議定書は，〔EC〕の『通常』の行為ではなく，〔EC〕法秩序内における条約であるため，〔EC〕裁判所において異議申立の対象たり得ない。マーストリヒト条約もまた，〔EC〕の行為ではなく，EEC条約に改正をもたらした条約である。英国は，マーストリヒト条約の他のすべての締約国とともに，同条約の諸結果に対して，〔欧州人権〕条約1条およびとくに第1議定書3条に基づき，『内容に関する理由で』(ratione materiae) 責任を有する。」[32]

このように欧州人権裁判所は，「同等の保護」という表現は使用していないが，実質的に「同等の保護」理論に依拠して，それが存在しないことを根拠に「内容に関する理由で」締約国の責任を認めている[33]。

---

[32] Appl. No. 24833/94, *Denise MATTHEWS against the United Kingdom,* Judgment of the European Court of Human Rights, *op. cit.,* p. 12.

[33] ウェイト／ケネディ事件およびビアー／リーガン事件における欧州人権裁判所判決は，次のように述べている。「当裁判所は，国家が一定の活動分野における協力を追求または強化するために国際機構を設立し，かつ，それらの機構に一定の権限を帰属せしめ，また，免除を与える場合，基本権保護に関する含意が存在しうる，という見解を有する。しかしながら，そのことにより締約国がそのような権限帰属に含まれる活動分野に関して〔欧州人権〕条約に基づく責任を免責されるならば，〔欧州人権〕条約の目的および趣旨に反するであろう」(Appl. No. 26083/94, *Waite and Kennedy against Germany,* Judgment of the European Court of Human Rights, 18 February 1999, p. 15; Appl. No. 28934/95, *Beer and Regan against Germany,* Judgment of the European Court of Human Rights, 18 February 1999, p. 13)。このように述べた後，欧州人権裁判所は，欧州宇宙機関に対してドイツの管轄権からの免除を与えることが許容されるかどうか決定するさいの重要な要因は，申立人にとって欧州人権条約上の権利を実効的に保護するための合理的な代替的手段が利用可能かどうかということである，とする。次いで，そのような代替的手段の存在が検討され，その結果，第6条1項違反は存在しなかったと判決している (Appl. No. 26083/94, *op. cit.,* p. 15, 16; Appl. No. 28934/95, *op. cit.,* p. 13, 14)。以上の点からも，欧州人権委員会により確立された「同等の保護」理論は，欧州人権裁判所においても事後的コントロールを留保しつつ，実質的に維持されている。

Ⅳ 欧州議会選挙と欧州人権条約第1議定書3条(自由選挙に対する権利)

1 欧州人権委員会の立場

(a) 「諮問機関」としての欧州議会

1979年3月8日付決定のリンゼイ(Lindsay)事件[34]は，欧州議会選挙を施行する英国内法が北アイルランドのみ比例代表制とし，他地域は小選挙区制としていることが，欧州人権条約第1議定書3条(自由選挙に対する権利)等に反すると主張された事案である。また，ECベルギー人連盟(Alliance des Belges de la Communauté Européenne)事件[35]は，欧州議会選挙を施行するベルギーの国内法が欧州議会選挙における在外居住国民の投票権を認めていないことが，欧州人権条約第1議定書3条に反するかどうか問題となった事案である。欧州人権委員会は，両事件のいずれにおいても，欧州人権条約第1議定書3条の違反はないとして，27条2項(旧規定)の意味における「明白に根拠不十分」を理由に受理不能としている[36]。

欧州議会が第1議定書3条にいう「立法府」か否かについては，次のような判断が示されている。すなわち，欧州人権委員会によれば，第1に，第1議定書3条にいう「立法府」について条約起草者は国内議会を想定していた。第2に，しかし，ECの構造の発展により国内議会の権限および機能を一部引き受ける新たな代表機関が生じる場合，EC加盟国たる締約国が第1議定書3条に基づき保護される権利を認める要求される可能性を排除するものではない。第3に，欧州議会(当時)は，(ECSC条約95条3項を例外として)厳密な意味における立法権を有しておらず，立法に関する諮問機関であり，また，一定の予算および監督権限を有するにとどまる[37]。

(b) 単一欧州議定書(「協力手続」の導入)後における欧州議会

1987年12月9日付決定のテート(Tête)事件および88年3月10日付決定の

---

34) Appl. No. 8364/78, Lindsay and others v/the United Kingdom, Decision of 8 March 1979, *D. R.*, Vol. 15, p. 247.

35) Appl. No. 8612/79, Alliance des Belges de la Communauté Européenne v/Belgium, Decision of 10 May 1979, *D. R.*, Vol. 15, p. 259.

36) Appl. No. 8364/78, *op. cit.*, p. 251, 252; Appl. No. 8612/79, *op. cit.*, p. 264.

37) Appl. No. 8364/78, *op. cit.*, p. 251; Appl. No. 8612/79, *op. cit.*, p. 263.

フルニエ（Fournier）事件はいずれも，欧州議会選挙を施行するフランス国内法が選挙活動等について小政党に不利な内容を規定していることが第1議定書3条等に違反していると主張された事案である。両事件とも，第1議定書3条の違反はないとされ，「明白に根拠不十分」を理由に受理不能とされた[38]。

前掲リンゼイ事件等以降，欧州議会が第1議定書3条にいう「立法府」となったか否かについては，欧州人権委員会は，単一欧州議定書による「協力手続」の導入を踏まえつつも，「その後，とくに1986年2月17日および28日に署名された単一欧州議定書（とくにEEC条約149条の新規定）の結果，欧州議会の役割は増大しているけれども，同議会が用語の通常の意味における立法機関を構成しているとはまだいえない」としている[39]。

(c) マーストリヒト条約（「共同決定手続」の導入）後における欧州議会

1996年4月16日付決定により受理可能とされたマシューズ事件について，欧州人権委員会は，1997年10月29日に報告書を採択し，本件に関する意見を表明した。それによれば，「欧州議会が用語の通常の意味における立法府としてみなされるべく，国内立法府の権限および機能をすでに十分に付与されているか否かについて，最終的に決定を行うよう求められていない」とされている[40]。その結果，マーストリヒト条約（とくに「共同決定手続」の導入）以降，欧州議会が第1議定書3条にいう「立法府」にあたるかどうかについて，欧州人権委員会の見解は示されなかった。一方，欧州人権委員会は，「これまでのいくつかの決定において，当委員会は，第1議定書3条に基づく申立の脈絡で，同条の『立法府』という表現が国内立法機関以外に，関係国内に直接影響を及ぼす立法過程において機能を果たす超国家的な機関を含むことができるかどうかという問題について，まだ最終的な決定を行っていない。本件は，欧州議会選挙が行われる方法ではなく，同選挙が全く行われていないということに関する申立であるため，このような中心的問題に回答

---

38) Appl. No. 11123/84, Tête v/France, Decision of 9 December 1987, *D. R.*, Vol. 54, p. 52, 68, 69; Appl. No. 11406/85, Fournier v/France, Decision of 10 March 1988, *D. R.*, Vol. 55, p. 130, 140, 141.

39) Appl. No. 11123/84, *op. cit.*, p. 68; Appl. No. 11406/85, *op. cit.*, p. 140.

40) Appl. No. 24833/94, *Denise MATTHEWS against the United Kingdom,* Report of the European Commission of Human Rights, *op. cit.*, p. 12.

Ⅳ 欧州議会選挙と欧州人権条約第1議定書3条（自由選挙に対する権利）

がなされるべきである」とした41)。そのうえで欧州人権委員会は，欧州人権条約の準備作業文書（Travaux Préparatoires）に依拠して，次のよう判断している。

「当委員会は，第1議定書3条が超国家的代表機関に適用されるとするならば，欧州人権条約の起草者が意図していたことならびに同規定の目的および趣旨を超えて，3条の範囲を拡張することになると考える。当委員会としては，3条の役割は国家または地方の立法議会（ジブラルタルの場合，現地議会）について選挙が定期的な間隔を置いて行われることを確保することであると考える。当委員会は，欧州議会を含む欧州連合の様々な機関から発せられる立法がジブラルタルにますます重要な影響を与えていること，また，そのような立法が現地議会を経ないで現地法に置換されることを受け容れいる一方，そのような非国内機関が第1議定書3条の意味においてジブラルタルの『立法府』またはその一部であると適切にみなされうるとは考えない。したがって当委員会としては，第1議定書3条は本件に適用できないと判断する。」42)

2　欧州人権裁判所の立場

マシューズ事件における欧州人権委員会意見は，第1議定書3条の「立法府」には超国家的代表機関は含まれないとして，欧州議会が「立法府」かどうかの判断を回避しているが，同人権委員会は従来，欧州議会が第1議定書3条の「立法府」にあたるかどうかを判断する場合の基準として，もっぱら同議会の立法権限の程度に着目していた。しかし，マシューズ判決において欧州人権裁判所はECの立法過程全体における欧州議会の権限を検討している43)。

同裁判所は，欧州議会の権限について「諮問的」という文言が削除されたこと（EC条約189〔旧137〕条）にふれたうえで，まず欧州議会の立法過程への関与の程度について，第1に「諮問手続」では欧州議会の役割は限られて

---

41)　*Ibid.*

42)　*Ibid.*, p. 12, 13.

43)　ECの立法過程については，拙稿「解体新書　欧州連合のすべて」『外交フォーラム』142号，2000年6月，74，76頁参照。

いること，第2に「協力手続」（EC条約252〔旧189C〕条）では欧州議会の立場が理事会の全会一致により覆されうること，第3に「共同決定手続」（EC条約251〔旧189B〕条）では理事会は欧州議会の意思に反して措置を採択することはできないこと，第4に「同意手続」では措置の採択に欧州議会の同意が必要とされること，を確認している。同裁判所は次に，コミッションの任免における欧州議会の役割に着目し，欧州議会がコミッションを総辞職させる権限を有する（EC条約201〔旧144〕条）一方でコミッションの任命に欧州議会の同意が必要であること（EC条約旧158条），また，予算の採択に欧州議会の同意が必要であること（EC条約272〔旧203〕条），欧州議会はコミッションの予算執行責任の解除を行う点でコミッションに対する監督権限を有すること（EC条約276〔旧206〕条），さらに，欧州議会には法案提出権はないものの，コミッションに対して提案を行うよう要請する権利を有していること（EC条約192〔旧138B〕条），を指摘している[44]。

その結果，欧州人権裁判所の結論は，すでに引用したように，以下のとおりであった。

「当裁判所はそれゆえ，欧州議会がEC条約189B〔新251〕条および第189C〔新252〕条に基づく立法採択にいたる特定の立法過程に十分関与しており，また，〔EC〕の活動の一般的な民主的監督に十分関与している結果，第1議定書3条の目的上，ジブラルタルの『立法府』の一部を構成している旨認定する。」[45]

「立法過程における関与」とはとくに理事会との関係における欧州議会の役割を，また，「民主的監督における関与」とはとくにコミッションとの関係における同議会の役割を指しているが，それらの両面における判断により，欧州議会は欧州人権裁判所から「立法府」であることのお墨付きを与えられ，その結果，自己の民主的正当性の向上を得たということができる。

さらに，アムステルダム条約の効力発生後，「共同決定手続」における欧州議会の権限強化および同手続の範囲拡張により「立法過程における関与」は増大し，また，コミッション委員長候補者の指名に欧州議会の承認が必要

---

44) Appl. No. 24833/94, *Denise MATTHEWS against the United Kingdom*, Judgment of the European Court of Human Rights, *op. cit.*, p. 16, 17.

45) *Ibid.*, p. 17, 18.

とされることが新たに追加されることにより（コミッションが委員長の政治的指導の下に活動する旨の規定と相俟って），「民主的監督における関与」も増大したといえる46)。

V 結　語

EC裁判所は，EC法が一定の要件を充足すれば直接効果を有し，憲法を含む国内法に優越するにもかかわらず，EC条約に基本権（人権）目録が欠如している点を司法的に克服するため，基本権（人権）がECにおける「法の一般原則」に含まれ，「加盟国に共通の憲法的伝統」により具体化されるとともに，欧州人権条約をはじめとする国際人権条約が「ガイドライン」を提供する旨の判例法（「ガイドライン」方式）を確立してきた。この結果，EC裁判所の判決において，欧州人権条約規定および欧州人権裁判所判決が，EC法解釈の指針として参照されている47)。

「同等の保護」理論は，EC裁判所の「ガイドライン」方式を尊重するものであり，同方式が機能しない場合にはじめて，欧州人権裁判所が補完的に審査権を行使するものといえる。同方式が機能しない場合とは，第1に，EC裁判所による基本権保護の水準が欧州人権条約より低下した場合である。この場合には，「ガイドライン」方式の破綻といえる。第2に，ECの第1

---

46) 拙稿「アムステルダム条約における欧州連合（EU）の機構改革」山極晃編『冷戦後の国際政治と地域協力』中央経済社，1999年所収，125—133頁。

47) EU（EC）における基本権保護の問題に関するレス（Georg Ress）教授の業績として，例えば，ゲオルク・レス（入稲福智訳）「EUにおける基本権保護」石川明＝櫻井雅夫編『EUの法的課題』慶応義塾大学出版会，1999年所収，79頁，Georg Ress, "Menschenrechte, europäisches Gemeinschaftsrecht und nationales Verfassungsrecht" in Herbert Haller, Christian Kopetzki, Richard Novak, Stanley L. Paulson, Bernhard Raschauer, Georg Ress und Ewald Wiederin (Hrsg.), *Staat und Recht* (Festschrift für Günther Winkler), Springer-Verlag, Wien, 1997, p. 897 参照。なお，EC裁判所の「ガイドライン」方式については以下参照。拙稿「欧州人権条約をめぐるEC裁判所の『ガイドライン』方式—EC委員会の『加入』方式との比較—」『日本EC学会年報』5号，1985年，1頁，拙稿「ECにおける基本権保護と欧州人権条約機構」『法学研究』（慶応義塾大学）60巻6号，1987年6月，42頁，および，拙稿「EC裁判所における基本権（人権）保護の展開」『国際法外交雑誌』92巻3号，1993年8月，33頁。

次法が問題となったマシューズ事件におけるように，そもそもEC裁判所による「同等の保護」が手続上受けられない場合である。また，EU条約46〔旧L〕条によれば，「EC条約およびEU条約に基づき管轄権を有する範囲内で」EC裁判所は諸機関の行為につき基本権尊重に関する審査権を有するため，それ以外の場合（例えば，EC条約69〔旧73p〕条，EU条約35〔旧K．7〕条）にも手続上「同等の保護」がないため，欧州人権裁判所が審査権を行使しうることになる48)。これらの場合は，EC裁判所の「ガイドライン」方式の限界を超えた問題であり，ここに欧州人権裁判所のEU（EC）法秩序における補完的役割が事実上存在するといえる。換言すれば，EC裁判所による「ガイドライン」方式の展開および欧州人権裁判所による「同等の保護」理論の適用はともに，EU（EC）が欧州人権条約に加入していないために両裁判所の間に公式の関係が存在しないことを踏まえた次善の対応として位置づけることができる。

他方，マシューズ判決において欧州人権裁判所が，欧州人権条約第1議定書3条との関連で欧州議会を「立法府」として認定した点については，EC裁判所の判断を補強するものである。すなわち，EC裁判所は単一欧州議定書以前（「協力手続」および「共同決定手続」の導入前）において，欧州議会の諮問権限が「限定的であるとはいえ，〔EC〕諸国民が代表制議会を介して権力行使に参加すべきであるという基本的民主主義原則を，共同体レベルで反映するものである」としていた49)。EC立法過程において理事会の特定多数決分野が拡張されるに応じて，「共同決定手続」における欧州議会の役割は一層重視される50)。その点で欧州人権裁判所の判断は重要である。

〔付記〕　1999年9月8日，ストラスブールの欧州人権裁判所で会見したさい，レス教授（欧州人権裁判所判事）に本稿作成のための資料収集でたいへんお世話になった。心より感謝申し上げる。

---

48)　Toby King, *op. cit.*, p. 85, 86.
49)　Case 138/79, Roquette Frères v. Council ［1980］ *ECR* 3333, para. 33.
50)　この点については，レス教授により，EUの民主化との関連で詳細な研究がなされている。ゲオルク・レス（入稲福智訳）「EUの民主主義制度の改正について」『平成法政研究』（平成国際大学）3巻1号，1998年11月，87頁参照。

欧州人権条約の積極主義的解釈

門田　孝

Aktivismus bei der Auslegung der Europäischen Menschenrechtskonvention

MONDEN Takashi

　Bei der Auslegung der Europäischen Menschenrechtskonvention (EMRK) hat der Europäische Gerichtof für Menschenrechte (EGMR) verschiedene Methoden gebraucht. Die folgende Abhandlung befasst sich vor allem mit der aktivistischen Seite der Auslegung der EMRK.

　Im Fall *Golder* (Ser. A 18, 18) hat der EGMR die Meinung vertreten, dass Artikel 6 der EMRK das Recht auf Zugang zu einem Gericht garantiert, obwohl ein derartiges Recht nicht ausdrücklich enthalten ist. Dabei legte der EGMR dar, dass er den allgemeinen Regelungen über die Auslegung der Verträge folgt, die sich in der Wiener Konvention finden. In Wirklichkeit war die Auslegung im *Golder* aktivistisch, weil sie Ziel und Zweck der Konvention in den Vordergrund stellte.

　Tatsächlich bediente sich der EGMR in vielen Fällen aktivistischer Auslegungsmethoden, wie z. B. 1) der entwickelnden Auslegung ("evolutive interpretation"), die eine den jeweiligen Zeitumständen entsprechende Interpretation fordert, 2) der autonomen Auslegung ("autonomous interpretation"), die sich von nationalen Begriffsbestimmungen unäbhangig macht, und 3) der effektiven Auslegung ("effective interpretation"), die einen wirksamen und praktischen Schutz des Betroffene ermöglicht.

> In Anbetracht der Natur des EMRK als menschenrechtlicher völkerrechtlicher Vertrag, der effektiven Menschenrechtsschutz gewährleisten soll, ist die aktivistische Auslegung notwendig. Das Problem ist die *Art und Weise,* wie man diese Auslegungsmethode anwendet. Die Beantwortung dieser Frage wird noch schwieriger, wenn man den aktivistischen Auslegungsmethoden etwa die Doktrin des Einschätzungsspielraums ("margin of appreciation") gegenüber stellt. Der Autor sieht zwei denkbare Lösungsmöglichkeiten: 1) die Berufung auf die demokratischen Elemente oder den Konsens in Europa, und 2) die Präzisierung der Theorie der Menschenrechte selbst.

I はじめに

　1950年にローマで署名された，人権及び基本的自由の保護に関する条約，いわゆる欧州人権条約（以下適宜「人権条約」又は単に「条約」ともいう）の意義については，改めて強調するまでもないであろう。同条約は，「国際的なレベルでの人権の実効的な保障としては，今日，最も完成されたモデルを示している」[1]。そこでは国家のみならず，個人も，その権利及び自由のために司法的救済を求めることができるのである。現在40超の締約国を数える欧州人権条約の規範は，欧州人権裁判所（以下適宜「人権裁判所」又は単に「裁判所」ともいう）の判決――および1998年11月より前には欧州人権委員会の決定等も[2]――を通して，ヨーロッパ各国の国内法に深く浸透している[3]。

---

1) F.スュードル（建石真公子訳）・ヨーロッパ人権条約（1997年）1頁。
2) 周知のように，第11議定書により人権条約の権利保障システムは一新され，それまでの委員会と裁判所による二段階の審査手続は，常設の裁判所における手続に一本化された。本稿では必要に応じ，改正前の人権条約については「旧条約」として，現行の人権条約と区別することとする。
3) 欧州人権条約と国内法の関係についての詳述は避けるが，例えば最近の注目すべき動きとして，人権条約を国内法化するために，1998年に「人権法」を制定したイギリスの例を挙げることができるであろう。人権法と欧州人権条約の関係について，例えば参照, Starmer, *infra* note 81.

I はじめに

　もともと国際条約として出発しながら,「ヨーロッパ共通の基本権基準」4)を形成し個人の直接的な人権保障にも仕えるという欧州人権条約のユニークな性格は,その解釈のあり方にも独特の問題を生じ得る。欧州人権条約にあっても,構成国の主権に配慮した従来の国際条約の解釈方法が妥当するのか,それとも個人の人権保障の要請に応じた何らかの特殊な解釈手法が求められるのか。他の条約等と比べても人権保障システムがひときわ整備されているだけに,権限ある機関による欧州人権条約の解釈のあり方は,いっそう重要な問題として提示されるのである。

　この点について要約的に述べれば,欧州人権条約を解釈するに際して人権裁判所は,形のうえでは一般的な国際条約の解釈方法に依拠する姿勢を示しながらも5),一方で,約の「趣旨と目的」を重視し,変化する社会の現状に沿った「進化的解釈」,構成国の国内法にとらわれない「自律的解釈」,あるいは権利の実効的保障を重視する「実効的解釈」など,積極主義的な解釈を展開すると共に,また他方では,「評価の余地」理論に代表されるように,国家の裁量を尊重した自己抑制的なアプローチも用いている,ということができる6)。

　本稿は,こうした裁判所による欧州人権条約の解釈のうちでも,特にその積極主義的な側面に焦点を当てようとするものである7)。以下ではまず,欧州人権条約の解釈方法に関する人権裁判所の立場を探るための端緒を1975年のGolder判決に求め,そこで展開された議論を分析し(II),次に人権裁判

---

4) M. Herdegen, Europarecht (2. Aufl.) (1999) S. 13.
5) この点については特に,後述II 2参照。
6) 欧州人権条約の解釈一般については,例えば参照, F. G. Jacobs/R. C. A. White, The European Convention on Human Rights (2d ed.) (1996) p. 26; O. Jacit-Guillamod, "Règles, méthodes et principes d'interprétation dans la jurisprudence de la Cour européenne des droits de l'homme" dans: La Convention Européenne des Droits de l'homme (L.-E. Pettit/E. Decaux/P.-H. Imbert ed.) (1995) p. 41; J. A. Frowein/W. Peukert, EMRK-Kommentar (2. Aufl.) (1996) S. 5ff.
7) 「積極主義」という言葉も多義的であるが,本稿ではさしあたり,「欧州人権条約違反が問題になった事件を審査するにあたって,人権裁判所(及び委員会)の役割を広く認め,その違反の有無につき積極的に判断に踏み切り,かつ人権擁護に向けて積極的に条約違反を認めていこうとする欧州人権裁判所(および委員会)の態度」の意味でこの語を用いることとする。

所の積極主義的な判決等の中から生じてきた解釈方法を，いくつかの判例を素材としながら概観した後（Ⅲ），こうした積極主義的な解釈の意義と問題点について若干の考察を加えることとしたい（Ⅳ）。こうした考察により，単に欧州人権条約のみにとどまらず，広く人権の国際的保障のあり方一般について，何らかの示唆が得られるのではないかと思う。

Ⅱ 欧州人権条約の解釈方法をめぐって

1 Golder 事件

欧州人権条約の解釈のあり方が問題となった事例として，まず Golder 事件をとりあげることにしよう[8]。そこでは，人権条約を解釈するに際して国際条約解釈のための一般的ルールに依拠することが明らかにされ，実際に条約の文言，文脈，および趣旨と目的に照らした解釈が行われたが，これを実質的にみた場合，目的論的解釈への強い傾斜を示すものとなっている[9]。

Golder 事件は，受刑者が弁護士との通信の許可を申請し，これが拒否されたことに対して人権条約違反を争った事例である[10]。本件の申立人である Golder は，かつて服役していた時に刑務所で起きた暴動に際し，ある看守から受けたとする悪意の中傷を理由として，当看守を相手取った損害賠償請求訴訟を提起しようと考え，弁護士と相談するために，イギリス刑罰施設規則により必要な許可をイギリス内務大臣に対して求めたがこの請求は拒否された。そこで Golder は欧州人権委員会に申立を行い，これを受理した委員会は，旧条約31条により作成された報告書の中で，本件における内務大臣の拒否には，条約6条1項及び8条違反が認められる旨の見解を表明した[11]。

---

8) *Golder vs. United Kingdom,* Judgment of 21 February 1975, Ser. A, No. 18.

9) もっとも，条約の趣旨と目的に添った解釈は，早くから人権裁判所の採ってきたところである。例えば1968年のある判決の中で，裁判所は以下のように述べている（*Wemhoff vs. Germany,* Judgment of 27 June 1968, Ser. A, No. 7, p. 23, para. 8)。「それ［欧州人権条約］が法形成的条約であることを所与のものとするなら，当条約の目的を実現し，その趣旨を達成するために最も適した解釈を追求することもまた必要になる。」条約の「目的論的解釈」については，なお参照，後掲注85)。

10) Golder 事件の事実関係の詳細については，参照，Ser. A, No. 18, pp. 8-12, para. 9-22.

II 欧州人権条約の解釈方法をめぐって

イギリス政府の付託を受け，旧条約43条により設置された欧州人権裁判所小法廷は，本件が，「重大な，条約の解釈に関連する問題を提起する」として，裁判所規則により事案を大法廷に移送した。

人権裁判所は，Golderの主張を認め，問題となったイギリス内務大臣の拒否処分が，公正な裁判への権利を保障した条約6条1項，および，私生活および家族生活の尊重に対する権利——その中には通信（correspondence ; correspondance）の尊重も含まれる——を保障した条約8条に違反すると判示した。

この事件における主たる争点は，人権条約6条1項により，「裁判所へのアクセス権」（right of access to the courts ; droit d'accès aux tribunaux）が認められるか否かがあった。条約6条1項は，「各人は，その民事上の権利及び義務，又は自己に対する刑事責任の決定にあたって，法律により設けられた独立で公平な裁判所により，合理的な期間内に，公正で公開の審理を受ける権利を有する。判決は公開で言い渡される。」と定めるのみで（但書省略），「裁判所へのアクセス権」を明文では認めていない。

人権裁判所は，それにもかかわらず，6条1項により「裁判所へのアクセス権」を認めた。裁判所は，「6条1項は実質的に，既に係属中の訴訟における，公正な手続に対する権利の保障に限定されるのか，それともこれにとどまらず，その民事上の権利及び義務に関する判断を求める訴え（民事訴訟）を提起しようとする者には皆，裁判所へアクセスする権利をも認めているのか」[12]について審査する。そして，確かに条約6条1項には裁判所へのアクセス権が明示されてはいないけれども，その文言の意味を詳細に検討し，また他の条文との関係などに鑑みた場合，6条1項が，既に裁判が開始されている場合における公正な手続にその対象を限定しているとは解されないこと，またとりわけ条約前文から要請される「法の支配」は，裁判所へのアクセス可能性なしには考えられないとして[13]，人権裁判所は，「裁判所へのアクセス権は，6条1項で定められた権利に固有の要素を構成する」[14]と結論

---

11) *Golder vs. United Kingdom,* Report of 1 June 1973, Ser. B, No. 16.
12) Ser. A, No. 18, p. 12, para. 25.
13) *Ibid.,* pp. 14-16, para. 30-34.
14) *Ibid.,* p. 18, para. 36.

づけたのであった。

2 Golder事件における欧州人権条約の解釈

Golder事件において人権裁判所は，人権条約の解釈の方法についても比較的詳細な言及を行っている。以下，裁判所の議論を追いながら，そこで現れた条約解釈の特徴について検討しよう。

裁判所は人権条約の解釈にあたり，国際法の一般的な規則に依拠するものとし，具体的にはその指針として，当時未発効であった条約法に関するウィーン条約31条以下に着目した：

「当裁判所に提示された見解は，第一に，条約の解釈，とりわけその6条1項の解釈のために採られるべき方法に関するものである。当裁判所は，政府及び委員会と同じく，条約法に関する1969年5月23日のウィーン条約の31条から33条にその指針を求めるべきだと考えることとしたい。この条約はまだ発効しておらず，またその4条において遡及的に効力を有しない旨を明示的に定めているが，その31条から33条は本質的に，国際法において一般的に認められた規則を含むものであり，それは当裁判所も既に用いてきたところである。」15)

ウィーン条約31条から33条は，条約解釈の方法について詳細な規定を設けているが，その中心となるのは，「条約は，文脈によりかつその趣旨及び目的に照らして与えられる用語の通常の意味に従い，誠実に解釈するものとする」という31条1項の規定である16)。そして実際にGolder事件でも，「裁判所へのアクセス権」を認めるにあたり裁判所は，人権条約の用語，文脈，そして趣旨及び目的に言及したのである。

---

15) *Ibid.*, p. 14, para. 29.
16) ウィーン条約31条から33条に含まれる諸命題は，ある論者に倣い，以下の要約することができるであろう (Jacobs, *supra*, note 6, p. 27)：
   ① 条約に用いられた文言はその通常の意味に合致すべきである。
   ② 文言の現れる文脈が考慮されてもよい。
   ③ 条約の趣旨及び目的が考慮されてもよい。
   ④ あいまいさを解消するのを助け，他の規則を用いて得られる意味を確定し，または非常識を回避するために，起草準備作業の事情を考慮することができる。
   ⑤ 条約は，正式に認められたどの言語においても等しく権威を有しており，言語間の意味を相違は，条約の趣旨と目的に最も合致する意味を採用することにより解決されるべきである。

Ⅱ　欧州人権条約の解釈方法をめぐって

　Golder事件で採られた解釈方法については，いくつか特徴を指摘できる。第一に，条約解釈の方法に関する国際法の一般規則が，「客観的」な準則として用いられていることである。つまり，もともとウィーン条約に示される条約解釈の一般規則は，主として条約を締結した当事国自身による解釈の指針として発展してきたものである——その意味では多かれ少なかれ当事国の「主観的」解釈が前提とされている——のに対し，人権条約の解釈は国際レベルでの裁判制度の枠組で行われるものであり，したがって同じ一般規則に依拠しつつも，人権裁判所にあっては「客観的」な解釈が求められるのである[17]。この関連ではなお，人権裁判所が，国際法の一般規則の定める条約解釈の拠りどころとなる諸要素，つまり条約の文言，文脈，趣旨及び目的などを優先度に応じて別個に用いているのではなく，条約の解釈を，複雑ながらも統一的な単一の作業としてとらえていることにも注意しておきたい[18]。

　第二に，以上のような国際法の一般規則に拠り，解釈に際して条約の文言や文脈などをも考慮しながらも，実質的には条約の「趣旨及び目的」（object and purpose ; objet et but）に重きをおいた「目的論的解釈」が結論を導くうえで決定的ともいえる役割を演じていることである。人権条約の明文にはない「裁判所へのアクセス権」を導出する直接の根拠となったのは，条約前文で言及されている「法の支配」（rule of law ; prèéminence du droit）であった。ただ，この点に関する裁判所の議論自体は，やや錯綜している：

　　「人権条約の『選択的』性質については疑問の余地はない。また，イギリス政府が主張した通り，前文が，法の支配を人権条約の趣旨及び目的に含めてはおらず，欧州審議会加盟国の共通の精神的遺産を特徴づけるもののひとつとして，それを引合いに出したものであることにも賛同できる。しかしながら当裁判所

---

17)　参照, Jacobs, *supra,* note 6, p. 31. なお，人権条約の「客観性」を人権委員会が指摘した事例として，参照, *App. 788/60, Austria v. Italy*（*Pfunders Case*），11 Jan. 1961, 4 Yearbook 116, 138（「条約において締約国が負う義務は，本質的に客観的な性格のものであって，締約国自身のために主観的かつ相互的な権利を創造しようとするものではなく，個々の人間の基本的権利を，いかなる締約国による侵害からも保護しようとするものである。」）

18)　Ser. A, No. 18, p. 14, para. 30.（「条約解釈の過程は，統一的で，ひとつに結びついた作業である。この［ウィーン条約31条に示された］規則は，不可分にまとまったもので，当該条文の4つの項に挙げられた様々な諸要素を，対等の立場に置くものである。」）

は，委員会同様，この言及を単に，人権条約を解釈する者にとって無関係な『多かれ少なかれ修辞的な言及』であるとみるのは誤りであると考える。署名国政府が『世界人権宣言の中で表明されたうちの一定の権利を，共同して保障するための最初の措置をとる』ことを決意したひとつの理由は，法の支配に対する深い信奉であった。……

そして民事事件において，裁判所へアクセスする可能性を抜きにしては，およそ法の支配は考えられない。」19)

これを文字通りに理解した場合，裁判所が「法の支配」の実現を，厳密な意味での条約の目的と考えていたか否かは疑問であるが20)，いずれにしても人権条約の「趣旨及び目的」の関連で「法の支配」が言及され，「裁判所へのアクセス権」が導出されたことは，判決文からも明らかである。

第三に，条約の明文にない「裁判所へのアクセス権」を認めるに際して，それを「条約の拡張」ととらえるのではなく，かかる権利が，問題となった条文で保障された「単一の権利の一部」であるという——その意味では「法の創造」ではなく「法の発見」であるという——論法をとっていることである。それは判決の以下のくだりからも見てとれる：

「[人権条約6条1項は]，互いに異なるが，しかし同一の基本理念に由来する諸権利を定めており，そしてそれらが一体となって，文言の狭い意味では正確に確定できない，単一の権利を形作るのである。裁判所へのアクセスが，かかる権利の一要素もしくは一側面をなすものであるか否かを，解釈により究明するのが当裁判所の任務である。」21)

判決によれば，「裁判所へのアクセス権」は，あくまでも6条1項に「内在する権利」なのである22)。

このように，人権条約6条1項により裁判所へのアクセス権を認めること

---

19) *Ibid.*, pp. 16-17, para. 34. なお本文の引用の中で省略した箇所では，欧州審議会規程の前文及び第3条も「法の支配」について言及している旨が指摘されている。

20) むしろ裁判所は，この事件では，条約前文の「同一の思想に導かれ，かつ共通の遺産である政治的伝統，理想，自由の尊重，及び法の支配を有するヨーロッパ諸国の政府として，世界人権宣言の中で表明されたうちの一定の権利を，共同して保障するための最初の措置をとることを決意」したとする部分を，条約の「趣旨及び目的」ととらえているようにも思われる。参照，*ibid*, p. 16, para. 34.

21) *Ibid.*, p. 13, para. 28.

22) 裁判所は，人権条約に新しい権利を「導入」するような解釈手法については，これを認めていない。例えば参照，後掲注37)。

については、3人の裁判官が個別意見を述べている[23]。ここでは詳細な議論を展開したFitzmauriceの意見をみておくことにしよう。その主張は多岐にわたるが、条約の解釈のあり方に関しては以下の所説に着目したい：

「とりわけその意味が不明確で、拡大解釈をすることにより、構成国が負うことを実際には意図しなかった義務、又は自らが負っているとは考えなかった義務を構成国に負わせる効果を生じるような規定に関しては、細心でかつ保守的な解釈（cautious and conservative interpretation）が、疑いなく正当であるのみならず、また積極的に要請されることが、指摘されなければならない。……したがって［規定の解釈に関する］重大な疑問はすべて、関係する構成国政府に不利にではなく、有利なように解決されるべきである……。」[24]

Fitzmauriceはさらに、比較法的考察も交えながら条約の制定過程にも言及して、条約6条1項に「裁判所へのアクセス権」を読み込むことに反対するひとつの論拠としている[25]。そこで主張された解釈方法は、従来の国家間条約に求められる抑制的解釈を端的に表明したものとして理解できよう。しかしながら、一部の裁判官によるこのような反対にもかかわらず、人権条約の解釈に際して裁判所は、様々な分野で積極主義的な解釈を展開しているのである。

III 欧州人権条約の積極主義的解釈の諸相

1 進化的解釈

条約の「趣旨及び目的」を強調することは、いわゆる「ダイナミックな解釈」もしくは「進化的解釈」（evolutive interpretation）へと結びつく[26]。その意味するところは、人権裁判所（及び委員会）が人権条約を解釈するに際し

---

23) 9人の裁判官による多数意見に対し、個別意見を述べたのは、A. Verdross (Ser. A, No. 18, pp. 24-25), M. Zekia (*ibid.*, pp. 26-31) 及び Sir G. Fitzmaurice (*ibid.*, pp. 32-) である。

24) *Ibid.,* p. 53, para. 39.

25) 参照、*ibid.,* pp. 54-58, para. 40-46.

26) D. J. Harris/M. O'Boyle/C. Warbrick, Law of the European Convention on Human Rights (1995) p. 7.「ダイナミックな解釈」よりも「進化的解釈」という呼称の方が、判例や文献で好んで用いられるようである。参照、*ibid.*, p. 7, n. 4. なお参照、Jacobs, *supra,* note 6, p. 31.

255

て，条約締結当時の事情ではなく，現在における事実と態度を考慮すべきだというものである[27]。このような進化的解釈を強調することは明らかに，その反面で，条約解釈の補足的手段としてウィーン条約32条でも言及されている，条約の起草準備作業（travaux préparatoires）の事情を，さほど重視しないことにつながるであろう[28]。現状を重視するという進化的解釈は，論理必然的に積極主義的解釈に結びつくものではない。しかしながら，欧州審議会の目的として「人権および基本的自由の保護と促進（further realisation ; développement）」（傍点筆者）を掲げる人権条約前文から見てとれる基本理念に鑑みるなら，一般的には，進化的解釈が人権抑制的な方向に向かうとは考えられず[29]，それは常に，条約解釈にあたって何らかの積極主義的態度を要請するものといえよう。

人権裁判所がこうした進化的解釈の方法を表明した例として引合いに出されるのが，1978年の Tyrer 判決である[30]。これは，イギリス領マン島で，ある生徒に暴行を加えた少年に対して，その処罰として行われた司法的体罰（judicial corporal punishment）――本件では樺材による殴打――が，条約3条で禁じられた「品位を傷つける刑罰」（degrading punishment ; peines dégradants）にあたるか否かが問題になった事件である。その判断に際して，人権裁判所は次のように述べた：

「欧州人権条約は，……現在の状況に照らして解釈されるべき生きた文書（a living instrument ; un instrument vivant）である……。現在提示されている事例において，当裁判所は，欧州審議会構成国での，刑事政策の分野における発展，およびそこで広く受け入れられた基準により，影響を受けないわけにはいかない。」[31]

そして裁判所は，問題となった体罰の性質を検討し，それが人間に対する他の人間による身体的暴力であること，しかも制度化された暴力であること，したがって，それが条約3条の主たる目的のひとつである「個人の尊厳と身

---

27) P. van Dijk/G. J. H. van Hoof, Theory and Practice of the European Convention on Human Rights (1998) pp. 77-78.

28) *Ibid.,* p. 78.

29) 参照，Mahoney, *infra,* note 73, p. 67.

30) *Tyrer v. United Kingdom,* Judgment of 25 Apr. 1978, Ser. A, No. 26.

31) *Ibid.,* pp. 15-16, para. 31.

体的不可侵の保護」を損なうものであるとして32),問題となった司法的体罰が「品位を傷つける刑罰」に該当すると判断したのであった。

現実の社会の動向に沿った解釈を志向する,このような進化的解釈は,私生活及び家族生活の尊重の権利を保障した条約8条の解釈において――「家族」や「性」というものに対する社会の意識の変化を背景に――重要な役割を演じることとなった。こうして例えば,いわゆる非嫡出子を,嫡出子と比べて不利に扱うベルギー法の条約違反が争われた Marckx 事件において,人権裁判所は,進化的解釈の手法を用いて問題となった法律が条約8条に違反すると判断した33)。裁判所によれば,人権条約が締結された1950年代には嫡出子と非嫡出子の間で区別を設けることは,広く認められていたが,条約は現在の状況に照らして解釈されなければならないのであり,その後の締約国国内法の展開などから判断した場合,嫡出子と非嫡出子を平等に扱うべきことを支持する広い基盤があるというのである34)。同じく,成人同士の合意に基づくホモ・セクシャル行為を刑罰の対象とする北アイルランドの法が8条違反とされた Dudgeon 事件においても,同様の手法が見出せる35)。すなわち,問題の法制定時と比べて,現在ではホモ・セクシャル行為に対しては理解と寛容がみられ,締約国の多くが,かかる行為に刑罰をもって臨むことは必要でなく,または適当でないと考えている旨が指摘されている36)。むろん進化的解釈といっても無制限なものではなく,そこに一定の限界は認められるが37),こうした解釈方法が変動する社会状況に対処していく様は,以上の例からも明らかであろう。

---

32) 参照, *ibid.,* p. 16, para. 33.
33) *Marckx v. Belgium,* Judgment of 13 June 1979, Ser. A, No. 31.
34) *Ibid.,* p. 19, para. 41.
35) *Dudgeon v. United Kingdom,* Judgment of 22 Okt. 1981, Ser. A, No. 45.
36) *Ibid.,* pp. 23-24, para. 60.
37) 例えば裁判所によれば,離婚というものが広く認められてきているとしても,婚姻する権利を保障した条約12条が「離婚する権利」まで含むものと解釈することはできない。参照, *Johnston and others v. Ireland,* Judgment of 18 Dec. 1986, Ser. A, No. 112.

2 自律的解釈

条約の解釈に際してその「趣旨及び目的」に目を向けるなら，当然それにしたがって，構成国の国内法における規定等にとらわれずに，人権条約を解釈していこうとする「自律的解釈」(autonomous interpretation) が行われることになる。そして条約の文言の意味確定にあたっても，国内法の概念規定とは別個の「独自の概念」(notion autonome) が用いられる。この点，人権裁判所が解釈するのは国内法ではなく，あくまでも人権条約なのであるから，国内法にとらわれないという意味での「自律性」が要求されるのは，ある意味では当然だといえるし，そもそも，各々の国内法の概念規定にしたがって条約を解釈していたのでは，国際的に統一のとれた解釈を行なうことも不可能となってしまうであろうから[38]，裁判所が「独自の概念」を用いることもまた当然であるともいえよう。もっとも，それが強調され過ぎると，ウィーン条約31条1項の定める解釈指針のひとつである「用語の通常の意味」からは逸脱する可能性を生じることにもなるであろう[39]。

このような自律的解釈は，人権条約の様々な条文についてみられるが，ここでは公正な裁判を受ける諸権利を保障した，人権条約6条の解釈をめぐる事例に素材を求めることとしたい。裁判所は，6条にいう「裁判所」(tribunal)，「争い」(contestation)，「民事上の権利及び義務」(civil rights and obligations ; droit et obligations de caractère civil)あるいは「刑事責任」(criminal charge ; accusation en matière pénale) などの語について，独自の概念による解釈を展開している[40]。具体例をみよう。

1976年に判決の下ったEngel事件においては，兵役についている間に，オランダの軍規律違反に問われ，処罰されたことに対し，人権条約違反が争われた[41]。ここで重要な争点になったのは，この事件の申立人達が軍規律違反で裁かれた際，人権条約6条にいう「刑事責任」に問われたことになるのか，したがって本件に条約6条が適用可能なのか，という点であった。この

---

38) Jacit-Guillamod, *supra*, note 6, p. 49.

39) Van Dijk, *supra*, note 27, p. 77.

40) Jacit-Guillamod, *supra*, note 6, p. 49. これらのうち，「争い」という語については，英語条文には対応する語が見出せない。人権条約の他の条文に関する独自の概念については，参照，*ibid.*, pp. 49-50.

41) *Engel and others v. Netherlands*, Judgment of 23 Nov. 1976, Ser. A, No. 22.

点，オランダの軍規律法制度は，「軍規律」（Krijgstucht ; military discipline ; discipline militaire）に関する法を，軍の刑法とは明らかに区別していた。しかしながら，裁判所はいう：

> 「もし締約国が，その裁量により，ある違法行為を刑事に関するものではなく，規律に関するものとして分類でき…るとするなら，第6条及び第7条における基本的条項の運用は，国家意思に従属することになるであろう。そこまで拡張された自由は，人権条約の趣旨及び目的と合致しない結果になるであろう。したがって当裁判所は，第6条の下……規律が刑事を不当に侵食しないことを確かなものとする権限を有している。
>
> 要するに，『刑事の』（criminal ; matière pénale）という概念の『自律性』は，いわば，一方方向にのみ作用するのである。」[42]

裁判所は，問われた「責任」が刑事に関するものか否かを判断する規準として，第一に，その国内法における分類を出発点としつつ，第二に，問題となった違法行為の性質を，第三に，科せられる処罰の厳格さを挙げ[43]，とりわけ第三の規準をもとに，申立人5名のうち3名についてとられた措置について，それが刑事の領域に属するものであると判断した。そして，これら3名の審問が非公開で行なわれた点において，人権条約6条1項違反が認められると結論づけたのである。

おそらく Engel 事件以上にドラスティックなかたちで自律的解釈が展開され，多くの論議を呼んだのが，1984年の Öztürk 判決であろう[44]。この事件で，トルコ国籍保持者である申立人は，ドイツ国内における交通規則違反を理由に科せられた反則金の当否を裁判で争った際，法廷での通訳料を課せられたことに対して，人権条約6条3項(e)で認められた「無料で通訳を受ける権利」が侵害されたと主張した。ここでも，申立人が「刑事責任」に問われたのか否かが問題になった。とりわけ，当時ドイツ連邦議会は，本件のような違反行為を「行政秩序違反」（Ordnungswidrigkeit ; regulatory offence ; contravention administrative）として「非犯罪化」し，刑事法の外においていたため，問題はいっそう困難なものとなった。しかしながら裁判所は，ここでも Engel 事件とほぼ同様の定式で自律的解釈の必要性を強調し[45]，Engel 事件で

---

42) *Ibid.,* p. 34, para. 81.
43) *Ibid.,* pp. 34-35, para. 82.
44) *Öztürk v. Germany,* Judgment of 21 Feb. 1984, Ser. A, No. 73. なお，後述Ⅳ2参照。

示された3つの規準にしたがって本件が刑事責任に関するものであるかを審査した。そして本件では，特に第二の規準，すなわち違法行為の性質を重視し，本件で問題となった違反行為の通常の意味，他の構成国における理解，またとりわけ，それに加えられる制裁の懲罰的性格などから，ここでの違反行為が刑事に関するものであると判断し46)，これに基づき条約6条3項(e)違反を認めたのであった。

なおこの他にも，人権裁判所は，条約6条1項にいう「民事上の権利及び義務」という概念を具体化する際して，自律的解釈を展開してきた。その用語の意味を考慮しつつも，独自の概念の手法を用いて，例えば，6条1項の手続保障を，私人による自由業及びその他の営業活動に対する行政庁の決定からの保護にも拡張し47)，さらに，土地所有に有害な影響を与えることを理由とした，廃棄物処理の許可をめぐる行政庁との争いも，「民事上の権利及び義務」に対する法的保護の対象としている48)。

3 実効的解釈

条約の「趣旨及び目的」の実現を助けるものとして，条約解釈の中で示されるのが，人権の実効的な保障を求める「実効的解釈」(effective interpretation) である49)。これは，「実効性の原則」(principle of effectiveness)，あるいは「有用な効果」(effet utile) として知られる原則の要請をみたすもので，そこでは裁判所は，単に外形や形式にとどまらず，何よりも個々人のおかれた現実的な状況に焦点を当て，そうした状況に見合った救済を施そうと試みるのであり，その結果はおうおうにして，人権条約で保障された権利及び自由の範囲と内容についての，拡大解釈をもたらすことになる50)。

---

45) 参照, *ibid.*, p. 18, para. 49.
46) *Ibid.*, p. 20, para. 53.
47) 例えば参照, *König v. Germany*, Judgment of 28 June 1978, Ser. A, No. 27（病院開業許可の取消し及び免許の撤回に対する行政裁判手続に関するもの), 及び *Bentham v. Netherlands*, Judgment of 23 Okt. 1985, Ser. A, No. 97（ガソリンスタンド営業許可の拒否をめぐる争いに関するもの)。
48) *Zander v. Sweden*, Judgment of 25 Nov. 1993, Ser. A, No. 279-B.
49) Harris, *supra*, note 26, p. 15.
50) 参照, Van Dijk, *supra*, note 27, p. 74.

Ⅲ　欧州人権条約の積極主義的解釈の展開

　このような実効的解釈が用いられた例としては，1979年の Airey 判決が挙げられる[51]。これは，夫からの虐待を理由として，司法命令による別居 (judicial separation ; séparation de corps) を裁判所に求めようとしたものの，別居裁判についてはアイルランド法が無料で弁護士をつけることを認めておらず，結果的に目的を果たせなかった妻が，人権条約違反を争った事例である。その中で申立人 Airey は，Golder 事件で認められた「裁判所へのアクセス権」が本件では侵害されたとして，人権条約6条1項違反を主張した。これに対してアイルランド政府は，申立人が弁護士抜きで裁判を開始できることを指摘したが，裁判所は以下のように述べて，権利の実効性の必要を強調した：

　「政府は，申立人が弁護士の援助なしに自由に裁判所で出向くことができるのであるから，彼女が高等裁判所へのアクセスを享受してしていると主張する。
　当裁判所は，こうした可能性それ自体が，この問題の決め手になるものとは考えない。人権条約は，理論上もしくは幻想上 (theoretical or illusory ; théorique ou illusoire) の権利ではなく，実際的かつ実効的 (practical and effective ; concret et effectif) な権利を保障しようとしているのである (……)。このことは，公正な裁判への権利が民主社会において占める卓越した地位に鑑みれば，とりわけ裁判所へのアクセス権についてあてはまる (……)。」[52]

そして，別居命令の管轄を有する高等裁判所での手続が複雑であることや，別居裁判の性質などを根拠として，裁判所は，申立人のような立場に置かれた者が自らの裁判を実効的に遂行できるとは考えられないと判断し，本件に弁護人がつけられなかった点で――アイルランド政府が，刑事事件に関し「無料で弁護人を付される権利」を保障した条約6条3項(c)については，条約締結時に留保したにもかかわらず――人権条約6条1項違反を認めたのである[53]。

　人権条約における権利及び自由を実効的に保障していこうとする裁判所の解釈態度は，多くの判決を通じて随所に見出すことができ，またそれは，様々なかたちをとって表れる[54]。すなわちまず，実効性の要請は，締約国

---

51) *Airey v. Ireland,* Judgment of 9 Okt. 1979, Ser. A, No. 32.
52) *Ibid.,* pp. 12-13, para. 24（引用判例省略）．
53) 参照, *ibid.,* pp. 12-16, para. 24-28.
54) 「実効性の原則」に依拠する諸判決の詳細な分析としては，参照, Merrills, *infra,*

に人権侵害の禁止といった消極的義務のみならず，人権擁護に向けた国家の「積極的義務」(positive obligation ; obligation positive) をも求めることになる。この点 Airey 判決も，市民的・政治的権利と社会的・経済的権利の密接な関係を指摘しているが[55]，既に触れた Marckx 判決でも，条約8条1項にいう家族生活の尊重が実効性を有するためには，積極的義務を伴うとして，具体的には「子供が，生まれた時からその家族にとけこむことを可能にする，国内法の保障規定の存在」が必要とされた[56]。このような「積極的義務」の要求は，さらに私人による権利侵害から個人を保護する義務までも国家に課すこととなり，したがって人権条約の私人間効力——ドイツでいうところの「第三者効力」(Drittwirkung)——に類似したはたらきを，実質的に認めることとなった[57]。こうして，X及びY対オランダ事件では，精神障害の女性及びその父親が，ある私人により女性の被った強姦を理由とした刑事告発をなしえなかったことに対し，条約8条違反が認められた[58]。その際，裁判所は「個人相互の関係における領域であっても，私生活の尊重を意図した措置をとる義務」を国家に認めたのであった[59]。この他にも，裁判所は様々な領域で実効的解釈を展開している[60]。

---

note 61, ch. 5.

55) Ser. A, No. 32, p. 15, para. 25 (「人権条約のカバーする範囲から，その [社会的・経済的権利の] 領域を分かつ確固たる区分 (water-tight division; cloison étanche) は存在しない。」).

56) Ser. A, No. 31, p. 15, para. 31.

57) 参照, D. Murswiek, "Die Pflicht des Staates zum Schutz vor Eingriffen Dritter nach der Europäischen Menschenrechtskonvention" in: Grundrechtsschutz und Verwaltungsverfahren (H.-J. Konrad Hrsg.) (1985) S. 214 ff.

58) *X and Y v. Netherlands,* Judgment of 26 Mar. 1985, Ser. A, No. 91.

59) *Ibid.,* p. 11, para. 23.

60) 例えば参照, *Artico v. Italy,* Judgment of 13 May 1980, Ser. A, No. 37 (条約6条3項(c)と弁護人の再任に関するもの), *Plattform 'Ärzte für das Leben' v. Austria,* Judgment of 21 June 1988, Ser. A, No. 139 (条約11条とデモ行進の保護に関するもの), *Klass and others v. Germany,* Judgment of 6 Sep. 1978, Ser. A, No. 28 (条約8条と電話通信の保障に関するもの)。これらの例からもわかるように，実効的解釈は進化的解釈や自律的解釈と不可分の関係にある。

Ⅳ 積極主義的解釈の意義と問題点

1 積極主義的解釈の必要性

　これまで「積極主義的解釈」として素描してきた，人権裁判所による，人権条約の一連の解釈手法が，実は同一の解釈理念の諸側面を表すものであることは明らかであろう。それは，条約制定当時の事情や起草者の意図などを忠実に再現しようとするスターティックな解釈態度ではなく，また締約国の国内法規定や法実践に配慮した抑制的な解釈態度でもない。それは，人権条約の「趣旨及び目的」を志向し，社会の「現実」に即して行われる極めて実践的かつ実効的な解釈である。総じて人権裁判所の判決には，ある論者の言葉を借りれば，「博愛的リベラリズム（benevolent liberalism）に導かれた積極主義の傾向」[61]をみてとることができるであろう。

　まずもって強調されるべきことは，このような積極主義的解釈が，欧州人権条約を解釈するうえで必要なものだということである。これまでも示唆してきた通り，個々の締約国の国内法を尊重してばかりいたのでは，国際的に統一のとれた人権保障を達成することは不可能となるであろうし，また何よりも，条約締結時の締約国の意思に拘束されていたのでは，社会の変化に応じて生じ得る，新しい人権侵害状況に適切に対処することができず，結果的に人権条約前文にいう「人権及び基本的自由の保護と促進」を実あるものとすることはできなくなるであろう。こうしたことは，進化的解釈の必要性に関する，以下のような指摘をまつまでもなく明らかである：

　　「このアプローチが，締約国の義務を，締結時にその意図したところを越えて拡大することに対して，異議を唱えることはできない。それどころか，一般的な意味において，締約国の意図を実あるものにしようとするなら，このアプローチは必要なものである。締約国は，当初頻繁に生じていた人権侵害の危険からのみ，個人を保護すること——そうだとしたら，危険の性質が変われば，人権保障は次第に弱まっていく結果となる——を意図したのではない。締約国の意図は，個人を，過去における人権侵害の危険からだけでなく，未来の人権侵害の危険からも保護することにあったのである。」[62]

---

61) J. G. Merrills, The Development of International Law by the European Cout of Human Rights (2d ed.) (1993) p. 249.

したがって，条約における義務は制限的に解釈されるべきだとの条約解釈に関する従来の一般的な想定は，欧州人権条約の解釈については，常にあてはまるわけではない63)。このことはとりわけ，条約の「趣旨及び目的」を重視し，個人に権利保護を付与していこうとする積極主義的解釈にあっては当然のことである。条約の解釈に際して人権裁判所はまさに，「当事者の負う義務を可能なかぎり最大限に制限するのではなく，目標を実現し目的を達成するために最も適切な解釈を見出す」64)のである。

2　積極主義的解釈における法理論の不在？

　欧州人権裁判所の積極主義的解釈が必要なものだとすれば，問題はむしろ，積極主義的解釈そのものではなく，その用いられ方にある。すなわち，積極主義的解決が，いかなる場合に，またどのように用いられるべきかについて，必ずしも明確な基準もしくは理論が存在しないことが，問われなければならない。ある論者によれば，「人権裁判所と委員会に対する評釈のほとんど全てが，この進化的解釈を，人権条約における判例法の進展に有益なものと考えてきた。それは単に，法改正をなし得なかった非進歩的な国家へ適用するに際し，特定の実務がどの程度まで進化したかについて，意見を異にするのである。」65)

　したがって，積極主義的解釈の方法が妥当である点については，人権裁判所の裁判官の間で意見の一致をみたとしても，人権条約をめぐる個々の事例において，個々の裁判官が同一の結論にたどり着くとは限らない。ここでは，既に述べたÖztürk判決を例にとることにしよう66)。ドイツ法で交通法規違反が「非犯罪化」されていたにもかかわらず，それを「独自の概念」により，刑事に関するものと判断した判決に対して，Bernhardtは，その反対意見で以下のように述べた：

　「私は……国内法における一定の概念および手続の定めが，決定的なものでな

---

62)　Jacobs, *supra*, note 6, p. 32.
63)　参照, *ibid.*, p. 31.
64)　Wemhoff, *supra*, note 9, Ser. A, No. 7, p. 23, para. 8.
65)　Helfer, *infra.*, note 77, p. 135.
66)　Ser. A, No. 73（前述Ⅲ 2 参照）．

Ⅳ 積極主義的解釈の意義と問題点

いうことには同意する。人権条約及びその規定の自律性は，審査不可能な一方的定義づけ（qualification）というものを排除する。しかしこのことは，国内法による定義づけが，重要でないことを意味するものではない。われわれはここにおいて，一方で，国内法制度による定義づけ及び国家による評価の余地と，他方で，人権条約規定の自律性との間に，境界線を引くという困難かつ微妙な仕事に従事しているのである。」[67]

Bernhardt によれば，自律的解釈そのものは妥当だとしても，Öztürk 事件では用いられるべきではなく，交通法規違反をどう位置づけるかは国家の裁量に属することであり，それが条約の趣旨及び目的にも合致するという[68]。さらにこれとは別に，「非犯罪化」がヨーロッパ諸国で広くみられるひとつの潮流であることを指摘して，ドイツ政府の立場を支持した Matscher の反対意見などは[69]，むしろ「進化的解釈」によって判決とは逆の結論が導かれ得ることを示すものとみることも可能である。

このような積極主義的解釈の用いられ方に関する問題は，人権条約において積極主義と対極に位置する自己抑制的解釈，とりわけ——たった今引用した Bernhardt の反対意見にも触れられていたように——「評価の余地」理論として知られる解釈方法までも視野に入れた場合，いっそう複雑なものとなる。「評価の余地」（margin of appreciation ; marge d'appréciation）理論とは，一般に，「国家が，人権条約の保障する権利の領域において，立法的，行政的，あるいは司法的措置をとる場合，人権条約機構の監視を受けつつも，ある程度の裁量を認められる」[70]とする理論である。人権裁判所は，人権の保障および制限のあり方について，それが国家による「評価の余地」の範囲内に属すると認めた場合には，たとえより妥当な方法があると考えたとしても，国

---

67) *Ibid.*, p. 36.
68) *Ibid.*, pp. 36-37.
69) 参照, *ibid.*, pp. 31-32.
70) Harris, *supra.*, note 26, p. 12.「評価の余地」理論については，例えば参照, E. Brems, "The Margin of Appreciation Doctrine in the Case-Law of the European Court of Human Rights", 56 ZaöRV 240（1996）, H. C. Yourow, The Margin of Appreciation Doctrine in the Dynamics of European Human Rights Jurisprudence（1996）, "The Doctrine of the Margin of Appreciation under the European Convention on Human Rights: Its Legitimacy in Theory and Application in Practice", 19 HRLJ 1（1998）. この問題については，別稿を予定している。

家の裁量を尊重して，自ら積極的な判断には踏みこまないのである。人権裁判所は，1976年の Handyside 判決以来[71]，いくつかの事件については，こうした「評価の余地」理論を用いて，積極的な判断を控えてきた[72]。しかしながら，いかなる場合に積極主義的解釈が行なわれ，またいかなる場合に「評価の余地」理論が採用されるのかについても，確固たる理論的裏付けがあるわけではない。こう考えてくると，人権条約の積極主義的解釈の用い方の問題は，条約の解釈のあり方全体にかかわってくることになる。

3 新たな理論の模索

欧州人権裁判所が，人権条約の積極的解釈を用いるにあたり依拠すべき「理論の不在」は，行き着くところ，人権条約の解釈一般に際して依拠すべき「理論の不在」として問題になる。ただ，人権条約の解釈の正当性をめぐる議論は，現在のところ必ずしも活発に行なわれているわけではない。ここでは，こうした問題を考えていくための糸口として，2つの方向づけのみをを示しておくこととしたい。

すなわち第一は，ヨーロッパの「民主主義の要素」あるいは「コンセンサス」に依拠して，人権条約の正当な解釈を模索していこうとする方向である。

例えば，Paul Mahoney は，欧州人権裁判所の積極主義と自己抑制が，実は同一の営みの相異なる側面にすぎないと指摘し，これを民主政治における進化・発展の要請と，締約国の裁量尊重の要請との均衡化の問題として説明する[73]。人権裁判所の積極主義の表れとしての進化的解釈，及び自己抑制の表れとしての評価の余地理論を分析して，Mahoney は，以下のように述べて両者の適合をはかる：

「代議政治及び多数派統治の要素を，人権条約の保障網において必要な発展及び進化との均衡をはかりつつ提示する点において，評価の余地理論は，進化的

---

71) *Handyside v. United Kingdom,* Judgment of 7 Dec. 1976, Ser. A, No. 24.
72) 人権裁判所が「評価の余地」を広く認めた例として，例えば参照，*Sporrong and Lönnroth v. Sweden,* Judgment of 23 Sep. 1982, Ser. A, No. 161; *Cossy v. United Kingdom,* Judgment of 27 Sep. 1990, Ser. A, No. 184; *Brannigan and McBride v. United Kingdom,* Judgment of 26 May 1993, Ser. A, No. 258-B.
73) P. Mahoney, "Judicial Activism and Judicial Self-Restraint in the European Court of Human Rights: Two Side of the Same Coin" 11 HRLJ 57, at 67（1990）.

Ⅳ 積極主義的解釈の意義と問題点

解釈の体系と適合する。それは,一国の権限の範囲と,人権条約機関の解釈の範囲との間に,一線を引く助けとなる。」[74]
つまり,締約国を通じてその立法と法実務に変化のパターンがみてとれるときは,進化的解釈が,逆に国内法レベルでいまだ多様性が認められるときは,評価の余地理論が妥当するという[75]。そして,積極主義的解釈にあっても,解釈の対象となる条項の性質,ある種の条文においては明確な起草者の意図,解釈の指針となる基本的価値,あるいは経験的に示される諸締約国の変化など「積極主義をとりまく諸要因」が,解釈を導く客観的な規準たり得ることを指摘する[76]。

同様の問題意識に立ち,これを「欧州のコンセンサス」探求の問題として考察するのは,Laurence. R. Helfer である[77]。Helfer によれば,人権裁判所の目的論的解釈が,「欧州のコンセンサス」ともいうべき統一性を達成したとき,全締約国が守るべき権利保護の基準を樹立できるが[78],しかし裁判所や委員会は,これまでコンセンサスの探求に関して明確な原理を提示し得なかったという。そして,代わって以下のようなアプローチが提言される：

「人権裁判所と委員会は,この[コンセンサスの]分析に,その場的（ad hoc）に取組むのではなく,こうした[人権に関して進化する地域の]動向を,人権条約の文言,国内における法改正の程度,及び国際条約と地域的立法が,欧州共通の観点を形成するうえではたす重要性を認識した構造的連続性（structured continuum）に沿って,探求すべきである。」[79]

Helfer は,一方で文言及び文脈によるアプローチが,条約解釈にもたらす安定性を高く評価しながらも[80],多くの場合これだけでは事件解決がはかれないとして,条約の文言を出発点とし,国内法改正の動向,及び条約・立法の展開に着目して「欧州のコンセンサス」をさぐる方法を主張したのである。

人権条約の解釈における「理論の不在」に対処していくうえで,考えられ

---

74) Mahoney, p. 84.
75) *Ibid.*
76) 参照, *ibid.*, pp. 68-76.
77) L. R. Helfer, "Consensus, Coherence and the European Convention on Human Rights" 26 Corn. Int'l. L. J. 133 (1993).
78) *Ibid.*, p. 134.
79) *Ibid.*, p. 157.
80) 参照, *ibid.*, pp. 155-157.

る第二の可能性は，主に問題となった「人権の性質」に着目し，解釈そのものを精緻化することによって，人権条約の解釈理論自体の「客観性」を推し進め，これによって恣意的な要素を排除していこうとする方向である。ただ，こうした方向づけは，現在のところ条約解釈の正当化の問題として，意識的に行われているわけではない。ここでは，欧州人権条約を国内法化したイギリスの「人権法」との関連で，人権条約の解釈に言及した Keir Starmer の所説の中に，ひとつの手がかりを見出すこととしたい[81]。

　Starmer は，人権保障にむけての人権条約の重要なアプローチとして，実効性の原理と共に，「人権の制限」のあり方を挙げる[82]。それによれば，まず人権裁判所は条約解釈に際して，大きく3つの類型の諸権利，すなわち，①いかなる状況においても制限されない「絶対的権利」（2，3，4(1)及び7条），②緊急時の離脱（15条）のみ認められる「離脱できるが，その他では条件がつけられない（unqualified）権利」（4(2)及び(3)，5及び6条），及び③公共の利益などとの関係で制限され得る「条件つきの（qualified）権利」（8，9，10及び11条）を認めており，そして最後の類型に属する人権の制限は，①かかる制限が法律に定められている場合，②制限が条約の該当する条文に掲げられた目的を追求するものである場合，③制限が「民主社会にとって必要」なものである場合，または④制限が条約14条にいう差別ではない場合に許されるという[83]。そして Starmer は，人権の制限（restriction）に共通する2つの原則として，「合法性の原則」（principle of legality）及び「比例性の原則」（principle of proportionality）を挙げ，前者に関するルールとして，①人権の制限が確定され確立されていること，②制限が受容できるものであること，③制限が明確なものであることを挙げ，また後者の要因としては，制限に際して，①適切かつ十分な理由づけがなされているか否か，②より制限

---

81) K. Starmer, European Human Rights Law: The Human Rights Act 1998 and the European Convention on Human Rights (1999).

82) *Ibid.*, p. 155.

83) *Ibid.*, pp. 155-156. むろんここでの類型の具体的内容の当否については，例えば，思想，良心及び信教の自由（9条）や，表現の自由（10条）などが第三の類型に入れられているとことからもわかるように，個別的に検討していく必要があるであろう。もっとも，これは人権裁判所による判例法を説明した文脈で述べられたものであり，Starmer 自身の見解ではないことに注意したい。

的でない他の選び得る手段があるか否か，③手続的公正があるか否か，④濫用に対する保護手段があるか否か，及び⑤条約の保障する権利の「本質そのもの」(very essence) を破壊するものであるか否か，を問題にして，さらに詳細な分析を行なっている[84]。

容易に察知できることであるが，この第二の方向づけは，真の意味での「解釈の正当化」ではない。しかしながらこのような解釈論の精緻化を推し進めていくことにより，積極主義的解釈についても，それがいかなる場合に，そしてどのようにして行なわれるべきかについて，ひとつの基準を提示しうるのではないかと思われる。

Ⅴ　結びに代えて

欧州人権条約の解釈にあたり，欧州人権裁判所は，形の上では条約解釈の一般規則に依拠しつつも，様々な人権の領域で積極主義的な解釈を展開してきた。その意義に鑑みた場合，積極主義的解釈は必要なものであるが，それがいかなる場合に，またどのようにして行なわれるべきかについては，いまだ十分な理論的根拠が与えられていないというのが，本稿における分析と考察を通して得られたひとまずの結論であった。

人権条約の解釈における「理論の不在」は，ある意味では解釈方法そのものに起因するものともいえよう。それは，人権裁判所自らがその解釈のプラグマティックな性格を強調してきたことからもみてとれる。しかし，およそ法というものが理論を求めてやまないものであるなら，人権条約の解釈の正当性をめぐる理論も，また問われ続けなければならないであろう。

本稿では，そうした解釈理論を模索していくうえでの二つの可能性を，欧州の民主政治またはコンセンサスに依拠する方向づけと，人権の性質を中心に解釈理論そのものを精緻化していく方向づけというかたちで示唆した。前者が，解釈の外的要因に依拠するものであるのに対し，後者は，解釈の内部に目を向けた議論である。そうした意味では，両者は互いに相反するものではなく，欧州コンセンサスの探求と人権解釈理論の深化とは，並行して進め

---

[84]　参照, *ibid.*, pp. 165-176.

られるべきであると，とりあえずはいうことができる85)。

　類似の議論は，国内裁判の正当性に関しても生じ得る。ただ，ここで指摘されるべきことは，欧州人権裁判所の積極主義的解釈あるいは解釈一般をめぐる問題が，国内法における憲法裁判のあり方に関する問題などとは，必ずしも同一に論じ得ないことである。例えば，ひとごろアメリカ合衆国でさかんに論じられた司法審査の正統性をめぐる議論の前提となったのは，「民主的な立法府」対「非民主的な司法府」という図式であった86)。このような性格づけの当否はおくとしても，欧州人権裁判所のおかれた環境は，これとかなり異なることに注意しなければならない。すなわち，人権裁判所による審査が及ぶのは，一国の立法府ではなく，様々な事情をかかえた多数の締約国——そこではしばしば人権裁判所対国内裁判所という対立図式も生じる87)——の法令・実務である。他方，審査の対象となる問題はあくまでも，いまや民主主義国の共通理念となった「人権」をめぐる問題のみである。こうした事情の下にあっては，「民主的政府」の意図に配慮した自己抑制の原則が，必ずしも妥当するとはいえないであろう。その意味では，先に示した二つの方向づけのうち，欧州コンセンサスの探求もさることながら，人権解釈理論の精緻化の方向が，もっと強調されて然るべきではないかと思われる。欧州人権条約が，従来の国家主権の枠を超え，実ある国際人権保障を推進していこうと決断した時点で，条約の「積極主義的解釈」は，欧州人権裁判所や委員会に背負わされた必然的な任務ともいえるのではなかろうか。

　もっとも，われわれはここで結論を急ぐ必要はないであろう。本稿では，

---

85) 念のため付言するなら，積極主義的な解釈が依拠する目的論的解釈の手法は，欧州人権条約においてのみ用いられているわけではない。国際条約の解釈においては一般に，目的論的解釈よりも当事国の意思を尊重した解釈が原則であるとされながらも，いわゆる立法条約では目的論的解釈が妥当することも広く認められている。参照，杉原高嶺他『現代国際法講義』［第2版］(1995) 314頁。欧州人権条約以外の条約については，本稿ではほとんど触れることができなかったが，例えばEC条約を解釈する際にEC裁判所も条約目的を重視した解釈をさかんに用いているといわれる。参照，山根裕子編著『ケースブックEC法』(1996年) iii頁（山根裕子執筆）。

86) 例えば参照，R. Berger, Government by Judiciary (1977); J. Ely, Democracy and Distrust (1980).

87) 参照，建石真公子「ヨーロッパ人権条約の解釈と国内裁判所」愛知学泉大学コミュニティ政策学部紀要1号133頁 (1999)。

V 結びに代えて

人権裁判所による条約解釈の，単に一側面のみを垣間見たにすぎない。今後，これまで十分考察し得なかった人権条約の解釈の消極主義的な側面，とりわけ「評価の余地」理論の分析なども交えた，より広い視野からの解釈理論の探求が必要であろうし，1998年から制度上一新された人権裁判所の判決における新たな動向の可能性にも，留意するべきであろう。

外国離婚判決の付随裁判の承認
――BGH の判例について――

石 川　　明

Anerkennung der Entscheidung eines ausländischen Gerichts über die Personensorge

ISHIKAWA Akira

Der BGH hat in seinem Urteil vom 5. Februar 1975 wie folgt entschieden:

a) Die Entscheidung über die Sorge für die Person eines Kindes, die von einem ausländischen Gericht im Zusammenhang mit einem Scheidungsurteil getroffen worden ist, kann nicht anerkannt werden, wenn nicht zuvor im Verfahren nach Art. 7 §1 FamRÄndG festgestellt worden ist, daß die Voraussetzungen für die Anerkennung des Scheidungsurteils vorliegen.

b) Die nach ausländischem (hier: belgischem) Recht durch Heirat- und Vaterschaftsanerkenntnis eingetretene Legitimation ist für den deutschen Rechtsbereich nicht wirksam, wenn das Kind der Legitimation nicht zugestimmt hat.

Im vorliegenden Aufsatz werde ich zunächst die in diesem Urteil aufgeworfenen Fragestellungen darlegen. Sodann sollen die zu den jeweiligen Problempunkten bestehenden Auffassungen der deutschen und japanischen Wissenschaftsliteratur vorstellt und einer Analyse unterzogen werden, bevor ich zum Schluß meine eigene Meinung darstellen möchte.

I はじめに

外国の離婚判決とその付随裁判に関してドイツ連邦通常裁判所（BGH）の1975年2月5日の判決（BGHZ 64,19＝NJW 1975,1072＝FamRZ 1975,273）がある。私は本稿において，この判決をきっかけとして，外国の離婚判決の承認とその付随裁判をめぐる日本法の若干の問題点を論じてみたい。

II ドイツ連邦通常裁判所（BGH）1975年2月5日判決

まずはじめに上記判決の判決要旨，事実の概要，判旨を紹介しておく。

1　その判決要旨は以下のとおりである。
「離婚判決と関係する外国裁判所の子の監護に関する裁判は，親族法変更法7編1条（FamRÄndG§7 Art. 1）が定める手続きにしたがい，離婚判決の要件が存在することが前もって確定していないときには，承認することはできない」とするのである。

2　本件判決の事実関係は以下のとおりである。
ベルギー国籍を有し，ドイツに職業軍人として滞在していたX（夫，原告）は，訴外A女（ドイツ国籍）と，ベルギーで1961年5月6日に結婚した。Aには，1960年2月29日に産まれたマリア（以下Mという）がいたが，その子はAとXとの間の子供ではなかった。しかし，結婚証明書の夫婦の誓いとして「夫婦は，1960年2月29日にケルンで産まれたMを夫婦の子供とし，名をマリアとし，嫡出子として認めることを誓う」とかかれていた。Mは，上記婚姻後5年ほど原告の生活費で生活し，1963年8月14日に産まれた夫婦の子である娘パトリシア（以下Pという）と共に育った。
1967年1月18日にベルギーの裁判所は，Aの有責性を理由に離婚の判決を言い渡した。Aは離婚訴訟の弁論に呼び出されたが，弁論期日に欠席。判決理由によると，Aは正当な理由もなくXを遺棄し，子供たちを放置した。離婚判決はさらに子供たちの監護権に関する命令も含み，それによると，「両

II　ドイツ連邦通常裁判所（BGH）1975年2月5日判決

当事者の婚姻による二人の子供，つまりMとPは，Xに委ねる（anvertrauen）」とされた。

　Xは，Mを離婚後に被告Y（Aの姉妹）の保護の下においていたが，Xが1967年にAとは別のドイツ人と新たに結婚して，MをPと一緒に新たな家庭で育てようとして，Xの監護権に基づいて，Yに対しMの引渡しを求めた。しかし，引渡しが拒否されたので，Xは扶養料の支払いをやめ，子の引渡しを求める訴えを提起した。

　地方裁判所（前掲判例集からはいずれの地裁か不明）は，Yに子の引き渡しを命じた。Yは控訴審でも敗訴し，それを受けて提起した上告が本件である。

3　判旨は以下のとおりである。

　上告認容。ベルギー裁判所が1967年1月18日に原告の婚姻を解消する裁判とともに下した監護権の定め（Sorgerechtsregelung）は，ドイツでは有効ではない。

　裁判所は，まず親族法変更法により州の法務局が承認する対象について，次のように判断している。「問題となるのは，ドイツ法では非訟事件的行為とされている付随裁判（Nebenentscheidung）である。その種の裁判の承認は1961年8月11日の親族法変更法7編1条による手続（管轄を有する州の法務局による〈外国離婚裁判等の承認に関する〉先行判断）には服さない。同手続は，婚姻の無効を宣言し，取消し，解消し，または婚姻の成立・不成立を確定する裁判だけを対象とする（同法1条1項1文）。この手続は，判決と共にまたは関連して下された付随裁判には関係しない。」

　本件で承認が問題となっている付随裁判，すわなち「ベルギー裁判所による監護権の裁判が承認されるか否かは，1958年6月30日の民商事事件に関するドイツ＝ベルギー条約の定めるところによる（BGBl 1959 II, 766）。それによると，一方の国の民事事件で下された裁判は他方の国の高権領域で承認されなければならないが，2条に揚げられた拒否事由のいずれかがあるときにはこの限りではない（条約1条1項1文）。本条約にいう裁判にはすべての裁判が含まれ，裁判が訴訟事件・非訟事件のいずれにおいて下されたものであってもよく，また判決・決定・命令の名称に関係しない（1条3項）。」しかし，「婚姻に関する判決に付随して裁判が下され，その裁判が右判決に基

づくときには，いずれにせよ，前もって婚姻に関する判決が承認要件を有していることが親族法変更法7編1条により拘束力のある判断に基づき認められないと，その裁判はドイツ法の領域では有効とは認められない。これと異なるベルリン上級地方裁判所（Kammergericht）の見解は説得力を欠く。」

ところが，「原審で確定した事実関係からは，〈離婚判決について〉親族法変更法7編1条による州法務局の判断が下されているのか…不明であるので，ベルギーの監護権の裁判を承認することはできない」と判示しているのである。

4 参照条文は以下のとおりである。

(a) 親族法変更法（vom ll. August. 1961（BGBl Ⅰ S. 1221）） 7編1条＝判決当時

7編1条　婚姻事件における外国裁判の承認

　1項　外国での婚姻無効の宣言，取消し，離婚，または別居，もしくは当事者間の婚姻の存否を確定した裁判が承認されるのは，州法務局が，承認要件が存在することを確認したときに限る。相互保証は承認要件としない。裁判がなされたときの夫婦の［共通］本国裁判所が裁判をしたときは，州法務局の認定にかかわらず承認される。

　2項　夫婦の一方が常居所を有する州法務局が，管轄を有する。夫婦のいずれもがドイツの常居所を有しないときには，新たな婚姻を締結する州の法務局が管轄を有するが，その州の法務局は，婚姻予定の公示またはその公示の免除を申し立てたことについて証明を求めることができる。

　3項　裁判は申立てに基づく。承認について法律上の利益を有することを疎明したものは，申立てをなすことができる。

　4項　州法務局が申立てを却下したときには，申立人は，上級地方裁判所に申立てをなすことができる。

　5項　承認要件が存在することを州法務局が確認したときには，申立てをしていない夫婦の一方は，上級地方裁判所の裁判を求めることができる。州法務局の判断は，申立人への告知によって効力を生ず。ただし，州法務局は，その判断について，当該法務局が定めた期間経過後の効力を生ずることを定めることができる。

6項　上級地方裁判所は，非訟事件手続により裁判をする。法務局が所在する区域の上級地方裁判所が管轄を有する。裁判所の判断を求める申立ては，停止効（aufschiebene Wirkung）を有しない。非訟事件法21条2項，23条，24条3項，25条，30常1項1文および199条1項は，準用される。上級地方裁判所の判断は，終局的である。

7項　承認要件が存在しないことの確認が求められたときには，上記の諸規定が準用される。

8項　承認要件の存否の認定は，裁判所及び行政庁を拘束する。

(b)　民商事事件に関するドイツ＝ベルギー条約（vom 30. Juni 1958（BGBl. 1959 Ⅱ, S. 766））＝判決当時

1条

1項　①民商事事件に関する一方の締約国裁判所が下した裁判が，適法な法的救済が残されていたとしても，両当事者の請求権について終局的（endgülitg）判断であるときには，他の締結国の高権領域で承認されるが，2条で掲げられた拒否事由が存在するときにはこの限りでない。②金銭給付を求める仮の命令は，承認される。③裁判は，承認により，高権領域内で裁判を下した締約国で認められている効力を有する。

2項　1項にいう裁判には，民商法の法律関係から生ずる請求権について裁判がなされたときには，刑事手続で下された裁判も含まれる。

3項　本条約にいう裁判には，訴訟または非訟で下されたかにかかわらず，またその名称（判決，命令，執行命令）に関係なく，訴訟費用の額を後に定める裁判も含む，すべての裁判をいう。

4項　破産手続または破産回避のための和議手続で下された裁判には，本条約は適用されない。

2条

1項　承認は，つぎの事由があるときに限り拒否することができる。

(1)　承認が求められた高権領域の国家の公序に反するとき。

(2)　被告が応訴せず，かつ被告に，判決を下した高権領域の国の法による訴訟開始の呼出状または命令が送達されなかったとき，被告に呼出状または命令が送達されなかった，または適時に送達されなかったので被告が防御することができなかったことを，被告が証明

したときにも承認しないことができる。

(3) 裁判が下された高権領域の国の裁判所が，本条約による管轄を有しないとき。

2項　裁判をした裁判所が，その国際私法の規定にしたがい，承認が求められた高権領域の国の国際私法が定めるのと異なる法律を適用しなければならないことだけを理由に，承認を拒否することはできない。承認が求められた高権領域の国の国民（Angehörigen）の家族関係または相続関係，権利能力または行為能力，法定代理もしくは失踪宣言または死亡宣告に裁判が関係するときには，前記の理由により承認を拒否することができるが，承認が求められた高権領域の国の国際私法を適用することによっても裁判が正当化されるときには，この限りではない。

Ⅲ　ドイツにおける外国離婚判決の承認制度

1　法務局による承認制度

本件は，離婚に付随する外国裁判の承認に関する問題を扱ったものではあるが，その前提として，外国離婚判決の承認の問題も重要な前提問題になる。わが国の外国判決承認制度のモデルとなったドイツでは，法律による自働承認制度が採られていると説かれるが（ドイツ民訴法328条），外国離婚判決の承認については，原則として自動承認制度はとられていない。そこで，まず，ドイツにおける外国離婚判決承認制度に若干言及する。1961年に制定された親族法変更法7編1条（判決当時の条文は前掲）により，外国で下された離婚，婚姻の無効・取消し，婚姻の存否などに関する判決の承認は，夫婦の一方が常居所を有する州，それがないときには新たな婚姻を締結する州，そのいずれもないときにはベルリン州法務局が管轄を有することになる。これらの事件に関する外国判決の承認の管轄は，原則として州の法務局にあるのであって，裁判所にはない。これを法務局による確認の独占（Feststellungsmonopol der Landesjustizverwaltung）という[1]。ただし，夫婦の共通本国の

---

[1] 州法務局が外国離婚裁判などの承認について独占的に確認する権限を有しても基本法92条に反しないとするのが，連邦通常裁判所の判断である。BGH, BGHZ 82, 34 ＝IPRax 1983, 37. なお，Kegel, IPRax 1983, 22. も参照。

裁判所が裁判をなしたときには，法務局による確認を経由せずに承認されるので（1条1項3文），この場合は自働承認（Automatik der Anerkennung）となる[2]。実体的要件については，相互保証を要求しないとする点を除いては特段の定めはなく（同条1項2文），条約に基づく承認については条約の定める承認要件により，また固有法，つまり条約によらない国内法に基づく承認に際してはドイツ民事訴訟法328条により実体的承認要件は定まる（ただし，相互保証は不要）。このように，外国離婚判決などの承認を州の法務局に委ねた理由は，二つある。すなわち第一にこれらの承認問題を一極に集中することで，外国離婚裁判が国内で承認されるか否かについての公的判断が矛盾することを回避しようとする点と，第二に外国離婚判決の承認に関する経験豊かな専門家による迅速な判断が可能となる点に求められている[3]。

2　法務局による承認制度の日本法への導入の可能性

わが国の場合，外国判決の承認についてはいわゆる自働承認主義が採用されているが，当該判決によって執行をなすべき場合は，民事執行法24条によって執行判決をもらう必要がある。同条の執行判決にいう執行は広義の執行を意味し，登記・登録・戸籍などの届出についても利用できるとするのが一般的である。そこで，わが国の民事執行法24条の執行判決は，外国の離婚判決をもって離婚届を提出する場合にこれを求めることができる[4]。

離婚判決の国内における有効・無効，換言すれば日本国の国内法上の承認の問題を先決関係とし，ここから派生する諸々の個別的法律関係をめぐる紛争（例えば，離婚判決の無効を前提にして扶養料の請求をする，など）は，伝統的考え方によれば，それら個々の派生的法律関係を個別的に訴訟上の請求として取り上げるべきであって，それらの訴訟の先決関係として離婚判決の承

---

2) Rahm/Künkel, Handbuch des Familiengerichtsverfahrens, 4. Aufl. 1994, Bd. 3, Ⅷ Rdnr. 169.

3) Kropholler, Internationales Privatrecht, 3. Aufl. 1997, S. 341. Vgl. Staudinger/Kropholler, BGB, 12. Aufl. 1979, §19 EGBGB Rdnr. 365. Keidel/Schmidt, Freiwillge Gerichtsbarkeit, 14. Aufl. 1999, Vorbemerkung §§ 19-30 Rdnr. 45 では，迅速性，法的安定性と並んでコストの点を挙げている。

4) 鈴木忠一＝三ヶ月章編・注解民事執行法(1) 242頁［青山］，中野貞一郎・民事執行法［新訂四版］172頁。

認の問題それ自体を訴えの対象にすることは訴えの利益がなく，不適法であるとされてきた。しかしながら，離婚の効力，したがって婚姻関係の存否という基本的な法律関係の確定—そしてそれが外国離婚判決の承認の可否の確定によってなされるとするならば，外国判決の国内法上の有効・無効の確認訴訟—が離婚の効力をめぐる法律関係の抜本的な解決であるということができる。したがって，自働承認制度の下でも，この種の訴えを認めるべき場合はあると考えられる。それと同時に，この種の訴えを認めたとしても，当事者すなわち当該訴えの原告にとって当該訴えの起訴責任を課されることが負担になることは確かであるから，同じ目的を達するためにより簡略な手続，アクセスの容易な手続としてドイツのように法務局による簡易承認の手続を設けることは適切なことと考えられる。法務局による承認制度を設ける場合には，行政庁の決定に対して不服のある当事者には異議申立ないし訴訟への途を設けておく必要がある。

　その際に問題になるのは，第一に自働承認制度をそのまま残して法務局による外国離婚判決の承認制度を設けるべきなのか，あるいは自働承認制度はやめて，外国判決の内国的承認はすべて法務局の承認を経させるかという点である。第二には，承認制度として執行判決制度は残すとして，行政的承認前置主義をとるべきか否かという点である。第一の点についていえば，広義の執行を必要としないものについては自働承認制度を残しておいてもいいと考える。当事者間に外国判決の国内法的効力について争いのない場合には，自働承認を認めてもよいと考えられるからである。争いになれば，訴訟物の先決関係をめぐる争いとして解決すればよい。第二点については，裁判所の負担軽減の観点からすれば，行政的承認前置主義をとり，これに不服のあるときは行政的承認の取消訴訟や執行判決あるいは国内的無効訴訟に移行しうる措置を置いておけば足りるものと考える。

3　外国離婚判決のわが国における承認の統一性

　既述のとおり外国離婚判決を国内で承認するためのシステムが，ドイツと日本とでは異なることから，必ずしも前述のドイツの制度ないし議論と日本法とを比較法的検討の対象にすることには問題がある。同種の事件がわが国で問題となる場合の論点の整理・検討を試みる。

Ⅲ　ドイツにおける外国離婚判決の承認制度

　わが国においては，法律上の自働承認制度が離婚判決についても適用されることから，ドイツでの州法務局による外国離婚判決の承認手続のような，外国離婚判決の承認について判断を下す公的機関は設けられていない。そこで公的には，外国判決については，民事執行法24条により執行判決の段階で民訴法118条の要件を満たしているかが判断されることになる。自働承認制度を前提とすると，承認要件を具備しない外国判決は当然にわが国では効力を有しないことになるので，外国離婚判決の承認を争う当事者は，離婚判決が承認されないことを前提に，たとえば夫婦間の扶養料の請求をすれば十分ではないかとも考えられる，しかし，それでは先決関係についての裁判所の判断には原則として既判力が生じないことから（民訴法114条1項），外国離婚判決が日本で効力を有するか否かについて統一的判断が確保されないことになる。そこで，外国離婚判決がわが国で効力を有しないことを直接の審理対象として，わが国の裁判所で争うことができるのか，という点が問題になる。仮にできるとしたらどのような手段によるのか以下裁判例と学説の順で検討する。

(a)　裁　判　例

　外国離婚判決が承認要件を充たさない場合に，その効力を国内で争う方法として，下級審裁判例のレベルでは，いわゆる外国離婚判決無効確認の訴えが認められている[5]。ただし，国内事件では判決の無効確認の訴えは許されないとするのが判例であり（最判昭和40年2月26日民集19巻1号166頁，判時403号32頁[6]），この点については後述の裁判例も認めているところである。以下では，いわゆる外国判決無効確認の訴えに関する裁判例を紹介する（いずれも認容判決）。

　①　東京地判昭和46年12月17日（判時665号72頁，判タ275号319頁）[7]では，メキシコのチワワ州で下された離婚判決の無効確認の訴えについて，特にこの種の訴えそれ自体の適法性については論じていないが，原告の請求を認容

---

[5]　なお，フランス裁判所が下した破産債権につき，不承認の訴えを認容した裁判例がある。東京地判昭和51年12月21日（下民集27巻9〜12号801頁）。

[6]　評釈として，石川明「判批」民商法雑誌53巻5号165頁（1965年），新堂幸司「判批」法学協会雑誌82巻5号141頁（1966年）。

[7]　本件評釈として，秌場準一「判批」判例評論165号22頁，林脇トシ子「判批」ジュリスト513号113頁（1972），松岡博「判批」重版昭和47年2頁がある。

していることから同訴えの適法性を認めていると考えられる。

②　東京地判昭和48年11月30日（家月26巻10号83頁)[8]では，カリフォルニア州離婚判決の無効確認の訴えを認容している。「確認訴訟の対象は，現在の権利または法律関係の存否に限られるべきものであるから，判決が無効であることを訴訟上主張するに際しても，その判決自体が無効であることの確認を求めることは一般には許されず，そのような場合には，その判決が無効であることを前提として，その結果として生ずる現在の権利または法律関係の存否の確認を求めるべきものと解せられる。しかし，本件訴えは，形式上は外国判決の無効確認を求めるものであるが，その実質は，右判決がわが国においては効力を有しない結果，原被告間に現在関係が存在することの確認を求める趣旨であることは，原告の主張自体から明らかであるから，この訴えの形式をあえて夫婦関係存在確認の訴に改めなくても，原被告間の紛争解決の目的は達しうると考えられる。また，外国の確定判決については，内国確定判決のように再審の道が開かれていないことから考えても，判決自体の無効確認の訴を一概に不適法なものとすることはできない」。

③　宇都宮地裁足利支判昭和55年2月28日（判時968号98頁)[9]では，ニューヨーク州離婚判決の無効確認の訴えを許容している。「一般に，国内事件の判決を直接無効の対象とし，その確認を求めることは許されないと解される。しかし，本件において原告が求める訴は，……その実質原・被告間に現在夫婦関係が存在することの確認を求める訴と解すべきである。また，問題の解決は，夫婦関係存在確認の訴を提起し，その先決問題として外国判決の承認要件不備を主張すれば足りるとも考えられるが，外国判決の効力の存否を直接審判対象とした方が，子の監護権その他離婚に付随する諸問題を統一的・確定的に解決できる利点も考えられること，さらに，外国判決については再審等当該判決に対する直接の不服申立て方法もないことを考慮し，本件訴は適法と考える」。

---

8)　本件評釈として，烁場準一「判批」ジュリスト603号170頁，海老沢美広「判批」渉外判例百選（増補）274頁（1976年），大須賀虔「判批」渉外判例百選（第2版）212頁（1986年），本棚照一「判批」法律時報47巻11号128頁がある。

9)　本件評釈として，岡本善八「判批」重判昭和55年度309頁，澤木敬郎「判批」判例評論264号33頁，渡辺惺之「判批」ジュリスト741号144頁（1981年）がある。

III ドイツにおける外国離婚判決の承認制度

　この判決について若干コメントしておこう。この判決は外国離婚判決の無効確認訴訟を認めている点で異論はないものの，その付加的根拠として「外国判決については再審等当該判決に対する直接の不服申立て方法もないことも考慮し」と述べている。この指摘は不適切であると考える。外国判決については当該外国において再審が認められるべきなのであって，外国判決の無効確認の訴えがこれに代わると考えることは，適当でないと考えられるからである。

　④　東京地判昭和55年9月19日（判タ435号155頁）[10]では，カリフォルニア州離婚判決の無効確認の訴えにつき，この訴えそれ自体の適法性については触れていないが，原告の請求を認容していることから適法と解していると考えられる。

　⑤　横浜地判昭和57年10月19日（家月36巻2号101頁，判時1072号135頁）[11]では，ハイチ離婚判決の不承認を求める訴えにつき原告の請求を認めた。「被告らの主張は要するに，本邦においては，外国判決の承認を前提とした執行判決のみが許され，本件訴訟の如き外国判決不承認の訴えは許されるべきでないということに帰着する。たしかに，外国判決の承認を主たる手続によって求める場合には，常に執行判決を求める訴によるべきであって外国判決承認の訴を認めるべきではないという主張も理解できない訳ではない。しかし，外国判決の不承認を求める場合には（民訴法200条各号――旧規定，筆者注――は外国判決承認の要件であって，執行の要件ではない。それが執行の要件となるのは，民事執行法第24条の規定によってである。従って，いやしくも外国判決が存在する以上，その不承認を主張することも当然に許されなければならない），執行判決を求める訴の如き代替物が存しない以上論理必然的に外国判決不承認の訴が許容されなければならない（このような訴は，外国の訴訟において当事者となっていなかった者に対して，又はその者から提起することができるという点にその実益がある）。」

　この判決は「執行判決を求める訴えの如き代替物が存しない以上，論理必

---

10)　本件評釈として，三ツ木正次「判批」ジュリスト756号209頁（1982年）がある。
11)　本件評釈として，大須賀慶「判批」ジュリスト819号158頁（1984年），大須賀慶「判批」渉外百選（第3版）234頁（1995年），川口富雄「判批」季刊実務民事法3号242頁（1985年）がある。

然的に外国判決不承認の訴えが許容されなければならない」としている。しかしながら，ここには論理の飛躍があるのではないだろうか。すなわち，個別的法律関係を巡る争いの先決問題として無効を主張すれば足りるという前提をとる限り，このような論理は成り立たないのである。これに対して，当該判決の無効を前提とする個別的法律関係を個別的に訴訟の対象とするよりも先決関係にある当該外国判決の無効を確定した方が紛争解決としてはより抜本的であるが故にその無効確認の利益があると考えれば，この判決の結論が肯定される。この判決には，この点の論理的検討が欠落しているために，論理に飛躍があるということができる。

⑥ 東京地判昭和63年11月11日（判時1315頁，判タ703号271頁）12)では，カリフォルニア州の離婚判決の無効確認を求める訴えにつき原告の請求を認容した。その際に裁判所は，いわゆる外国離婚判決の無効確認を求める訴えの適法性については触れていないが，原告の請求を認容していることから同訴えを適法と解していると考えられる。

(b) 学　　説

外国離婚判決が日本で効力を有しないことを主張する手段として，夫婦関係存在確認の訴え13)などが可能であり，いわゆる外国離婚判決無効確認の訴えの適法性について消極的とみられる見解もある14)。

しかし，今日の学説においては，裁判例が説くいわゆる外国離婚判決無効確認の訴えという手段は，一般的に認められているといえる15)。この種の

---

12) 本件評釈として，河野俊行「判批」重判平成元年度280頁，熊谷久世「判批」ジュリスト951号156頁（1990年），櫻田嘉章「判批」リマークス 1 号279頁（1990年），高野芳久「判批」平成元年度主要民事判例解説340頁，道垣内正人「判批」判例評論371号41頁がある。
13) 山木戸克己・人事訴訟手続法40頁（1958年）。
14) 三ツ木・前掲注10）210頁。
15) 後述の文献の他，烋場・前掲注 7 ）24頁，石川明＝小島武司編・国際民事訴訟法134頁（1994年，坂本恵三執筆），海老沢・前掲注 8 ）274頁，大須賀・前掲注11）ジュリスト160頁，大須賀・前掲注11）百選235頁，岡本幸宏「外国判決の効力」伊藤眞＝徳田和幸編・講座新民事訴訟法Ⅲ377頁（1998年），岡本・前掲注 9 ）310頁，木棚・前掲注 8 ）130頁，木棚照一ほか・国際私法概論（第 3 版）282頁（1998年，渡辺惺之執筆），斎藤秀夫ほか編・〔第 2 版〕注解民事訴訟法(5)119頁（1991年，小室直人＝渡辺吉隆＝斎藤秀夫執筆），櫻田・前掲注12）280頁，澤木・前掲注 9 ）36頁，高桑

訴えが許容される根拠としては，次のような点があげられている。第一に，国内事件の判決に対しては，上訴・再審による不服申立方法が認められているが，外国判決に対しては，このような方法が内国裁判所には認められていないこと，第二に，外国離婚判決については勝訴者が判決謄本を添付して離婚届けを提出することで完了することから，当該外国離婚判決が承認要件を充足していないことについて，敗訴した当事者から主張する機会を与える必要性があること，第三に，夫婦関係存在確認の訴えによるときには，外国離婚判決が国内的効力を有するか否かの判断は，先決問題に過ぎず既判力が生じないことから，子の監護権や離婚扶養などの付随問題について後日紛争が生じたときの抜本的解決にはならず，統一的解決のためにはこの種の訴えを認める必要があること，である。

既述のとおり第一点には理由がない。第二点には理由があるだろうか。届出は実質的審査権がないことを考えると，外国離婚判決の勝訴者が判決謄本を添付して届出をなすことにより戸籍上離婚となるという取扱いが適切ではないのであって，離婚判決についても広義の執行力が問題になるのであるから，執行判決を添付しない限り離婚届は受理できないものというべきであろう。そのように考えると，この点は無効確認訴訟を認める根拠にはなり得ない。第三点のみが婚姻関係の存否という基本的法律関係の確認を認めることによる，紛争の一挙抜本的解決の要請という点からみて，離婚判決無効確認訴訟における訴えの利益を認める根拠になりうるというべきであろう。

(c) 外国離婚判決の承認要件
(1) 問題点と裁判例

外国離婚判決の承認要件については，外国判決承認規定（民事訴訟法118条）の全面的適用はあるのか，特に相互保証の要件（民訴法118条4号）を課するのか，また準拠法の要件を求めるのか否かという点が争点となる。この点に関して詳細な言及は別の機会に譲って[16]，ここでは裁判例の動向と私

昭「外国判決の承認・執行」鈴木忠一＝三ケ月章監修・新実務民事訴訟講座(7) 135頁（1982年），道垣内・前掲注12) 42頁，林脇・前掲注7) 115頁，松岡・前掲注7) 214頁，渡辺・前掲注9) 146頁，渡辺惺之「外国の離婚・日本の離婚の国際的効力」岡垣学＝野田愛子編・講座実務家事審判法(5) 195頁（1990年）。

ただし，妹場・前掲24頁，澤木・前掲36頁は，常にいわゆる外国離婚判決無効確認の訴えによるべきかは問題であるとする。

見を簡単に述べるにとどめる。近時の学説・裁判例においては，承認要件を全面適用する立場が有力である。なお，戸籍実務では，昭和51年の通達[17]により外国判決承認要件の全面適用のもとで離婚届を受理しているとされる[18]。

　判例についてみてみると，まず旧民事訴訟法200条の1号ないし3号の要件に加えて，準拠法の要件を要求する，東京地判昭和36年3月15日（判時258号24頁，家月13巻7号109頁，下民集12巻3号486頁，判タ120号60頁）がある[19]。本件では，日本で提起された離婚訴訟につき，すでにネバダ州で離婚判決を得ていることからネバダ離婚の日本での効力が問題になった。裁判所は，外国離婚判決の承認要件として旧民事訴訟法200条1号ないし3号を類推し，準拠法の要件を加重した上で，本件では準拠法の要件を欠くとしてネバダ離婚判決を承認しなかった。

　また，旧民事訴訟法200条の1号ないし3号の要件だけを求めた，横浜地判昭和46年9月7日（判時665号75頁）[20]では，東京地裁昭和36年判決と同様に，日本で提起された離婚訴訟につき，すでにネバダ州で離婚判決を得ていることからネバダ離婚の日本での効力が問題になった。裁判所は，同法200条1号ないし3号が類推されるとした上で，2号の要件を欠くとして不承認としている。

　しかし，近時は，むしろ外国判決承認規定を全面適用する裁判例が多い。東京家審昭和46年12月13日（家月25巻2号108頁）[21]では，カリフォルニア州

---

16) 議論の詳細については，たとえば，徳岡卓樹「身分関係事件に関する外国裁判の承認」澤木敬郎＝青山善充編・国際民事訴訟法の理論403頁（1987年），渡辺惺之「外国形成判決の承認」国際私法の争点（新版）243頁（1996年）などを参照。

17) 昭和51年1月14日民2第280号民事局長通達（戸籍363号73頁）。戸籍実務の変遷については，村重慶一＝梶村太市編・人事訴訟の実務（第3版）584頁以下（1998年）などを参照。

18) その理由として，旧民事訴訟法200条の立法趣旨が形成判決にも適用されると考えられていたことに求められているとされる。住田裕子「民事訴訟法200条と外国裁判所による非訟事件」戸籍549号7頁（1989年）。

19) 本件評釈として，矢ヶ崎高康「判批」渉外判例百選（増補）178頁（1976年），山田鐐一「判批」ジュリスト287号101頁（1963年）がある。

20) 本件評釈として，大須賀虔「判批」ジュリスト521号133頁（1972年）がある。

21) 本件評釈として，鳥居淳子「判批」ジュリスト551号263頁（1974年）がある。

離婚判決につき旧民事訴訟法200条を適用の上，管轄要件を欠くとして不承認とし，東京地判昭和46年12月17日（判時665号72頁，判タ275号319頁）[22]では，メキシコのチワワ州で下された離婚判決の無効確認訴訟で，裁判所は同法200条を適用した上で，2号の要件を欠くとして請求を認容した。宇都宮地裁足利支判昭和55年2月28日（判時968号98頁）[23]では，ニューヨーク州の離婚判決無効確認訴訟で，裁判所は旧民事訴訟法200条の適用ないし類推適用があるとしたうえで，1号の要件を欠くとして請求を認容し，横浜地判昭和57年10月19日（家月36巻2号101頁，判時1072号135頁）[24]では，ハイチ離婚判決不承認の訴えについて，裁判所は旧民事訴訟法200条を適用し，1号の要件を欠くとして請求を認容し，東京地判昭和63年11月11日（判時1315号96頁，判タ703号271頁）[25]では，カリフォルニア州離婚判決無効確認訴訟について，裁判所は旧民事訴訟法200条が適用されるとした上で，1号の要件を欠くとして請求を認容した。

また，外国離婚判決の承認要件一般について言及しないまま，不承認とした例もある。たとえば，東京地判昭和48年11月30日（家月26巻10号83頁）[26]では，カリフォルニア州離婚判決の無効確認訴訟で，裁判所は外国離婚判決の承認要件について一般論を展開せず，旧民事訴訟法200条1号の要件を欠くとして請求を認容し，東京地判昭和55年9月19日（判タ435号155頁）[27]では，カリフォルニア州離婚判決の無効確認訴訟において，裁判所は外国離婚判決承認要件の一般論を提示せずに，旧民事訴訟法200条1号の要件を欠くとして請求を認容した。最判平成8年6月24日（民集50巻7号1451頁）[28]では，ドイツの離婚判決が旧民事訴訟法200条2号に反するとして承認を認めなかっ

---

22) 本件評釈として，前掲注7)の諸文献を参照。
23) 本件評釈として，前掲注9)の諸文献を参照。
24) 本件評釈として，前掲注11)の諸文献を参照。
25) 本件評釈として，前掲注12)の諸文献を参照。
26) 本件評釈として，前掲注8)の諸文献を参照。
27) 本件評釈として，三ツ木・前掲注10) 209頁がある。
28) 本件評釈として，小野寺規夫「判批」平成8年度主要民事判例解説314頁，海老沢美広「判批」私法判例リマークス15号174頁（1997年），多喜寛「判批」重判平成8年度287頁，道垣内正人「判批」ジュリスト1120号132頁（1997年），山下郁夫「判解」ジュリスト1103号129頁（1996年），渡辺惺之「判批」判例評論464号37頁，渡辺惺之「判批」法学教室195号106頁（1996年）。

たが，その他の承認要件について言及していない。

(2) 検　　討

以上が判例の状況であるが，外国離婚判決承認要件としては，今日の学説・判例における有力説である承認要件全面適用説に与したい。準拠法の要件を求める説によると[29]，形成的効果が生ずるのは，法廷地国際私法が指定した準拠法が形成的効果を認めるからに他ならないが，このことは外国で離婚判決が下されるときにも妥当し，外国裁判所は法例が指定する準拠法と同じ法により裁判を下したときにのみ，わが国において承認されると説く。しかし，法例が指定する準拠法は，わが国の裁判所が渉外事件を解決する基準として用いられるにすぎないと考えられること，法例が指定する準拠法と同じ法により外国離婚判決が下されたかどうかを問うのは，実質的再審査禁止の原則との関係で問題があると考えることから，準拠法の要件は不要と解する。

民事訴訟法118条（旧民訴法200条）の法定承認要件に加えて準拠法要件を追加的に要求することは，離婚の実体要件を法例の指定する準拠法によった場合に承認に無理がなくなるという観点から考えられないこともない。しかしこの解釈は明文に規定なき要件を加えることになると同時に，現行法の建前である承認の実質的再審査禁止の原則に明白にかつ積極的に違反する。むしろ，離婚要件の問題は，公序要件をもって十分代替できる。また法定の承認要件を加重することは，法の世界における国際化の傾向に反するのではないかと思われる。準拠法要件説によって実質的再審査禁止原則が損なわれることは明らかに国際化傾向に反する結果となる。

つぎに，相互保証の要件の問題については，わが国の民事訴訟法がドイツ法と異なり外国離婚判決について相互保証の適用除外を規定していないのは，ドイツ民事訴訟法継受の際に立法者が外国判決の承認・執行について十分な認識をしないことから生ずる欠点であるとして，相互保証を解釈上排除する有力な見解がある[30]。しかし，立法担当者は離婚判決についても明確に旧民事訴訟法200条の適用を予定していたし[31]，外国判決の承認をする以上は，

---

29) 江川英文「外国離婚判決の承認」立教法学1号28～30頁（1960年）。
30) 江川英文「外国判決の承認」法協50巻11号66頁以下（1932年）。
31) 長島毅＝森田豊治郎・改正民事訴訟法解釈228頁（1930年）。

訴訟類型により区別するのは解釈論として不自然であるといわれている。後者の考え方は，条文に忠実であると言えよう。

　また，相互保証を要件とすることによって外国離婚判決の承認可能性が狭くなり跛行婚の生じるおそれが出てくることから，離婚判決の承認については相互保証を要件からはずそうとする考え方もある。

　離婚判決の承認について相互承認の要件をはずす説の根拠として重要な点は，第一に相互承認の要件が近時緩和されつつあること，第二に跛行婚解消があげられる。相互承認については，わが国の判決を承認させる相手国を増やすことに一つの目的があるが，逆にこの要件を課することが裁判のグローバリゼーションに反することを指摘しておかなければならない。ただし，裁判のボーダレス化については立法政策的に国によって濃淡があってしかるべきである。そこでこの点は，外国離婚判決の承認について相互承認の要件をはずすほどの強力な要素とはならない。むしろ跛行婚の解消の要請，婚姻関係の国際的画一的取扱の要請は，立法政策を超えた要請，換言すれば自然法的要請であって，立法政策の抗しがたい要請ということができるのではなかろうか。したがって，かかる理由から外国離婚判決の承認について相互承認の要件をはずすことがもっとも本質的な根拠といえよう。

Ⅳ　離婚判決と付随裁判

1　本判決について

　外国離婚判決が離婚の判示とあわせて子の監護権の帰属についても定めている場合，監護権の承認を離婚の承認と関係なくなしうるのか，それとも離婚の承認をした上でなければなしえないのかという点が問題になる。BGHは，本件判決で，監護権の承認は離婚の承認をした上でなければすることができないと判示した。今日，この点の判示については，ドイツの学説・判例においてはほぼ争いはない。

　それでは，外国裁判所において離婚後の扶養や監護権といった付随事件について離婚判決と一体となって裁判が下されたとき，それら付随事件の裁判の承認は，外国離婚裁判の承認手続とは関係なく承認することができるのか，あるいは法務局による離婚裁判の承認がなされて初めて可能になるのであろ

うか。

　この点については親族法変更法の施行以前より，有力説が「不承認となった離婚判決が同時に監護権の定めをしているときには，[両者の]関係が必然的ではないにしても，監護権は承認されないであろう。……監護権の裁判は実質的に離婚に従属している」[32]と述べたり，「判決の形成力が承認されても，その判決で定められた付随的裁判は承認されないということはドイツ法では生じない」として，離婚判決承認の優先性を認めていた[33]。他方で，本件連邦通常裁判所判決の前に下された1973年11月のベルリン上級地方裁判所（Kammergericht）判決は[34]，ドイツ法上は離婚前であっても親権を行使する必要性がある場合を規定していることから，渉外民事事件でも外国離婚判決が承認要件を充たしているか認定する前でも，離婚に関係して外国で下された裁判を内国で承認できないとする理由はないとして，離婚判決承認前にスイスの監護権の承認を認める判断を下していた。これに対して，連邦通常裁判所の本件判決は，法務局が外国離婚判決を承認しないとドイツ国内で離婚の効力を認めることができないことから，子の監護権に関する裁判の承認をするためには，まず州の法務局により前提となるベルギーの離婚裁判を承認すべきであるとして，ベルリン上級地方裁判所の見解を否定することを明確にしたものである。今日では，本件連邦通常裁判所の見解は，国内的判断の統一と法的安定性を確保する親族法変更法7編の目的に合致するなどとして[35]，学説・判例において一般的に受け容れられている[36]。

---

32) Beitzke, Sorgerechtsregelung bei Ausländerkindern, in: Festschrift für Lehmann, Bd. II, 1956, S. 493, 503.

33) Staudinger/Gamillscheg, BGB, 10./11. Aufl. 1973, Rdnr. 78 zu §328 ZPO.

34) KG Beschl. v. 13. 11. 1973, FamRZ 1974, 146, 148.

35) Staudinger/Kropholler, a. a. O.（N. 3），§19 EGBGB Rdnr. 365; Geimer, NJW 1975, 2141（本件評釈）.

36) Geimer, Internationals Zivilprozeßrecht, 3. Aufl. 1997, Rdnr. 3018; Linke, Internationales Zivilprozeßrecht, 2. Aufl. 1995, Rdnr. 429; Martiny in Handbuch des Internationalen Zivilverfahrensrecht, Bd. III/1, 1984, Kap. I Rdnr. 1667; Münchener Kommentar/Gottwald, ZPO, 3. Bd. 1992, §328 Rdnrn, 154 u. 171; Münchener Kommentar/Winkler von Mohrenfels, BGB, 10 Bd., 3. Aufl. 1998, §17 EGBGB Rdnr. 287; Musielak, ZPO/Kommentar, 1999, §328 Rdnr. 41; Schack, IZVR, 2. Aulf. 1996, Rdnr. 892; Soergel/Schurig, BGB, 12. Aufl. 1996, Bd. 10. §17 Rdnr. 94（学説・判例が示されている）;

2 監護権の指定の裁判の終局性 (endgültig)

本件では,ベルギーで下された裁判の承認が関係することから,外国裁判の承認に関するドイツ=ベルギー条約の適用が問題になる(条文については前掲)。同条約によると,訴訟・非訟の区別を問わず,また裁判の名称に関係なく(1条3項),当該裁判が対立当事者の請求権に関して終局的 (endgültig)判断であるときには,2条に掲げる拒否事由に該当しない限り承認される。そこで,本件監護権の指定に関する裁判が終局性のある裁判といえるか,対立当事者の請求権に該当するかが問題になる。しかし,本件において,連邦通常裁判所は,これらの点を判断するための前提となる外国離婚判決の承認手続を州の法務局を通じて行っていないとして,終局性の有無を判断をしないまま不承認としている。

この問題についてガイマーは,要件は双方ともに充たされないとしている[37]。まず,前者すなわち裁判の終局性について,ドイツ法では監護権の定めは実質的確定力を有さず,子の福祉に鑑みていつでも変更可能であることから終局性を有しないとする[38]。また,後者すなわち請求権か否かという点については,離婚から生ずる子の監護権を定めるに際しては,「両当事者(親)の請求権」が手続の中心になるのではなく,子の福祉が中心であるので該当しないとしている。

ドイツ法の解釈としてはこの解釈でよいものと思われる。

3 訴訟・非訟の区分と外国裁判の承認

(a) 問題の所在

本件事件では,子の監護権に関する裁判の承認をなすに際して,ドイツ=ベルギー条約の適用が問題になった。連邦通常裁判所は,離婚判決の承認が監護権に関する裁判の承認の前提になるところ,離婚判決について法務局の判断を受けていないとして,条約とドイツ固有法 (autonomes Recht) のいず

Staudinger/Spellenberg, a. a. O. (N. 4), Art. 7 § 2 FamRÄndG Rdnr. 688; Stein/Jonas/Roth, ZPO, 21. Aufl. 1998, § 328 ⅩⅥ Rdnr. 195; Zöller/Geimer, ZPO, 21. Aufl. 1999, § 328 Rdnr. 230. しかし,これらの文献は,とくに理由を述べていない。

37) Geimer, a. a. O. (N. 8), 2141 f.
38) 本件にいう終局性については争いがある。vgl. Staudinger/Henrich, BGB, 1994, Art. 19 EGBGB Rdnr. 469.

れが適用されるかについての判断を避けたが、実際には監護権をめぐる外国裁判が終局的（endgültig）であれば条約が適用されることになる（本条約の適用上は訴訟・非訟は問題とされない、1条3項参照）。そして条約が適用されず、固有法が適用される場合には、承認の可否はドイツ民事訴訟法328条の要件にしたがい判断される。本件評釈でガイマーは、終局性を有しないとして条約の適用を否定したことは既に述べた。

わが国においても、民事訴訟法118条柱書きが「外国裁判所の確定判決」と規定していることから、「確定判決」概念との関係で外国で下された子の監護権に関する裁判の法的性質をめぐり、同様に問題となる。すなわち、わが国では非訟と位置づけられているタイプの外国裁判は、118条にいう確定判決に該当するのか、またその要件（とくに相互保証の要否）はいかに解すべきか、が問題とされてきた[39]。

(b) 従来の議論

わが国の学説では、ドイツ法の影響を強く受けてきたこともあり、手続の性質論から非訟事件には旧民事訴訟法200条の適用も準用もなく、国際裁判管轄と公序が要件となるとする見解が、有力に説かれていた[40]。他方で、近時は、相互保証を除いて承認要件が適用されるとの見解が主張されたり[41]、承認要件の全面適用説（ただし、争訟性の強弱により要件に差を設ける立場もある）を説く論稿が多く見られ[42]、議論が錯綜している。

判例についてみてみると、オルガ引渡事件（大判大正6年5月22日民録23輯793頁）では、マサチューセッツ州裁判所の監護命令は、仮処分の性質を有

---

[39] 議論状況については、たとえば、早川眞一郎「判批」リマークス10号172頁（1995年）を参照。

[40] 石川明ほか編・注解民事執行法（上）204頁（小島武司＝猪股孝史執筆、1991年）、鈴木忠一「外国の非訟裁判の承認・取消・変更」法曹時報26巻9号1506頁（1974年）、高桑昭「判批」リマークス13号159頁（1996年）、溜池良夫「渉外人事非訟事件の諸相」鈴木忠一＝三ケ月章監修・新実務民事訴訟講座(7)203頁（1982年）、中野貞一郎・民事執行法〔新訂4版〕177頁（2000年）、山田鐐一・国際私法447頁（1992年）。

[41] 櫻田嘉章「判批」重判平成4年度298頁。

[42] 石黒一憲・現代国際私法（上）439頁（1986年）、石黒一憲・国際民事訴訟法214頁（1996年）、河野俊行「判批」ジュリスト1026号154頁（1993年）、越山和広「判批」判例評論476号46頁、小室百合「判批」法学58巻1号223頁（1994年）、横溝大「判批」ジュリスト1105号154頁（1997年）、渡辺惺之「判批」重判平成5年度298頁。

IV　離婚判決と付随裁判

するだけで確定力を有する終局判決にはあたらないとしたり，最判昭和60年2月26日（家月37巻6号25頁）43)は，イタリア裁判所の暫定的監護命令に基づく人身保護請求につき確定判決に当たらないとして，いずれも承認していない。しかし，未確定裁判であることを理由に承認を拒否することに対しては，学説からの厳しい批判を受けている44)。最近では，承認を前提にその要件について，2つの方向に分かれる。まず，承認要件が適用されるとする判例として，東京地判平成4年1月30日（家月45巻9号65頁，判時1439号138頁，判タ789号259頁）では45)，テキサス州裁判所が下した監護権者変更と子の引き渡しを命ずる裁判について，確定判決に当たるとした上で旧民事訴訟法200条，民執法24条により執行判決を認めているし，東京高判平成9年9月18日（高民集50巻3号319頁，判時1630号62頁，判タ973号251頁）では46)，オハイオ州裁判所の養育費支払いを命ずる裁判について200条の適用を認めた上で，2号の要件を欠くことを理由に不承認としている。さらに，東京地八王子支判平成9年12月8日（判タ976号235頁）では，ニューヨーク州裁判所が下した監護権に基づく子の引き渡しについて，旧民事訴訟法200条を適用の上で送達要件を欠くとして，承認を認めなかった。なお，神戸家伊丹支審判平成5年5月10日（家月46巻6号72頁）では47)，イリノイ州裁判所が下した監護権者の変更を求める裁判につき，200条が類推適用される余地があるとしつつ，判断を保留している。他方，かねてから主張されている有力説にしたがい，国際裁判管轄と公序が要件となるとの判例がある。東京高判平成5年11月15日（前掲・東京地判平成4年1月30日の控訴審。家月46巻6号47頁，高民集46巻3号98頁，判タ835号132頁）では48)，1号と3号を要件とした上で3

---

43)　評釈として，櫻田嘉章「判批」重判昭和60年度257頁，道垣内正人「イタリアから連れ去られた子の人身保護請求事件」法律のひろば38巻5号71頁，中野俊一郎「判批」ジュリスト857号126頁（1986年），南敏文「判批」渉外判例百選（第2版）148頁（1986年），南敏文「判批」渉外判例百選（第3版）156（1995年）。

44)　中野・前掲注43）127頁。

45)　評釈として，河野・前掲注42）153頁，小宴・前掲注42）221頁，櫻田・前掲注41）296頁，西野喜一「判批」平成5年度主要民事判例解説276頁。

46)　評釈として，越山・前掲注42）44頁がある。

47)　評釈として，奥田安弘「判批」リマークス11号162頁（1995年），小野寺規夫「判批」平成6年度主要民事判例解説134頁，神前禎「判批」重判平成6年度267頁，横溝大「判批」ジュリスト1098号144頁（1996年）。

号に反するとして不承認としているし，東京家審平成6年3月31日（判時1545号81頁）では49)，フランスの裁判所が定めた子との面接交渉に関する裁判の承認については，200条1号と3号が要件となるとした上で，管轄の要件を充たしていないとして不承認とした。

このような議論状況の下で，近時有力になりつつある，承認要件全面適用説が提唱されている。すなわち，前掲の京都家審平成6年3月31日（判時1545号81頁）に関連していえば，以下のように言えよう。この事件では，日本人女性Yとフランス人男性Xがフランスで婚姻し，子供が産まれたが，その後Yは子を連れて帰国した。そこでXがフランスで離婚訴訟を提起したところ，Yを親権者として，Xとの面接交渉について定めた離婚判決が下された。京都家裁は，フランス判決を訴訟部分（離婚）と非訟部分（面接交渉）とに分け，非訟部分について旧民事訴訟法200条の適用を否定した上で，条理により管轄と公序を要件としている。しかし，まさしく，このような場合において訴訟・非訟の承認要件峻別論の妥当性が問われてしかるべきではないだろうか。つまり，たとえば，最初に子の監護権の承認が申し立てられ，その後で離婚判決の承認が求められたときに，子の監護権の承認については・管轄と公序だけを要求し承認要件を緩和することで承認される局面が拡大するのに対し，離婚判決については判決承認規定を全面適用して不承認となるのは，たんに，手続構造が異なるからやむを得ない，ということで済まされるものではないと思われる。離婚後の子の監護権に関する裁判が承認される以上，その前提となる外国離婚判決も監護権の裁判も同じ条件下で承認される環境におくべきではないであろうか。訴訟・非訟といった手続構造の相違は国際的には普遍的なものではないのであるから，できるだけ統一的判断がなされるように訴訟・非訟を一体的に扱う承認要件を目指すべきであろうというのである。

私見も承認要件全面適用説に賛成したい。離婚判決における訴訟部分と非

---

48) 評釈として，西野喜一「判批」平成6年度主要民事判例解説254頁，早川・前掲注39) 172頁，山田恒久「判批」渉外判例百選（第3版）230頁（1995年），横溝・前掲注42) 153頁，渡辺・前掲注42) 296頁。

49) 評釈として，海老沢美広「判批」重判平成7年度255頁，高桑・前掲注40) 156頁，山田恒久「判批」法学研究70巻6号192頁（1997年）。

訟部分は，後者が前者に必要的に伴う場合には，前者が承認要件を具備する場合，後者が確定判決ではなくても両者は一体として承認されるべきものである。というのは，後者は前者と不可分の裁判であるからである。またしかるが故にドイツ法上冒頭の判決もいうように，前者と無関係にあるいは前者の承認のないままに後者を承認することもできないことになるのである。わが民事訴訟法上も同様である。離婚判決を抜きにして付随裁判のみ承認することはできない。両者一体として初めて離婚判決に伴う付随裁判も承認されることになる。かように解すると，①民事訴訟法118条による承認は，通常非訟部分の裁判が本体的判決と不可分に結び付いていること，②本体的判決が確定判決であることを要件として非訟部分についてもなされうることが考えられる。従来説かれていたように，ただ非訟部分の裁判と訴訟部分の判決とを区別し，前者について，それが確定判決でなくても確定判決概念を拡張して承認要件を具備すれば承認されるというのでは，非訟的裁判も一般的に承認されることになり不当である。訴訟的部分と非訟的部分との区別を民事訴訟法118条の適用について軽視するというのでは，非訟的部分一般の承認について民訴法118条を適用することになり不都合であると思われる。

（後記）

本稿は，「欧州国際民訴関係重要判例解説」（信山社，近刊）の石川明＝芳賀雅顕執筆第22判例の解説を基礎としている。記述もオーバーラップしている処が多い。その理由は以下の通りである。上記解説原稿は石川＝芳賀の共同執筆であるが，資料の収集・構成は多くを芳賀氏に負っている。ただ共同執筆のため，および，紙幅の関係から石川私見を必ずしも十分出せなかった面もあるし，若干の説明を加えたいと思われる面もある。そこで，芳賀氏のご了解をえて，本稿の執筆したが，私見を表示補足するだけでは，その前提になる本稿の基礎となった判例との関係を理解することができないと考えた。そのためオーバーラップする記述もあえて本稿に取入れた。このことを記述しておきたい。

レス教授および夫人とは長い間家族ぐるみ（von Haus zu Haus）の御交際を戴いているし，私の弟子達のなかで同教授御夫妻のお世話を戴いた者が多い。これまでの御厚情に深い感謝の意を表したい。

ドイツにおける特許権侵害訴訟の中止規定の運用について

渡 辺 森 児

Die letzte Anwendung der Aussetzung in Patentverletzungsprozessen in Deutschland

WATANABE Shinji

Im Deutschen Patentverfahrenssystem, sind bestimmte Teile des Streites unterschiedlichen Spruchkörpern in besonderen Verfahren zur Entsheidung zugewiesen. Es ist nämlich, daß der Patentverletzungsprozess gemäß §139 PatG vor das Landgericht unter die ordentliche Gerichtsbarkeit gehört werde, andererseits der Patentnichtigkeitsprozess gemäß §81 PatG vor das Bundespatentgericht gehört werde. Aus solchen Verfahrensspaltung entsteht die Verspätung des Patentverletzungsprozess und das Parteiwille in Shranken zuhalten.

Rogge, der vorsitzender Richter am Bundesgerichtshof ist, macht neue Ansicht zur Anwendung der Prozessaussetung gemäß §148 ZPO geltend, die Probleme zulösen. Er behauptet daß das für den Patentverletzungsfall zuständiges Gericht muß sowohl die Verletzungsfrage als auch die Prüfung der Patentsshutzfähigkeits gleichzeitig und zügig druchführten, und daß der Verletzungsprozess und das Nichtigkeitsverfahren sollen nicht isoliert sondern in ihrem Zusammenspiel sehen.

In meine Abhandlung, vorstelle ich japanischer prozesspraxis seine Ansicht, und will auf die Anwendung der Prozessaussetzung in Japan den guten Einfluß auszuüben erwarten.

297

ドイツにおける特許権侵害訴訟の中止規定の運用について

本稿の目的は，特許権侵害訴訟の中止規定の運用をめぐる，ドイツの最近の議論として，Rogge[1]の所論を中心に紹介し，わが国における比較の素材を提供するものである。

I 問題の所在

ドイツ特許法[2]（以下，PatGという）においては，特許権侵害に対する救済手続と特許の無効を争う手続とが異なるために，両手続の関係をいかに調整すべきかが問題となる。このことは，ドイツ法を母法とするわが国の特許法でも同様である。すなわち，特許権侵害訴訟の先決問題として，係争特許の有効性が争われる場合，侵害訴訟は，地方裁判所を第一審とする通常の民事裁判管轄に属する。これに対し，特許の無効を決する手続は，ドイツでは主に連邦特許裁判所の無効宣言手続（Nichtigkeitsverfahren），わが国では特許庁の無効審判手続および東京高裁の審決取消訴訟手続である。この手続的な分断現象が，侵害訴訟の長期化を生み[3]，他方で，長期化を抑止しようとするあまり，当事者に矛盾した訴訟活動を強いるというジレンマを生んでいる[4]。問題の解決は，現在，日独両国の特許訴訟実務における共通の課題である。

---

1) Rüdiger Rogge は，ドイツ連邦通常裁判所の裁判長を務める。
2) Patentgesetz 1981（G16. 12. 1980BGBl. 1981I S. 1）
3) わが国においては，侵害訴訟が無効審判の結論を待っていたのでは，無効審判に時間がかかりすぎるために，判決が間に合わないという点は，これまでつとに指摘されてきた。この点を指摘する主要な文献に，村林隆一「当事者からみた審判制度」日本工業所有権法学会年報5号200頁（1982），松永宣行「無効審判の適時審決——審決までの要処理期間短縮への提言」パテント49巻2号19頁（1996）がある。
4) 大場正成「特許の無効と侵害」知的財産研究所五周年記念論文集『知的財産の潮流』85頁（信山社，1995）。当事者のジレンマとは，具体的には，以下のとおりである。侵害行為がクレームに触れている可能性があるが，当該特許の無効を確信する侵害訴訟の被告は，特許無効の争手続では原告の特許を無効と主張する一方で，とりあえず侵害訴訟では特許の有効を前提として手続を進めざるをえない。さらに，侵害訴訟の原告側も，同訴訟で勝訴判決を得ても，その後の審判で特許が無効とされると，いったん確定した判決が再審により取消されるという法的安定性に対する不安を惹起している。

I 問題の所在

　近時の両国における議論の中心は，侵害訴訟で特許無効の判断に立ち入らず，いかに解決をするかにある。わが国においては，侵害裁判所がクレームの文言を限定的に解釈すべしとする理論[5]や，権利濫用論[6]を採用する裁判実務の立場と，侵害訴訟で公知技術の抗弁や特許無効の抗弁を肯定する学説の動向[7]とにほぼ二分されている。ドイツにおいては，侵害訴訟において自由技術の抗弁を承認するか否かにつき活発な議論が存在する[8]。しかし，こうした両国の議論の現状とは別に，今一度，分断する二つの手続を調整するという本来の出発点に立ち返る必要はないだろうか。すなわち，特許無効を決する手続で無効が判断され，これが侵害訴訟の判断に先行するという本来の制度のあるべき姿へ向けて努力する余地が，未だ残されていると考える[9]。この点で，制度が理念的に予定する侵害訴訟の中止規定，すなわち，わが国

5）　当該特許が公知部分を含む事例に関し，公知事項除外説を採用する最高裁判決（最判昭37・12・7民集16巻12号2321頁，最判昭39・8・4民集18巻7号1317頁）をはじめ，最狭義説，実施例限定説がある

6）　特許権に基づく差止め，損害賠償の請求は，当該特許に無効理由が存在することが明らかであるときは，特段の事情がない限り，権利の濫用に当たり許されないとした，最高裁判決（平12・4・11民集54巻4号1368頁）がある。

7）　公知技術の抗弁を肯定する文献に，羽柴隆「公知技術と特許当然無効」企業法研究148輯12頁，牧野利秋「特許権侵害差止仮処分手続の特殊性」鈴木忠一＝三ヶ月章『実務民事訴訟講座5』264頁（日本評論社，1969），中山信弘「特許侵害訴訟と公知技術」法協98巻9号1152頁（1982），同「公知技術の抗弁の許否」馬瀬文夫古稀記念『判例特許侵害法』305頁（発明協会，1983）がある。無効の抗弁を肯定する文献に，辰巳直彦「特許侵害訴訟における特許発明の技術的範囲と裁判所の権限——特許発明の技術的範囲の拡大と減縮——」日本工業所有権法学会年報17号17頁（1993），田倉・前掲注2）44頁，羽柴隆「特許侵害事件における裁判所の特許無効についての判断権限(1)(2)」特許管理44巻11号1501頁（1994），12号1689頁（1994），中島和雄「侵害訴訟における特許無効の抗弁」本間崇還暦記念『知的財産権の現代的課題』192頁（信山社，1995），同「侵害訴訟における特許無効の抗弁・再考」知財管理50号4巻489頁（2000），田村善之「特許侵害訴訟における公知技術の抗弁と当然無効の抗弁」機能的知的財産法の理論58頁（信山社，1996），中山信弘『工業所有権法（上）特許法［第二版］』418頁（弘文堂，1998）がある。

8）　Reimer, Patentgesetz und gebrauchsmustergesetz, 2 Aufl. S. 234. Ohl, Der Einwand des freien Standes der Technik und im Patentverletzungsstreit nach kunftigem Recht, GRUR 1969, S. 1.

9）　この考え方については，拙稿「特許無効を先決問題とする侵害訴訟の対処と展望」『法学政治学論究』45号115頁（2000）で詳しく述べているので，参照されたい。

の特許法168条2項，ドイツの民事訴訟法148条の果たす機能が，大きく注目されるべきである。

　本来，理念的に予定されている法制度に基づき，侵害訴訟の中止規定の適用範囲を，運用上，いかに設定すべきか。この問題の究明にとって，母法たるドイツ法における議論の実態を把握する意義は大きい。しかし，この問題について，これまでわが国に紹介されたドイツの文献は，筆者の知る限りきわめて乏しい[10]。本稿の意義は，この点にある。

　さらに，本稿の意図する問題意識は，日独以外にも，侵害訴訟と特許無効（ないし取消）訴訟とを別個に設けている諸国において，共通の認識があることは想像に難くない。近年著しく進むEU統合の波の中で，本稿が，EU諸国における統一した特許訴訟制度の理解を促す一助となれば幸いである。

II　ドイツにおける中止規定の運用論

　ドイツの侵害訴訟での中止規定の運用をめぐる，未だに主流を占める伝統的見解と，これに対する最近の注目すべき議論を紹介したい。

1　ドイツ民事訴訟法（以下，ZPOという）148条[11]の意義

　特許権侵害訴訟において，係争特許の有効性に疑いのある場合，侵害訴訟の被告は，特許の有効性（Schutzfähigkeit）を侵害訴訟と別個に争うことができる。すなわち，特許付与後3ヶ月内に申し立てる特許異議の手続（Einspruchsverfahren, §59ff. PatG）および，特許無効宣言手続（Nichtigkeitsverfahren, §81ff. PatG）である。侵害裁判所は，係争特許の有効無効の判断が結論を左右すると認められる場合に，当該特許異議手続ないし特許無効宣言手続が終了するまで，ZPO148条に基づいて，弁論を中止することができる。侵害裁

10）　Volkmar Tetzner（布井要太郎訳）『西ドイツ特許制度の解説／特許要件・特許訴訟編』177頁（発明協会，1984）に，短い解説が述べられているのみである。

11）　ドイツ民事訴訟法第148条「裁判所は，訴訟の裁判の全部若しくは一部が係属する他の訴訟の目的物たる法律関係をなし，又は行政庁の確定すべき法律関係の成立若しくは不成立に係るとき，他の訴訟の完結するまで又は行政庁の処分があるまで，弁論を中止すべきことを命じることができる。」（翻訳は，石川明＝三上威彦訳・法務大臣官房司法法制調査部編『ドイツ民事訴訟法典』54頁（法曹会，1993）に従った。）

判所に中止を決定する裁量権が与えられている根拠は,「目的なき訴訟指揮や矛盾する判断を回避する」ためであるとされている[12]。つまり,中止するか否かは,侵害裁判所に幅広い裁量的権限が認められることになる。そこで,わが国と同様に,いかなる場合に中止されるべきかについて議論が存する。

2 ドイツの伝統的見解

侵害裁判所の裁量については,従来から,慎重な中止規定の運用がなされるべきであるという方向での裁量を広く認めるのが,伝統的見解である。すなわち,いずれも侵害訴訟は,特許異議手続ないし特許無効宣言手続の結果につき申立てが許容されることを確実に期待できる蓋然性の高い場合に限って,中止されるという点で統一している。

例えば,近時の連邦通常裁判所の判例によれば,訴訟を中止すべき場合とは,他の手続において特許が効力を失う「唯一の結果の見通し (eigene Erfolgsaussichten)」がある場合であると,明言されている[13]。さらには,判例以上に高い条件を課す見解も存在する。すなわち,訴訟を中止するのに要求される特許無効の訴えの結果は,蓋然性が高いというだけでは足りず,「非常に蓋然性が高い (sehr wahrscheinlich)」「より高度の蓋然性があること (mit höher Wahrscheinlichkeit)」のいずれか,あるいは両方である。換言すれば,特許が無効とされることに「疑いを差し挟む余地が無い (kein vernünftiger Zweifel)」場合,無効宣言が「問題なく確実に (ohne weiteres)」見込まれる場合であるとされている[14]。

さらに,最近,この問題に答えたデュッセルドルフ地方裁判所の判決は,上記の従来の立場を無条件に維持したことで注目されている。すなわち,特許の無効を判断するのに必要な,かなり詳細な個々の物証が提出されたにもかかわらず,特許要件を欠くとの理由で訴訟を中止する場合は,その要件事実が「具体的かつ明白である (greifbar und offen zu Tage tritt)」ときに限られるとした[15]。

---

12) Maltzahn, GRUR 1985, S. 163, 164 Fußn. 14, 15.
13) Beschuß des BGH vom 11. 11. 1986 = GRUR 1987, 284.
14) Maltzahn, a. a. O., S. 163ff.

3 Rogge の主張

連邦通常裁判所の裁判長である Rogge は,最近の論文の中で,これまでの伝統的見解を無条件に支持する実務の現状に対して,文言で逃れる型にはまった判決に陥る危険があると警鐘を鳴らしている16)。Rogge の主張の要点を紹介すると,以下のとおりである。

1　まず,Rogge は,訴訟を中止するか否かについて,画一的な統一基準を設けることは難しいと指摘する17)。すなわち,これまでの連邦通常裁判所の示した基準を支持するにせよ,問題は,高い蓋然性かどうかという正確な文言ではなく,中止に慎重な運用実務が正当化される理由は何か,そして,個々の事件で斟酌されるべき事情とは何かという点の共通した認識であるとする。

2　つづいて,Rogge は,侵害訴訟を停滞させる意図で中止が申し立てられる濫用的事件と,真に特許を無効としなければならない事件とがあることを認め,その背景には,侵害訴訟の当事者双方の固有の利害状況が存在することを指摘している。

第一に,侵害訴訟の原告には,保護されるべき法律上の地位がある。ただし,この地位には次の制約が伴う。すなわち,特許紛争一般において,特許権者は不作為を求める差止請求が可能であるが,実際に訴訟で将来に予測される広大な利益の損失を証明することは非常に困難である。したがって,特許権者は,事実上は,すでに侵害された特許について,損害賠償請求もしくは不当利得返還請求に甘んじるのが通常である。このように,Rogge は,そもそも原告には,付与された権利保護を十分に受けられない,制約があることを指摘する18)。他方で,この原告の法律上の地位は,別に係属中の特許無効宣言手続等の結果に左右される。もし,侵害訴訟の被告が,特許の効力を減ずる手続を経ることで訴訟を長期化させようとするならば,その間,特許の通用性は容易に妨げられることになる。こうした事情をふまえるならば,

---

15)　Urteil des LG Düsseldorf vom 20. 12. 1994＝Bl. f. PMZ 1995, 121.

16)　Rogge, Zur Aussetzung in Patentverletzungsprozessen, GRUR int. 1996, Heft 4, S. 386ff.

17)　Rogge, a. a. O., S. 386.

18)　Rogge, a. a. O., S. 387.

侵害訴訟の中止による手続遅延の危険を特許権者に一方的に負担させるのは妥当でなく，中止した場合でも，その時間の損失は最低限であるべきだとする。

　第二に，Rogge は，侵害訴訟の被告にとっても，訴訟が中止される状態に必ずしも利益があるとは言えないと指摘する[19]。すなわち，被告は，本来無効とされるはずの係争特許について終局的な無効宣言が出ない間，利益を上げることができた自己の営業が中断を余儀なくされ，しばしば多大な損害を被る。確かに，後に特許が無効であることが確定すると，被告には，不法行為に基づく損害賠償請求権が発生する（ドイツ民法826条）。しかし，実際には，損害の成否や損害額の立証について，特許権者が特許権侵害を立証する際（PatG 139条）と比較しても，簡略化された計算式が存在しないため，困難である。Rogge は，このような侵害訴訟の被告の立場を考えると，侵害裁判所は，訴訟の中止を適切に指揮し，かつ中止の期間はできるだけ短縮するように努めなければならないと主張する。

　3　以上の事情をふまえて，Rogge は，侵害裁判所に必要なのは，訴訟において表れた特許の効力を否定するための論拠や，中止の申立ての根拠を，表面上の理由から無視することではなく，当事者双方に判決に対して大変重要な財産上の利益があるという認識であると主張する。そして，訴訟を中止するかどうかという点について，いったん誤った判断がなされると，遡って，当事者の一方に不当な結果を強いることになる。それは，結果的に見れば，無駄な費用の消費であるし，貴重な時間の損失でもある。

　他方で，Rogge は，統計的な分析に基づいて，少なくとも確実に言えるのは，多少なりとも正当化できる理由がない限り，侵害訴訟と同時に無効宣言を求める訴えが提起されることはないと指摘する。すなわち，こうしたケースを10年間の平均でみると，結局，全部無効とする無効宣言が下されたのが全体の29％，一部無効が23％であり，無効の訴えが全く棄却されたものは全体の48％を占めるにすぎないとしている。

　では，侵害裁判所は技術的な事項について調査をする義務があるのか。確かに，侵害裁判所のZPO148条による裁量的判断には，技術的事項の検討を

---

19) Rogge, a. a. O., S. 387.

加えた詳細な理由を望むことはできない。しかし，Rogge が指摘するのは，侵害訴訟の中で，技術的な問題の評価にぶつかり，関わっていかねばならない事は，裁判官や代理人にとって日常当然の事情であるという点である。Rogge は，侵害裁判所としては，技術的に不十分な知識を殊更はじめから持ち出さないことも可能であるが，それよりも，特許無効の蓋然性が高いか低いかの度合いを表現する以前に，特許無効の見通しを立てる段階で事実解明の義務を果たさなければならないと主張する。さらに，Rogge は，侵害裁判所で無効手続の結果を予測することについて，比較的多くの場合に（確実に予測するのが難しい，いわゆるグレーゾーンも含め），可能であると確信している[20]。

4 では，侵害裁判所は，訴訟の中止の可否を判断する場面に遭遇したとき，いかなる対処が可能か。Rogge は，この問題の根本は，事実的には密接に重なり合っている紛争の集合体の判断を，その一部について別の手続の異なった裁判体に分配していることにあると指摘する。そして，この制度上の欠点は，侵害訴訟と無効宣言手続（ないし異議手続）とを統一された訴訟事件のそれぞれと考え，手続の実務的運用によって，できるだけ克服されるべきであると主張する。

第一に，侵害裁判所は，専門的な技術的判断を，特別の権限と拘束力を備えた，連邦特許裁判所の無効宣言手続に，委ねることができる。この際，裁判所にとって迅速な事件処理へ向けて出発点となるのは，ZPO 272条以下に定める，審理の集中を促す制度である。ZPO 272条によれば，訴訟は原則として，口頭弁論のために包括的に準備された主要期日（Haupttermin）で終結し，その準備手続である早期第一回期日とを併せ事件を集中審理しなければならない。この点は，裁判所にも当事者にもできる限りの配慮が必要とされる。Rogge は，これにより，侵害訴訟と無効宣言手続とは，場合によっては電話を使ってでも，連絡をとり合い，手続に要する期間を調整することができ，互いに孤立することなく協力を期待できるとする[21]。さらに当然であるが，侵害裁判所は特許無効の見通しを立てるのと同時に，侵害行為の有無の問題についても迅速に処理する責任がある。他方，当事者の側の責任であ

---

[20] Rogge, a. a. O., S. 388.

[21] Rogge, a. a. O., S. 388.

るが，Rogge は，無効宣言手続における主張責任の所在は，侵害訴訟における主張責任の分配と同等に解されるとする。例えば，無効宣言手続で，当事者の一方が欠席したという事情は，侵害訴訟でも，欠席当事者に不利に扱われ，とりわけ訴訟を中止するかどうかの裁量に大きな影響を与えるという。また，侵害訴訟の被告が負う責任とは，応訴期間内にすでに係争特許の法的実態を調査し，場合によっては，直ちに無効宣言の申し立てをしなければならない義務であるとする。

第二に，Rogge は，侵害裁判所は，技術的な問題についても判断が期待されるべきであり，特許の有効性について自らを拘束する判断を行うことも可能であるとする。この点について，彼は，侵害裁判所にとって，無効宣言手続の結果の見通しを立てることと，特許の有効性について調査することとは，引き受けるべき仕事の重要度において同等であると指摘する[22]。ただし，侵害裁判所は技術専門的な判断機関ではないため，真摯な調査を行っても，特許の有効性の判断が的外れになるおそれも大きい。特に，これまでの手続では表れることのなかった，新たな技術水準に関する資料が提出されたとき等である。したがって，そのときには，侵害裁判所は，特許庁の決定，連邦特許裁判所の判決を，適宜考慮して判断しなければならないとしている。また，無効宣言手続の結果の見通しを立てる場合においても，Rogge は，侵害裁判所が判断に窮したときは，技術的専門家の見識をうかがうべきであるとする[23]。そして，この点では，法律上の権威ある専門家として，連邦特許裁判所の手続で判断されることが望ましいという。もっとも，連邦特許裁判所の判断を待つことは，多くの時間や費用を費やすことになろう。しかし，Rogge は，このことは，仮に，侵害裁判所が，他に技術的知識のある専門家を召還して鑑定を行う場合と何ら差がないと指摘する。

このように，Rogge は，侵害裁判所が訴訟を中止したり，訴訟の審理期間を調整することにより，決められた時間の経過の中で，適切な特許無効の判決が下されることが期待できるようになると主張している。

---

22) Rogge, a. a. O., S. 388.
23) Rogge, a. a. O., S. 389.

4 Kriegerの所論

デュッセルドルフの弁護士であるKriegerは，最近発表した彼の論文の中で，侵害訴訟が中止される場面における，近時の実務の傾向を分析している[24]。中でも特に，先に挙げたデュッセルドルフ地裁の判決に着眼し，中止に消極的な運用実務を紹介している。さらに，このような実務は，侵害訴訟と特許無効（ないし取消）訴訟とが併存しうる法制を採る，他のヨーロッパ諸国でも，同様に見られる傾向であると指摘しており[25]，注目される。

そして，Kriegerは，このような実務の現状に対し，反対の意思を表明する。彼は，Roggeの考えの骨子，すなわち，侵害訴訟と無効宣言手続とを，統一した一つの訴訟事件の一部と捉え，双方の手続の調整を図るべきという考えを，大筋において肯認していると解される。ただし，侵害裁判所のこれまでの中止実務を変更するという，この見解が通用性を持つようになるか否かについては，未だ明らかではないとして結論を留保している[26]。

III わが国における近年の立法動向

わが国の侵害訴訟における中止規定もまた，ドイツと同様，適切に運用されているとは言い難い[27]。しかし，最近，平成11年特許法改正（平成11年法

---

24) Krieger, Die Aussetzung des Patentverletzungsprozesses, GRUR 12/1996 S. 941ff.
25) Krieger, a. a. O., S. 941, 942.
26) Krieger, a. a. O., S. 942.
27) 清水利光ほか『工業所有権関係民事事件の処理に関する諸問題』司法研究報告書第41輯第1号153頁（1995）によれば，現在のわが国の侵害裁判所の実務は，168条2項の適用について，次のように類型化して，運用しているとされる。

当事者が裁判所に職権の発動を求めてくる場合として，四類型に分ける。①原告の特許権について無効審判の請求をしたとき，②原告の特許権について特許無効の審決があったとき，③東京高裁が，特許無効の審決の取消訴訟において，右審決を支持する判決を下したとき，④東京高裁が，特許無効の審判請求を排斥した審決の取消訴訟において，右審決を取消す判決を下したとき，の各々において，訴訟手続を中止されたいとの申入れがあった場合である。①に該当するときは，通常，中止しない。ただし，特許が無効となることが確実であるときには中止することがある。②に該当するときは，東京高裁で特許無効の審決が維持される可能性があるか否かを考慮し，維持される可能性があれば，中止する。③に該当するときは，中止する。④に該当するときは，審決を取消した東京高裁の判決理由が，特許無効を示唆するものであれば，中

律41号)によって,実務の現状を改善する努力の一端が示され,比較法的にも注目されている。

裁判所と特許庁との侵害事件関連の情報交換を義務づける次の規定が創設された。裁判所は,特許権侵害訴訟の提起があったときは,その旨を特許庁長官に通知し,当該訴訟手続が完結したときも特許庁長官にその旨を通知しなければならない(特168条3項)。他方,特許庁長官は,裁判所から通知を受けたときは,その特許権についての審判の請求の有無を,審決がなされたときは(審判請求の却下決定,審判請求の取下げも含む)その旨を,裁判所に通知しなければならない(特168条4項)。この規定は,手続迅速化の要請の一方で,特許庁においては侵害訴訟の提起の事実を把握することができず,また裁判所も審判請求がなされていることを把握できない不都合を解消するために設けられた。これにより,審判では,情報に基づいて,口頭審理を活用するなど早期の審理終結を図ることが可能となったとされる[28]。また,侵害裁判所は,訴訟の中止についての判断を行う上で,有用な情報を得ることができるようになったとされる[29]。

IV ドイツ法における議論の示唆

本稿で紹介したドイツの議論は,侵害裁判所の中止規定の運用実務について,全く新しい視点を提示するものである。すなわち,従来,特許の有効無効の判断は,特許庁ないしは連邦特許裁判所の専権事項であるとし,侵害裁

止する。

　なお,「無効審判手続の速度を考えれば,無効審判手続をしたことのみで訴訟手続を中止してしまうのは現実的でなく,裁判所の職務放棄とさえいえる」として,東京高裁における中止規定運用の現実的処理の態様を整理した文献に,高林龍「審判手続・審決取消訴訟と侵害訴訟との関係」西田美昭ほか編『民事弁護と裁判実務⑧知的財産権』169頁以下(ぎょうせい,1998)がある。

　このような類型的な運用の実態は,侵害裁判所における不合理な裁量権の行使を阻止する一応の目安として,評価しうる。

[28] 特許庁総務部総務課工業所有権制度改正審議室編『平成一一年改正工業所有権法の解説』85頁(発明協会,1999),青山紘一『特許法〔改訂第三版〕』78頁(法学書院,1999)。

[29] 特許庁総務部総務課編・前掲注27) 86頁,青山・前掲注27) 78頁。

判所が，特許の有効性の判断に立ち入ることにはきわめて消極的であったはずである。しかし，侵害訴訟と特許無効を決定する手続との双方では，事実的な問題において，密接に関連しているという点に着目し，①侵害裁判所の機動的な訴訟指揮と集中審理，②双方の手続相互の連絡という，手続の運用のあり方を示したことの意義は大きい。また，この考えを主張したRoggeが，連邦通常裁判所の裁判長であるということは，実現性という点においても説得的である。ドイツと同様の制度を採用するわが国において，この議論が与える示唆は大きいといえる。この点で，最近のわが国の，中止規定の運用を適切化する立法の動きは，ドイツ法の議論とも共通し，今後の実務への影響が期待される。ただし，ドイツ法の示唆を直ちに日本法の運用に反映させることには，未だ課題も多い。わが国の特許無効を決定する手続が，ドイツの連邦特許裁判所の手続とは大きく異なっている点[30]，また，侵害訴訟を中止しない場合に侵害裁判所が自ら特許の無効を判断しうるのかという問題等がある。これらの点については，さらなる今後の研究に委ねることにしたい。

---

[30] ドイツ連邦特許裁判所の手続の特色については，拙稿「ドイツ連邦特許裁判所の手続にみる一元化と集中」『法学政治学論究』35号375頁（1997）を参照されたい。

ドイツの不動産取引過程の流れについて

小 西 飛 鳥

Der Verlauf eines Grundstücksverkehrs in Deutschland

KONISHI Asuka

In Japan kann der Vertrag von den Beteiligten formfrei geschlossen werden, also auch mündlich. Hier gibt es keine dem § 313 BGB vergleichbare Regelung, der die Beurkundung durch den Notar vorschreibt. Das japanische Zivilgesetzbuch fordert nur übereinstimmende Willenserklärungen beider Parteien. In der Praxis hilft der Makler den Beteiligte bei der Formulierung des Kaufvertrags. Wenn die Beteiligten einen Kaufvertrag vollzogen haben wollen, gehen sie normalerweise ins „Shihoshoshi"-Büro. „Shihoshoshi" behandelt das Grundbuch- oder das Handelsbuchverfahren. Beteiligten müssen allerdings nicht unbedingt den „Shihoshoshi" mit dem Grundbuchverfahren beauftragen. Aber in den meisten Fälle führen „Shihoshoshi" dieses Verfahren durch. Sie haben dei größte Erfahrung mit solchen Verfahren und können deshalb die Beteiligten auf Risiken besser hinweisen. Das Gesetz legt dem „Shihoshoshi" nicht die gleichen Pflichten auf wie dem Notar in Deutschland. Aber Rechtsprechung bejaht heute mehr Pflichten des „Shihoshoshi" als früher.

Im Vergleich dazu bedarf in Deutschland jeder Vertrag über die Veräußerung von Grundstückseigentum oder Erbbaurechten der Beurkundung durch einen Notar. Mit diesem Beurkundungszwang verfolgt der Gesetzgeber drei Ziele:

1. Warnfunktion: Die Beteiligten sollen auf die Bedeutung des

Rechtsgeschäfts hingewiesen und vor einem übereilten Abschluss bewahrt werden.
2. Beweisfunktion: Durch den Zwang zur vollständigen Beurkundung aller Vereinbarungen zwischen den Beteiligten wird deren Beweis gesichert. Der Notar muss den Willen der Beteiligten klar und deutlich formulieren.
3. Beratungsfunktion: Der Notar muss den Sachverhalt aufklären und den wahren Willen der Beteiligten erforschen. Er hat die Beteiligten, soweit erforderlich, über die rechtlichen und wirtschaftlichen Folgen des Rechtsgeschäfts aufzuklären. Dazu gehört unter besimmmten Umständen auch der Hinweis auf entstehende Erbschafts-, Grunderwerb- oder Einkommensteuern. Schließlich hat der Notar dafür zu sorgen, dass die getroffenen Vereinbarungen mit der Rechtsordnung in Einklang stehen.

Der eigentlichen Beurkundung geht zunächst die Vorbereitungs- und Entwurfsphase voraus. Die Beteiligten tragen dem Notar oder dessen Mitarbeiter die aus ihrer Sicht wichtigen Punkte vor. Der Notar oder dessen Mitarbeiter haben durch Nachfragen weitere Einzellheiten zu klären. Danach wird die Urkunde entworfen. Es ist heute Prüfung übersandt wird. Die eigentliche Beurkundung besteht im Vorlesen und Erläutern der Vertragsklauseln. Das Vorlesen ist aus einem ganz einfachen Grund unerlässlich. Nur so kann dem Einwand begegnet werden, man habe von einer Klausel nichts gewusst. Selbstverständlich bedingt die oft unverständliche Fachsprache der Juristen, dass der Notar - von sich aus oder auf Fragen - die einzelnen Vereinbarungen verständlich erläutert. Nach der Unterzeichnung der Urkunde ist es Sache des Notars die Urkunde im Grundbuch vollziehen zu lassen.

I　はじめに

わが国において，ドイツの不動産取引について考える際，ドイツ民法（BGB）のみを念頭に議論する傾向がある。もちろん，不動産の物権変動が生じる要件については，BGBに規定があるが，わが国でも不動産取引を考える際，民法のみを参照すればよいのではなく，宅地建物取引業法，司法書士法，税法など関連する法律を考慮する必要があるのと同様に，ドイツにおいても，仲介業者法，公証人法，税法等を視野に入れて考える必要がある。

本稿において，不動産取引がどのような段階を踏んで行われているのか，その際公証人はどのような手続きを行い，注意を払い，それにより当事者が望んでいる権利変動が生じ，それが忠実に不動産登記簿に登記されるのかを紹介したい。

実際の流れを追う上で，文献だけでなく，実務を知る必要があった。これについては，ラインラント・プファルツ州（Rheinland-Pfalz）のマインツの公証人 Dr. Litzenburger 氏の事務所でのやり方を参考にした。

II　ドイツの不動産取引の過程

1　売買契約書作成のための，不動産業者または当事者からの資料の送付

不動産の売買については，当事者のみで行う場合と，仲介業者が関与する場合がある。どちらの場合も，不動産売買についての合意があると，売買契約書を公証化する必要がある（BGB 313条[1]）。当事者や仲介業者自身が契約書を作成することも可能であるが，通常，契約書の草案自体を公証人が作成するのが一般的である。そのため，草案を作成するために必要な資料が公証人の下にあらかじめ送付される。さらに，当事者は，重要であると思われる

---

[1]　BGB 313条［不動産譲渡，取得に関する契約の方式］
　　当事者の一方が不動産所有権を譲渡又は取得する義務を負う契約は，公正証書の作成を必要とする。この方式を遵守せずに締結された契約は，所有権の移転の物権的合意（Auflassung）及び不動産登記簿への登記を行っているときは，その全内容について有効となる。
　　椿寿夫・右近健男編『ドイツ債権法総論』（日本評論社，昭和63年）によった。

点を，公証人あるいは公証人事務所の職員に知らせておく。公証人の側も，詳細について問い合わせ，明らかにしておく必要がある。通常この時点では，当事者が公証人の下に足を運ぶ必要は原則としてない。

2 不動産登記簿の閲覧

売買の目的となっている不動産が，送られてきた資料により確定する。そこで，公証人は，事務所の職員（Mitarbeiter)[2]に不動産登記簿のコピーをさせる。これにより，公証人は，現在の不動産登記簿の状態を知ることができる。この登記簿の閲覧から売買契約が公正証書化されるまで，判例では14日以内に行うことが要求されている[3]。実務では，8日以内に行われるのが通常であるとされる[4]。

3 売買契約書の草案と顧客用カルテのコンピューターを使っての作成[5]

送付された資料をもとに，専門職員が必要なデータをコンピューターに打ち込み，売買契約書の草案とカルテを作成する。コンピューターのソフトにすでに様々な類型の契約書の原型が保存されており，本契約に必要な契約書の草案が，データを打ち込むことにより，自動的に作成される。これに併せて，各事件ごとにカルテが作成され，手続きの進行状況等がカルテに記載されるようになっている。カルテとともに資料が保存され，全ての手続きが完了した後も保存される（公証人服務規律（DONot）16条から19条まで)[6]。

---

[2] 公証人事務所には，公証人の他に数名の職員がいるのが一般的である。
職員も，専門職員（Fachangestellter）と職業訓練生（Auszubildender）に分かれる。Faßbender/Grauel/Kemp/Ohmen/Peter/Roemer, Notariatskunde, 2000, 13. Aufl., Rz. 127. Dr. Litzenburger 氏の事務所では，職業訓練生が登記簿のコピーを行っていた。

[3] Vgl. Eike Maass, Haftungsrecht des Notars, 1994, Rz. 45.

[4] Dr. Lizenburger 氏の事務所では，登記簿の閲覧と公正証書作成の間は長くても8日以内とのことである。

[5] Dr. Litzenburger 氏の事務所では，カルテとさまざまな書類を起草する独自のソフトを設けていたが，Dr. Litzenburger 氏によると，そのようなシステムを取り入れている公証人事務所はまだ少なく，コンピューターをワープロとしてのみ使っているところが多いとのことであった。

[6] Faßbender/Grauel/Kemp/Ohmen/Peter/Roemer, Notariatskunde, 2000, 13. Aufl., Rz. 168.

Ⅱ　ドイツの不動産取引の過程

4　売主，買主への売買契約書の草案の送付

売主，買主に売買契約書の草案が送付される。その際，公正証書化する日程を決めること，また前もって草案を読み，変更してほしい個所があったら，あらかじめ連絡すること等を記した手紙が同封される。

5　売買契約書とアウフラッスング（Auflassung）の公正証書化

前もって定めておいた日時に，売主，買主，不動産仲介業者が公証人事務所へ集まる。ここで，公証人は，まず当事者の確認を行わなければならない。公証人は，意思表示を公正証書化する際，誰が意思表示を行っているか，すなわち表示者の同一性を確認することが義務付けられている。

当事者の記載方法として，自然人の表示をする際，住所および婚姻している場合は旧姓も付加される（DONot 25条2項前段）。職業の記載は，規定されていないが一般に行われている。例えば，労働者，年金生活者，主婦，秘書など。また，不動産登記簿，商業登記簿に登記するために公正証書化する際，何の困難もなく確実に確認することができるように，生年月日も記載されなければならない（DONot 25条2項後段）。これにより，不動産登記官および区裁判所の登記部は，生年月日を登記することが可能となる。これは同姓同名で同じ住所の者同士を間違えることを防ぐことにつながる。例えば，祖父と孫が両者ともペーター・ミュラーで同居している場合などを例として挙げることができる[7]。

当事者の同一性の確認（証書作成法（BeurkG）10条2項）については，以下の3つの場合が考えられる。第1に，すでに公証人が以前からその人物を知っており，当事者の同一性について確信をもっているとき，公正証書の中で，「知り合いの」，「個人的に知り合いの」等の文言で記す。第2に，当事者を直接知らないが，その人物を公的な身分証明書で確かめることができる場合がある。すなわち，身分証明書やパスポートなどで確認するが，身分証明書，パスポートの有効性を審査しなければならない。公証人は自らその身分証明書をじっと見て確認しなければならない。他の事務職員に行わせ任せてはならない。第3に，上記の方法で確認できなかったときは，公証人は証

---

7) Faßbender/Grauel/Kemp/Ohmen/Peter/Roemer, Notariatskunde, 2000, 13. Aufl., Rz. 219.

書作成を拒絶しなければならない8)。

このようにして，当事者を確認した後，公証人は，これから契約の草案を読み上げること(BeurkG 13条1項)，またその間に何か疑問，質問があったら読み上げている途中でさえぎってかまわないので質問してほしいことを当事者に助言する。また，質問が出た際には，適宜その質問に答えるという形式で助言，説明を行う9)。

以下にアウフラッスングのともなった売買契約書の例をあげる。

2000年の証書番号第121210)
売買契約

マインツにおいて，マインツの公証人である私，Dr. リッツェンブルガー11)の面前で2000年3月3日交渉した。12)
交渉には次の者が出席した。
1　私には個人的に知り合いのAがここで必要な同意を留保して代理権なしの代理人として，グスタフ・テスト(×年×月×日生まれの会社員，住所×××)のために行動している。
2　夫婦であるジョセフ・テスト(×年×月×日生まれの会社員)とヒルデガード・テスト(×年×月×日生まれの会社員)両者とも×××に居住している。両者とも私には個人的な知り合いである。
　申立てによれば，彼らは法定財産制によっている。
　これらの出席者は証書作成のための意思表示をした。

第1条
　マインツ区裁判所のゴンゼンハイム地区簿冊番号1111の住居登記簿(Wohnungsgrundbuch)において通し番号1の表題部の中で以下の住居所

---

8) Faßbender/Grauel/Kemp/Ohmen/Peter/Roemer, Notariatskunde, 2000, 13. Aufl., Rz. 221.
9) Reithmann/Albrecht/Basty, Handbuch der notariellen Vertragsgestaltung, 1995, 7. Aufl., Rz. 75, 170-182.
10) DONot 8条，10条
11) BeurkG 9条12項1号
12) BeurkG 9条2項

有権（Wohnungseigentum）が登記されている13)。すなわち，
――ゴンゼンハイム境界（Gemarkung）14)の土地所有（Grundbesitz）の100分の12の共有持分（Miteigentumsanteil）
――地籍（Flur）12　234番の庭と建物　リング通り12番地　650平方メートル
――建物所在図（Aufteilungsplan）の5番住居における特別所有権（Sondereigentum）と結合している。

公証人は2000年3月23日に登記簿を閲覧させ，以下の登記簿の状態を確認した15)。

第1区（所有者）

グスタフ・テスト

第2区（負担および制限）

第1順位　地籍12　235番の所有者のための通行権（Wegerecht）

第3区（抵当権，土地債務，定期土地債務）

第1順位　マインツ・ゴンゼンハイムのフォルクス銀行のための10万マルクの証券土地債務

第2条

グスタフ・テスト――以下売主と称する――は，夫婦であるジョセフ・テストとヒルデガード・テスト――以下併せて買主と称す――に対して上記に示したすべての法的構成部分（Bestandteil）と従物（Zubehör）を伴った住居所有権を売却する16)。

グスタフ・テストは，自動車の駐車場の利用権（Nutzungsrecht）は，共用部分（Raumeigentum）に属することを保証している。これはともに売却される。

ジョセフ，ヒルデガード・テスト夫妻はこの契約の対象物を等しい持

---

13) 不動産登記法（GBO）28条，ドイツ不動産登記法の日本語訳については，「土地登記法」登記情報448号119頁以下，449号120頁以下を参照。
14) 課税のための測量区域のこと。石川清「不動産登記の公信力についての若干の考察」登記研究623号92頁参照。
15) BeurkG 21条
16) BGB 433条1項

分の割合で取得する17)。

　ジョセフ・テストとヒルデガード・テストは，すべてのこの契約の実現のために必要な表示をし，かつ表示を受けることに対してお互いに代理権を授権している。

第3条

　売買代金は，250.000DM，文字で記載すると弐拾五萬ドイツマルクである。

　この売買代金は，利息なしで2000年5月15日が弁済期の到来であり，その時までに入金されなければならない，しかし以下のことの前に行われるべきではない18)。

　1　不動産登記簿において後述の許諾された（bewilligten）仮登記の登記について公証人のところに登記済みの連絡があること19)。

　2　この契約の写し（Abschrift）の送付の下でBGB 570 b条による先買権について後述の借主に，公証人が情報を与えたことを示す手紙に関する送達記録（Zustellungsprotokoll）が到達したこと。

　3　借主がBGB 570 b条による先買権を送達後2ヶ月以内に期限どおりに行使しなかったという売主の文書による表示，あるいは借主がこの先買権を放棄するという借主の文書による表示の原本（Vorlage），そのいずれかが公証人の下に到達したこと。

　4　仮登記に優先するあるいは同順位に存在し，かつ買主に引き受けられないとされるすべての権利に関する抹消資料が公証人の下に到達したこと。

　そして，上記の条件が整い代金が入金されると，

　1　契約の内容に沿った登記簿の負担のない状態のために必要な額が直接弁済されるべき債権者に支払われ，

---

17)　BGB 433条2項
18)　買主の利益を保護するためである。
19)　Faßbender/Grauel/Kemp/Ohmen/Peter/Roemer, Notariatskunde, 2000, 13. Aufl., Rz. 676.

2　残りの額が売主に支払われる。

　公証人は，当事者に弁済期の要件（Fälligkeitsvoraussetzung）の発生（Eintritt）を知らせることが指示される。弁済期は，この知らせが買主の下に到達後，平日（Werktag）5日間の経過の前には到来しない。
　この債権の額は遅滞の間，損害の発生の証明なしに年5パーセントの遅延損害金が発生する[20]。
　支払いの遅延の際には，売主はBGB 454条とは異なり法定解除権を保持する[21]。
　売買代金に関しジョセフ，ヒルデガード・テスト夫妻は連帯債務者（Gesamtschuldner）として，全財産の上に，この証書に基づき即時の強制執行に服する[22]。
　ジョセフ，ヒルデガード・テスト夫妻は執行力を根拠付ける事実の証明なしに執行力ある正本（vollstreckbare Ausfertigung）の付与（Erteilung）に同意している。
　直接売主に給付されるべき支払いは以下の銀行口座に行われる。

XXX銀行　口座番号 xxx

第4条
　占有，利用，負担，道路の清掃義務，税の負担義務ならびに特別所有権たとえば共同体所有部分（Gemeinschaftseigentum）[23]にかかる費用，かつ危険は支払いの日とともに移転する[24]。
　占有の移転とともにジョセフ，ヒルデガード・テスト夫妻は火災保険，ならびにすでに存在しているその他の建物の保険契約，ケーブルテレビの受信契約，遠隔暖房（Fernwärmeversorgung）[25]契約を開始する。

---

20) Faßbender/Grauel/Kemp/Ohmen/Peter/Roemer, Notariatskunde, 2000, 13. Aufl., Rz. 444.
21) Hans-Armin Weirich, Grurdstücksrecht, 1996, 2. Aufl., Rz. 197.
22) Faßbender/Grauel/Kemp/Ohmen/Peter/Roemer, Notariatskunde, 2000, 13. Aufl., Rz. 352.
23) 例えば，階段，地下室など。
24) BGB 446条

場合によってはありうる特別所有権ならびに共同体所有部分にかかる負担および費用に関する後からの支払いあるいは払戻しは時期に応じて当事者の間で分担される。

　修繕用の費用（Instandhaltungsrücklage）の積み立ての持分は，ジョセフ，ヒルデガード・テスト夫妻に移転する。

　売主は，実行された，あるいは所有者の集会（Eigentümerversammlung）で議決された修繕積み立て金によって補償されたのではない共同体所有部分にかかる修繕を知らない。

　契約の対象物は賃貸されている。ジョセフ，ヒルデガード・テスト夫妻は占有の移転以降すべてのここから生じる権利および義務を負担する。

　すべての契約関係あるいは雑費（Nebenkosten）控除に関して重要な資料は占有の移転とともに交付されなければならない。

　住居所有権はその当時の賃借人に住居の引渡（Überlassung）された後創設され，登記簿に登記された。その結果賃借人にBGB 570b条による先買権が帰属する[26]。

　売主の申立（Angabe）によれば住居はマテウス・ミュラーに賃貸されている。

第5条

　契約の対象物は，検分されたように，大きさ，品質のよさおよび性質に関する保証なしに，物の瑕疵に関する責任なしに，すなわち建物の状態，建物の設備および付属備品に関する責任なしに譲渡される（Übertragung）。

　ジョセフ，ヒルデガード・テスト夫妻は，検分（Besichtigung）の際に，売主によって除去されるべき瑕疵をなにも確認されなかったことを表明している。

　グスタフ・テストは，何の本質的な瑕疵も沈黙していないことを保証している。

　公証人は，瑕疵担保責任の免除がもたらす深刻な結果について教示し，

25）　当該建物の地下ではなく，別の建物に暖房施設を設置するもの。
26）　Hrsg. Brambring/Jerschke, Beck'sches Notar-Handbuch, 1997, 2. Aufl., Rz. AI93-96.

ジョセフ，ヒルデガード・テスト夫妻がその後すべての存在している物の瑕疵を，たとえこれらの瑕疵が認識できなかった場合であっても自己の費用で除去しなければならないことを助言した27)。

ジョセフ，ヒルデガード・テスト夫妻は，第2区通し番号1に登記されている負担を，基礎となる債権法上の義務の発生の下で引き受ける。

グスタフ・テストは，明示に引き受けられない限り，登記簿に登記されている負担および制限，未払いの負担および第三者のその他の権利一切からの免除を保証する。

保証は登記簿外に存在する役権（Dienstbarkait）および登録修築負担（Baulast）には及ばない。売主はそのような負担については認識していない。

グスタフ・テストは，連邦建設法（Baugesetzbuch）あるいは地方公共団体公課法（Kommunalabgabengesetz）に基づくすべての昨日までに請求された開発分担金（Erschließungsbeitrag），一回限りの改装費用（Ausbaubeitrag）および設備の接続費用（Anschlussbeitrag）がすでに支払われていることを保証する。今日以降この種の分担金あるいは前もっての給付（Vorausleistung）が請求された場合，当事者の関係において買主の負担に移転する。前もっての給付から余剰が出た場合は，買主に帰属する28)。

第6条

この証書の作成とその執行の費用はジョセフ，ヒルデガード・テスト夫妻が負担する。許可のための費用もまたこれに属する。

グスタフ・テストは負担と制限の抹消のための費用を支払う。

同意（Zustimmung）の費用は，許可者（Genehmigende）が負担する。

土地取得税（Grunderwerbsteuer）はジョセフ，ヒルデガード・テスト夫妻が負担する29)。

---

27) BGB 459, 476条, Hans-Armin Weirich, Gundstücksrecht, 1996, 2. Aufl., Rz. 182-189.
28) BGB 434, 439条2項, Hans-Armin Weirich, Gundstücksrecht, 1996, 2. Aufl., Rz. 179-181, 300.
29) BGB 434, 435, 439, 449条, Faßbender/Grauel/Kemp/Ohmen/Peter/Roemer, Notariatskunde, 2000, 13. Aufl., Rz. 454-456.

第7条

　売主は，死亡したとき，買主に対してBGB181条の制限からの免除の下に，契約の対象物に利息と従たる給付（Nebenleistung）による担保権を，それぞれ任意の額で，またZPO 800条に基づく執行可能な形式で設定すること，そしてそれを登記簿に登記しならびに順位の獲得のために必要な登記許諾およびその他の意思表示を行う権利を委任する30)。

　この代理権は，公証人 Dr. Litzenburger，あるいは公証人 Hans-Joachim Pfers あるいはその代理人あるいは承継人の前でその職務の下で行われうる。

　不動産担保権（Grundpfandrecht）の設定の際に，不動産担保権は売買代金の支払いまで（利息なしに）ただその都度の不動産担保権者によって融資され，そして事実売主あるいは弁済されるべき債権者に支払われた売買代金を保証するために役立てられるという目的に沿った意思表示が確認されなければならない31)。

　この不動産担保権は仮登記の順位に優先し引き受けられる。

第8条

　当事者は，売却される契約の対象物に関する所有権がジョセフ，ヒルデガード・テスト夫妻に取得の持分の関係において移転することに合意している32)。

　当事者は，不動産登記簿への所有権の移転の登記を許諾している33)。

第9条

　公証人は，所有権は，税法上の担税能力証明書の提出の後，登記簿への移転登記によって移転することそしてそれゆえ仮登記の登記は所有権の譲渡にとって合理的であることを助言した34)。

---

30)　Hans-Armin Weirich, Gundstücksrecht, 1996, 2. Aufl., Rz. 234-237.

31)　Hans-Armin Weirich, Gundstücksrecht, 1996, 2. Aufl., Rz. 217-220.

32)　BGB 925条，アウフラッスングがここで表明されている。Hans-Armin Weirich, Gundstücksrecht, 1996, 2. Aufl., Rz. 123-130.

33)　GBO 19条，実務上，アウフラッスングとともに登記許諾も表明される。Hans-Armin Weirich, Gundstücksrecht, 1996, 2. Aufl., Rz. 361.

当事者はこの仮登記の登記と，この間に買主の関与なしにはなんの登記も実行されあるいは申請されないことを条件として，所有権の移転の登記と同時のその仮登記の抹消を許諾している。

第10条

当事者は，必要な場合には第三者の許諾に応じてすべての負担の抹消を申請する。

第11条

所有権の移転の登記とともに，所有者抵当（Eigentümergrundschulden），求償請求権（Rückgewähransprüche）およびすべてのなお登記されている不動産担保権に関するその他の権利は，取得の持分の関係においてジョセフ，ヒルデガード・テスト夫妻へ移転する。必要な不動産登記簿への登記は許諾されている。

第12条

公証人は，この証書の執行のために，当事者のすべての表示を内容的に変更し補う権限を付与されている。特に，土地所有を明示し，登記簿の記載を訂正し，順位を決定することについて。

当事者は，公証人に自らの申請権を放棄した下で，公証人に売買代金の支払い（利息なしで）がされたことが証明されたかあるいは公証人の口座（anderkonto）に供託された場合に，所有権の移転登記を申請することを指示している[35]。

売主は，売買代金が公証人の口座に供託されない限り，公証人に，売買代金の受領について与えられた時間までに自発的に文書で追認しなければならない，そして買主は，これに関するコピーを送付しなければならない。

公証人は，移転登記の完成までは，アウフラッスングなしの正本

---

34) 不動産取得税法（GrEStG）22条，Hans-Armin Weirich, Gundstücksrecht, 1996, 2. Aufl., Rz. 356, 629.

35) Hans-Armin Weirich, Gundstücksrecht, 1996, 2. Aufl., Rz. 328-331.

(Ausfertigung) と認証された謄本 (beglaubigte Abschrift) を与えなければならない。

第13条

公証人は，賃借人への建物の引渡 (Überlassung) の後に，住居所有権が創設されたという事例に関し，賃借人の法定の先買権について教示した。

公証人は，この証書の有効性あるいは実施のためにすべての必要な許可，無異議回答（Negativattest)[36]そしてその他の意思表示の草案を作成し，その草案を当事者に送付し，すべての当事者の名において受領しなければならない。

賃借人が法定先買権を行使するという賃借人の意思表示は，当事者に個人的に送達されなければならない。賃借人のこの先買権の放棄はそれに対して公証人の下での受領によって有効になる。売主はこの場合契約の解除をする権限がある[37]。

第14条

ジョセフ，ヒルデガード・テスト夫妻は共同体法 (Gemeinschaftsordnung) ならびに住居所有権者集会 (Wohnungseigentümer) の決議からの全ての権利と義務を有する。ジョセフ，ヒルデガード・テスト夫妻は譲渡の際に権利の承継者にこの権利と義務を有させ，引き渡さなければならない。

ジョセフ，ヒルデガード・テスト夫妻はこれによって，適法かつ権限のある限り，住宅所有権者集会のための招集 (Ladung) を受領し，この集会に参加し，また議決権を行使することができる。

第15条

グスタフ・テストは，契約の対象物は，社会的な住居建設 (das soziale Wohnungsbau) の拘束[38]に服していないことを保証する。

---

36) Hans-Armin Weirich, Gundstücksrecht, 1996, 2. Aufl., Rz. 852-858.
37) Hans-Armin Weirich, Gundstücksrecht, 1996, 2. Aufl., Rz. 861-863.

第16条

　グスタフ・テストは，この契約によって，自己の財産をすべて処分するのではないことを保証する。

第17条

　当事者は，この証書の他になんの取り決めもしていないことを表明した。

　この記録は，公証人の出席の下で，出席者に読み聞かせられ，彼らの許可を得て，次のように自筆で署名された[39]。
　　　　A
　　　　ジョセフ・テスト
　　　　ヒルデガード・テスト
　　　　ヴォルフガング・リッツェンブルガー

　上記の契約書草案を公証人が読み上げ，訂正，変更箇所があれば随時行う。読み上げが終わった後，当事者と公証人が署名を行う。その際，読み上げの最中に，訂正変更箇所があっても，この時点で署名を行うのが通常である。この署名は最後の頁で行うようにあらかじめ作成してあるため，その間の頁を訂正変更後の文書と後で差し替えることが可能である。これにより，当事者と公証人は時間を節約できる。

　公正証書の作成，登記の申請等にかかる費用は，以下のように定められており，当事者に請求される。

非訟事件費用に関する費用法（KostO）154，141条に基づく費用の算定[40]

取引の価値（Gescäftswert）250000.00DM

---

[38]　円谷峻『比較財産法講義』（学陽書房，1992年）80～82頁参照。Vgl. Johannes Bärmann, Wohnungseigentum, 1991, Rz. 217.

[39]　BeurkG 13条。

[40]　登記申請手数料に関しては，石川清「ドイツの不動産登記に関する諸費用について」司法の窓91号68頁以下参照。

36条2項（証書作成手数料）……………………………1000.00DM
146条1項1文（実行手数料）……………………………250.00DM
147条2項（弁済期到来の通知）…………………………130.00DM
価値：100000.00DM
147条2項（移転登記の監督）……………………………130.00DM
価値：100000.00DM
136条1項1文，3項，152条1項（筆記経費／立替金）………24.00DM
152条2項1文（郵便手数料）……………………………28.20DM
全体の手数料　……………………………………………1562.20DM
16パーセント付加価値税 …………………………………249.95DM
　　　　　　　　　　　　　合計額　　　1812.15DM

署名者　　公証人 Litzenburger

2000年3月28日以下のものが与えられたあるいは郵送された：
　1謄本がマインツ市鑑定委員会へ
　2謄本が税務署—不動産取得税局—へ
　謄本各1部が当事者へ

2000年　月　日に以下のものが与えられたあるいは郵送された：
　1完全な謄本が売主へ
　2完全な謄本が買主へ
　3アウフラッスングの伴った認証された謄本がマインツ登記所へ
　4マインツ登記所のためのアウフラッスングの伴わない認証された謄本

6　官庁，第三者の許可の申請

売主から買主への所有権移転が法的に有効なものとするために，官庁，第三者の許可を必要とする場合が生じる。例えば，税務署に対して担税能力証明書の発行を申請しなければならない。また，官庁が法定先買権を有しているばあいも，その権利を実行しないことの証明を出してもらう必要がある。

Ⅱ　ドイツの不動産取引の過程

本契約のモデルについては，第三者が契約の目的物に賃借人として居住している例であるが，この場合，この賃借人が先買権を行使しないことの証明を出してもらう必要がある41)。

　これらの申請は公証人に必ずしも義務付けられているわけではないが，多くの場合公証人が当事者に代わって必要な手続きを行っているようである。

7　アウフラッスングの仮登記および抵当権の登記

　上述の6の申請と同時期に，すなわち，売買契約書が公正証書化された後，登記所に対してアウフラッスングの仮登記と抵当権の登記を申請する。これは，公正証書化された後，別の登記がされてしまうのを防ぐためである42)。

8　売買代金の支払い

　6であげた許可等がすべて出揃ったとき，買主はなんの危険もなく売買代金を支払い，完全な所有権を取得することが可能になる。そこで，公証人は，以下のような手紙を買主に送る43)。

　宛先　ジョセフ・テスト様
　　　　ヒルデガード・テスト様
　　　　ボニファティウスプラッツ1A
　　　　55118　マインツ

　　　　　　　1990年3月3日付の売買契約

テストご夫妻様

　上記の用件について，契約の法的有効性と実行について必要なすべての官庁の許可または無異議回答（Negativattest）が私に提出されたことを

---

41) Faßbender/Grauel/Kemp/Ohmen/Peter/Roemer, Notariatskunde, 2000, 13. Aufl., Rz. 465-474.
42) Hans-Armin Weirich, Gundstücksrecht, 1996, 2. Aufl., Rz. 211.
43) Hans-Armin Weirich, Gundstücksrecht, 1996, 2. Aufl., Rz. 213.

> 報告します。
>
> あなたのためのアウフラッスングの仮登記は，2000年3月28日に売買契約の中で記述されている不動産担保権の順位の次に登記されました。契約の目的にかなった負担の免除の設定のために必要な抹消書類は私のところに提出されています。
>
> これにより合意された売買代金350000マルクは，売買の対象物が明渡されたことを要件に，2000年6月15日に支払われるべきでありかつ履行期が到来します。

9 所有権移転の登記の申請および登記完了の通知

公証人は，売買代金が売主へ支払われたことを確認した後，所有権移転のために必要な申請を登記所に対して行う。

登記所は，申請された書類を審査し，登記を行う[44]。登記が完了すると，公証人に対してどの不動産に何の登記が実行されたのかの通知がなされる[45]。これにより，公証人は，最終的な確認をすることができる。

III おわりに

以上の流れを通じて，不動産の取引が行われる。公証人は，契約書の作成から，登記の申請，登記の確認までの一連の過程のすべてを担っていることがわかる。手続きの時間的な流れとしては，不動産の売買契約であれば基本的に同じであるが，契約の個別の条項については，個々の事例により異なるため，公証人はさまざまな契約のヴァリエーションを用意している。さらに，万一当事者の望んでいた結果が得られなかった場合，公証人に責任が問われるケースが多いため，公証人は常に契約書の中で自己が果たした助言を明示しておく必要がある[46]。今回は，取引過程で作成される書類の一部しか紹

---

[44] Hans-Armin Weirich, Gundstücksrecht, 1996, 2. Aufl., Rz. 396-400.

[45] GBO 55条

[46] Reithmann/Albrecht/Basty, Handbuch der notariellen Vertragsgestaltung, 1995, 7. Aufl., Rz. 135-247.

Ⅲ　おわりに

介することができなかったので，別稿にて，さらに詳細に紹介できればと考えている。

〔付記〕　本稿の執筆にあたり，Justizrat Professor Dr. Hans-Armin Weirich 氏に公証人 Dr. Wolfgang Litzenburger 氏を紹介頂き，Litzenbunger 氏の事務所にて実務を見学させて頂いた。両氏と同事務所の方々にここで感謝の意を表したい。

〔追記〕　本稿は，平成12年度平成国際大学共同研究による研究成果の一部である。

Die Funktion des GATT als Rechtmäßigkeitsmaßstab im Gemeinschaftsrecht

IRIINAFUKU Satoshi

EC 法体系下におけるガット（GATT）の裁判規範性

入稲福　智

　EC 裁判所の判例の中で，ガット（GATT）に関する判例ほど厳しく批判されているものはないであろう。批判されているのは，EC 法がガットに違反することを理由にして，個人がその有効性を争い提訴することは許されないという一連の判断である。これに加え，1994年には，加盟国によって提起された訴訟においても，ガットに基づき EC 法の有効性は審査されないという判決が下された。これらの判例は，ガット諸規定が非常に柔軟であることに基づいているが，「高度な柔軟性」という概念の内容またはその判断の理由は必ずしも明らかではない。本稿では，同概念の解釈を試みるが，EC 裁判所は，ガットの構造的柔軟性を指摘しているものと捉えられる。しかし，この立場は支持しえず，同協定の柔軟性は，むしろ，その目的・趣旨によるところが大きいと考えられる。なお，上述した判例は，条約規定の直接的効力の観点から評釈されることが多いが，EC 裁判所は，この点について判断する前に，ガットの裁判規範性について検討している。直接的効力が否定されるのは，裁判規範性が否認されるためであると解されるが，この点は正しく理解されていないことが多い。

　ところで，WTO 協定の発効後にいたっても，EC 裁判所は，諸規定の裁判規範性を否定している。同判断をきっかけに，EC 裁判所は改めて辛辣に批判されるようになったが，同判断は基本的に正当である。

> もっとも，論旨には首肯しがたい点がある。その例として，確かに，EC裁判所は，加盟国の交渉権限を強調する一方で，それを一時的な損害賠償の支払いに限定しているものと解され，また場合によっては自らの法令審査を認めていることが挙げられる。なお，法令審査の可否に関しては，そもそも，ガット違反を理由に，ある法規の無効ないしは不適用を宣言しうるかどうかについて検討する必要がある。ガットの趣旨・目的または諸規定の内容を考慮すると，この問題は否定すべきである。

I. Vorbemerkung

Fast keine andere Rechtsprechung des EuGH hat bislang so viele Widersprüche hervorgerufen wie die Rechtsprechung zur Wirkung des GATT in der Gemeinschaftsrechtsordnung[1]. Kritisiert wird die seit 1972 wiederholt bestätigte Ansicht des Europäischen Gerichtshofs, daß wegen der „großen Geschmeidigkeit der Bestimmungen"[2] des Abkommens der einzelne sich auf diese nicht berufen darf, um die Wirksamkeit einer Gemeinschaftshandlung zu bestreiten. Nicht nur wurden aus diesem Grunde die Welthan-

---

[1] Vgl. etwa *Petersmann*, Darf die EG das Völkerrecht ignorieren?, EuZW 1997, EuZW 1997, S. 325 ff.; die Erwiderung von *Sack*, Von der Geschlossenheit und den Spannungsfeldern in einer Weltordnung des Rechts, EuZW 1997, S. 650 f.; die Replik von *Petersmann*, GATT/WTO-Recht: Duplik, EuZW 1997, S. 651 und die Duplik von *Sack*, Noch einmal: GATT/WTO und europäisches Rechtsschutzsystem, EuZW 1997, S. 688. Neuerlich hielt Generalanwalt *Saggio* die GATT-Judikatur des EuGH für „verwirrend". Vgl. seine Schlußanträge, Rs. C-149/96, *Portugal/Rat*, Slg. 1999, S. I-8395 ff. (Rdnr. 18).

[2] Vgl. verb. Rs. 21-24/72, *International Fruit Company*, Slg. 1972, S. 1219 ff. (Rdnr. 21).

I Vorbemerkung

delsregeln durch die EG nicht vollständig beachtet. Darüber hinaus fehlt es auch an einem effektiven Rechtsschutz im Bereich des Außenhandels[3].

In der letzten Zeit ist die Kritik gegen die GATT-Rechtsprechung des EuGH lauter geworden. Dies beruht auf einer Plenarentscheidung des Luxemburger Gerichtshofs v. 5. Oktober 1994, wonach die Rechtmäßigkeit einer Gemeinschaftshandlung am Maßstab des GATT auch im von einem *Mitgliedstaat* eingeleiteten Verfahren nicht geprüft wird[4]. Allerdings muß nach der überwiegenden Lehrmeinung den Mitgliedstaaten das Recht, ein welthandelsrechtswidriges Sekundärrecht anzufechten, eingeräumt werden, da sie Vertragsparteien des Abkommens sind. Mit der Ablehnung der Berufungsmöglichkeit der Mitgliedstaaten begebe sich der EuGH in die Nähe einer Leugnung der Verbindlichkeit der Vertragsnormen[5].

Ein weiterer Anlaß zur heftigen Diskussion ist das Inkrafttreten der WTO-Übereinkünfte. Aufgrund der fortschreitenden Verrechtlichung des Welthandelsrechts[6] wird im Schrifttum die Meinung vertreten, daß die bisherige GATT-Judikatur des EuGH nicht auf das neue GATT übertragen werden sollte[7]. Aber im Urteil v. 23.

---

3) Vgl. *Kuilwijk*, The European Court of Justice and the GATT Dilemma: Public Interest versus Individual Rights?, Den Beuningen 1996.

4) Rs. C-280/93, *Deutschland/Rat*, Slg. 1994, S. I-4973 ff. (Rdnr. 109).

5) Z. B. *Oppermann*, Die Europäische Gemeinschaft und Union in der Welthandelsorganisation (WTO), RIW 1995, 919 ff. (927).

6) Hierzu siehe etwa *Oppermann*, ebenda, S. 921 ff.

7) Vgl. etwa *Meng*, Gedanken zur Frage unmittelbarer Anwendung von WTO-Recht in der EG, in: *Beyerlin* u. a. (Hrsg.), Recht zwischen Umbruch und Bewahrung, FS für *Bernhardt*, Berlin 1995, S. 1063 ff.

November 1999 hat der Gerichtshof erklärt, daß er die WTO-Konformität einer Gemeinschaftshandlung nicht gewährleistet[8]. Diese Entscheidung ist auf heftige Kritik in der Literatur gestoßen[9].

Aus den neueren Urteilen kann abgeleitet werden, daß das GATT wegen seines Sinns und seiner Struktur nicht unmittelbar als Rechtmäßigkeitsmaßstab herangezogen werden kann. Die fehlende Direktwirkung der Welthandelsnormen ist das Resultat dieser Entscheidung. Im folgenden wird untersucht, ob dieser Ansicht zu folgen ist.

II. Rechtsprechung des EuGH zum GATT 1947

1. Geltung und Wirkung des GATT in der Gemeinschaftsrechtsordnung

Zwar wurde das GATT 1947 von den EG-Mitgliedstaaten unterzeichnet. Aber nach ständiger Rechtsprechung des EuGH hat die Gemeinschaft aufgrund des Inkrafttretens des Gemeinsamen Zolltarifs die Aufgaben auf dem Gebiet der Anwendung des Welthan-

---

(1085).

8) Rs. C-149/96, *Portugal/Rat*, Slg. 1999, S. I-8395 ff. (Rdnrn. 34 ff.).

9) Vgl. etwa *Berrisch/Kamann*, WTO-Recht im Gemeinschaftsrecht — (k)eine Kehrtwende des EuGH, EWS 2000, S. 89 ff. Siehe auch *von Bogdandy/Makatsch*, Kollision, Koexistenz oder Kooperation?, EuZW 2000, S. 261 ff. (266 f.); *Zonnekeyn*, The Status of WTO Law in the EC Legal Order, JWT 2000, S. 111 ff; *ders*, The Status of WTO Law in the Community legal order: some comments in the light of the Portuguese Textiles case, E. L. Rev. 2000, S. 293 ff.

delsabkommens *in vollem Umfang* übernommen (Funktionsnachfolge-Theorie). Aufgrund dieser Zuständigkeitsverlagerung sei die Gemeinschaft an das Abkommen gebunden. Daraus folge die Zuständigkeit des Gerichtshofs zur Auslegung und Anwendung des GATT[10]. Muß der Gerichtshof deshalb die Vereinbarkeit einer Gemeinschaftsmaßnahme mit dem Abkommen prüfen, um die Einhaltung der Vertragsverpflichtungen sicherzustellen? Diese Frage ist eigentlich zu bejahen, da das Gericht feststellt, daß die EG an das Abkommen gebunden ist. Dessen effektive Wirkung kann durch den Erlaß und die Anwendung eines GATT-widrigen Sekundärrechts beeinträchtigt werden. Die gerichtliche Kontrolle setzt allerdings die Einleitung eines Verfahrens vor dem EuGH voraus. Zwar ist die Klage von Gemeinschaftsorganen (beispielsweise Klagen vom Europäischen Parlament gegen den Rat) nicht ausgeschlossen. Aber realistischer ist die Klage einzelner oder von Mitgliedstaaten gegen die EG-Organe. Zu prüfen ist deshalb, ob der einzelne und die Mitgliedstaaten sich auf das GATT gegen eine Gemeinschaftshandlung berufen dürfen. Der EuGH hat diese Frage grundsätzlich verneint (s. o.). Diese Entscheidung beruht auf der Einschätzung des Gerichtshofs zum Sinn und Aufbau des Welthandelsabkommens. Sie lautet:

> „Dieses Abkommen, das nach seiner Präambel „auf der Grundlage der Gegenseitigkeit und zum gemeinsamen Nutzen" ausgehandelt wurde, ist durch die große Geschmeidigkeit seiner Bestimmungen gekennzeichnet: Dies gilt insbesondere für die Vorschriften über Abweichungen von den allgemeinen Regeln, über Maßnahmen, die bei

---

10) Vgl. verb. Rs. 21-24/72, *International Fruit Company*, a. a. O., Rdnrn. 14 ff.

außergewöhnlichen Schwierigkeiten getroffen werden können, und über die Regelung von Meinungsverschiedenheiten zwischen den Vertragsparteien."[11]

2. „Große Geschmeidigkeit" der Vertragsbestimmungen

Der Inhalt dieser seit 1972 ständig wiederholten Entscheidung ist nicht unbedingt klar. Beispielsweise ist die wichtige Terminologie „große Geschmeidigkeit" der Vertragsbestimmungen mehrdeutig. Sie könnte wie folgt verstanden werden:

(1) Beim Abschluß des GATT haben die Vertragsparteien keine endgültige Entscheidung getroffen, so daß eine Modifikation der Bestimmungen möglich ist.

(2) Der Inhalt der Vertragsnorm ist unklar bzw. mehrdeutig, so daß verschiedene Auslegungen möglich sind.

(3) In der bisherigen Praxis haben die Vertragsparteien die GATT-Bestimmungen nicht immer eingehalten[12]. Sie haben die Welthandelsnormen sogar bewußt verletzt.

(4) Aus dem Sinn und der Systematik des GATT kann gefolgert werden, daß das Abkommen keine unbedingte Befolgung verlangt. So gesehen ist die normative Steuerungskraft des Abkommens schwach.

(5) Die Vertragsverpflichtungen sind zwar unbedingter Natur. Aber die Vertragsparteien haben ein weites Ermessen bei der Erfüllung der Verpflichtungen. Bestimmte Maßnahmen, die zur Erreichung der Ziele in den einzelnen Bestimmungen unbedingt getroffen werden müssen, sind nicht vorgesehen.

---

11) Verb. Rs. 21-24/72, *International Fruit Company*, a. a. O., (Rdnr. 21).
12) Vgl. *Iwasawa*, WTO no Funso Shori, Tokio 1995, S. 9 f. m. w. N.

(a) **Zur ersten und zweiten Auslegung** (Wortlaut der Vertragsbestimmungen)

Für geschmeidig gehalten werden nach dem Wortlaut der Entscheidung des EuGH die *Vertragsbestimmungen*, aber nicht die *Systematik* des GATT. Dies spricht für die erste und die zweite Auslegung. Tatsächlich hat der ambivalente Text des GATT in der Praxis interpretative Auswege offengelassen[13]. Aber die beiden Interpretationen entsprechen nicht der Entscheidung des EuGH. Denn die genannte Entscheidung beruht weder auf der Modifikationsmöglichkeit noch auf der Regelungsdichte. Einigen Urteilen kann entnommen werden, daß bestimmte Vorschriften hinreichend konkret sind[14].

(b) **Zur dritten Auslegung** (zwischenstaatliche Praxis)

Die dritte Auslegung ist ebenfalls abzulehnen, da die Beurteilung des EuGH nicht auf der zwischenstaatlichen Praxis, sondern auf der Auslegung des Vertragstexts basiert. Außerdem führt die Verletzung des GATT in zahlreichen Fällen nicht dazu, daß die unbedingte Einhaltung der Vertragsnormen als nicht erforderlich angesehen wird.

Die Betrachtungsweise des Gerichtshofs ist insoweit vorzugswürdig, als die Einschätzung der Praxis des multilateralen Abkommens nicht leicht ist. Hierzu wurden in der Literatur unterschiedliche Meinungen vertreten (s. u). Aber nicht von der Hand zu weisen ist, daß in genügend Fällen „Vertragsverletzungen ganz

---

13) So *Arnold*, in: *Dauses* (Hrsg.), Handbuch des EG-Wirtschaftsrechts, München 1993, K I Rdnr. 28.
14) Siehe etwa Rs. 70/87, *Fediol*, Slg. 1989, S. 1781 ff. (Rdnr. 20).

unzweifelhaft sind und dennoch rechtlich nicht verfolgt wurden"[15]. Außerdem gibt es zahlreiche Fälle in einer „Grauzone". Ein gutes Beispiel dafür ist die GATT-Konformität der EG. Diese Problematik wurde nicht vertieft behandelt, seitdem vermehrten sich die Vertragsverletzungsfälle[16]. Nach einer anderen Lehrmeinung können der Erfolg und die Effizient des GATT dadurch nicht geschädigt werden. Beispielsweise *Cottier* erklärt:

„[T]atsächlich hat kaum ein anderes Regelwerk die internationalen Wettbewerbsverhältnisse [...] nachhaltiger beeinflußt und geprägt. [...] Die Staaten setzten die Verpflichtungen des GATT in den weitaus meisten Fällen durchaus um. [...] Abweichungen und Rechtsbrüche in spektakulären Fällen vermögen diesen Befund nicht zu ändern."[17]

Dennoch bleibt zu prüfen, inwieweit die Erreichung der Vertragsziele *unmittelbar* aufgrund des GATT 1947 verwirklicht wurde. M. E. ging sie eher auf weitere Abkommen als Ergebnisse der GATT-Runden oder Sonderabkommen zwischen den Vertragsparteien zurück. Den Bestimmungen eines solchen besonderen Vertrages könnte Direktwirkung beigemessen werden, während eine Direktwirkung der GATT-Vorschriften verneinen zu ist.

---

15) *Kopke*, Rechtsbeachtung und -durchsetzung in GATT und WTO, Berlin 1997, S. 30.

16) Vgl. *Jackson*, World Trade and the Law of GATT, Boston 1969, S. 759.

17) *Cottier*, Die Durchsetzung der Prinzipien, in: Die Bedeutung der WTO für die europäische Wirtschaft, Referate des XXX. FIW-Symposions, Köln 1997, S. 121 ff. (121 f.).

(c) **Zur vierten Auslegung** (Sinn und Aufbau des GATT)

Der EuGH hat wiederholt erklärt, daß aufgrund der Schutzklausel die Mitglieder sogar einseitig von den Vertragsverpflichtungen befreit werden können. Er hat darauf hingewiesen, daß im Rahmen des vertraglichen Streitbeilegungsmechanismus sogar eine vertragswidrige Situation (also die Aussetzung der Vertragsverpflichtungen gegenüber den Verletzenden) geschaffen werden kann[18]. Daraus folgt, daß einerseits die GATT-Mitglieder von Vertragsverpflichtungen *vertragsgemäß* befreit werden können, andererseits verfügt das Abkommen über kein effektives System zur Einhaltung der Vertragsordnung. Im sog. *Bananen*-Urteil aus dem Jahr 1994 hat sich der EuGH deutlich geäußert, daß die „Vorschriften des GATT keinen unbedingten Charakter haben"[19]. Der Kontext dieser Entscheidung stimmt mit der vierten Interpretation überein. Diese Auslegung ist auch mit der Rechtsprechung des Gerichtshofs zur unmittelbaren Wirkung der Bestimmungen eines EG-Abkommens vereinbar; dabei ist die *Unbedingtheit* (und Zielsetzung) der Vertragsverpflichtung maßgeblich[20]. Hierzu ist zu bemerken:

(1) Wenn die Entscheidung des EuGH zur großen Flexibilität der Welthandelsnormen im oben erklärten Sinne zu begreifen wäre, hätte die Entscheidung eigentlich so formuliert werden müssen, daß das *System* des Abkommens, aber nicht die *Bestimmungen* flexibel

---

18) Vgl. verb. Rs. 21-24/72, *International Fruit Company*, a. a. O., Rdnrn. 21 ff.
19) Rs. C-280/93, *Deutschland/Rat*, a. a. O., Rdnr. 110.
20) Vgl. Rs. 104/81, *Kupferberg*, Slg. 1982, S. 3641 ff. (Rdnrn. 23 ff.); Rs. 270/80, *Polydor*, Slg. 1982, S. 329 ff. (Rdnr. 18).

ist[21]. Der Gerichtshof ist wohl der Meinung, daß wegen der Ausnahme- und Schutzklauseln und der Bestimmung zur Streitbeilegung die Durchführung der *anderen* Bestimmungen geschmeidig wird, aber nicht die Anwendung der genannten Bestimmungen an sich.

(2) Aus der genannten Interpretation könnte gefolgert werden, daß eine Direktwirkung nur einem Abkommen, das keine derogatorische Klausel enthält und über ein striktes Durchsetzungssystem verfügt, beigemessen werden könnte. Dieser Ansicht ist nicht zu folgen. Denn danach verliert der Vertrag an Effektivität. Der EuGH hat diese Theorie zu Recht abgelehnt. Im *Kupferberg*-Urteil hat er trotz der Existenz einer Schutzklausel und des Fehlens eines effektiven Streitbeilegungssystems einer Bestimmung im Freihandelsabkommen zwischen der EG und Portugal Direktwirkung zuerkannt[22]. Das Gericht war wohl nicht der Ansicht, daß die Bestimmungen des Freihandelsabkommens auch als „geschmeidig" anzusehen sind. Diese unterschiedliche Beurteilung kann sich dadurch erklären, daß der EuGH den Ursprung bzw. den Zweck des Vertrages beachtet hat. Im Unterschied zum genannten Freihandelsabkommen, das eine besondere Integrationsbeziehung mit der EG begründet[23], ist das Welthandelsregime lediglich als „ein prozeduraler Rahmen für eine flexible, auf wirtschaftliche Balance ausgerichtete Handelsdiplomatie"[24] anzusehen. Der EuGH hat ständig erklärt, daß das GATT 1947 „nach seiner Präambel „auf

---

21) Schlußanträge des GA *Tesauro*, Rs. C-53/96, *Hermès*, Slg. 1998, S. I-3603 ff. (Rdnr. 27).
22) Rs. 104/81, *Kupferberg*, Slg. 1982, S. 3641 ff. (Rdnrn. 21 ff.).
23) Vgl. Rs. C-149/96, *Portugal/Rat*, a. a. O., Rdnr. 42.
24) So *Ress*, in: *Rüßmann* (Hrsg.), Keio Tage 1998, Baden-Baden 2000, Das GATT und die EG, S. 69 ff. (77 m. w. N.).

der Grundlage der Gegenseitigkeit und zum gemeinsamen Nutzen" ausgehandelt" wurde (s. o.). Die englische Fassung dieser Entscheidung macht den an politischen Verhandlungen orientierten Charakter des Abkommens deutlicher. Sie lautet: "This agreement [GATT] which, according to its preamble, is *based on the principle of negotiations* undertaken on the basis of "reciprocal and mutually advantageous arrangements" is characterized by the great flexibility of its provisions" (hervorgehoben durch den Verfasser).

(3) Es bleibt zu prüfen, ob die Bestimmungen des GATT wirklich als geschmeidig anzusehen sind. M. E. ist diese Frage zu verneinen. Denn eine Ausnahmegenehmigung gemäß Art. XXV Abs. 5 GATT setzt die Zustimmung einer Zweidrittelmehrheit der abgegebenen Stimmen[25] voraus. Die im Urteil genannte Schutzklausel (Art. XIX) ist nur unter strikten Voraussetzungen anwendbar[26]. Damit kann man die Geschmeidigkeit des GATT nicht begründen. Diese Geschmeidigkeit folgt eher aus dem Sinn und Zweck des Abkommens.

(d) **Zur fünften Auslegung** (Ermessensspielraum der Mitglieder)

Die fünfte Interpretation ist überzeugend. Was die Geltung des GATT 1947 anbelangt, hat der Gerichtshof allerdings nichts darüber erwähnt (zur Rechtsprechung zum neuen GATT siehe III. 1).

3. Kritik in der Literatur

Augrund der „Geschmeidigkeit" der Vertragsbestimmungen hat der EuGH ihre Funktion als Rechtmäßigkeitsmaßstab *pauschal*

---

25) Diese Mehrheit muß mehr als die Hälfte der Vertragsparteien umfassen (Art. XXV Abs. 5 Satz 1).
26) *Kuilwijk*, a. a. O., S. 134.

verneint. Zwar ist die Urteilsbegründung nicht eindeutig. Aber der Schlußfolgerung des Gerichtshofs ist zu folgen.

In der Literatur wird die dargestellte Rechstprechung des EuGH kritisiert. Die GATT-Bestimmungen seien hinreichend genau und unbedingt[27]. Diese Wortlautauslegung ist allerdings abzulehnen, da die Entscheidung des EuGH nicht darauf basiert. Ferner ist an der Unbedingtheit zu zweifeln (siehe oben). Im übrigen ist diese Kritik, die auf der Theorie zur Direktwirkung beruht[28], schon deshalb nicht zutreffend, da die grundlegende Entscheidung des Gerichtshofs nicht darauf basiert. Die Ablehnung der Direktwirkung ist m. E. das Resultat das Resultat der Beurteilung des EuGH zum Aufbau und Sinn des GATT.

Was den Vorwurf der Unzulässigkeit der mit der GATT-Widrigkeit begründeten Klage der *Mitgliedstaaten* anbelangt (s. o.), ist auf folgendes hinzuweisen: Erstens kann das Abkommen nicht unmittelbar als Rechtmäßigkeitsmaßstab herangezogen werden. Zweitens berücksichtigt die Kritik das Resultat der Funktionsnachfolge nicht hinreichend. Nach dieser Theorie hat die EG die Aufgaben der Mitgliedstaaten auf dem Gebiet der Anwendung des GATT *in vollem Umfang* übernommen (s. o.). Daraus folgt, daß *ausschließlich* die Gemeinschaft für die Durchführung des Abkommens verantwortlich ist[29]. Daher kann sich die *Gemeinschaft* auf

---

27) Vgl. nur *Petersmann*, Proposals for a new Constitution for the European Union: Building-blocks for a Constitutional Theory and Constitutional Law of the EU, CML Rev. 1995, 1123 ff. (1169 ff.)., CML Rev. 1994, 1157 ff.

28) Vgl. *Schroeder/Selmayr*, Die EG, das GATT und die Vollzugslehre, JZ 1998, S. 344 ff. (346).

29) Zur ausschließlichen Zuständigkeit der EG siehe auch Gutachten 1/94 des EuGH, *WTO-Übereinkommen*, Slg. 1994, S. I-5267 ff. (Rdnr. 34).

die GATT-Bestimmungen berufen, um die Rechtmäßigkeit einer *nationalen* Maßnahme anzufechten, selbst wenn die umgekehrte Kontrolle in der Regel nicht zulässig ist[30]. Im übrigen wird in der Literatur vertreten, daß der EuGH im sog. *Bananen*-Urteil das Recht der Mitgliedstaaten, sich auf die Bestimmungen des GATT zu berufen, verneint[31]. Aber diese Anmerkung ist falsch, da der Gerichtshof lediglich festgestellt hat, daß er die Vertragsbestimmungen für die Beurteilung der Rechtmäßigkeit einer Gemeinschaftsmaßnahme nicht im Rahmen einer von einem Mitgliedstaat erhobenen Klage berücksichtigt. Die fehlende Berufungsmöglichkeit ist lediglich eine Folge der zutreffenden Annahme, daß die GATT-Normen als Rechtsquelle nicht unmittelbar herangezogen werden.

III. Rechtsprechung des EuGH zum GATT 1994

1. Lehrmeinung

Im Schrifttum wird allgemein anerkannt, daß nach Inkrafttreten des WTO-Übereinkommens die mit der großen Flexibilität der Vertragsbestimmungen begründete Rechtsprechung des EuGH überholt ist[32]. Denn erstens verwirklicht das WTO-Übereinkommen die stärkere Verrechtlichung des Welthandelsrechts. Dabei wird vor allem die Einführung eines verbindlichen Streitbeilegungswesens hervorgehoben. Dieses System trägt zur Klärung und Sicherung des WTO-Rechts bei. Zweitens kann dem *Kupferberg*-Urteil entnom-

---

30) Vgl. Rs. C-61/94, *Kommission/Deutschland*, Slg. 1996, S. I-3989 ff.
31) Vgl. etwa *Rosas*, Case Law, CML Rev 2000, S. 797 ff. (797).
32) Vgl. nur *Becker-Çelik*, Ist die Ablehnung der unmittelbaren Anwendung der GATT-Vorschriften durch den EuGH heute noch gerechtfertigt?, EWS 1997, S. 12 ff. (15 m. w. N.).

men werden, daß das Gegenseitigkeitsprinzip, auf dem das Welthandelsregime nach wie vor aufbaut, der gerichtlichen Rechtmäßigkeitskontrolle einer Gemeinschaftshandlung am Maßstab des Welthandelsrechts nicht entgegensteht. Drittens spricht die Ratserklärung zum Ausschluß der WTO-Kontrolle[33] auch nicht gegen die WTO-Kontrolle des EuGH, da diese Stellungnahme als bloße Kundgabe eines Gemeinschaftsorgans anzusehen ist (vgl. auch Art. 300 Abs. 7 EGV)[34].

2. Entscheidung des EuGH und Würdigung

Dennoch hat der EuGH alle diese Argumente abgelehnt und entschieden, daß die WTO-Übereinkünfte trotz ihrer erheblichen Unterschiede gegenüber dem alten Regime „grundsätzlich nicht zu den Vorschriften [gehören], an denen der Gerichtshof die Rechtmäßigkeit von Handlungen der Gemeinschaft mißt"[35]. Diese Entscheidung ist im Ergebnis mit seiner Rechtsprechung zum alten GATT vereinbar. Allerdings hat der EuGH seine ständige Feststellung, daß die Welthandelsnormen sehr geschmeidig sind, nicht mehr wiederholt. Ob (und inwieweit) er die WTO-Übereinkünfte trotz der stärkeren Verrechtlichung *immer noch* für geschmeidig hält, ist deshalb nicht eindeutig geklärt. Zur Klärung dieser Frage sind die Argumente der genannten Beurteilung zu untersuchen.

Die gezeigte Entscheidung des EuGH beruht hauptsächlich darauf, daß gemäß Art. 22 DSU[36] der EG die Befugnis zusteht, auch

---

33) Vgl. Beschluß 94/800/EG des Rates ABlEG 1994, Nr. L 336, S. 1.

34) Vgl. GA *Tesauro*, Rs. C-53/96, *Hermès,* a. a. O., Rdnrn. 22 ff.; GA *Saggio*, Rs. C-149/96, *Portugal/Rat,* a. a. O., Rdnrn. 19 ff.

35) Rs. C-149/96, *Portugal/Rat,* a. a. O., Rdnr. 47 (hervorheben durch den Verfasser).

36) Understanding on the Settlement of Disputes (DSU), ABlEG 1994,

nach der verbindlichen Feststellung des Dispute Settlement Body (DSB) zur WTO-Konformität einer Gemeinschaftsmaßnahme auf dem Verhandlungsweg eine Konfliktlösung zu erreichen. Aber die gerichtliche WTO-Kontrolle nehme den politischen Gemeinschaftsorganen diese Befugnis[37].

In der Literatur ist umstritten, ob und wie eine „Empfehlung" des DSB, eine Maßnahme mit den WTO-Übereinkünften in Einklang zu bringen, umgesetzt werden muß[38]. Trotz des schwachen Wortlauts „Empfehlung" (vgl. etwa Art. 21 Abs. 1 DSU) sprechen die Systematik und der Kontext des DSU für die Umsetzungspflicht der Empfehlung gegenüber den Verfahrensparteien[39]. Allerdings steht den WTO-Mitgliedern bei der Umsetzung und bei der Streitbeilegung ein weiter Spielraum zu, so daß die Rücknahme einer als welthandelsrechtswidrig erklärten Maßnahme nicht unbedingt erforderlich ist. In diesem Sinne besteht die Flexibilität nach wie vor auf der Rechtsfolgeseite[40]. Der EuGH lehnt dies wohl ab. Er erklärte wiederholt, daß eine einvernehmliche Schadensersatzleistung *nur vorübergehend* zulässig ist[41]. Dazu kommt, daß im vorliegenden Urteil nicht auf andere Verhandlungsmöglichkeiten hingewiesen wurde. Daraus kann gefolgert wer-

---

Nr. L 336, S. 234 ff.

37) Rs. C-149/96, *Portugal/Rat*, a. a. O., Rdnrn. 37 ff. u. 46.
38) Vgl. z. B. *Jackson*, The Jurisprudence of GATT & WTO, Cambridge 2000, S. 162 ff.; *Hilf/Schorkopf*, WTO und EG: Rechtskonflikte vor den EuGH?, EuR 2000, S. 74 ff. (85 f.).
39) Wohl die herrschende Meinung. Vgl. nur *Pescatore*, Drafting and Analyzing Decisions on Dispute Settlement, in: *Pescatore/Davey/Lowenfeld*, Handbook of WTO/GATT Dispute Settlement, New York, im Stand 1997, S. 3 ff. (31 f.).
40) *Ress*, a. a. O., S. 78 f.
41) Vgl. Rs. C-149/96, *Portugal/Rat*, a. a. O., Rdnr. 37 u. 40.

den, daß er die Einstellung einer verurteilten Maßnahme für erforderlich hält. Dieser Meinung ist nicht zu folgen. Denn sie ist weder mit dem Grundprinzip der Streitbeilegung („mutually acceptable solution"-Prinzip[42]), noch mit der Praxis vereinbar[43].

Der EuGH betonte den Handlungsspielraum der Vertragsparteien. Aber dieser Spielraum wird beschränkt[44], da nach seiner Meinung eine einvernehmliche Schadensersatzlösung als eine (und wohl einzige) Alternative für die Rücknahme *nur vorübergehend* zulässig ist. Die Hinnahme einer Sanktion durch ein WTO-Mitglied — anstatt der Umsetzung der DSB-Empfehlung — wäre nicht erlaubt, denn nach der Entscheidung des EuGH steht den WTO-Mitgliedern lediglich die Befugnis zu, *auf dem Verhandlungsweg* Streitigkeiten beizulegen. Die Hinnahme einer Vergeltungsmaßnahme ist nicht als eine einvernehmlich vereinbarte Konfliktlösung anzusehen. Insoweit ist die neue Welthandelsrechtsordnung nicht ganz geschmeidig. Daraus könnte folgen, daß eine Klage gegen die EG zulässig sein könnte, wenn die EG die Umsetzung der Entscheidung *dauerhaft* verweigern würde. Aber dagegen sprechen die Ratserklärung zum Ausschluß der WTO-Kontrolle des Gerichts (s. o.), die Gegenseitigkeit bei der Durchführung des Welthandelsabkommens und das fehlende locus standi des Individuums. Vor allem aber wegen des ausdrücklichen Willens des Rates ist die gerichtliche Gewährleistung der WTO-Konformität einer Gemeinschaftshandlung sehr bedenklich[45].

---

42) Vgl. etwa Art. 3 Abs. 4 DSU.

43) Zur Praxis der EG Vgl. *Rosas*, a. a. O., CML Rev. 2000, S. 797 ff. (809).

44) Wohl dagegen *Rosas*, a. a. O., CML Rev. 2000, S. 797 ff. (806).

45) Ähnlich *Reinisch*, Entschädigung für die unbeteiligten „Opfer" des Hormon- und Bananenstreits nach Art. 288 II EG?, EuZW 2000, S. 42

Im vorliegenden Fall hat der EuGH die in den Urteilen *Fediol* und *Nakajima* entwickelte Theorie übernommen[46]. Diese Vorgehensweise ist aber nicht überzeugend. Denn die gerichtliche Kontrolle wäre auch nach der Umsetzung der Vertragsnormen in die Gemeinschaftsrechtsordnung nicht zulässig, wenn der Handlungsspielraum der politischen Organe — auch nach der verbindlichen Feststellung des DSB über die Verletzung des WTO-Rechts — hervorgehoben würde.

Im übrigen würde die WTO-Kontrolle anderer WTO-Mitglieder nicht dazu führen, daß der EuGH auch die gleichen Prüfungen durchführen müßte, da er aufgrund des Handlungsspielraums der EG-Organe darauf verzichtet[47].

IV. Schlußbemerkung

In der Literatur wird die GATT-Judikatur des EuGH als politisch motiviert betrachtet[48]. Aber m. E. basiert die dargestellte Rechtsprechung des Gerichtshofs auf der richtigen Vertragsauslegung, es sei denn, daß der Entscheidung zur Geschmeidigkeit der Vorschriften nicht zu folgen ist (s. II. 2. (c)). Was das GATT 1947 anbelangt, hat er die zwischenstaatliche Praxis nicht berücksichtigt.

Trotz der stärkeren Verrechtlichung des Welthandelsregimes hat der EuGH die Vertragsbestimmungen nicht als Grundlage der gerichtlichen Rechtmäßigkeitskontrolle herangezogen, vor allem weil die WTO-Mitglieder einen Handlungsspielraum haben (vgl. Art. 22 DSU). Das ist ein neues Argument in der Rechtsprechung zum

---

ff. (48).
46) Vgl. Rs. C-149/96, *Portugal/Rat,* a. a. O., Rdnrn. 49 ff.
47) Vgl. *Berrisch/Kamann*, a. a. O., EWS 2000, S. 89 ff. (94).
48) Vgl. *Ress*, a. a. O., S. 79.

GATT[49]). Dieser Ansicht des Gerichtshofs, die auf juristisch haltbaren Argumenten basiert[50]), ist zu folgen. Dagegen ist nach der Lehrmeinung die WTO-Kontrolle des EuGH trotz des genannten Ermessensspielraums der politischen Gemeinschaftsorgane erforderlich. Denn dadurch werde der Befolgungszwang erzeugt[51]). Aber es bleibt fraglich, ob der Gerichtshof eine gegen das Welthandelsrecht verstoßende Gemeinschaftshandlung *überhaupt* für nichtig oder unanwendbar erklären darf. Diese Frage ist zu verneinen. Denn die Unvereinbarkeit einer Maßnahme mit dem Abkommen führt nicht zugleich zu deren Nichtigkeit bzw. Unanwendbarkeit. Der unterliegenden Vertragspartei stehen mehrere Möglichkeiten für die Streitbeilegung und die Beseitigung der Vertragswidrigkeit, wie die Schadensersatzleistung oder die Erhaltung eines Waivers, zu. Aus dem Urteil *Portugal/Rat* könnte gefolgert werden, daß der EuGH, gestützt auf die DSB-Entscheidung zur Welthandelsrechtswidrigkeit einer Gemeinschaftsmaßnahme, diese Maßnahme nicht als nichtig erklären durfte[52]).

Die Direktwirkung steht bei der Diskussion um die Wirkung des GATT nach wie vor im Mittelpunkt. Zuerst ist jedoch zu prüfen, ob die Welthandelsbestimmungen als Rechtmäßigkeitsmaßstab unmittelbar herangezogen werden können. Auch nach Inkrafttreten der

---

49) Der Gegenmeinung von *Reinisch*, a. a. O., EuZW 2000, S. 42 ff. (51), ist nicht zu folgen.

50) *Petersmann*, a. a. O., EuZW 1997, S. 325 ff. (329), Vgl. auch *Ress*, a. a. O., S. 79.

51) Vgl. *Weber/Moos*, Rechtswirkungen von WTO-Streitbeilegungsentscheidungen im Gemeinschaftsrecht, EuZW 1999, S. 299 ff. (235). Vgl auch Schlußanträge des GA *Tesauro*, Rs. C-53/96, *Hermès*, a. a. O., Fn. 52.

52) Rs. C-149/96, a. a. O., Rdnr. 40. Hierzu vgl. *Rosas*, a. a. O., CML Rev. 2000, S. 797 ff. (811 u. 815).

IV Schlußbemerkung

WTO-Übereinkünfte hat der EuGH diese Frage zu Recht verneint. Die Kritik in der Literatur, die auf der Theorie der unmittelbaren Wirkung beruht, ist nicht zutreffend (siehe II. 3).

Subsidiarity As a Post-National Constitutional Principle of the European Union[*]

ENDO Ken

補完性（サブシディアリティ）
——ヨーロッパ連合におけるポスト・ナショナルな立憲原理——

遠 藤 乾

　本論文は，マーストリヒト条約（1992年締結）でEUの立憲原理として打ち立てられた補完性原理（the Principle of Subsidiarity）について検討した。その際，以下のことに留意を促した。まず同原理のファジーさを認めつつ，それ故に無原則な原則であるとは限らないこと，そして，同原理の内容を推し量るためには原義に遡って検討し直す必要があること，さらにどの原義か一つに絞って遡るのでなく，複数の潮流のせめぎ合いとして把握しないと，この原理の射程をつかみ損ねるということの三点である。

　その上で，本論文では，補完性を主権概念に対する対抗原理として位置づけ，その概念史的な系譜をたどった。

　元来，補完性には次の二つの側面がある。第一は消極的な補完性で，「より大きな集団は，より小さな集団（究極的には個人を含む）が自ら目的を達成できるときには，介入してはならない」という限定の原理

---

[*] An earlier version was presented at the conference: "What Comes Next for Regionalism," University of Warwich, Warwick, 16-18 September 1999. A more fully documented article can be found in my "The Principle of Subsidiarity: From Johannes Althusius to Jacques Delors." *Hokkaido Law Review*『北大法学論集』, Vol. 43 No. 6 (March 1994), pp. 553-652.

である。しかしながら，そこには第二義的な積極的補完性が必ず付随していて，それは「大きい集団は，小さな集団が自ら目的を達成できないときには，介入しなければならない」という義務の原理でもある。これら二側面を持つ補完性は，国家による合理的な介入の可能性を残し肯定しつつ，その介入に制限を加える機能を持つ。

　概念史的にいうと，補完性の理念が立ち現れてきたのは，国家への集権化が進む中でそれに対抗する必要が生じた局面である。数多くの補完的国家論者の中でも，17世紀初頭のアルトゥジウスは，のちの補完性の二潮流（コーポラティズム的理解と自由主義的理解）の双方の源流として位置づけうる。北独エムデン市地方長官として，ルター派領邦主やカトリック皇帝から自治を守ろうとしたカルヴィニストであり，かつ政治理論家としては，モナルコマキ思想に端を発する自由主義的な社会契約論者として読み込むことも可能である。他方，アルトゥジウスの秩序観は，多層にまたがる政治空間のあいだの調和的共生を目指したものであり，コーポラティズム的理解も可能である。

　後者の流れを汲む思想家としては，例えばギールケは，19世紀の末にアルトゥジウスを復権させて，プロシャ主導の一元的国家建設に対抗した。そのギールケを参照しながら，イギリスの一元的国家体制や大陸の全体主義と対決したのが多元主義者たちである。あるいは同世紀半ば頃，プルードンは「一体にして不可分の人民（共和国）」というルソー的な観念と，それに基づくジャコバン的中央集権に敵意を燃やし続けた。また今世紀に入って教皇ピウス11世は，ムッソリーニの全体主義が教会の下部組織をも覆い尽くそうとするのを危惧し，補完性を体系的に原理化した。かれらはみな一元的な集権化を崩した上で，多元多層的な空間が共生することを目指したものだった。

　他方，自由主義的な理解も並行して展開している。1571年にエムデンで行われた改革派の最初の公会議では，小さな教区が取り決めた事柄に関してより大きな宗教会議が議題にしてはいけない，という決定がなされている。こうした権限を可能な限り下の方へ留保してゆくようなボトムアップ型補完性は，コーポラティズム的な補完性がトップダウンを積極的に許容するのと対をなしている。そして，このタイプ

の自由主義的な補完性理解は，スイスや米国の憲法議論にも，その要素を見いだすことができる。

なお，1980年代後半以降，補完性原理はヨーロッパ統合の文脈で再浮上した。ここでの新しさは，EUの権能・機能の拡張に伴い，その役割を積極的に肯定するのと同時に，消極的に限定を加える方策を求めた結果，EUのレヴェルに補完性が当てはめられたことである。EUによる積極的介入とその消極的限定のどちらに力点を置くかに相違はあるにせよ，この補完性というシンボルのもとに，広範なコアリションが形成され，マーストリヒトにおける補完性の立憲原理化につながった。この補完性コアリションのなかでは，多層的な政体が前提とされ，どこかの層の突出が抑えられる。

最後に本論文は，主権概念に対して補完性原理がどこまで対抗できるか，に焦点を移し議論した。国家レヴェルに一元的に正統性を提供する主権概念，とりわけルソー流の人民主権概念は，多層的な政体のどこがどこをどの程度まで補完するかという補完性原理の問題構成自体を受け入れない。また「一体にして不可分な人民（共和国）」という観念も，多様な人民集団の重なり合いを想定する補完性原理とそぐわない。こうして，本論文は，主権概念との対抗上どこまで有効かに関しては，現在も大きな影響力を保持する主権概念を緩和する機能を補完性に認めつつ，それ以上の対抗力に関しては留保をつけ，結論とした。

注記：本論文脱稿後，とりわけ主権論との関係に焦点を当てた以下の関連論者を発表した。Ken Endo, "Subsidiarity & its Enemies: To What Extent Is Sovereignty Contested in the Mixed Commonwealth of Europe?" *EUI Working Paper*, RSC No. 2001/24, European Fourm Series, Robert Schuman Centre, European University Institute, July 2001.

I Introduction

With the benefit of hingsight, the years 1992-3 were a turning point in the history of European integration. The Danish rejection of the Maastricht Treaty revealed the depth of legitimacy lay in the hands of a national democracy, though it has subsequently been fudged into a legal solution. Perhaps more profound in terms of theoretical implications is that, the 1993 ruling of the Constitutional Court of Germany reaffirmed the terms with which to proceed, or recede, the process of European integration; and these terms were unashamedly based upon the conception of nationstate and its *völkische* democracy, which typically conflated Volk, Sovereignty, State, Democracy, and Constitution as well[1].

What we see here is the still powerful principle of popular sovereignty, inspired by Jean-Jacques Rousseau's formula of 'general will', and his successor of an extreme kind, Carl Schmitt. Nobody can really stop a people whose majority determines scenarios of their own future, including secession, oppression, ethnic cleansing and, in Schmitt's case, dictatorship. I am not engaged in any awkward exercise in which to suggest that the Danish people and the judges in Karlsruhe are supporting dictatorship. What I am arguing here is that, those two events in 1992-93 made crystal clear the resilience of popular legitimacy, retained in the hands of a na-

---

1) See J. H. H. Weiler, *The Constitution of Europe: "Do the New Clothes Have an Emperor?" and Other Essays on European Integration* (Cambridge: Cambridge University Press, 1999), esp. ch. 8. See also a Weiler's article, "Completing the French Revolution - Democracy and Legitimacy in the Future of the European Union," *Hokkaido Law Review* 『北大法学論集』, Vol. 51 No. 1 (June 1994).

tional democracy. The logic behind them remains the same: a people (or its majority) expresses their will, free to self-determine their future (and this is the cornerstone of their achieving a higher liberty); sovereignty here can never be divided or even shared, just as 'one and indivisible' people cannot; this sacred conflation of Nation, State, Sovereignty is represented in the form of a Constitution; the dichotomy between treaty and constitution is an essential one in this context.

While these 19th century terms of national self-determination remain powerful, the European Union has serenely and firmly established itself as a political entity. It has resources, in-built legislative programme, and some legal legitimacy, all to the extent that they are incomparable to any international organisation. It is equipped with some €90 billion annual budget. The sheer amount of legislative activities allegedly caused 30 percent of entire legislation and 70 percent of business-related legislation in the UK. Every time when a new treaty is ratified or a new member state is admitted, the entire body of 'acquis communautaire' has been approved and consolidated. This has amounted to an accumulated legal practice with which to endow some legitimacy to the EC or EU[2].

An ordinary solution to control this kind of political entity is to treat it as a State, most likely a Federal State, and to have a

---

2) Here I am inspired by Neil MacCormick, "Sovereignty, Myth and Reality." In N. Jareborg ed., *Towards Universal Law: Trends in National European and International Lawmaking*(Uppsala: Iustus Förlag, 1995): 227-48; idem, "Liberalism, Nationalism and the Post-sovereign State." *Political Studies* XLIV (1996): 553-567; idem, "Democracy, Subsidiarity, and Citizenship in the 'European Commonwealth'." *Law and Philosophy* 16 (1997): 331-356.

fully-fledged democracy for itself. Yet, 'twelve [or now fifteen] into one won't go'[3]. Every time the European Parliament goes to the poll, the rate of turnout decreases, failing to excite any member population; and this happens despite the repeated strengthening of its competences over the last decade.

Not surprisingly, alternative explanatory paths have been sought. 'Governance' is a generally preferred term to describe the structure covering this entity; yet the question is: governance based upon what, characterised by what? Some labelling exercises of the beast as a 'Regulatory State' (Majone), 'Confederal Consociation' (Chryssochoou), or 'Commonwealth' (MacCormick), just to give a few examples, demonstrate the efforts to bridge the gap between the existence of the already huge political entity and the 19th century terms far lagging behind the realities. This is a rich and still largely uncultivated field. Nature and character of the European governance remain to be more fully explored. It is here that the once fashionable discussion of subsidiarity with its long tradition of fighting against one and indivisible people and of empowering a multi-level cooperative governance, has to be re-introduced.

The central argument advanced here is three-fold. First, I seek to recast the principle of subsidiarity as an age-old concept against the excessive State centralisation over the last four centuries, with two versions in it, i. e. negative and positive[4]. Negative subsidiarity refers to the *limitation* of competences of the larger organisation in relation to the smaller entity, whilst its positive concept

---

3) Julie Smith, "The 1994 European Elections: Twelve into One Won't Go," in Jacques Hayward ed., *The Crisis of Representation in Europe* (London: Frank Cass, 1995): 199-217.

4) Ken Endo, "The Principle of Subsidiarity: From Johannes Althusius to Jacques Delors," *Hokkaido Law Review,* Vol. XLIV, No. 6 (1994), Part I.

represents the possibility or even the *obligation* of interventions from the larger organisation. Second, I try to explore the implications of why the principle of subsidiarity was brought in, and used for, the European Community or Union notably in the late 1980's and early 1990's. The EC or EU had by then been firmly established; and the growing concerns over the ever-centralised Leviathan in Brussels, it seems to me, led the Europeans both to secure the EU's achievement so far and to simultaneously control the process of European integration. Last, I examine the nature of the European governance in the light of the principle of subsidiarity, suggesting the constitutionalisation of a multi-level governance under the banner of subsidiarity.

II Subsidiarity: Why Important & Malleable?

Towards 1989, the principle of subsidiarity suddenly became fashionable 'Eurolanguage.'[5] At the same time it has been so misunderstood that something inconceivable could happen; as Jean-Pierre Cot, ex-head of the European Parliament's Socialists Group, observed, "ça arrange M. Delors d'être d'accord avec Mme Thatcher sur un malentendu."[6]

Indeed, some warn that this principle is a Trojan horse of Eurofederalists and that it, inevitably, will bring about a over-centralised Leviathan in Brussels[7]. The other says: "Tout homme

---

5) Marie-Pierre Subtil, "Un casse-tête: la répartition des compétences entre la Cammunauté et les Etats membres," *Le Monde,* 22 juin 1990, p. 7.
6) Quoted in ibid.
7) Pedro Schwartz, "Is the Principle of Subsidiarity a Solution?" in François Goguel et al., *A Europe for Europeans* (London: The Bruges

355

est, dés sa naissance et sa nature, appelé à gouverner sa propre personne. C'est pour cette raison que tout autorité extérieure doit rester subsidiaire, ..."[8] Here, the subsidiarity principle takes on a decentralising character.

This confusion in the political world can at least partially be attributed to the poor performance of the academic world on the issue. Firstly, there are surprisingly few books concerning the subsidiarity principle, particularly in English. Secondly, most books on subsidiarity were written in the 1950s or 1960s (mainly in German). In contrast, numerous articles about it have appeared since 1988-1989[9]. Lastly, this contrast is connected with the tendency in which, on the one hand, relatively old reference materials deal only with socio-philosophical or legal aspects, and on the other, recent articles nearly exclusively focus attention upon EU matters. There is little research to bridge this gap[10].

Despite (or probably because of) the conceptual confusion in the political world and the rather poor performance of the academic world concerning the subsidiarity principle, as mentioned above, it

---

Group, 1990), pp. 16-17.

8) Alain Madelin's remarks, quoted in Vincent Lecocq, "Subsidiarité et réforme des institutions europeénnes," *Revue politique et parliamentaire* N. 956 (Novembre-Décembre 1991), p. 45.

9) See a survey article by Andreas Føllesdal, "Subsidiarity", *Journal of Political Philosophy,* 6/2 (1998): 231-259.

10) See Bibliography. Some of the exceptions can be found in Chantal Millon-Delsol, "Le principe de subsidiarité: origines et fondements," *Cahiers de l'Institut La Boetie* N. 4 (avril 1990), pp. 4-11; idem, *L'Etat subsidiaire; Ingérence et non-ingérence de l'Etat: le principe de subsidiarité aux fondements de l'histoire européenne* (Paris: Presses Universitaires de France, 1992); idem, *Le Principe de Subsidiarité* (Paris: Presses Universitaires de France, 1993).

II Subsidiarity: why Important & Malleable?

was written into the Treaty on European Union (TEU) adopted at the end of the Maastricht Summit in December 1991. After referring in the Preamble that "decisions are taken as closely as possible to the citizen in accordance with the principle of subsidiarity," Article 3b reads as follows:

> The Community shall act within the limits of the powers conferred upon it by this Treaty and of the objectives assigned to it therein.
>
> In areas which do not fall within its exclusive competence, the Community shall take action, in accordance with the principle of subsidiarity, only if and in so far as the objectives of the proposed action cannot be sufficiently achieved by the Member States and can, by reason of the acale or effects of the proposed action, be better achieved by the Community.
>
> Any action by the Community shall not go beyond what is necessary to achieve the objectives of this Treaty.

This inclusion in such a circumstance almost unavoidably begs various questions and calls for detailed analyses. Moreover, the principle of subsidiarity has already been taken as a actual guideline of some policies of the Union, as was the case for the Social Charter or the Media Programme. Furthermore, from the Danish rejection of the Maastricht Treaty in June 1992 through the ratification process of the Treaty to the inclusion of a protocol to the Amsterdam Treaty, the principle of subsidiarity became a salient issue in the EU. It must therefore be said that there exists the necessity to investigate this principle.

Is this principle simply convenient for all, and therefore an unprincipled principle? If not, what does it mean? I make a threefold proposition here: 1) Subsidiarity, however fussy it might look, is not necessarily an un-principled principle; 2) the more malleable it looks, the more necessary it is to examine the principle from a historical viewpoint, thus clarifying the direction of confusion at least; 3) we would fail to grasp the scope of subsidiarity, If focusing only on one - say Catholic - origin, not its multiple origins.

III Althusius as a Point of Departure

The Etymology

In Latin, the word 'subsidium' or 'subsidiarius' initially meant something in reserve, or more specifically, reserve troops. Then it was used for the reinforcement or fresh supply of troops. Later it acquired the broader sense of assistance or aid. In this derivation of the word, we already see that the notion of subsidiarity can contain positive connotations, as it envisaged the intervention of forces for the benefit of those in trouble[11].

Althusius

The notion of subsidiarity cannot date exclusively from the Popes' encyclicals of the Catholic Church. The ides is rather a typically European or western thought, and can be traced back to Arstotle and Thomas Aquinas.

It is reasonable however, to also identify Althusius as the first

---

11) Jean-Marie Pontier, "La subsidiarité en droit administratif," *Revue du droit public et de la science politique en France et à l'étranger* (nov-déc. 1986), p. 1516.

III Althusius as a Point of Departure

proponent of subsidiarity and federalism (he uses, in fact, the word of 'subsidia' in the text)[12]. He was a Calvinist theoretician of the laical State at the beginning of the 17th century. As the powerful Syndic of Emden - a city in East Friesland which was one of the first in Germany to embrace the Reformed faith, Althusius found himself in the stormy movement of the Counter-Reformation, and tried to maintain the relative autonomy of his city vis-à-vis its Lutheran provincial Lord and Catholic Emperor In this circumstance, Althusius considerably revised his book *Politica Methodice Digesta* [*Systematic Analysis of Politics*] in 1610 and in 1614, which first appeared in 1603. According to him, "no man is self-sufficient," and therefore, a man is unable to live comfortably, being isolated from society. Men need the assistance or aid of others, and thus establish, cultivate and conserve associations such as family, collegium (e. g. guild/corporation), city, province and the State. Seeking for 'symbiotics' among these associations - that is the essential subjective matter of politics, Althusius picks up a biblical concept of 'foedus' (the alliance or league that originally meant the bond between God and men), and secularised it to apply for associations in this world. This term is the origin of the word 'federalism' as we use it today.

Empirical concerns apart, his chosen theoretical opponent was

---

12) On Althusius, see Patrick Riley, "Three 17th Century German Theories of Federalism: Althusius, Hugo and Leibniz," *Publius: The Journal of Federalism* 6/3 (1976): 7-41; Thomas Hueglin, "Johannes Althusius: Medieval Constitutionalist or Modern Federalist?," *Publius: The Journal of Federalism* 9/4 (1979): 9-41; idem, "New Wine in Old Bottles? Federalism and Nation States," Karen Knop et al. eds., *Rethinking Federalism: Markets, and Governments in a Changing World* (Vancouver: University of British Columbia Press, 1995): 203-223.

Jean Bodin who is known for his theory of sovereignty.

Chapter IX:

(§ 5) ... the members of a realm, or of this universal symbiotic association, ... are many cities, provinces, and regions agreeing among themselves on a single body constituted by mutual union and communication.

(§ 22) ... But by no means can this supreme power be attributed to a king or optimates, as Bodin most ardently endeavors to defend. Rather it is to be attributed rightfully only to the body of a universal association, namely to a commonwealth or realm, and as belonging to it.

(§ 23) ... Whence it is shown that the king does not have a supreme and perpetual power above the law, and consequently neither are the rights of sovereignty his own property, although he may have the administration and exercise of them by concession from the associated body[13].

Thus Althusius opposed Bodin's idea of sovereignty as the property of King. With his obvious sympathies laying with quasi-independent cities and Estates General, he maintained that sovereignty belongs collectively to the constituent cities and provinces. With this quasi-democratic interpretation of the Holy Empire, he tried to secure the autonomy of those associations, excluding unnecessary interference from more powerful associations.

Here, I wish to emphasise the two faces of Althusius. On the

---

13) Johannes Althusius, *Politica*, trans. by Frederick S. Carney (Indianapolis: Liberty Fund, 1995): 67-73.

one hand, he aspired to harmonise the graduated social order, namely amongst the levels of families, guilds, cities, provinces, and the empire. His *Weltanshauung* was strongly coloured by a consociational and corporatistic conception. He was the theorist who first conceptualised the consociational political systems; indeed, his ideal in politics was to 'consociandi' men, as seen at the beginning of his *Politica*:

> Politics is the art of associating (consociandi) men for the purpose of establishing, cultivating, and conserving social life among them. Whence it is called "symbiotics." The subject matter of politics is therefore association (consociatio), in which the symbiotes pledge themselves each to the other, by explicit or tracit agreement, to mutual communication of whatever is useful and necessary for the harmonious exercise of social life.
>
> The end of political "symbiotic" man is holy, just, comfortable, and happy symbiosis, a life lacking nothing either necessary or useful. Truly, in living this life no man is self-sufficient, or adequately endowed in nature. ... Nor in his adulthood is he able to obtain in and by himself those outward goods he needs for a comfortable and holy life, or to provide [or support, subsidia] by his own energies all the requirements of life[14].

On the other hand, Althusius evidently wished to protect the

---

14) Carl Joahim Freidrich, *Politica Methodica Digesta of Johannes Althusius* (Cambridge: Harvard University Press, 1932), p. 15. The English translation can also be found in Frederick S. Carney, *The Politics of Johannes Althusius* (London: Eyre & Spottiswoose, 1965), p. 12.

autonomy of his city, Emden - the stronghold of the Reformist Church. Power in this context must be reserved at the lowest possible level, rejecting unnecessary interference from the upper echelons. One could easily imagine the often violent circumstances of Counter-Reformation, under which he wrote his *Politica*. Another source of this his democratic credentials comes from his earnest learning of Monarchomachi Thought, which he encountered in Geneve and elsewhere.

His book aimed at protecting the local autonomy in an interdependent and mutually respectful world. It is better to bear in mind that Emden was one of the most prosperous trade centres at that time. His dual aim, and two-face character, embodied in the idea of subsidiarity, thus derived from the double necessity of preserving religious and local autonomy in a symbiotically graduated world. From here, two currents of the idea of subsidiarity flow: negative and positive.

IV The Liberal Current

By 'liberal' what is meant here is the tendency which favours the reservation of power at the lowest possible level or unit, including individuals ultimately. Let us trace this liberal current in the following section.

The Synod held in Emden in 1571 - before Althusius took the power of the city - symbolises a nagative notion of subsidiarity to regulate the relationship between several levels of synods.

> Provinzial - und Generalsynoden soll man nicht Fragen vorlegen, die schon frühler behandlt und gemeidsam entschieden worden sind, ... und zwar soll nur das aufgeschrie-

ben werden, was in den Sitzungen der Konsistorien und der Classicalversammlungen nicht entschieden werden konnte oder was alle gemeinden der Provinz angeht[15].

This pointed to a formula in which decisions should be made at the lowest possible level; the Provincial or General Synod could not take decision in the areas where the community synods had taken decision, or could take decision only if the latter could not decide or if the questions under consideration concerned all the parishes.

The negative notion of subsidiarity can be found in liberal thinkers at the later periods as well. During almost the same period as that of Althusius, J. Locke argued that governmental power ought to be restricted to those instances where the people could not solve their own problems. With some influence of Calvinism, it might be possible to read Locke in relation to subsidiarity, despite differences with Althusius especially in a Locke's dichotomic view of society between individuals and government[16].

In the 18th century, Montesquieu already claimed that the State's functions should be secondary and supplementary. W. von Humboldt also gave one of those liberal interpretations in the 19th century. In his argument on the State's role, he maintained that the State should not intervene if individuals possess the means to achieve their goals. Humboldt's idea falls into "negative subsidiar-

---

15) Dieter Perlich, "Die Akten der Synode der niederländischen Gemeinden, die unter dem Kreuz sind und in Deutschland und Ostfriesland verstreut sind," in *1571 Emden Synode 1971* (Neukirchen, 1973), pp. 61-63.

16) For the following paragraphs, see Millon-Delsol, *L'Etat subsidiaire, op. cit.*

ity" since it tries to limit activities of the higher organisation. Some national constitutions followed this liberal stream: the 10th Amendment of the US Constitution and the Article 3 of the Swiss Constitution in 1848 are cases in point. Both of them make it clear that the competencies of the central authority should prove to be exceptions, not the rule, with the power resting with the Canton, the state or the people. US President A. Lincoln left a remark in 1854 that:

The legitimate object of government is to do for a community of people whatever they need to have done but cannot do at all, or cannot so well do for themselves in their separate and individual capacities. In all that people can do individually well for themselves, government ought not to interfere[17].

It is important to quote this passage since it shows a link between the European notion of subsidiarity and the American federalism. In 1861, J. S. Mill also remarked that: "It is but a small part of the public business of a country, which can be well done, or safely attempted, by the central authorities."[18] According to him, implementation of policies set by the central government should be left to the hands of local authorities.

In the context of European integration, this liberal interpretation has prevailed in its appearance, though almost always coupled with the proposed increase of the EU's competence. It was Altiero

---

17) Quoted by Oswald Nell-Breuning, *Baugesetze der Gesellschaft: Solidarität und Subsidiarität* (Freiburg: Herder, 1990), S. 88.

18) John Stuart Mill, *Representative Government* (London: Parker Son and Bourn, 1861), p. 226.

IV The Liberal Current

Spinelli, for instance, the champion of European federalism since the Resistance period, who introduced the principle of subsidiarity in the EU's formal document, when he first led the European Commission to make a contribution report to the Tindemans Report in 1975, and then the European Parliament to adopt the Draft Treaty on European Union in 1984. On these two occasions, he attempted to soothe the fear for a over-centralised Leviathan in Brussels, by stressing the negative aspect of subsidiarity.

In case of Spinelli, the upholding of subsidiarity was partly designed to form coalition with the Christian Democrats in the Parliament, who are more eager to support the principle for the reason I shall state in the following section. It was Ralf Dahrendorf (now Lord Dahrendorf), earlier than Spinelli, who advocated for the principle of subsidiarity, as a 'cri de coeur' rather than as a calculated political act of a Spinellian mould. Let us quote his controversial article in *Die Zeit* in 1971:

> Not everything in Europe is lovely because it happens to be European. A European Europe is also a much differentiated, colourful, multiple Europe. It is a Europe in which those matters are dealt with and regulated in common which could perhaps only be sensibly dealt with in this way. The transition from the First to the Second Europe demands a move away from the dogma of harminisation towards the principle of subsidiarity[19].

As a then Commissioner in Brussels, he was alerted by the

---

19) Quoted (with some minor revisions) from Micheal Hodges ed., *European Integration: Selected Readings* (Harmondsworth: Penguin, 1972), p. 82.

scope and depth of the bureaucratisation of the Commission, especially in the field of CAP (Common Agricultural Policy). This First, over-bureaucratised Europe should, in his eyes, give way to the Second one of differentiation, in line with the principle of subsidiarity. Hereby we could trace the liberal current of the idea. And let me add that the criticism against Brussels, unleashed after the Danish rejection of Maastricht in 1992, markedly showed the resilience of this negative version of subsidiarity.

V The Personalistic and Corporatistic Current

The social-conscious Catholics began to acquire the notion of subsidiarity in the 19th century, and later came to occupy the main seat in the subsidiarity discussions. A personalist and federalist J. Proudhon argued clearly in favour of subsidiarity, when he wrote:

> Tous ce que peut exécuter l'individu, en se soumettant à la loi de justice, sera donc laissé à l'individualité; tout ce qui dépasse la capacité d'une personne sera dans les attributions de la collectivité[20].

I do not believe we have enough space here, to reflect fully on such a complex thinker as Proudhon, whose views were coloured by his deep-rooted Catholicism, despite his hatred vis-à-vis the established Catholic Church. He is the founder of a still significant current of socialist thinking, the integral federalism. Here, each

---

20) P. J. Proudhon, *De la capacité politique des classes ouvrièes, Oeuvres complètes III* (Paris: M. Rivière, 1924), p. 213.

V The Personalistic and Corporatistic Current

echelon or segment of the entire society has to play its proper role, so that the society in its entirety can be harmonised and that each person can fully develop his/her own potential. Emanuel Mounier, Denis de Rougemont and Alexandre Marc are the followers in one sense or another of Proudhon, and Jacques Delors, a social Catholic, is the prominent practitioner of our age[21].

Social Catholic thinkers like W. von Kettler and L. Tapprelli became aware of social problems caused by the Industrial Revolution[22]. In order to solve these problems, they urged the higher entity to assist the weakest in society, thereby championing 'positive subsidiarity'. Influenced notably by Ketter's idea of 'le droit subsidiaire', as we shall soon discuss in detail, the Pontiff Leo XIII will issue an encyclical 'Rerum Novarum' in 1891, which officially committed the Church into social reforms and which admitted that the State should play a role in the social field, though not without limitations to its role.

The Making of a Principle

It is nevertheless equally true that, it was the Catholic Church who established the notion of subsidiarity as an important 'principle'. Perhaps more importantly, the Church has made deliberate efforts to systematise the principle of subsidiarity. This fact makes it necessary to investigate specifically the context in which the Church elaborated the principle of subsidiarity and the world view

---

21) Ken Endo, "What is 'Delorism'? The Convictions of Jacques Delors," Katholieke Universiteit Leuven, Leuven, August 1992 (unpublished); idem., *The Presidency of the European Commission under Jacques Delor: The politics of Shared Leadership* (Basingstoke: Macmillan, 1999).

22) See with this regard, the books by Mme Chantal-Delsol, *op. cit.*

that the Church expected to see with the introduction of this principle.

In May 1891, Pope Leo XIII issued an encyclical 'Rerum Novarum' to all the Bishops. This encyclical turned out to be a monumental landmark in the official teachings of the Catholic Church, with which the Church started to commit itself to social problems. In the document, Leo condemned, for the first time in Church history, the capitalistic exploitation of the poor, just as harshly as the socialists did. This must be seen as a radical change of stance, especially in the view that the 19th century was the age of Catholic fundamentalism when most of the Popes, notably Pope Gregory XVI of the mid-19th century, averted their eyes from the problems of political, economic or social modernisation.

In relation to the subsidiarity principle, it is important to note that 'Rerum Novarum' cleared the way for the State to protect the workers. This meant that the Church officially allowed the State to intervene in the social field where the Church had found itself as the main actor. The Vatican, however, was cautious of the resulting over-expansion of State power. In fact, the Church, hereafter, sought for a way to counterbalance it. One can find this attempt even in the Leo's encyclical. Take, for example, the paragraphs 35, 36 and 55:

⟨Para. 35⟩
We have said that the State must not absorb the individual or the family; both should be allowed free and untrammeled action so far as is consistent with the common good and the interest of others.
⟨Para. 36⟩

> The limits must be determined by the nature of the occasion which calls for the law's interference - the principle being that the law must not undertake more, nor proceed further, than is required for the remedy of the evil or the removal of the mischief.
> 〈Para. 55〉
> ... The State should watch over these societies of citizens banded together in accordance with their rights, but it should not thrust itself into their peculiar concerns and their organisation, ...[23]

It is clear that he intended to limit the sphere of State intervention in societal - especially family - activities. Probably, for a Pope towards the end of 19th century, memories of anticlericalism were too vivid to ignore the dangers of excessive State power. Whatever his reasoning, we can interpret his remarks as being an embryo of the negative notion of subsidiarity, since they represent the limitation of the activities of the higher organisation.

However, Leo's starting point and priority concerned the duty of the State to protect the workers' dignity, as can be seen in the following quotation:

> It would be irrational to neglect one portion of the citizens and favor another, and therefore the public administration must duly and solicitously provide for the welfare and the comfort of the working class. ... Whenever the general interest or any particular class suffers, or is threatened with

---

23) "Rerum Novarum: Encyclical of Pope Leo XIII on Capital and Labor, May 15, 1891," *in The Popal Encyclicals 1903-1939* (Raleigh: McGrath Publishing Company, 1981), paras. 35, 36, 55.

harm, which can in no other way be met or prevented, the public authority must step in to deal with it[24].

Thus he repeatedly emphasised the necessity of public intervention in favour of the workers, who "have no resources of their own to fall back upon and must chiefly depend upon the assistant of the State."[25] This brought, as was said before, a breakthrough in the Vatican's position in that the Church made legitimate the State's intervention in social affairs. In this instance, Leo is affirming positive subsidiarity which admits the obligation of the higher organisation. Here, we can already have a glimpse of the two conflicting ideas of subsidiarity: the negative and the positive, with an inclination to the latter.

The principle of subsidiarity acquired its first explicit formula in 1931 when Pope Pius XI made an address entitled 'Quadragesimo Anno.' Before turning to its content, a few remarks should be made concerning the background and context of this encyclical.

First of all, as the title of the encyclical tells us, the address was made on the occasion of the forty years' celebration of Leo's 'Rerum Novarum.' During this period, the Church had, if not always, attempted to secure an autonomous sphere for the intermediate corps of civil society, while admitting the State's role in the field of social questions. Pius XI's 'Quadragesimo Anno' can be understood as a development in the internal thinking in the Church.

Secondly, Pius' reign was characterised by rising Totalitarianism where the State apparatus tried to penetrate every piece of Society.

---

24) Para. 33 and 36, respectively. See Pope's "Rerum Novarum," *op. cit.*
25) Para. 37, ibid.

V The Personalistic and Corporatistic Current

Against this background, the 'Quadragesimo Anno' expressed growing scepticism about the excessive State control over Society, although the relationship between the Catholic Church under Pius XI and the Fascist or Nazis regime was not simplistic during the inter-war period[26].

Bearing these contexts in mind, it would be useful to quote the first expression of the subsidiarity principle:

⟨ Para. 79 ⟩

... that most weighty principle, which cannot be set aside or changed, remains fixed and unshaken in social phi-

---

26) We should distinguish between the State corporatism of Mussolini or of Salazar which in fact concentrates the power on the State or on one party, and, so to speak, the societal corporatism of Popacy, which tries to retain the autonomy of social groups. Moreover, due to these differences, Pope Pius XI was sceptical towards the Italian Fascist Government, although he might have chosen this regime, if he would have been forced to choose between Fascism and Communism. His scepticism towards Fascism is seen in the following quotation:

> We must be compelled to say that ... there are not wanting some who fear that the State, instead of confining itself as it ought to the furnishing of necessary and adequate assistance, is substituting itself for free activity; that the new syndical and corporative order savors too much of an involved and political system of administration; and that ... it rather serves particular political ends than leads to the reconstruction and promotion of a better social order.

For the quotation and explanation, see Richard L. Camp, *The Popal Ideology of Social Reform: A Study in Historical Development 1878-1967* (Leiden: E. J. Brill, 1969), pp. 148-149, and p. 18. Cf. Andrew Adonis and Andrew Tyrie, *Subsidiarity - as history and policy* (London: Institute of Economic Affairs, 1990).

losophy: Just as it is gravely wrong to take from individuals what they can accomplish by their own initiative and industry and give it to the community, so also it is injustice and at the same time a great evil and disturbance of right order to assign to a greater and higher association what lesser and subordinate organizations can do. For every social activity ought of its very nature to furnish help to the members of the body social, and never destroy and absorb them.

⟨Para. 80⟩

The supreme authority of the State ought, therefore, to let subordinate groups handle matters and concern of lesser importance, which would otherwise dissipate its efforts greatly. Thereby the State will more freely, powerfully, and effectively do all those things that belong to it alone because it alone can do them: directing, watching, urging, restraining, as occasion requires and necessity demands. Therefore those in power should be sure that the more perfectly a graduated order is kept among the various associations, in observance of the principle of "subsidiary function," the stronger social authority and effectiveness will be the happier and more prosperous the condition of the State[27].

This is the birth of 'the principle of subsidiary function' (in German translation 'das Prinzip der Subsidiarität'). What is immediately apparent from this extract is that this time the Church's

---

27) Pius XI, "Quadragesimo Anno: Encyclical of Pope Pius XI on Reconstruction of the Social Order, May 15, 1931" in *The Popal Encyclicals*, *op. cit.*, paras. 79-80. Our underlines.

V The Personalistic and Corporatistic Current

main intention was to restrict the State's interference rather than to emphasise the State duty. Following the formula above, the higher organisation cannot be assigned the tasks which the smaller entities can carry out by themselves, just as the community cannot take away from the individual what he or she can accomplish. This 'most weighty principle,' 'cannot be set aside or changed,' and 'remains fixed and unshaken in social philosophy.' With this limitation on the activities of the higher organisation, we can say, that the principle of subsidiarity took on a negative character.

Nevertheless, one should not overlook the elements of positive subsidiarity, i. e. the emphasis on the duty of State intervention, in the 'Quadragesimo Anno.' Indeed, Pius XI fully agreed with Leo XIII in that the State had obligations in the field of social reforms, and he urged the State to put into effect what was called in the 'Rerum Novarum.' His concern over social questions is best expressed in his criticism towards capitalistic Liberalism:

> Free competition, kept within definite and due limits, and still more economic dictatorship, must be effectively brought under public authority ... The public institutions themselves, of people, moreover, ought to make all human society conform to the needs of the common good; that is, to the norm of social justice[28].

In this regard, Pius can be seen as a spiritual successor of Leo. Moreover, while the positive aspect of subsidiarity derived from the Church's internal development and thought since Leo, it also came from Pius' conviction that the State had to revive its effi-

---

28) Ibid., para. 78.

ciency and strength through easing its burdens. The classic formulisation of subsidiarity, as quoted above, was preceded by the following description:

> When we speak of the reform of institutions, the State comes chiefly to mind, ... because things have come to such a pass through the evil of what we have termed 'individualism' that, following upon the overthrow and near extinction of that rich social life which was once highly developed through associations of various kinds, there remains virtually only individuals and the State. This is to the great harm of the State itself; for, with a structure of social governance lost, and with the taking over of all the burdens which the wrecked associations once bore, the state has been overwhelmed and crushed by almost infinite tasks and duties.[29]

We are now in a position to say that Pius XI delineated the sphere of State intervention also on the grounds of the State's own interest. By leaving to smaller groups the settlement of minor business, 'the State will more freely, powerfully, and effectively do all those things that belong to it alone'. This can be related to the ideas of many of Christian Churches that, the State is also one of the natural groups which should have its own *raison d'être*. These arguments, as were developed above, show that Pius XI did not forget the State's duty of intervention in Society.

---

29) Ibid., para. 110.

The Human Dignity

Behind the papal doctrine, there is a firm metaphysical conviction on the nature of human being. Let me describe it briefly. According to this conviction, a person is at once created by God and bound by destiny to God. Only man and woman were created with some resemblance to God and destined to immortal lives with God. This nature of the person confers upon him or her a unique and unalienable value which is called dignity. It is for this reason that a person should be fully respected as a free and responsible agent. For example, the Church's protest against capitalistic exploitation of workers at the turn of the last century, was based upon the argument that the workers should not be treated as a commodity but with dignity.

However, this intrinsic dignity will never become concrete and finalised unless a person tries to develop it through interactions with other persons[30]. Therefore, a person needs Society. Encyclicals dealing with the social questions do not usually fail to emphasise this importance of Society. The following serves as an example:

> God has likewise destined man for civil society according to the dictates of his very nature. In the plan of the Creator, society is a natural means which man can and must use to reach his destined end. Society is for man and not vice versa[31].

---

30) See Millon-Delsol, *op. cit.,* pp. 123ff.
31) Pius XI's "On Atheistic Communism," in Rev. John F. Cronin, *Catholic Social Principles: The Social Teaching of the Catholic Church*

In order to reach his/her end, that is, to complete the dignity and to fulfill the potentials given by God, a man or woman has to 'use' Society.

Within the framework of Society, a person ought to fulfill his/her proper responsibility to it. In the process of finding his/her own role, making decisions and taking actions through various kinds of contacts with others, one can develop his/her potentials, and thus point to the full realisation of his/her dignity.

Crucial is that any society should not override a person. Without the sphere of freedom, a person would never be able to think of his/her proper tasks nor to initiate actions. With detailed interventions from societies, he/she might not dare to take action. These situations would impede a person to blossom fully. Therefore, if he or she can fulfill his/her own goals, any society should not intervene into details, and, borrowing Pius XI's words, "it is gravely wrong to take from individuals what they can accomplish by their own initiative and industry and give it to the community" (as quoted above). Needless to say, this is the negative concept of subsidiarity.

Nevertheless, all societies exist for each person, thus for the realisation of his/her dignity. If the person can develop his/her own possibilities, any society does not have to interfere his/her own business, as was seen above. Yet, if, on the contrary, he or she cannot attain his/her goals alone, various levels of societies have an obligation to assist the person. Here is the *raison d'être* of Society. The Church expected societies to help those who lacked the means or ways to attain their goals. Here, we can have a look at the positive notion of subsidiarity.

Applied to American Economic Life, 3rd Print (Milwaukee: The Bruce Publishing Company, 1952), p. 67.

Thus the idea of dignity is deeply imbued with that of subsidiarity. On the one hand, an upper organisation should leave the sphere of freedom to each person. Only within this sphere and through interactions with others, one can develop his/her full potentials. On the other hand, the society has to assist him/her when in trouble. In either of the cases, societies are necessary for the development of any person, therefore for the 'concretisation' of human dignity. This is why the Catholics can defend both the positive and negative concepts of subsidiarity.

VI Subsidiarity in the Context of EU Politics

The principle of subsidiarity always comes to the fore when the political system experiences, or attempts at, centralisation. Its use in EU politics is no exception.

When the late Altiero Spinelli, then a Commissioner, first introduced the concept in the EEC Commission's contribution report to the Tindemans Report in 1975, that was accompanied by his radical proposals for strengthening the Community. It was more or less the same case with the 1984 Draft Treaty on European Union by the European Parliament, which was inspired by Spinelli once more.

Apart from Valéry Giscard d'Estaing who made a major report on the sujbect in the EP, it was Jacques Delors who came out as a champion of subsidiarity, or 'M. subsidiarité', in the late 1980s. When he set out the date of 1992 in his inaugural speech in 1985, he mentioned this principle of subsidiairity. When he chaired the committee of central bankers whose report was later named as the Delors Report on EMU, he explicitly referred to the principle once more. Important to note is that, with the 1992 boom starting to attract attentions, inside or outside of Europe, Delors felt it necessary to allay the fear for over-centralisation in Brussels. It was presumably triggered in part by Länder. They expressed their concern in a meeting with Delors in Bonn in May 1988 that they lost control over legislative decisions taken in Brussels by their federal government.

The Maastricht Treat and the successive Treaty of Amsterdam, which enshrined the detailed provisions for implementing subsidiarity, elevated the principle of subsidiarity to one with a constitutional status. This is not to suggest that the EU has become a federal State with a fully-fledged written constitution. It is still based upon a series of treaties, not a constitution, the posture which one perhaps does not need to change. What is suggested here is that, so far as subsidiarity appears into the EU treaties, it presupposes some well-justified intervention from the larger organisation, i. e. the EU, into the member-states' affairs. The overall structure of European governance distinctly shows a multi-level or at least two-level character, which the upholding of the subsidiarity principle embodies. Before, European integration proceeded by stealth, most of its activities being impinged - and to some extent legitimised - on their functional achievement. Now, its entire structure is governed, or at least supported, by this principle. The constitutionalisation of a multi-level governance is thus signaled by the rise of the principle of subsidiarity.

Having said that, the question looks increasingly like how to use this principle for the sake of their own levels. Regions, member states and indeed the EU all try to interpret it in their favour. Even Margaret Thatcher tried to use it for her favourite sports of Brussels' bashing. Länder are as keen as ever in advocating the strict implementation of the principle.

Delors became a central figure upholding the principle of subsidiarity, in the heated debate over the Maastricht Treaty, especially after the Danish referendum in 1992. Delors made full use of the negative side of subsidiarity in the process, promising to return some of the competences to the member states.

I could go on to tell on these debates within the context of EU politics, but stops here for the sake of space constraint[32]. The point here is that while defending the further strengthening of the EU, the principle has been in use to assuage the fear for its overcentralisation. Yet, so far as subsidiarity is in use as the principle governing European Community or Union, it presupposes the just and necessary interference from Brussels. That almost everybody tries to use it in his or her favour strengthens, rather than weakens, the multi-level governance. The introduction of subsidiarity into EU politics means both the securing of the EU's achievement so far and the simultaneous control of the process of European integration.

VII Conclusions: Some Implications for the EU's Governance

Having shown the two main interpretative currents of the idea of subsidiarity and its developments in the EU context, we can go on to conclude and to reflect on the implications.

1 A grand-coalition under the banner of subsidiarity

It is better not to underestimate the width of support to the principle of subsidiarity. The Liberals, Catholics and even Social-

---

32) See Ken Endo, "Principle of Subsidiarity," *Hokkaido Law Review, op. cit.*, Part III for a fuller account.

ists of a Proudhonian flavour all are keen to uphold this principle. It is a sort of grand-coalition, which brought about the enshrining of subsidiarity into the Treaties at Maastricht.

2 Not an unprincipled principle

However malleable it may look, the principle of subsidiarity points to a set of certain norms. If one looks at the limits of its permissiveness, it is obvious that the excessive centralisation at any level, be it the State or the EU, cannot be tolerated under this principle.

Thatcher, for instance, wished to utilise the idea of subsidiarity, yet at some point (certainly by the time when she wrote the second volume of her Memoirs) she realised that she cannot command the interpretation only to justify the State's power. On the other hand, the militant segments of post-Spinelli Euro-federalists dislike the idea of subsidiarity, for the opposite reason: it would prevent the EU from acquiring further competence easily. The excessiveness of both the EU's and State's power is likely to be punished by the principle of subsidiarity. This is why we still can call subsidiarity a principle.

3 The significance and limit of subsidiarity

The power of subsidiarity derives from the width of coalition for the principle in the EU. Yet, the democracy in one country, or a national democracy, coupled with populism, is likely to curb that power of subsidiarity, possibly to a subversive extent.

This is because the popular sovereignty can blow up the problematic of subsidiarity itself. The former gives any decision only of one unit or at one level an unresistable legitimacy, and contradicts the principle of subsidiarity coordinating, harmonising and ul-

VII Conclusions: Some Implications for the EU's Governance

timately legitimising the multi-level decision-making system, which does not give supremacy to any level. If this and that decision of one unit is 'über alles', subsidiarity does not have a word in the discourse.

The idea of subsidiarity frames and empowers the de facto multi-level governance, the idea relativising the Nation-State as the only public body and sphere, transcending the state-centric conception of constitution, mitigating the exclusive and absolute nature of one and indivisible people. Nothing is absolutely sovereign in the world of subsidiarity. Yet, it can only mitigate, not quite replace, the powerful principle of popular sovereignty in each nation. If one separatist nation says: 'let us get out,' subsidiarity which focuses on which level should or should not intervene in which level and to which extent, loses its relevance. Here are both the significance and the limit of subsidiarity[33].

---

33) For a much more detailed discussion on the last point of sovereignty vs subsidiarity, see Ken Endo, "Subsidiarity and Its Enemies: To What Extent Is Sovereignty Contested in the Mixed Commonwealth of Europe," *EUI Working Paper,* RSC No. 2001/24, European Forum Series, European University Institute, July 2001.

Select Bibliography: Subsidiarity

Althusius, Johannes. Politica: Politics Methodically Set Forth and Illustrated with Sacred and Profane Examples. Translated by Frederick S. Carney. Indianapolis: Liberty Fund, 1995.

Bancal, Jean. Proudhon - pluralisme et autogestion. Tome 1: Let fondements, Tome 2: Les Rélisations. Paris: Aubier-Montaigne, 1970.

Barker, Ernest. Principles of social & political theory. Oxford: Clarendon Press, 1951.

Barker, Ernest. Reflections on government. London: Oxford University Press, 1967 [1942].

Bermann, Georeg A. Taking Subsidiarity Seriously: Federalism in the European Community and the United States. Columbia Law Review 94 (2 1994): 331-456.

Burgess, Michael and Alain-G. Gagnon, ed(s). Comparative Federalism and Federation: Competing Tradition and Future Directions. New York: Harvester Wheatsheaf, 1993.

Cass, Deborah Z., "The word that saves Maarstricht? The principle of subsidiarity and the division of powers within the European Community." Common Market Law Review 29 (1992), pp. 1107ff.

Calame, Christophe, ed(s). Écrits sur l'Europe. Oeuvres complèes de Denis de Rougemont ed., Vol. 1. Paris: Éitions de La Difféence, 1994.

Dahrendorf, Ralf. Wieland Europa. Die Zeit, 9 Juli 1971.

de Rougement, Denis. Lettre ouverte aux européens. Paris: Albin Michel, 1970.

Delors, Jacques. The Principle of Subsidiarity: Contribution to the Debate. In Subsidiarity: The Challenge of Change in Maastricht, edited by European Institute of Public Administration, European Institute of Public Aministration, 7-18, 1991.

Endo, Ken. The Presidency of the European Commission under Jacques Delors: The Politics of Shared Leadership. Basingstoke: Macmillan, 1999.

Endo, Ken. The Art of Retreat: A Use of Subsidiarity by Jacques Delors 1992-93. Hokkaido Law Review XLVIII (6 1998): 1684-1700.

Endo, Ken. The Principle of Subsidiarity: From Johannes Althusius to Jacques Delors. Hokkaido Law Review, XLIV (6 1994): 553-652.

Select Bibliography: Subsidiarity

Endo, Ken. What is 'Delorism'? The Convictions of Jacques Delors, Katholieke Universiteit Leuven, Leuven, August 1992 (unpublished).

Figgis, Jon Neville. Churches in the Modern State. 2nd edn., London: Longmans, 1914.

Føllesdal, Andreas. 'Subsidiarity', Journal of Political Philosophy, 6/2 (1998): 231-259.

Foote, Geoffrey. The Labour Party's Political Thought: A History. 3rd edn., Basingstock: Macmillan, 1997.

Forsyth, Murray. Unions of States: The Theory and Practice of Confederation. Leicester: Leicester University Press, 1981.

Genosko, Joachim. Der wechselnde Einfluß des Subsidiaritätsprinzip auf die wirtschafts- und sozialpolitische Praxis in der Bundesrepublik Deutschland. Jarhbücher für Nationalökonomie und Statistik 201 (4 1986): 404-21.

Gierke, Otto von. Political Theories of the Middle Age. Translated by Frederic William Maitland. Cambridge: Cambridge University Press, 1900.

Gierke, Otto von. Natural law and the theory of society, 1500-1800. Translated by Ernest Barker. Cambridge: The University Press, 1950 [1934].

Gierke, Otto von. The Development of Political Theory. Translated by Bernard Freyd. New York: Howard Fertig, 1966 [1880].

Gowan, Peter and Perry Anderson, ed(s). The Question of Europe. London: Verso, 1997.

Hirst, Paul Q., ed(s). The Pluralist Theory of the State: Selected Writings of G. D. H. Cole, J. N. Figgis, and H. J. Laski. London: Routledge, 1989.

Hodges, Micheal, ed(s). European Integration: Selected Readings. Harmondsworth: Penguin, 1972.

Hoetjès, Bernard J. S. The European Tradition of Federalism: The Protestant Dimension. In Comparative Federalism and Federation: Competing Traditions and Future Directions, ed(s). Michael Burgess and Alain-G. Gagnon. 117-137. New York: Harvester Wheatsheaf, 1993.

Hueglin, Thomas. Johannes Althusius: Medieval Constitutionalist or Modern Federalist? Publius: The Journal of Federalism 9 (4 1979): 9-41.

Hueglin, Thomas. New Wine in Old Bottles? Federalism and Nation States in the Twenty-First Century: A Conceptual Overview. In Rethinking Federalism: Citizens, Markets, and Governments in a Changing World, ed(s). Karen Knop, Sylvia Ostry, Richard Simeon, and Katherine Swinton. 203-223. Vancouver: University of British Columbia Press, 1995.

Israel, Jonathan. The Dutch Republic: Its Rise, Greatness, and Fall, 1477-1806. Oxford: Clarendon Press, 1995.

Otto Kimminich, Otto. Subsidiarituuät und Democratie. Patmos Verlag Düsseldorf, 1981.

Lamberts, Emiel, ed(s). Christian democracy in the European Union, 1945/ 1995: proceedings of the Leuven Colloquium, 15-18 November 1995. Leuven: Leuven University Press, 1997.

Laski, Harold. Collected works of Harold Laski. ed. Paul Hirst. London: Routledge, 1997.

Laski, Harold J. The Foundations of sovereignty, and other essays. New York: Harcourt, 1921.

Laski, Harold J. A grammar of politics. London: George Allen & Unwin, 1925.

Lessnoff, Michael, ed(s). Social contract theory. Oxford: Basil Blackwell, 1990.

Levi, Lucio, ed(s). Altiero Spinelli and Federalism in Europe and the World. Milano: Franco Angeli Libri, 1990.

Lichtheim, George. A Short History of Socialism. Glasgow: Fontana/Collins, 1970.

Lijphart, Arend. Consociation and Federation: Conceptual and Empirical Links. Canadian Journal of Political Science 12 (3 1979): 499-515.

Lomberg, Elwin, ed(s). 1571 Emder Synode 1971. n. p.: Neukirchner Verlag, 1973.

Lomberg, Elwin. Ursachen, Vorgeschichte, Verlauf und Auswirkungen der Emder Synode von 1571. In 1571 Emder Synode 1971, ed(s). Elwin Lomberg. 7-35. n. p.: Neukirchner Verlag, 1973.

Lyttelton, Adrian. The Seizure of Power: Fascism in Italy 1919-1929. London: Weidenfeld and Nicolson, 1987 [1973].

Mackenzie-Stuart, Lord. "Subsidiarity - A Busted Flush?" in Curtin and O'Keefe eds., Constitutional Adjudication in European Community and National Law (Ireland: Butterworth, 1992), pp. 19-24.

Maier, Hans. L'Église et la Démocratie: Une histoire de l'Europe politique

[Revolution und Kirche]. Translated by Schobinger von Schowingen. Paris: Criterion, 1992 [1959].

Maritain, Jacques et Raïssa. Oeuvres complètes. Paris: Editions Saint-Paul, 1982-.

Martin, Kingsley. Harold Laski: A Biography. London: Jonathan Cape, 1969.

MacCormick, Neil. Democracy, Subsidiarity, and Citizenship in the 'European Commonwealth'. *Law and Philosophy* 16 (1997): 331-356.

MacCormick, Neil. Liberalism, Nationalism and the Post-sovereign State. *Political Studies* XLIV (1996): 553-567.

MacCormick, Neil. Sovereignty, Myth and Reality. In Towards Universal Law: Trends in National European and International Lawmaking, ed(s). N. Jareborg. 227-48. 1995.

McGrath, Alister E. Reformation Thought: An Introduction. 2nd edn., Oxford: Blackwell, 1993 [1988].

Millon-Delsol, Chantal. L'État subsidiaire. Ingérence et non-ingérence de l'État: le principe de subsidiarité aux fondements de l'histoire européenne. Paris: Presses Universitaires de France, 1992.

Millon-Delsol, Chantal. Le principe de subsidiarité. Que sais-je (N 2793), Paris: Presses Universitaires de France, 1993.

Mounier, Emmanuel. Oeuvres. Paris: Éitions du Seuil, 1961-63.

Nell-Breuning, Oswald. Baugesetze der Gesellschaft: Solidarität und Subsidiarität. Freiburg: Herder, 1990.

Neunreither, Karlheinz. "Subsidiarity as a Guiding Principle for the European Community Activities," Government and Opposition (Spring 1993): 206-220.

O'Donovan, Joan Lockwood. Subsidiarity and Political Authority in the Theological Perspective. Studies in Christian Ethics 6 (1 1992): 16-33.

Onuf, Nicholas Greewood. The Republican Legacy in International Thought. Cambridge: Cambridge University Press, 1998.

Perlich, Dieter. Die Akten der Emder Synode von 1571. In 1571 Emder Synode 1971, ed(s). Elwin Lomberg. 49-66. n. p.: Neukirchner Verlag, 1973.

Pettegree, Andrew. Emden and the Dutch Revolt: Exile and the Development of Reformed Protestantism. Oxford: Clarendon Press, 1992.

Pontier, Jean-Marie. "La subsidiarité en droit administratif." Revue du droit public et de la science politique en France et à l'étranger (novembre-décembre 1986): pp. 1515-1538.

Proudhon, Pierre-Joseph. Oeuvres complètes. ed. C. Bouglé and H. Moysset. Genève-Paris: Slatkine, 1982.

Riley, Patrick. Three 17th Century German Theories of Federalism: Althusius, Hugo and Leibniz. Publius: The Journal of Federalism 6 (3 1976): 7-41.

Schmitt, Carl. Positionen und Begriffe: im Kampf mit Weimar-Genf-Versailles, 1923-1939. Berlin: Duncker & Humblot, 1994 [1940].

Schmitt, Carl. Staatsethik und pluralistischer Staat (1930). In Positionen und Begriffe: im Kampf mit Weimar-Genf-Versailles, 1923-1939, 151-165. Berlin: Duncker & Humblot, 1994 [1940].

Stadler, Hans. Subsidiaritätsprinzip und Föderalismus. Freiburg: Universitätbuchhandlung, 1951.

Thatcher, Margaret. The Path to Power. London: HarperCollins, 1995.

Weiler, J. H. H. The Constitution of Europe: "Do the new clothes have an emperor?" and other essays on European integration. Cambridge: Cambridge University Press, 1999.

Weiler, J. H. H. Demos, Telos, Ethos and the Maastricht Decision. In The Question of Europe, ed(s). Peter Gowan and Perry Anderson. 265-294. London: Verso, 1997.

Wilke, Marc and Helen Wallace. Subsidiarity: Approaches to Power-sharing in the European Community. Discussion Paper (No. 27), London: RIIA, 1990.

Wright, A. W. G. D. H. Cole and Socialist Democracy. Oxford: Clarendon Press, 1979.

Lebenslauf und beruflicher Werdegang (Übersicht)

Persönliche Daten:

21. 1. 1935	geboren in Berlin als erstes Kind des Kammergerichtsrats Konrad Ress und seiner Ehefrau Gertrud, geb. Morawietz
1955	Abitur in Berlin
1955-1959	Studium der Rechtswissenschaft und der Volkswirtschaftslehre an der Freien Universität Berlin
1956	Studienaufenthalt in Frankreich (Grenoble)
1959	Erstes juristisches Staatsexamen
1959-1962	Studium der Staatswissenschaften an der Universität Wien
seit 1965	verheiratet mit Franziska Ulrike, geb. Hammerstein-Equord; drei Kinder (1966, 1967, 1970)

Akademische Laufbahn:

1963	Promotion zum Dr. rer. pol. an der Universität Wien (Note: ausgezeichnet)
1960-1964	Referendarausbildung in Berlin und Bayern
1964	Assessorexamen in Berlin
1964-1966	Wissenschaftlicher Assistent am Institut für höhere Studien und wissenschaftliche Forschung in Wien (Institute for Advanced Studies der Ford Foundation)
1966	Teilnahme am Sommerkurs der Universitäten Leiden/Amsterdam/Columbia über amerikanisches Recht
1965-1967	Lehrbeauftragter der Diplomatischen Akademie Wien für das Fach: Recht der Europäischen Gemeinschaften
1966-1976	Referent am Max-Planck-Institut für ausländisches öffentliches Recht und Völkerrecht, Heidelberg; von 1968-1971 außerdem wissenschaftlicher Assistent an der Universität Heidelberg
1970-1977	Dozent an der Verwaltungs- und Wirtschaftsakademie Baden in Karlsruhe
1972	Promotion zum Dr. iuris utriusque an der Universität Heidelberg (Note: magna cum laude)
1976	Habilitation an der juristischen Fakultät der Universität

Lebenslauf und beruflicher Werdegang (Übersicht)

Heidelberg für die Fächer: Deutsches und ausländisches öffentliches Recht und Völkerrecht mit einer Habilitationsschrift über das Thema: Die Rechtslage Deutschlands nach dem Grundlagenvertrag vom 21. Dezember 1972 (Gutachter: K. Doehring/H. Mosler)

1976-1977 Regierungsdirektor im Justizministerium des Landes Rheinland-Pfalz; gleichzeitig wissenschaftlicher Mitarbeiter am Bundesverfassungsgericht in Karlsruhe (beim Vorsitzenden des 2. Senats W. Zeidler)

1977 Rufe an die Universtät des Saarlandes und die Universität Regensburg

seit 1. 5. 1977 o. Professor an der Universität des Saarlandes (Lehrstuhl für öffentliches Recht, Völker- und Europarecht)

seit 1979 Leiter des Europa-Instituts der Universität des Saarlandes

1980/1981 Rufe an die Hochschule für Verwaltungswissenschaften in Speyer und an die Universität Bonn (abgelehnt).

Tätigkeiten in der akademischen Selbstverwaltung:

Okt. 1979-Sept. 1980 Prodekan des Fachbereichs Rechtswissenschaft der Universität des Saarlandes

Okt. 1970-Sept. 1983 Mitglied der Zentralen Forschungskommission; Vorsitzender des Konzils der Universität des Saarlandes (1980/81); Mitglied des Senats

1986-1988 Erster Vizepräsident der Universität des Saarlandes

Aktivitäten in außeruniversitären Institutionen; Ehrungen und Würdigungen:

seit 1976 Vorstandsmitglied der Deutschen Vereinigung für Internationales Recht (German Branch of the International Law Association - ILA), Stellvertretendes Mitglied des Executive Council der ILA, Mitglied des Committee on International Criminal Law und des Committee on the Recognition and Enforcement of Public Foreign Law der ILA. Teilnahme an den internationalen Konferenzen der ILA 1976 in Madrid, 1978 in Manila, 1980 in Belgrad, 1982 in Montreal, 1984 in Paris, 1986 in Seoul; seit 1988 Berichterstatter im Internationalen Komitee über Staaten-

Lebenslauf und beruflicher Werdegang (Übersicht)

	immunität (Berichte 1988 in Warschau, 1990 in Queensland/Australien und 1992 in Kairo)
von 1980-1987	Stellvertretendes Mitglied des Verfassungsgerichtshofs des Saarlandes
von 1980-1988	Gewählter Fachgutachter der Deutschen Forschungsgemeinschaft (Völkerrecht)
seit Nov. 1981	Mitglied des Völkerrechtswissenschaftlichen Beirates des Auswärtigen Amtes, Bonn
1982	Kürzerer Forschungsaufenthalt an den Universitäten Cambridge, Oxford und Exeter
von 1982-1987	Mitglied der deutschen UNESCO-Kommission
von 1984-1991	Vorstandsvorsitzender des Saarbrücker Rechtsforum
Sept.-Dez. 1985	Forschungsaufenthalt an der Universität Edinburgh; Ernennung zum Honorary Fellow der Faculty of Law
1986	Gastprofessur an der Universität Aix-en-Provence
seit 1987	Auswärtiges Mitglied der Finnischen Akademie der Wissenschaften (Societas Scientiarum Fennica), Helsinki
1987	Gastprofessur an den Universitäten Réunion und Mauritius
1989	Gastprofessur an der Universität Paris V
1991	Wahl zum Associé des Institut de Droit International, Genf
1992	Gastprofessur an den Universitäten Aix-en-Provence, Strasbourg und Paris V
März 1992	Verleihung des Titels Doctor iuris honoris causa durch die Juristische Fakultät der Keio Universität, Tokio, Japan
Okt.-Nov. 1992	Forschungsaufenthalt an der Universität Edinburgh
Dezember 1992	Verleihung des Titels Doctor iuris honoris causa durch die Juristische Fakultät der Universität René Descartes, Paris V, Frankreich
Jan.-Febr. 1993	Forschungsaufenthalt an der Universität San Diego/Kalifornien
Juli 1993	Auszeichnung mit dem Großen Goldenen Ehrenzeichen für Verdienste um die Republik Österreich durch den österreichischen Bundespräsidenten

Lebenslauf und beruflicher Werdegang (Übersicht)

Juni 1994	Wahl zum Mitglied der Europäischen Kommission für Menschenrechte in Straßburg
November 1995	Gründung eines Institute für Menschenrechte an der Universität des Saarlandes, Saarbrücken
Januar 1998	Wahl zum Richter am neuen Europäischen Gerichtshof für Menschenrechte in Straßburg (ab 1. Nov. 1998)
Juli 2000	Verleihung des Titels Doctor iuris honoris causa durch die Juristische Fakultät der Universität Edinburgh
Seit 1976	Zahlreiche Gastvorträge vor Universitäten, u. a. in Finnland, Frankreich, Italien, U. S. A., Großbritannien, Österreich, Japan, China, Griechenland, Polen, Südafrika. Besonders intensive Forschungsverbindungen bestehen mit österreichischen, französischen, britischen, finnischen und japanischen Universitäten.

Publikationsliste

(Stand: April 2001)

1. Völkerrecht

a) Bücher (als Autor und/oder Herausgeber)

Staats- und völkerrechtliche Aspekte der Deutschland- und Ostpolitik (Völkerrecht und Außenpolititik, Bd. 9) Athenäum-Verlag, Frankfurt a. M. 1971 (zusammen mit K. Doehring/W. Kewenig).

Die parlamentarische Zustimmungsbedürftigkeit von Verträgen zwischen der Bundesrepublik Deutschland und der Deutschen Demokratischen Republik (Völkerrecht und Außenpolititk, Bd. 10), Athenäum-Verlag, Frankfurt a. M., 1971 (zusammen mit K. Doehring).

Staats- und völkerrechtliche Aspekte der Berlin-Regelung (Völkerrecht und Außenpolitik, Bd. 13) Athenäum-Verlag, Frankfurt a. M., 1972 (zusammen mit K. Doehring).

Die Rechtslage Deutschlands nach dem Grundlagenvertrag vom 21. Dezember 1972 (Beiträge zum ausländischen öffentlichen Recht und Völkerrecht, Bd. 71), Springer-Verlag, Berlin/Heidelberg/New York, 1978.

Deutsche Rechtsprechung in völkerrechtlichen Fragen, Fontes iuris gentium, series A, section II, Band 5, 1961-1965; Springer-Verlag Berlin/Heidelberg/New York, 1978 (zusammen mit A. Bleckmann, K. Doehring, K. Hailbronner, W. Morvay, T. Stein).

Wechselwirkungen zwischen Völkerrecht und Verfassung bei der Auslegung völkerrechtlicher Verträge (Relationship between international public law and constitutional law in the interpretation of international treaties), Berichte der Deutschen Gesellschaft für Völkerrecht, Heft 23, C. F. Müller Verlag, Heidelberg, 1982, S. 7-59 (mit englischer Zusammenfassung). In japanischer Sprache in: Hogaku Kenkyu, Journal of Law, Politics and Sociology, Tokyo, Bd. 56, No. 4/1983, S. 72-94 und No. 5/1983, S. 71-91 (zusammen mit C. Schreuer).

Publikationsliste

Rechtsfragen grenzüberschreitender Umweltbelastungen/Legal questions concerning transnational environmental pollution (Hrsg.: M. Bothe/M. Prieur/G. Ress), 1984.

Verfassungsreform in Südafrika und Verfassungsgebung in Namibia/Südwestafrika (Hrsg.: G. Ress), C. F. Müller Juristischer Verlag, 1986.

Staat und Völkerrechtsordnung, Festschrift für Karl Doehring, (Beiträge zum ausländischen öffentlichen Recht und Völkerrecht, Bd. 98), (Hrsg.: K. Hailbronner/G. Ress/ T. Stein), Springer-Verlag, Berlin/Heidelberg/New York/Tokyo, 1989.

Verfassungsrecht und Völkerrecht, Gedächtnisschrift für W. K. Geck (Hrsg.: W. Fiedler/G. Ress), Carl Heymanns Verlag, Köln/Berlin/Bonn/München, 1989.

Der diplomatische Schutz im Völker- und Europarecht (Hrsg. G. Ress/T. Stein), Schriften des Europa-Instituts der Universität des Saarlandes - Rechtswissenschaft; Bd. 11, Nomos Verlag, Baden-Baden 1996.

Menschenrechte, europäisches Gemeinschaftsrecht und nationales Verfassungsrecht, in: Staat und Recht, Festschrift für Günther Winkler (Hrsg. H. Haller/C. Kopetzki/R. Novak/S. L. Paulson/B. Raschauer/G. Ress/E. Wiederin), Springer - Verlag, Wien/N. Y., S. 897-932, 1997.

b) Artikel

Welthandelskonferenz (UNCTAD), in Staatslexikon, Herder-Verlag, 6. Auflage, Ergänzungsband 3, 1970. S. 669-676.

Einige völkerrechtliche und staatsrechtliche Konsequenzen der Mitgliedschaft der Bundesrepublik Deutschland und der DDR in den Vereinten Nationen und ihren Sonderorganisationen, in: Der Staat, 11. Bd., 1972, S. 29-49.

La disciplina giuridica del traffico in transito fra la Repubblica federale tedesca do Germania e Berlino Ovest, Comunità Internazionale, 1973, S. 41-71.

Die rechtliche Qualität des "Briefes zur deutschen Einheit" im Zusammenhang mit dem Vertrag über die Grundlagen der Beziehungen zwischen der Bundesrepublik und der DDR, in: Der Streit um den Grundvertrag (Hrsg.: E. Cieslar/J. Hambel/F. C. Zeitler), G. Olzog Verlag, München/Wien, 1973, S. 265-280 (zusammen mit K. Doehring).

Das privilegierte rechtliche Regime des Transitverkehrs von und nach West-Berlin, in: Zeitschrift für ausländisches öffentliches Recht und Völkerrecht (ZaöRV), Bd. 34, 1974, S. 133-147.

Überlegungen zur Interpretation des Washingtoner Abkommens zur Verhütung von Atomkriegen vom 22. Juni 1973, in: Zeitschrift für ausländisches öffentliches Recht und Völkerrecht (ZaöRV), Bd. 34, 1974, S. 207-251.

Die Bergung kriegsversenkter Schiffe im Lichte der Rechtslage Deutschlands. Bemerkungen zu einem Urteil des High Court von Singapur vom 24. Oktober 1974, in: Zeitschrift für ausländisches öffentliches Recht und Völkerrecht (ZaöRV), Bd. 35, 1975, S. 364-374.

Die Bedeutung der Rechtsvergleichung für das Recht der internationalen Organisationen, in: Zeitschrift für ausländisches öffentliches Recht und Völkerrecht (ZaöRV), Bd. 36, 1976, S. 227-279.

The Comparative Method and Public International Law, in: Deutsche öffentlichrechtliche Landesberichte zum X. Internationalen Kongreß für Rechtsvergleichung in Budapest (Hrsg.: K. Maldener), J. C. B. Mohr, Tübingen 1978, S. 1-30. Eine ergänzte Fassung dieses Beitrags ist auch erschienen in dem Sammelband von W. E. Butler (ed.): International Law in Comparative Perspective, Sijthoff & Noordhoff, Alphen aan den Rijn; London 1980, S. 49-66) (zusammen mit M. Bothe).

Entwicklungstendenzen der Immunität ausländischer Staaten, in: Zeitschrift für ausländisches öffentliches Recht und Völkerrecht, Bd. 40, 1980, S. 217-275; in japanischer Sprache in:. Hogaku Kenkyu, Journal of Law, Politics and Sociology, Tokyo, Bd. 52, Nr. 8/1979, S. 66-83.

Some Aspects of the Legal Status of Germany after the Conclusion of the Treaty on the Basis of Relations of Dec. 21, 1972, between the two German States, in: Soochow Law Review, Bd. 3, Nr. 1, 1980, S. 38-59.

Le contrôle judiciaire des actes émanants d'un état étranger par le juge allemand, in: International Law and Municipal Law/Droit international et droit interne / Völkerrecht und Landesrecht/Derecho internacional y derecho interno/Deutsch-argentinisches Verfassungsrechtskolloquium, Buenos Aires, April 1979, (Hrsg.: M. Bothe und R. E. Vinuesa (Schriften zum Völkerrecht, Bd. 73), Duncker & Humblot, Berlin 1982, S. 35-50.

Les tendances de l'évolution de l'immunité de l'état étranger, in: ibidem, S. 67-93.

Die Europäische Menschenrechtskonvention und die Vertragsstaaten: Die Wirkungen der Urteile des Europäischen Gerichtshofs für Menschenrechte im innerstaatlichen Recht und vor innerstaatlichen Gerichten, in: Europäischer Menschenrechtsschutz - Schranken und Wirkungen, Verhandlungen des 5. Internationalen Kolloquiums über die Europäische Menschenrechtskonvention (Hrsg.: Irene Maier), C. F. Müller Juristischer Verlag, Heidelberg, 1982, S. 227-287.

Auch in englischer und französischer Sprache erschienen:

- *The European Convention of Human Rights and States Parties: The Legal Effect of the Judgements of the European Court of Human Rights on the International Law and before Domestic Courts of the Contracting States*, in: Proceedings of the Fifth International Colloquy about the European Convention on Human Rights, (ed.: Irene Maier), C. F. Müller Juristischer Verlag, Heidelberg, 1982, S. 209-269.

- *Effets des arrêts de la Cour Européenne des Droits de l'Homme en droit interne et pour les tribunaux nationaux*, in; Actes du cinquième colloque international sur la Convention européenne des droits de l'Homme, éd. par A. Pedone, Paris, 1982, S. 235-313.

Die "Einzelfallbezogenheit" in der Rechtsprechung des Europäischen Gerichtshofs für Menschenrechte, in: Völkerrecht als Rechtsordnung, Internationale Gerichtsbarkeit. Menschenrechte, Festschrift für Hermann Mosler, hrsg. v. R. Bernhardt, W. K. Geck, G. Jaenicke, H. Steinberger (Beiträge zum ausländischen öffentlichen Recht und Völkerrecht, Bd. 81), Springer-Verlag, Berlin/Heidelberg/New York, 1983, S. 719-744.

Die Bedeutung des Friedensvertragsvorbehalts für die Rechtslage Deutschlands und für die Liquidation der I. G. Farben-Industrie, in: Recht, Wirtschaft, Politik im geteilten Deutschland, Festschrift für Siegfried Mampel (Hrsg.: G. Ziegler), 1983, S. 611-633.

Die zeitliche Wirkung der Anerkennung der Individualbeschwerde, in: Neue Juristische Wochenschrift (NJW), 37. Jg., 1984, S. 523-527.

Guarantee, in: Encyclopedia of Public International Law (Hrsg.: R. Bernhardt), Bd. 7, North-Holland, Amsterdam/New York/Oxford 1984, S. 109-117.

Guarantee Treaties, in: Encyclopedia of Public International Law, (Hrsg.: R. Bernhardt), Bd. 7, North-Holland, Amsterdam/New York/Oxford 1984, S. 117-120.

The Delimitation and Demarcation of Frontiers in International Treaties and Maps, in: Thesaurus Acroasium (Hrsg.: D. S. Constantopoulos), Bd. XIV, 1985, S. 385-458.

Diplomatischer Schutz, in: Seidl-Hohenveldern, Lexikon des Rechts - Völkerrecht, Luchterhand, Darmstadt 1985, S. 216-220 (2. Bearbeitung: September 1990); 2. Auflage 1992, S. 248-252.

Allgemeine Rechtsgrundsätze, in: Seidl-Hohenveldern, Lexikon des Rechts - Völkerrecht, Luchterhand, Darmstadt 1985, S. 54-57 (2. Bearbeitung: September 1990); 2. Auflage 1992, S. 57-62.

Rechtsprobleme nach zwölfjähriger Geltungsdauer des Grundlagenvertrags, in: Politik und Kultur, 13. Jg., 1986, S. 17-36.

The Legal Status of Hong Kong after 1997, in: Zeitschrift für ausländisches öffentliches Recht und Völkerrecht (ZaöRV), Bd. 46, 1986, S. 647-699.

Die Bedeutung der nachfolgenden Praxis für die Vertragsinterpretation nach der Wiener Vertragsrechtskonvention (WVRK), in: R. Bieber/G. Ress (Hrsg.): Die Dynamik der Europäischen Gemeinschaften/The dynamics of EC-law, Nomos Verlag, Baden-Baden 1987, S. 49-79.

Verfassungsrechtliche Auswirkungen der Fortentwicklung völkerrechtlicher Verträge,

Publikationsliste

in: Festschrift für Wolfgang Zeidler, Walther de Gruyter, Berlin/New York, (Hrsg.: W. Fürst/R. Herzog/D. C. Umbach), Bd. 2, 1987, S. 1775-1797.

Grundlagen und Entwicklung der innerdeutschen Beziehungen, in: Isensee/Kirchhof (Hrsg.), Handbuch des Staatsrechts, Band I, Grundlagen von Staat und Verfassung, C. F. Müller Juristischer Verlag, Heidelberg 1987, S. 449-546.

Germany, Legal Status after World War II, in: Encyclopedia of Public International Law (Hrsg.: R. Bernhardt), Bd. 10, North-Holland, Amsterdam/New York/Oxford 1984, S. 191-206.

Der Viermächte-Status von Berlin und Rechtsprobleme des Vier-Mächte-Abkommens vom 3. September 1971, in: Innerdeutsche Rechtsbeziehungen, Justiz und Recht, Bd. 4 (Hrsg.: Deutsche Richterakademie), C. F. Müller Juristischer Verlag, Heidelberg 1988, S. 17-49.

The Hong Kong Agreement and its impact on International Law, in: Domes/Shaw (Hrsg.), Hong Kong - A Chinese and International Concern, Westview Press, Boulder & London 1988, S. 129-166.

Verfassung und völkerrechtliches Vertragsrecht - Überlegungen anläßlich der Ratifikation der Wiener Vertragsrechtskonvention durch die Bundesrepublik Deutschland, in: Staat und Völkerrechtsordnung, Festschrift für Karl Doehring (Hrsg.: K. Hailbronner/G. Ress/T. Stein), 1989.

Wiedervereinigungsgebot und Selbstbestimmungsrecht, in: Zur Rechtslage Deutschlands - innerstaatlich und international (Hrsg.: P. Eisenmann/G. Zieger), 1990, S. 107-130.

First Report on Developments in the Field of STATE IMMUNITY since 1982, 64th ILA-Conference Queensland/Australia, 1990.

Laudatio auf Sir Robert Jennings, in: H. Jung/W. Kroeber-Riel/E. Wadle (Hrsg.): Entwicklungslinien in Recht und Wirtschaft, Schäffer-Verlag, Stuttgart 1990, S. 105-109.

Publikationsliste

Die Bedeutung der Rechtsvergleichung für das Recht internationaler Organistionen, in: International Law, Current German Perspectives, Sheng Yu (Hrsg.), BUAA Publishing House, Peking/China 1992, S. 151-192.

Second Report on Developments in the Field of STATE IMMUNITY since 1982, 65th ILA-Conference Cairo/Egypt 1992, Cairo/London 1993, S. 290-330.

Auslegung der Charta, S. XLV-LXVI, Art. *53*, S. 676-695, Art. *107*, S. 1099-1107. in: Bruno Simma (Mit-Hrsg.): Charta der Vereinten Nationen. Kommentar, C. H. Beck, München 1991.

The Effects of Judgments and Decisions in Domestic Law, in: The European System for the Protection of Human Rights (Hrsg.: R. St. J. Macdonald, F. Matscher, H. Petzold), Martinus Nijhoff Verlag, Den Haag 1993, S. 801-851.

Aktuelle Probleme des Menschenrechtsschutzes (Current Problems of Human Rights Protection), Diskussionsbeitrag in: Kälin/Riedel/Karl/Bryde/von Bar/Geimer (Hrsg.), Berichte der Deutschen Gesellschaft für Völkerrecht, C. F. Müller Juristischer Verlag, Heidelberg 1994, Bd. 33, S. 144-145.

Buchbesprechung zu Raimund Harndt: *Völkerrechtliche Haftung für die schädlichen Folgen nicht verbotenen Verhaltens - Schadensprävention und Wiedergutmachung*, in: DVBl. 4/1994, S. 226 f.

Ex Ante Safeguards Against Ex Post Opportunism in International Treaties: Theory and Practice of International Public Law, in: Journal of Institutional and Theoretical Economics (JITE)/Zeitschrift für die gesamte Staatswissenschaft, (Hrsg.: Rudolf Richter), Bd. 150/1, Verlag J. C. B. Mohr, Tübingen 1994, S. 279-303.

Die Rolle des Staates als Prozeßpartei und das Problem der Immunität, in: Minjisaiban no jujitsu to sokushin, Festschrift für Toichiro KIGAWA (Hanrei Times AG), Tokio 1994, Bd. 3, S. 120-135.

The Interpretation of the Charter, S. 25-44; Article *53*, S. 722-752; Article *107*, S. 1152-1162; in: The Charter of the United Nations, A Commentary, Hrsg. Bruno Simma, Oxford University Press, 1994/95.

Publikationsliste

Final Report on Developments in the Field of State Immunity and Proposal for a Revised Draft Convention on State Immunity, 66th ILA-Conference Buenos Aires/Argentinien 1994, S. 1-64, 1995.

Les incidences du droit constitutionnel de la Communauté européenne sur les droits constitutionnels nationaux, en particulier sur la Loi fondamentale allemande, in: REVUE UNIVERSELLE DES DROITS DE L'HOMME/Kolloquium vom 18./ 19.6.1993, Universität Robert Schuman, Straßburg, N. P. Engel Verlag, Kehl/Straß burg, Bd. 7, Heft Nr. 11-12, 1995, S. 434-443.

Die Mitgliedschaft Taiwans in den Vereinten Nationen: ein Menschenrechtsproblem? Vortrag geh. auf dem Symposium "Die Republik China auf Taiwan und die Vereinten Nationen" am 23.-24. Juni 1995 im Europäischen Bildungszentrum Otzenhausen; in: Dokumente und Schriften Nr. 86 der Europäischen Akademie Otzenhausen e. V., 1996, S. 63-82.

Vorwort, in: Finanzverfassung im Spannungsfeld zwischen Zentralstaat und Gliedstaaten (Hrs. Werner W. Pommerehne/Georg Ress), Schriften des Europa-Instituts der Universität des Saarlandes - Sektion Wirtschaftswissenschaft -, Bd. 1/Nomos Verlag, Baden-Baden 1996.

Diplomatischer Schutz, in: Ergänzbares Lexikon des Rechts, Loseblattwerk (LDR 93 4/180), Luchterhand Verlag Neuwied 1998, S. 1-6.

Diplomatische Immunität und Drittstaaten, Überlegungen zur erga-omnes-Wirkung der diplomatischen Immunität und deren Beachtung im Falle der Staatensukzession (zusammen mit K. Doehring), in: Archiv des Völkerrechts, Bd. 37, Mohr Siebeck Verlag 1999, S. 68-98.

Die Rechtsstellung des Fremden im Rahmen der Europäischen Konvention zum Schutz der Menschenrechte und Grundfreiheiten, in: Die allgemeinen Regeln des völkerrechtlichen Fremdenrechts — Bilanz und Ausblick an der Jahrtausendwende, Beiträge anläßlich des Kolloquiums zu Ehren von Prof. Dr. Karl Doehring aus Anlaß seines 80. Geburtstags am 17. März 1999 in Konstanz, hrsg. v. Prof. Dr. Kay Hailbronner, C. F. Müller Verlag, Heidelberg 1999, S. 107-132.

Publikationsliste

Report on the conformity of the legal order of the Principaly of Monaco with Council of Europe fundamental principles (zusammen mit Antonio Pastor Ridruejo), Bureau of the Assembly, Council of Europe, AS/Bur/Monaco (1999) 1 rev. 2 v. 25. June 1999, Strasbourg.

The Duty to Protect and to Ensure Human Rights Under the European Convention on Human Rights, in: The Duty to Protect and to Ensure Human Rights-Colloquium Potsdam, 1-3 July 1999, Eckard Klein (ed.), Berlin-Verlag Arno Spitz GmbH, Berlin 1999, S. 165-210.

2. Europarecht

a) Bücher (als Autor und/oder Herausgeber)

Das Souveränitätsverständnis in den Europäischen Gemeinschaften (Hrsg.: G. Ress), Nomos Verlag, Baden-Baden, 1980.

Grenzüberschreitende Verfahrensbeteiligung im Umweltrecht der Mitgliedstaaten der Europäischen Gemeinschaften (Hrsg.: G. Ress), Schriftenreihe Annales Universitatis Saraviensis, Rechts- und Wirtschaftswissenschaftliche Abteilung, Bd. 116, Carl Heymanns Verlag, Köln/Berlin/Bonn/München 1985.

Die Dynamik des Europäischen Gemeinschaftsrechts/The Dynamic of EC-Law (Hrsg.: R. Bieber/G. Ress), Nomos Verlag, 1987.

Aspekte der Entwicklung des Gerichtshofs der Europäischen Gemeinschaften - Wissenschaftliches Kolloquium, Vorträge, Reden und Berichte aus dem Europa-Institut, Saarbrücken, Universität des Saarlandes, hrsg. von G. Ress, Nr. 148, 1988.

Niederlassungsfreiheit und nationale Konzessionssysteme - dargestellt am Beispiel der grenzüberschreitenden Apothekerzulassung, Vorträge, Reden und Berichte aus dem Europa-Institut, Saarbrücken 1990, No. 203.

Niederlassungsrecht von Apothekern in Europa, Europarechtliche und rechtsvergleichende Studie (zusammen mit J. Ukrow), Deutscher Apotheker Verlag, Stuttgart 1991.

Publikationsliste

Kultur und Europäischer Binnenmarkt, Rechtliche Auswirkungen des Europäischen Binnenmarktes auf die Kulturpolitik in der Bundesrepublik Deutschland (Schriftenreihe des Bundesministeriums des Innern Nr. 22), 1991.

Gutachten zur Funktion und Bindungswirkung von "Grundnormen" des EURATOM-Vertrages (Schriftenreihe Reaktorsicherheit und Strahlenschutz, Der Bundesminister für Umwelt, Naturschutz und Reaktorsicherheit), Bonn 1993.

Rechtsetzung (in der EU) unter besonderer Bedachtnahme auf den demokratischen und rechtsstaatlichen Aspekt, Verhandlungen des 12. österreichischen Juristentages in Wien 1994, I/2 Verfassungsrecht, Wien 1995, S. 111-174.

Europäischer Sozialraum, Hrsg.: G. Ress/T. Stein, Bd. 7 der Schriften des Europainstituts der Universität des Saarlandes - Rechtswissenschaft, 1995.

Europäische Gemeinschaft und Medienvielfalt: die Kompetenzen der Europäischen Gemeinschaft zur Sicherung des Pluralismus im Medienbereich/European Community and Media Pluralism (zusammen mit J. Bröhmer), Hrsg.: V. Beuthien/G. Gounalakis/ F. Meik, Marburger Medienschriften 1, IMK = Institut für Medienentwicklung und Kommunikation GmbH, Frankfurt am Main, 1998, S. 1-171.

b) Artikel

Europäische Freihandels-Assoziation (EFTA), in: Staatslexikon, Herder-Verlag, 6. Auflage, Ergänzungsband 1, 1969, S. 824-834.

Rechtsprobleme der Direktwahl des Europäischen Parlaments, in: Rechtliche Probleme der Einigung Europas (hrsg. v. C. Zorgbibe), (Schriftenreihe des Instituts für Europäisches Recht an der Universität des Saarlandes, Bd. 16), 1979, S. 107-119. Erweitert in spanischer Fassung: *Problemas jurídicos de la Elección directa al Parlamento Europeo*, Derecho comparado, Nr. 4, 1980, S. 13-33.

Souveränitätsverständnis in den Europäischen Gemeinschaften als Rechtsproblem, in: Souveränitätsverständnis in den Europäischen Gemeinschaften (Hrsg.: G. Ress), Nomos Verlag, Baden-Baden 1980, S. 11-18.

Publikationsliste

Die Zulässigkeit potentieller Wettbewerbstarife im Verkehrsrecht der Montanunion - Überlegungen zur Auslegung von Art. 70 EGKS-Vertrag anläßlich der Kanalisierung der Saar, in: Europäische Gerichtsbarkeit und nationale Verfassungsgerichtsbarkeit, Festschrift zum 70. Geburtstag von Hans Kutscher, Nomos Verlag, Baden-Baden 1981, S. 339-370.

Freier Personen-, Dienstleistungs- und Kapitalverkehr, in: Dreißig Jahre Gemeinschaftsrecht, Amt für amtliche Veröffentlichungen der Europäischen Gemeinschaften, Luxemburg 1983, S. 311-350 (in allen Sprachen der EG, 1982 veröffentlicht in französisch, 1983 in englisch, 1984 in italienisch).

European Political Community, in: Encyclopedia of Public International Law (Hrsg.: R. Bernhardt), Bd. 6, North-Holland, Amsterdam/New York/Oxford 1983, S. 197-199.

Die Transparenz der finanziellen Beziehungen zwischen den Mitgliedstaaten der Europäischen Gemeinschaften und den öffentlichen Unternehmen, in: Rechtsvergleichung, Europarecht und Staatenintegration, Gedächtnisschrift für Léontin Jean Constantinesco (Hrsg.: G. Lüke/G. Ress/M. R. Will), Carl Heymanns Verlag, Köln 1983, S. 599-617.

Die Kontrolle internationaler Verträge und der Akte der Europäischen Gemeinschaften durch das Bundesverfassungsgericht, in: Keio Law Review, No. 4, 1983, S. 35-58. Auch erschienen in : Koenig/Rüfner (Hrsg.), Die Kontrolle der Verfassungsmäßigkeit in Frankreich und in der Bundesrepublik Deutschland / Le controle de constitutionnalité en France et en République Fédéral d'Allemagne, Annales Universitatis Saraviensis - Rechts- und Wirtschaftswissenschaftliche Abteilung, Bd. 115, Carl Heymanns Verlag, Köln/Berlin/Bonn/München 1985, S. 145-173

Der Kapitalverkehr, Kommentierung der Art. 67-73 und Art. 106 des EWG-Vertrages, in: E. Grabitz (Hrsg.), Kommentar zum EWG-Vertrag (Loseblattausgabe), C. H. Beck'sche Verlagsbuchhandlung, München 1984. Überarbeitet und ergänzt für die 2. Auflage des Kommentars, München 1989.

Die Auswirkungen des Europäischen Gemeinschaftsrechts auf die deutsche Rechtsordnung, in: Der Beitrag des Rechts zum europäischen Einigungsprozeß, Forschungsbericht Nr. 32 der Konrad-Adenauer-Stiftung, Melle 1984, S. 43-72.

Publikationsliste

Rechtsvergleichende, europarechtliche und völkerrechtliche Aspekte grenzüberschreitender Verfahrensbeteiligung im Umweltrecht, in: Grenzüberschreitende Verfahrensbeteiligung im Umweltrecht der Mitgliedstaaten der Europäischen Gemeinschaften (Hrsg.: G. Ress), Carl Heymanns Verlag, Köln/Berlin/Bonn/München 1985, S. 1-52.

Luftreinhaltung als Problem des Verhältnisses zwischen europäischem Gemeinschaftsrecht und nationalem Recht, in: Festschrift 150 Jahre Landgericht Saarbrücken, Carl Heymanns Verlag, Köln/Berlin/Bonn/München 1985, S. 355-372.

Die Europäischen Gemeinschaften und der deutsche Föderalismus, in: Europäische Grundrechte Zeitschrift (EuGRZ), 9, 13. Jg., 1986, S. 549-558.

Europäische Gemeinschaften, in: Kimminich/v. Lersner/Storm (Hrsg.), Handwörterbuch des Umweltrechts (HdUR), Erich Schmidt Verlag, Berlin 1986, S. 448-490.

Wichtige Vorlagen deutscher Verwaltungsgerichte an den Gerichtshof der Europäischen Gemeinschaften, in: Die Verwaltung, 20. Bd. 1987, S. 177-217.

Das deutsche Zustimmungsgesetz zur Einheitlichen Europäischen Akte - Ein Schritt zur "Föderalisierung" der Europapolitik -, in: Europäische Grundrechte Zeitschrift (EuGRZ), 14. Jg., 1987, S. 361-367.

Die Dynamik des EG-Rechts als Rechtsproblem, in: R. Bieber/G. Ress (Hrsg.): Die Dynamik des Europäischen Gemeinschaftsrechts/The Dynamics of EC-Law, Nomos Verlag, Baden-Baden 1987, S. 13-29 (zusammen mit R. Bieber), auch in englischer Sprache erschienen: The Dynamics of Community Law as a Legal Problem, in: ibidem, S. 31-45.

La Ley alemana de ratificación del Acta Unica Europea: un paso hasta la "federalización" de la política europea, in: Revista de Estudios de la Administración Local y Autonómica, Nr. 237, 1988, S. 927-952.

Löst Art. 100a EWG-Vertrag die Probleme der Rechtsangleichung auf dem europäischen Binnenmarkt?, in: Rechtsprobleme der Rechtsangleichung - Wissenschaftliches Kolloquium aus Anlaß des 70. Geburtstags von H. Matthies (Vorträge, Reden und Berichte aus dem Europa-Institut, Saarbrücken 1988, Nr. 137), S. 9-34.

Umfang und Grenzen der europäischen Steuerharmonisierung, in: Die Europäische Wirtschaftsgemeinschaft auf dem Weg zum einheitlichen Binnenmarkt und zur Steuergemeinschaft im Jahr 1992 (Vorträge, Reden und Berichte aus dem Europa-Institut, Saarbrücken 1988, Nr. 146), S. 9-46.

Die Einheitliche Europäische Akte, in: L'institut européen de Luxembourg, 1988.

Über die Notwendigkeit der parlamentarischen Legitimierung der Rechtsetzung der Europäischen Gemeinschaften, in: Verfassungsrecht und Völkerrecht, Gedächtnisschrift Wilhelm Karl Geck (Hrsg.: W. Fiedler/G. Ress), Carl Heymanns Verlag, Köln/Berlin/Bonn/München 1989, S. 625-684.

Das Verhältnis zwischen Gemeinschaftsrecht und nationalem Recht der Mitgliedstaaten (Verfassung, einfaches Gesetzesrecht, Vollziehung), in: Korinek/Rill (Hrsg.): Österreichisches Wirtschaftsrecht und das Recht der EG, Orac, Wien 1990, S. 55-92.

Neue Aspekte des Grundrechtsschutzes in der Europäischen Gemeinschaft, in: Europäische Zeitschrift für Wirtschaftsrecht (EuZW), 1. Jg., 1990, S. 499-505 (zusammen mit J. Ukrow).

Binnenmarkt und Niederlassungsfreiheit, in: Europäische Zeitschrift für Wirtschaftsrecht (EuZW), 1. Jg., 1990, S. 521.

Europäischer Binnenmarkt und Kulturpolitik, in: Musikforum, Referate und Informationen des Deutschen Musikrates, Hrsg. Deutscher Musikrat, Musikverlag B. Schott's Söhne, Mainz, Heft 73, 1990, S. 4-13.

Fact-Finding at the European Court of Justice, in: Fact-Finding Before International Tribunals (Hrsg.: Richard B. Lillich), Transnational Publishers Inc., New York 1992, S. 177-203.

Wirtschaftslenkung in den Europäischen Gemeinschaften, in: Europäischer Binnenmarkt und Österreichisches Wirtschaftsverwaltungsrecht (Hrsg.: Heinz Peter Rill/Stefan Griller), Orac Verlag, Wien 1991, S. 81-135.

Das Demokratieprinzip in der EG: Zur Rolle des Europäischen Parlaments, in:

Publikationsliste

ECONOMY, Fachmagazin für Internationale Wirtschaft, Heft 12/91, Orac Verlag, Wien, 1991, S. 290-296.

Die neue Kulturkompetenz der EG, in: Die Öffentliche Verwaltung, 1992, Heft 22, S. 944-955.

Umweltrecht und Umweltpolitik der Europäischen Gemeinschaft nach dem Vertrag über die Europäische Union, in: Vorträge, Reden und Berichte aus dem Europa-Institut - Sektion Rechtswissenschaft -, Universität des Saarlandes, Saarbrücken 1992, Nr. 291, S. 3-28.

Direct Actions Before the EC Court of Justice: The Case of EEC Anti-Dumping Law, in: Adjudication of International Trade Disputes, Hrsg.: E. U. Petersmann, Universitätsverlag, Fribourg, 1992, S. 159-260 (zusammen mit J. Ukrow).

Die Rundfunkfreiheit als Problem der Europäischen Integration, in: Zeitschrift für Rechtsvergleichung, Internationales Privatrecht und Europarecht, 1992, S. 434-448.

EG-Beihilfenaufsicht und nationales Privatrecht, in: Europäische Wirtschaftszeitschrift 1992, S. 161.

Die Europäische Union und die neue juristische Qualität der Beziehungen zu den Europäischen Gemeinschaften, in: Juristische Schulung, Heft 12, 1992, S. 985-991 (ins Japanische übersetzt von Akira Ishikawa, hrsg. von Hogaku-Kenkyu-Kai (The Association for the Study of Law and Politics), Tokyo 1992, Bd. 65, Nr. 11, S. 1-24).

Die Umsetzung des Europäischen Gemeinschaftsrechts durch nationale Verwaltungen, insbesondere im Bereich des Umweltrechts, in: Europäische Integration und Öffentliche Verwaltung, Hrsg. Reiner Buchegger, Verlag Orac, Band 2, Wien 1992, S. 41-65.

La participation des Laender allemands à l'intégration européenne. Vortrag gehalten anläßlich der Verleihung des Doctor iuris honoris causa durch die Universität René Descartes, Paris V, am 4.12.1992, in: Revue française de Droit constitutionnel, 15, 1993, S. 657-662.

Der Kapitalverkehr, Kommentierung der Art. 67-73 und Art. 106 des EWG-Vertrages, in: E. Grabitz (Hrsg.), Kommentar zum EWG-Vertrag (Loseblattausgabe), C. H. Beck'sche Verlagsbuchhandlung, München 1984. Überarbeitet und ergänzt für die 4. Nachlieferung, München 1993.

Die Entscheidungserheblichkeit im Vorlageverfahren nach Art. 177 EWG-Vertrag im Vergleich zu Vorlageverfahren nach Art. 100 Abs. 1 GG, in: Festschrift für Günther Jahr (Hrsg.: M. Martinek/E. Wadle/J. Schmidt), J. C. B. Mohr-Verlag, Tübingen 1993, S. 339-366.

Die Direktwirkung von Richtlinien: Der Wandel von der prozeßrechtlichen zur materiellrechtlichen Konzeption, in: Gedächtnisschrift für Peter Arens (Hrsg.: D. Leipold/ W. Lüke), C. H. Beck Verlag, München 1993, S. 351-367.

Mehrfachzulassung von Apothekern und europarechtliche Niederlassungsfreiheit, in: Festschrift für Hofrat Dr. H. Feigl (herausgegeben von der Oesterreichischen Apothekerkammer und Pharmazeutischen Gehaltskasse für Österreich, Agens-Werk Geyer + Reisser, Wien 1993, S. 141-153.

The Legal Nature of Joint Declarations in General and of Joint Declarations Annexed to the European Community Treaties in Particular, in: Mount Athos and the European Community, Thessaloniki 1993, S. 19-45.

Die Auswirkungen der Abkommen von Schengen und Dublin auf die Asylpolitik der EG, in: Les accords de Schengen: Abolition des frontières intérieures ou menace pour les libertés publiques?, Hrsg. Alexis Pauly, Institut Européen d'Administration Publique, Maastricht 1993, S. 79-104.

Germany - Treaty on European Union - Approval by FRG Constitutional Court - Reservation of Right in National Court to hold Actions of Organs of the European Communities ultra vires, note on the Decision of the German Constitutional Court Concerning the Maastricht Treaty of October 12, 1993, in: American Journal of International Law (AJIL) 1994, Bd. 88, S. 539-549. (ins Japanische übersetzt von Satoshi Iriinafuku, veröffentlicht in Journal of Law, Politics and Sociology/Hogaku Kenkyu, hrsg. von Hogaku-Kenkyu-Kai, Keio Universität, Tokyo 1997, Bd. 70/5, S. 107-130).

Publikationsliste

Diskussionsbeitrag *Europäische Union: Gefahr oder Chance für den Föderalismus in Deutschland, Österreich und der Schweiz?*, in: Berichte und Diskussionen auf der Tagung der Vereinigung der Deutschen Staatsrechtslehrer in Mainz 1993, VVDStRL Heft 53, 1994, S. 123-125 und S. 265-268.

Die richtlinienkonforme "Interpretation" innerstaatlichen Rechts, in: DÖV, Heft 12, 1994, S. 489-496.

Democratic Decision-Making in the European Union and the Role of the European Parliament, in: Institutional Dynamics of European Integration, Festschrift für Henry G. Schermers, Martinus Nijhoff Publ., Dordrecht/Boston/London 1994, Bd. II, S. 153-176.

Die Entscheidungserheblichkeit im Vorlageverfahren nach Art. 177 EWG-Vertrag im Vergleich zu Vorlageverfahren nach Art. 100 Abs. 1 GG, in: Festschrift für Günther Jahr (Hrsg.: M. Martinek/J. Schmidt/E. Wadle), J. C. B. Mohr, Tübingen 1994, S. 339-366.

Grundsätze des europäischen Gemeinschaftsrechts unter besonderer Berücksichtigung der Literatur und der Rechtsprechung des Europäischen Gerichtshofs, in: Die Gemeinde unter EU-Recht (Hrsg. H. Neuhofer), Österreichischer Gemeindebund, Moserbauer Druck, Linz 1994, S. 17-28.

Europäische Gemeinschaften, in: Handbuch des Umweltrechts (HdUR), Bd. I (Hrsg.: O. Kimminich/H. Frhr. v. Lersner/P. -Chr. Storm), 2. Auflage, Erich Schmidt Verlag, Berlin 1994, S. 448-490.

The Constitution and the Maastricht Treaty - Between Co-Operation and Conflict, in: Constitutional Policy in Unified Germany, German Politics, Special Issue (Hrsg.: R. Goetz/P. Cullen), 1994, S. 47-74

Die Zulässigkeit von Kulturbeihilfen in der Europäischen Union, in: Gedächtnisschrift für Eberhard Grabitz, C. H. Beck Verlag, München 1995, S. 595-629.

Ist die Europäische Union eine juristische Person?, in: Die Organe der Europäischen Union im Spannungsfeld zwischen Gemeinschaft und Zusammenarbeit/

Publikationsliste

Wissenschaftliches Kolloquium am Europa-Institut der Universität des Saarlandes, 1994; Festschrift für Hans-Joachim Glaesner (Hrsg. G. Ress/J. Schwarze/T. Stein), EUROPARECHT, Beiheft 2/1995, Nomos Verlag, Baden-Baden 1995, S. 27-40.

Buchbesprechung, Europäische und internationale Wirtschaftsordnung aus der Sicht der Bundesrepublik Deutschland (Hrsg.: Wolfgang Graf Vitzthum), in: DVBl 13/1995, Carl Heymanns Verlag, Köln/Berlin/Bonn/München, S. 703-704.

The Main Features of the Environmental Policy in the European Union, in: Topics of the Euro-Arab Cooperation Center - Symposium on Environmental Risk Assessment, Legislation and Technology, Saarbrücken 1995, S. 101-125.

Wirkung und Beachtung der Urteile und Entscheidungen der Straßburger Konventionsorgane; Kolloquium am 3.11.1995 aus Anlaß der Gründung des Instituts für Menschenrechte, Saarbrücken, in: Europäische Grundrechte Zeitschrift (EuGRZ), Bd. 23, Heft Nr. 13-14, S. 350-353, N. P. Engel-Verlag, Kehl/Straßburg 1996.

Die deutsche Verwaltung in der Europäischen Union, in: Öffentliche Verwaltung in Deutschland (zusammen mit J. Ukrow), Hrsg.: Klaus König/Heinrich Siedentopf, Nomos Verlag, Baden-Baden 1996/97, S. 731-750 (ins Japanische übersetzt von Yasuyuki Tajiri, veröffentlicht in Comparative Law Review, hrsg. vom Institute of Comparative Law, Waseda University, Tokyo 1997, Bd. 31/1, S. 223-241).

Kapitalverkehrsfreiheit und Steuergerechtigkeit (zusammen mit J. Ukrow), Hrsg.: G. Ress/T. Stein, Bd. 16 der Schriften des Europa-Instituts der Universität des Saarlandes - Rechtswissenschaft, Nomos Verlagsgesellschaft, Baden-Baden 1997, S. 1-99.

Musik im Europäischen Gemeinschaftsrecht, in: Musik und Recht/Symposion aus Anlaß des 60. Geburtstages von Prof. DDr. Detlef Merten, Schriften zum Öffentlichen Recht, Bd. 771, hrsg. v. M. J. Montoro Chiner, Heinz Schäffer, Duncker & Humblot, Berlin 1998, S. 64-84.

Rechtsgrundsätze, allgemeine, in: Ergänzbares Lexikon des Rechts, Loseblattwerk (LDR 93 4/830), Luchterhand Verlag Neuwied 1998, S. 1-6.

Die Organisationsstruktur Internationaler Gerichte, insbesondere des Neuen

Europäischen Gerichtshofs für Menschenrechte, in: LIBER AMICORUM Professor Ignaz Seidl-Hohenveldern, Hrsg.: G. Hafner/G. Loibl/A. Rest/L. Sucharipa-Behrmann/ K. Zemanek; Kluwer Law International, The Hague/London/Boston 1998, S. 541-574.

Der Übergang zur dritten Stufe der Europäischen Wirtschafts- und Währungsunion im Lichte des Verfassungsrechts Deutschlands, in: Rechtsfragen der Europäischen Wirtschafts- und Währungsunion, Schriftenreihe des Forschungsinstituts für Europafragen der Wirtschaftsuniversität Wien, Springer Verlag Wien/N. Y. 1998 (Hrsg. Heinz Peter Rill/Stefan Griller), Bd. 14, S. 155-196.

Art. 128 EGV (zusammen mit J. Ukrow), in: Kommentar zur Europäischen Union, E. Grabitz/M. Hilf (Hrsg.), C. H. Beck'sche Buchdruckerei Nördlingen, 12. Ergänzungslieferung Mai 1998, S. 1-58.

Die Kunst als Gegenstand des Europäischen Gemeinschaftsrechts, in: Das Recht und die schönen Künste; Festschrift für Heinz Müller-Dietz (Hrsg. Heike Jung), Nomos Verlag, Baden-Baden 1998, S. 9-29.

Auswirkungen von Art. 128 Abs. 4 EGV auf die wettbewerbsrechtliche Beurteilung von Buchpreisbindungssystemen (zusammen mit J. Ukrow), in: ZEuS — Zeitschrift für Europarechtliche Studien, Europa-Institut der Universität des Saarlandes, Sektion Rechtswissenschaft, Heft Nr. 1, Saarbrücken 1999, S. 1-74.

Die EMRK und das europäische Gemeinschaftsrecht — Überlegungen zu den Beziehungen zwischen den Europäischen Gemeinschaften und der Europäischen Menschenrechtskonvention, in: ZeuS — Zeitschrift für Europarechtliche Studien, Europa-Institut der Universität des Saarlandes, Sektion Rechtswissenschaft, Heft Nr. 4, Saarbrücken 1999, S. 471-485.

Media law in the context of the European Union and the European Convention on Human Rights, in: Protecting Human Rights: The European Perspective, Studies in memory of Rolv Ryssdal (ed. by Paul Mahoney/Franz Matscher/Herbert Petzold/ Luzius Wildhaber, Carl Heymanns Verlag KG Köln 2000, S. 1173-1195.

3. Öffentliches Recht/Rechtsvergleichung

a) **Bücher** (als Autor und/oder Herausgeber)

Wahlen und Parteien in Österreich, Vol. 1 (Wahlrecht), Vol. 2 (Wahlwerber), Vol. 3 (Wahlstatistik), Österreichischer Bundesverlag/Verlag für Jugend und Volk, Wien, 1966 (zusammen mit R. Stiefbold und A. Leupold Löwenthal), Vol. 4 (Nationalratswahl), Wien, 1968.

Die Entscheidungsbefugnis in der Verwaltungsgerichtsbarkeit. Eine rechtsvergleichende Studie zum österreichischen und deutschen Recht (Forschungen aus Staat und Recht, Bd. 4), Springer-Verlag, Wien/New York, 1968.

Demonstration und Straßenverkehr (Beiträge zum ausländischen öffentlichen Recht und Völkerrecht, Vol. 54) Carl Heymanns Verlag, Köln/Berlin, 1970 (in Zusammenarbeit).

Pressefreiheit und innere Struktur von Presseunternehmen in westlichen Demokratien (Berliner Abhandlungen zum Presserecht, Heft 18), Duncker & Humblot, Berlin, 1974 (zusammen mit Doehring, Hailbronner, Schiedermair, Steinberger).

Die Befugnisse des Gesamtstaates im Bildungswesen, Rechtsvergleichender Bericht (Schriftenreihe Bildung und Wissenschaft, Vol. 9, hrsg. v. Bundesministerium für Bildung und Wissenschaft), 1976 (zusammen mit Bothe, Klein, Raschauer).

Verfassungstreue im öffentlichen Dienst europäischer Staaten, Duncker & Humblot, Berlin, 1980 (in Zusammenarbeit).

Rechtsfragen der Sozialpartnerschaft (Vorträge im Rahmen des deutsch-österreichischen Professorenaustauschs im Europa-Institut der Universität des Saarlandes), Hrsg.: G. Ress, Carl Heymanns Verlag, Köln/Berlin/Bonn/München 1987.

Entwicklungstendenzen im Verwaltungsverfahrensrecht und in der Verwaltungsgerichtsbarkeit, Forschungen aus Staat und Recht, Bd. 89, Gesamtredaktion: G. Ress, Springer-Verlag, Wien/New York/Tokio, 1990.

Publikationsliste

b) **Artikel**

Demonstration und Freiheit, in: Demonstration und Straßenverkehr (Beiträge zum ausländischen öffentlichen Recht und Völkerrecht, Bd. 54) Carl Heymanns Verlag, Köln/Berlin 1970, S. IX-XXXI.

Demonstrationsfreiheit und Straßenverkehr in Österreich, in: ibidem, S. 102-139

Demonstrationsfreiheit und Straßenverkehr in den Vereinigten Staaten von Amerika, in: ibidem, S. 171-202 (zusammen mit J. Gorby)

Gerichtlicher Rechtsschutz des einzelnen gegen rechtswidriges Handeln der vollziehenden Gewalt, Gerichtsschutz gegen die Exekutive (Beiträge zum ausländischen öffentlichen Recht und Völkerrecht, Bd. 52, Teilband 3), Carl Heymanns Verlag/Oceana Publications, 1971, S. 49-78; auch in englischer Sprache erschienen: Judicial Protection of the Individual against Unlawful or Arbitrary Acts of the Executive, op. cit., English Band 3, 1971, S. 47-76.

Mangelhafte diplomatische Protektion und Staatshaftung, Überlegungen zum gerichtlichen Rechtsschutz gegen Akte der auswärtigen Gewalt im französischen und deutschen Recht, in: Zeitschrift für ausländisches öffentliches Recht und Völkerrecht (ZaöRV), Bd. 32, 1972, S. 420-482.

Der Conseil Constitutionnel und der Schutz der Grundfreiheiten in Frankreich, Betrachtungen aus Anlaß der Entscheidung des Conseil Constitutionnel vom 16. Juli 1971 zur Reform des französischen Vereinigungsrechts mit rechtsvergleichenden Hinweisen, in: Jahrbuch des öffentlichen Rechts der Gegenwart, NF Bd. 23, 1974, S. 121-176.

Die Beachtung und die Kontrolle von Verwaltungsakten durch ordentliche Gerichte, in: Archiv des öffentlichen Rechts, 1974, Beiheft 1, S. 139-185 (zusammen mit K. Hailbronner).

Der Rang völkerrechtlicher Verträge nach französischem Verfassungsrecht, Überlegungen zur Entscheidung des Conseil Constitutionnel vom 15. Januar 1975 über den Rang der Europäischen Konvention zum Schutz der Menschenrechte und Grund-

freiheiten nach Art. 55 der französischen Verfassung, in: Zeitschrift für ausländisches öffentliches Recht und Völkerrecht (ZaöRV), Bd. 35, 1975, S. 445-501.

Due Process in the Administrative Procedure, FIDE, Rapports du 8ème Congrès, Copenhague, 22-24 juin 1978, Vol. 3, S. 4.1-4.32; auch erschienen in: 6 Law and Society, The Chinese Society of Comparative Law, Juni 1978, S. 61-108.

Regierungskontrolle von öffentlichen (staatlichen und halbstaatlichen) Industrieunternehmen, in: Liber Amicorum B. C. H. Aubin, Festschrift für Bernhard C. H. Aubin zum 65. Geburtstag, N. P. Engel Verlag, Kehl/Straßburg 1979, S. 129-151.

Das subjektive öffentliche Recht, in: Allgemeines Verwaltungsrecht, hrsg. v. Ermacora, Funk, Koja, Rill und Winkler, Wien, 1979, S. 105-132.

Verbandskompetenz und subjektiv-öffentliche Rechte der Körperschaftsmitglieder, in: Wirtschaft und Verwaltung, Vierteljahresbeilage zum Gewerbearchiv, 3/1979, S. 157-175.

Das Wiedervereinigungsgebot des Grundgesetzes. in: G. Zieger (Hrsg.), Fünf Jahre Grundvertragsurteil des Bundesverfassungsgerichts, Schriften zur Rechtslage Deutschlands, Bd. 1, Carl Heymanns Verlag, Köln/Berlin/Bonn/München 1979, S. 265-292.

Government and Industry in the Federal Republic of Germany, in: International and Comparative Law Quarterly, 1, 1980, S. 87-111.

Überlegungen zum Grundsatz des selbstverwaltungsfreundlichen Verhaltens - zugleich Bemerkungen zum Verhältnis von Staatsaufsicht und Rechtsschutz, in: Wirtschaft und Verwaltung, Vierteljahresbeilage zum Gewerberecht 3, 1981, S. 151-167.

Der mißbräuchliche Asylantrag und Probleme der Reform des Asylrechts, in: Recht und Gesetz im Dialog II, Annales Universitatis Saraviensis, Bd. 113, Carl Heymanns Verlag, Köln/Berlin/Bonn/München 1984, S. 131-158.

Der Grundsatz der Verhältnismäßigkeit im deutschen Recht, Rechtsstaat in der Bewährung, in: Schriftenreihe der Deutschen Sektion der Internationalen Juristen-

Publikationsliste

Kommission, Vol. 15, 1984.

Die Autorität des Verfassungsrechts, in: T. Stein (Hrsg.), Die Autorität des Rechts, C. F. Müller Verlag, Karlsruhe, 1984.

Die Beteiligung von Personen, die von grenzüberschreitenden Umweltverschmutzungen betroffen sein können, am Verwaltungsverfahren, Rechtsvergleichende völker- und europarechtliche Studie, Carl Heymanns Verlag, 1984.

Die Befugnis der Handwerkskammern zur Hilfeleistung in Steuersachen, in: Gedächtnisschrift für Dietrich Schultz, (ed.: G. Jahr) Carl Heymanns Verlag, 1987, pp. 305-340.

Sozialpartnerschaft: Interessengegensätze und Gemeinwohl, in: Rechtsfragen der Sozialpartnerschaft (Vorträge im Rahmen des deutsch-österreichischen Professorenaustauschs im Europa-Institut der Universität des Saarlandes), Hrsg.: G. Ress, Carl Heymanns Verlag, Köln/Berlin/Bonn/München 1987, S. 1-8.

L'interprétation du droit à la vie par le tribunal constitutionnel allemand par rapport à la question de l'avortement volontaire, in: Annuaire International de Justice Constitutionnelle, Groupement d'Etudes et de Recherches sur la Justice Constitutionnelle (GERJC), Aix-en-Provence (ed.), economica, Presses Universitaires d'Aix-Marseille 1988, S. 89-95.

Verwaltungsakt, Verordnung und subjektives Recht. Einige rechtsvergleichende Überlegungen zur Relativität von Rechtsbegriffen, in: Festschrift für Günther Winkler, Springer-Verlag, Wien, 1989, pp. 71-90.

Begriff, Wesen und Funktion des öffentlich-rechtlichen Vertrages, in: Revue Européenne de Droit Public/European Review of Public Law/Eur. Zeitschrift des Öffentl. Rechts/Rivista Europea di Diritto Pubblico, hrsg. von G. Timsit, S. Flogaitis, Esperia Publications Ltd., London, 1989, Vol. 1 No. 2, pp. 279-307; auch abgedr. in: Keio Law Review, Commemorative Issue - The 100th Anniversary of the Law Faculty of Keio University, hrsg. v. The Association for the Study of Law and Politics, Faculty of Law, Keio University, Tokyo, Nr. 6, 1990, S. 351-376.

Staatszwecke im Verfassungsstaat - nach 40 Jahren Grundgesetz, Veröffentlichung der Vereinigung der Deutschen Staatsrechtslehrer, Band 48 (1990).

Handlungsformen der Verwaltung und Rechtsschutz in der Bundesrepublik Deutschland, in: Entwicklungstendenzen im Verwaltungsverfahrensrecht und in der Verwaltungsgerichtsbarkeit, Forschungen aus Staat und Recht, Bd. 89, Gesamtredaktion: G. Ress, Springer-Verlag, Wien/New York/Tokio 1990, S. 7-37.

The Constitution and the Requirements of Democracy in Germany, in: New Challenges to the German Basic Law: The German Contributions to the Third World Congress of the International Association of Constitutional Law, Hrsg. Chr. Stark, Nomos Verlags, Baden-Baden, 1991, S. 111-140.

Verwaltung und Verwaltungsrecht in der Bundesrepublik Deutschland unter dem Einfluß des europäischen Rechts und der europäischen Gerichtsbarkeit, in: J. Burmeister (Hrsg.): Die verfassungsrechtliche Stellung der Verwaltung in Frankreich und in der Bundesrepublik Deutschland / Le statut constitutionnel de l'administration en France et en République Fédérale d'Allemagne, Schriftenreihe Annales Universitatis Saraviensis, 1991, S. 199-228.

Grundgesetz, in: Handwörterbuch zur deutschen Einheit (Hrsg.: Werner Weidenfeld/ Karl-Rudolf Korte), Frankfurt, 1991, S. 356-362, 2. Aufl. 1993, S. 337-349.

Selbstbestimmungsrecht, in: Handwörterbuch zur deutschen Einheit, (Hrsg.: Werner Weidenfeld/Karl-Rudolf Korte), Frankfurt, 1991, S. 587-592, 2. Aufl. 1993, S. 566-569.

Staatliche Parteienfinanzierung in Deutschland, in: Les Partis Politiques et le Droit Public (Hrsg.: Pierre Koenig und Georg Ress), Revue d'Allemagne et des Pays de langue allemande, 1994, Band XXVI, Nr. 2, S. 331-360.

Constitution et Partis Politiques: République Fédérale D'Allemange, in: Annuaire International de Justice Constitutionnelle IX, Presses Universitaires d'Aix-Marseille, Aix-en-Provence, S. 205-232, (1993) 1995.

Grundgesetz, in: Handbuch zur deutschen Einheit (Hrsg. Werner Weidenfeld/Karl-

Publikationsliste

Rudolf Korte), Bundeszentrale für politische Bildung, Bonn 1996, S. 349-362.

Selbstbestimmungsrecht, in: Handbuch zur deutschen Einheit, (Hrsg. Werner Weidenfeld/Karl-Rudolf Korte), Bundeszentrale für politsche Bildung, Bonn 1996, S. 597-601.

Die Verfassungsbeschwerde als "Verteilungsmaßstab" bei Grundrechtsverstößen, in: Verfahrensrecht am Ausgang des 20. Jahrhunderts, Festschrift für Gerhard Lüke zum 70. Geburtstag, Hrsg.: Hanns Prütting/Helmut Rüssmann, C. H. Beck'sche Verlagsbuchhandlung, München 1997, S. 633-654.

4. Sonstige Publikationen:

Herausgeber der Schriftenreihe: *Vorträge, Reden und Berichte aus dem Europa-Institut*, Saarbrücken, Universität des Saarlandes.

Mitherausgeber der Europäischen Zeitschrift für Wirtschaftsrecht (EuZW), Beck-Verlag, München.

Laudatio auf Louis Favoreu (S. 83-86); Ansprache zum 80. Geburtstag von Bernhard Aubin (S. 221-222); Laudatio auf Lord Slynn of Hadley (S. 257-264), in: Entwicklungslinien in Recht und Wirtschaft, Band 2, Akademische Reden der Rechts- und Wirtschaftswissenschaftlichen Fakultät der Universität des Saarlandes 1990-1995, Hrsg.: Maximilian Herberger, August-Wilhelm Scheer, Joachim Zentes, Schäffer-Poeschel Verlag Stuttgart, 1997.

編集代表────

石　川　　　明

　　朝日大学大学院教授，慶應義塾大学名誉教授

ゲオルク・レス教授65歳記念論文集
EU法の現状と発展

2001年（平成13年）9月20日　初版第1刷発行

編集代表	石　川　　　明
発 行 者	今　井　　　貴
	渡　辺　左　近
発 行 所	信山社出版株式会社

〔〒113-0033〕東京都文京区本郷6-2-9-102
電　話　03（3818）1019
ＦＡＸ　03（3818）0344

Printed in Japan

Ⓒ石川明, 2001.　　　　　　印刷・製本／松澤印刷

ISBN 4-7972-2203-4 C3332